LES
PROVINCIALES

OU

LETTRES ÉCRITES PAR LOUIS DE MONTALTE

A UN PROVINCIAL DE SES AMIS ET AUX RR. PP. JÉSUITES

SUR LE SUJET

DE LA MORALE ET DE LA POLITIQUE DE CES PÈRES

PAR BLAISE PASCAL

ÉDITION ACCOMPAGNÉE DE NOTES
ET PRÉCÉDÉE D'UN PRÉCIS HISTORIQUE SUR LE JANSÉNISME
PAR CHARLES LOUANDRE

PARIS
CHARPENTIER, LIBRAIRE-ÉDITEUR
28, QUAI DE L'ÉCOLE

1862

LES PROVINCIALES

PARIS. — IMP. SIMON RAÇON ET COMP., RUE D'ERFURTH, 1.

AVIS SUR CETTE ÉDITION.

Les travaux dont l'école des écrivains jansénistes, et Pascal, le plus illustre représentant de cette école, ont été l'objet dans ces dernières années, imposent aux éditeurs des *Provinciales* des obligations nouvelles. Les éditions qui ont paru jusqu'à ce jour, et dans le nombre il en est de très-estimables, sont accompagnées exclusivement de commentaires théologiques, ou de commentaires littéraires. Mais l'interprétation théologique n'ajoute presque rien aujourd'hui à l'intérêt du livre, et l'interprétation littéraire est insuffisante. Nous avons donc pensé qu'on pouvait, à côté des précédents éditeurs, tenter quelque chose de nouveau. Voici ce que nous avons tenté :

Nous nous sommes dit : la querelle du jansénisme n'occupe dans la plupart de nos livres historiques usuels qu'une place restreinte. Pour se former une opinion sur cette longue controverse à la fois cléricale et mondaine, littéraire et politique, il faut lire beaucoup, mais le temps manque, ou la patience; et pourtant on ne peut guère séparer de la lecture et de l'étude du livre de Pascal la connaissance, au moins sommaire, des débats jansénistes. Or, pour donner, autant qu'il était en nous, cette connaissance aux lecteurs qui n'ont point ou le loisir ou la curiosité des recherches, nous avons placé en tête de ce volume un *Précis historique* qui part de Jansénius pour arriver à Pascal, et finir au diacre Pâris.

On trouvera dans ce Précis, comme prolégomènes explicatifs aux *Provinciales*, un résumé de l'histoire de l'école janséniste, et dans ce résumé, comme commentaire aux *Provinciales* elles-mêmes, l'historique de leur publication. Si nous avons poussé la témérité jusqu'à faire figurer notre prose très-humble et très-indigne sous la couverture qui abrite les pages de Pascal, c'est que nous avons cherché avant tout l'utilité du lecteur; et comme nous n'aurons qu'à souffrir de ce voisinage, le public voudra bien nous accorder quelque indulgence.

Les notes qui accompagnent le texte ne sont point prodiguées, mais elles sont instructives; et il suffit d'un mot pour justifier cet éloge, nous les avons empruntées la plupart au *Port-Royal* de M. Sainte-Beuve. C'est un livre qui touche de trop près, et par trop de côtés, aux *Provinciales* pour pouvoir en être séparé. Joseph de Maistre, M. Villemain, M. J. J. Ampère, nous ont aussi fourni quelques annotations. Notre rôle d'éditeur, dans toute cette partie du travail, s'est borné à choisir et à transcrire.

Le texte des *Provinciales* étant fixé depuis longtemps, nous n'avons eu qu'à indiquer quelques rares variantes qui forment la différence de l'édition *princeps*, celle de 1657, aux éditions subséquentes.

Nous n'avons point reproduit les pièces diverses, telles que censures, condamnations, mandements des évêques, propositions extraites des casuistes, etc., etc., qui, dans quelques éditions, se trouvent jointes aux *Provinciales*. Nous avons pensé qu'il était inutile d'éditer ce qu'on ne lisait plus, et nous nous sommes borné, pour toute cette partie, à quelques renvois indicatifs; les notes elles-mêmes, d'ailleurs, en disent autant que les pièces.

Trois lettres qui se trouvent le plus souvent mêlées aux lettres de Pascal, et auxquelles il est étranger, ont été placées comme appendice à la fin du volume; un livre tel que *les Provinciales* ne pouvant que perdre à des interpolations semblables, lors même qu'elles ont directement trait à la polémique engagée.

Nous ne donnons ici aucune biographie de Pascal, attendu que cette biographie, écrite par Mme Périer, sœur de l'auteur des *Provinciales*, se trouve déjà dans cette collection, en tête des *Pensées*.

Un éminent écrivain a dit justement que le xviie siècle était comme une seconde antiquité, et qu'on devait, en publiant les auteurs de cette grande époque, les entourer des mêmes respects, de la même attention que les classiques de l'antiquité grecque ou romaine. C'est en nous pénétrant de cette pensée que nous avons donné nos soins à ce volume.

LE JANSÉNISME
ET LES PROVINCIALES.

PRÉCIS HISTORIQUE.

« De toutes les hérésies que l'on a vu éclore dans l'Église, il n'en est aucune, a dit avec raison Bergier, qui ait eu des défenseurs plus subtils et plus habiles, pour le soutien de laquelle on ait employé plus d'érudition, plus d'artifices, plus d'opiniâtreté que celle de Jansénius. » Liée intimement à l'histoire politique du royaume, cette hérésie, ou plutôt cette querelle domine toute l'histoire ecclésiastique du XVIIe et du XVIIIe siècle. Passionnée, implacable comme le calvinisme, mais non sanglante, car la guerre par la plume remplace la guerre par l'épée, elle effraye le catholicisme, elle raffermit la morale, elle divise le clergé, ébranle et brave la royauté, provoque d'odieuses persécutions, révèle de grands caractères, égare d'éminents esprits dans un labyrinthe inextricable de subtilités, jette la France dans une lutte de pamphlets, de monitoires et de mandements, enfante une incroyable multitude de livres, et, de tous ces livres, n'en laisse qu'un seul après elle, un seul qu'on lit encore et qu'on admirera toujours, *les Provinciales*.

En reproduisant ce livre immortel, nous avons pensé qu'il était indispensable de rappeler en peu de mots l'histoire de la controverse religieuse qui en fut l'occasion, de le replacer au milieu des circonstances qui l'ont vu naître, d'exposer les motifs de l'intervention de Pascal dans la querelle, l'historique de la publication des *Provinciales*, et l'influence qu'elles ont exercée jusqu'à nos jours (1).

I.

Le chef de la secte célèbre qui compta Pascal parmi ses disciples, Corneille Janssen ou Jansénius, naquit en Hollande dans un village voisin de Laerdam, en 1585. Après avoir successivement étudié à Utrecht, à Louvain et à Paris, il alla s'établir à Bayonne en qualité de principal du

---

(1) Nous n'avons nullement la prétention, dans le *Précis* qu'on va lire, de présenter une histoire du jansénisme. Ce n'est qu'un simple aperçu dont nous nous empressons de reconnaître l'extrême insuffisance; nous croyons donc, pour ceux de nos lecteurs qui voudraient pénétrer plus avant dans l'histoire de cette secte célèbre, devoir donner ici quelques indications bibliographiques. Ces sortes d'indications, trop négligées par les éditeurs, nous semblent utiles, en ce qu'elles mettent immédiatement sur la voie des études approfondies, et qu'elles facilitent, par la comparaison, la recherche de la vérité. Voici donc, soit pour la partie polémique, soit pour la partie historique et critique du jansénisme, quelques ouvrages qui, à côté de ceux des Arnauld et de Pascal, de Racine et de Nicole, nous paraissent importants : *Bibliothèque des principaux livres jansénistes, ou suspectés de jansénisme* (par le père de Colonia); Bruxelles, 1730, 2 vol. in-12. — *Dictionnaire des livres jansénistes ou qui favorisent le jansénisme*; Anvers, 1752, 4 vol. in-12. — Denis Raimond. *Eclaircissement du Fait et du Sens de Jansénius*. Cologne, 1660, 1 vol. in-4°. — *Melchioris Leydeckeri de Historia jansenismi*, lib. VI; Trajecti ad Rhenum, 1695, 1 vol. in-8°. — *Histoire abrégée du jansénisme*; Cologne, 1698, 1 vol. in-8°. — *Histoire générale du jansénisme*, par l'abbé *** (le père Gerberon); Amsterdam, 1700. 3 vol. in-8°. — *Histoire des cinq Propositions de Jansénius* (par l'abbé Dumas). 1700. — *Défense de l'Histoire des cinq Propositions de Jansénius*; Liége, 1701, 1 vol. in-12. — *Jansénius condamné par l'Église et par lui-même*; Bruxelles, 1705, 1 vol. in-12. — Grégoire. *Les Ruines de Port-Royal des champs*; Paris, 1809, 1 vol. in-8°. — Joseph de Maistre. *De l'Église gallicane dans son rapport avec le souverain pontife*; Lyon, 1838, in-8°, chap. III du jansénisme, portrait de cette secte; chap. IV, analogie de Hobbes et de Jansénius; chap. V, Port-Royal; chap. VI, cause de la réputation usurpée dont a joui Port-Royal—. .. chap. IX, Pascal considéré sous le triple rapport de la science, du mérite littéraire et de la religion. — P. Varin. *La Vérité sur les Arnauld*; Paris, 1847, 2 vol. in-8°.—Les livres que nous venons d'indiquer sont écrits dans des sentiments souvent très-différents, et c'est par cela même que nous les avons cités, comme dans un procès on met sous les yeux des juges les réquisitoires et les plaidoyers. On a d'ailleurs aujourd'hui, pour se conduire dans ce dédale d'opinions contradictoires, un guide qui n'égare jamais, M. Sainte-Beuve. En évoquant, dans le beau livre de *Port-Royal* les Pères du nouveau désert, M. Sainte-Beuve, véritable initiateur, a jeté des lumières nouvelles et tout à fait inattendues sur l'histoire de la secte entière. Questions théologiques, questions littéraires, questions morales, questions politiques, il a tout pénétré, tout élucidé, tout replacé dans son véritable jour ; c'est donc à lui qu'il faut recourir avant tout, c'est à lui que nous avons recouru nous-même dans les principales annotations de ce volume.

collége de cette ville, séjourna douze ans en France, prit ensuite à Louvain le bonnet de docteur, et fut nommé à l'évêché d'Ypres par la protection du roi d'Espagne. C'était un homme de mœurs rigides, qui partageait son temps entre l'étude opiniâtre des livres saints et la prière, et qui demandait sans cesse à Dieu la force et la lumière nécessaires pour combattre et terrasser les opinions que les jésuites Molina et Lessius avaient enseignées, l'un en Espagne, l'autre dans les Pays-Bas, sur les mystères de la prédestination et de la grâce. Jansénius méditait depuis vingt ans ces mystères inaccessibles, lorsqu'en visitant ses diocésains il fut atteint de la peste pour avoir, disait-on, touché dans des archives à d'anciens papiers infectés. On lui présenta deux sœurs grises pour le soigner; mais son austérité était si grande, qu'il refusa d'abord de les recevoir, en disant que, depuis l'âge de quinze ans, il n'avait pu souffrir aucun service de la part des femmes. Il mourut le 6 mai 1638, en léguant à ses exécuteurs testamentaires un manuscrit intitulé *Augustinus*, qui était l'œuvre principale de sa vie, et qu'il avait plusieurs fois recopié de sa main. « Je donne, disait-il dans son testament, à Réginald Lamée tous mes écrits touchant l'explication de saint Augustin. Je lui fais cette donation en voulant qu'il confère et qu'il dispose de bonne foi de l'impression avec Libert Fromond, recteur magnifique, et Henri Calenus, chanoine de Malines. Mon sentiment est qu'on y peut difficilement trouver quelque chose à changer; si toutefois le saint-siége veut qu'on y change quelque chose, je suis enfant d'obéissance et enfant obéissant de l'Eglise romaine, en laquelle j'ai toujours vécu jusqu'au lit de la mort. C'est ma dernière volonté (1). »
On ne respecta point cette volonté suprême. Le saint-siége ne fut point consulté. Le livre fut donné au public tel qu'il

---

(1) Melchioris Leydeckeri. *De Historiá Jansenismi libri VI;* Trajecti ad Rhenum, 1695, in.8°, pars 1. — De Cornelii Jansenii Vitâ et Morte libri III. — Sainte-Beuve, *Port-Royal,* tom. II, pag. 89 et suiv.

avait été écrit, et Jansénius, cet enfant obéissant de l'Église, se trouva, sans l'avoir prévu, le fauteur d'une dispute qui agita l'Église pendant plus d'un siècle, et qui menaça de faire tomber la France dans le schisme.

Que renfermait donc l'*Augustinus* pour produire cet ébranlement? Quelle révélation apportait-il à la société? Tout se bornait à une question théologique ; mais cette question touchait aux plus hauts problèmes de la destinée humaine. Elle avait déjà ému la chrétienté au ve siècle par l'hérésie de Pélage (1), dans le siècle même qui venait de finir par les hérésies de Baïus et de Calvin. Il s'agissait de la grâce, du libre arbitre, du mérite des bonnes œuvres, de la prédestination. Jansénius n'avait eu d'autre but que d'être l'interprète de saint Augustin, qui lui paraissait, sur ces mystères, avoir été illuminé de Dieu lui-même. Il n'avait voulu que prêter sa plume à ce grand docteur, auquel il avait emprunté des textes nombreux pour en former un système complet éclairé d'un commentaire perpétuel. Mais comment marcher sûrement au bord de ces abîmes? Comment marquer, en ces régions pleines de ténèbres, les limites des mystiques royaumes de l'orthodoxie? Disciple de Jacques Janson, qui lui-même avait été disciple de Baïus, l'évêque d'Ypres fit fausse route en voulant, comme on l'a dit, assigner un fil dans le labyrinthe épouvantable de la toute-puissance divine et de la liberté humaine. Jansénius avait cru mourir dans le sein de l'Église, et, à peine mort, il fut condamné par l'Église, qui pensait retrouver en lui l'apôtre d'un calvinisme nouveau.

La grâce, disent les catholiques, est absolument nécessaire, mais Dieu la donne à tous, non parce que nous la méritons, mais parce que le Christ l'a méritée et obtenue pour tous. Il la donne, parce qu'il a livré son fils à la

---

(1) Voir, pour l'hérésie de Pélage et les doctrines de saint Augustin sur la grâce, la profonde et lumineuse analyse de M. Guizot, dans l'*Histoire de la Civilisation en France*.

mort pour la rédemption de tous; il la donne dans une mesure suffisante pour le salut de chacun, en laissant à l'activité humaine la plénitude de son action, en laissant au libre arbitre la liberté du choix, liberté qui constitue la responsabilité de l'homme, qui fait le mérite ou le démérite, et justifie le châtiment ou la récompense.

La grâce est absolument nécessaire, dit aussi Jansénius, d'accord en ce point avec la tradition orthodoxe; mais souvent Dieu la refuse, parce que nous ne pouvons pas toujours la mériter. Il la refuse à ceux qu'il sait ne pas devoir en user. Depuis la chute d'Adam, l'homme a perdu son libre arbitre; les bonnes œuvres sont un don purement gratuit de Dieu, et la prédestination des élus est un effet, non de la prescience qu'il a des œuvres, mais de sa pure volonté. Quand l'homme pèche, c'est que la grâce lui manque, d'où il résulte que les pécheurs endurcis en sont toujours privés, d'où il résulte encore que Jésus-Christ n'est pas mort pour tous les hommes, mais seulement pour quelques hommes (1).

Par cette doctrine, on le voit, la liberté est anéantie; l'homme n'est plus qu'une chose aveugle qui marche avec docilité vers le ciel ou l'abîme, selon que la main de Dieu le pousse dans la voie du salut ou dans celle de la damnation. La responsabilité humaine disparaît; le bienfait de la rédemption, infini comme le Dieu rédempteur, est limité à un petit nombre d'élus, la fatalité s'empare du monde.

L'Église, qui retrouvait là d'antiques erreurs, ne pouvait garder le silence; elle parla bientôt.

---

(1) Quelqu'un a dit que les matières de la grâce sont une mer qui n'a ni rive ni fond. Peut-être aurait-il parlé plus juste s'il les avait comparées au phare de Messine, où l'on est toujours en danger de tomber dans un écueil quand on tâche d'en éviter un autre; *incidit in Scyllam cupiens vitare Charybdim.* Tout se réduit enfin à ceci : Adam a-t-il péché librement? Si vous répondez qu'oui, donc, vous dira-t-on, sa chute n'a pas été prévue; si vous répondez que non, donc, vous dira-t-on, il n'est point coupable. Vous écrirez cent volumes contre l'une ou l'autre de ces conséquences, et néanmoins vous avouerez ou que la prévision infaillible d'un événement contingent est un mystère qu'il est impossible de concevoir, ou que la manière dont une créature qui agit sans liberté pèche pourtant, est tout à fait incompréhensible. Je n'en veux pas davantage; puisqu'il faut avouer l'une ou l'autre de ces impossibilités, à quoi vous sert de tant écrire? BAYLE, art. *Jansénius* note G.

II.

En 1642, le pape Urbain VIII censura l'*Augustinus*. Peu de temps après, la faculté de théologie de Paris examina de nouveau ce livre, autour duquel se faisait un bruit toujours croissant; elle en résuma les principales maximes, ou du moins celles qu'elle crut y découvrir, dans une suite d'articles qui reçurent le nom de *Propositions*.

Voici ces cinq articles, qui firent tant de bruit et enfantèrent tant de livres :

1º « Quelques commandements de Dieu sont impossibles à des hommes justes qui veulent les accomplir, et qui font à cet effet des efforts selon les forces présentes qu'ils ont; la grâce qui les leur rendait possibles leur manque.

2º « Dans l'état de nature tombée, on ne résiste jamais à la grâce intérieure.

3º « Dans l'état de nature tombée, pour mériter ou démériter, l'on n'a pas besoin d'une liberté exempte de nécessité; il suffit d'avoir une liberté exempte de coaction ou de contrainte.

4º « Les semi-pélagiens admettaient la nécessité d'une grâce prévenante pour toutes les bonnes œuvres, même pour le commencement de la foi; mais ils étaient hérétiques en ce qu'ils pensaient que la volonté de l'homme pouvait s'y soumettre ou y résister.

5º « C'est une erreur semi-pélagienne de dire que Jésus-Christ est mort et a répandu son sang pour tous les hommes. »

Soumises à l'assemblée générale du clergé, les *cinq propositions* furent censurées. Elles furent ensuite portées devant le saint-siége, qui les déclara *hérétiques et blasphématoires*.

L'arrêt était formel. Les partisans de Jansénius ne se tinrent point cependant pour battus; ils s'intitulaient les défenseurs de la grâce ; ils croyaient fermement, en s'attachant à la doctrine de l'évêque d'Ypres, s'attacher à la doctrine même de saint Augustin ; ils avaient horreur de l'hérésie, et voulaient, malgré Rome, mourir dans le giron de l'Église tout en gardant leurs opinions. Déjà perdus dans d'inextricables subtilités, ils se retranchèrent dans des subtilités nouvelles, et soutinrent que les *cinq propositions* « n'étaient point condamnées dans le sens de Jansénius, mais dans un sens faux qu'on avait donné à ses paroles ; que, sur ce fait, le souverain pontife avait pu se tromper. C'est ce que l'on nomma la distinction du *droit* et du *fait*. Ceux qui s'y retranchaient disaient que l'on était obligé de se soumettre à la bulle du pape, quant au droit, c'est-à-dire de croire que les *propositions*, telles qu'elles étaient dans la bulle, étaient condamnables ; mais qu'on n'était pas tenu d'y acquiescer quant au fait, c'est-à-dire de croire que les *propositions* étaient dans le livre de Jansénius, et qu'il les avait soutenues dans le sens dans lequel le pape les avait condamnées » (1).

Ce n'était point tout cependant que les questions dogmatiques : Jansénius avait aussi soulevé de graves questions morales. Si, d'une part, il présentait Dieu comme un maître inflexible, de l'autre il demandait à l'homme des vertus plus austères. Attristé du relâchement dans lequel était tombée la société, attristé du refroidissement de la foi, il voulait introduire, dans la pratique de la vie, une sorte de rigidité stoïque qui pouvait effrayer les faibles, mais qui devait conduire les forts jusqu'aux dernières limites du renoncement chrétien. Il s'annonçait donc tout à la fois comme le restaurateur de la tradition orthodoxe dans la question de la grâce, et comme un réformateur moral. Ses disciples le suivirent dans cette double voie ; ils alarmèrent l'Église par leur enseignement dogmatique ; ils

---

(1) Bergier, *Encyclopédie méthodique.* Théologie, art. *Jansénisme.*

l'étonnèrent par des vertus qui semblent n'appartenir qu'au christianisme primitif. La grâce et la morale, tel fut le perpétuel sujet des controverses jansénistes. La *grâce* et la *morale*, tel est aussi le sujet des *Provinciales*.

III.

Renfermées quelque temps dans l'école, les théories de l'évêque d'Ypres ne tardèrent pas à faire irruption dans le public, et elles acquirent une grande autorité par l'adhésion de ces hommes savants et pieux, ecclésiastiques ou laïques, qui, sous le nom de *solitaires*, s'étaient retirés à Port-Royal pour se livrer à l'étude, à la prière, au travail des mains, à l'éducation des enfants. Là, elles se trouvèrent placées sous le patronage des Arnauld, des Nicole, des Lancelot, se constituèrent comme une secte, et eurent le sort de toutes les opinions nouvelles auxquelles se rallient de grands talents; elles furent embrassées par les uns, repoussées par les autres avec toute l'ardeur des passions. Dès les premiers jours de la lutte, les partis se dessinèrent nettement. Le jansénisme eut pour disciples, dans la magistrature, dans la noblesse, dans le clergé, des hommes à principes austères, des esprits sérieux qui se rattachaient avec force à la foi catholique ébranlée par le XVIe siècle, et cherchaient, en se tenant neutres entre la scolastique et la philosophie moderne, une sorte de refuge spirituel pour s'y reposer dans la pratique des vertus chrétiennes. Le jansénisme eut pour ennemis les jésuites, la cour et Rome.

Les jésuites, car après avoir disputé à Luther et à Calvin l'Europe catholique, ils retrouvaient, dans les doctrines nouvelles, un calvinisme mitigé; dans Jansénius, un vieil adversaire, car l'évêque d'Ypres avait fait révoquer l'autorisation accordée par la cour d'Espagne à la compagnie d'enseigner les humanités et la philosophie à l'université de Louvain ; enfin, dans les plus éminents adeptes de la nouvelle secte, dans les Arnauld, les fils d'un homme qui les avait attaqués dans un plaidoyer célèbre lors de leurs débats avec l'université de Paris. Combattre les jansénistes, c'était pour eux combattre le fantôme de Calvin, c'était se venger de Jansénius sur ses disciples, d'Antoine Arnauld sur ses enfants. Il y avait de plus l'intérêt et la jalousie : les jansénistes tenaient à Port-Royal des écoles dans lesquelles étaient élevés les enfants de la haute bourgeoisie et de la noblesse ; ils avaient des pénitents dans les classes les plus influentes, et parmi les personnes de la cour elle-même. C'était là, pour les écoles et le confessionnal des jésuites, une concurrence redoutable : il fallait la faire disparaître.

Le jansénisme eut la cour pour ennemie, Richelieu d'abord et ensuite Louis XIV : Richelieu, parce que son amour-propre gardait rancune à Jansénius qui, dans un livre intitulé : *Mars gallicus*, avait, en 1636, fort vivement censuré l'alliance conclue avec les puissances protestantes, et que la secte nouvelle, austère, rigide, inflexible à l'égard du pouvoir, avait recruté quelques-uns de ses ennemis politiques ; Louis XIV, parce que les jésuites qui régnaient sur la conscience de ce monarque, peu instruit des matières philosophiques ou théologiques, lui présentèrent la secte de Port-Royal comme une secte ennemie de son autorité et dangereuse pour le repos de l'État ; enfin le jansénisme eut Rome pour ennemie parce que, bien avant la déclaration de 1682, il avait défendu les maximes de l'Église gallicane, et protesté contre les prétentions et les usurpations du saint-siège. Dans leurs situations respectives, les parties belligérantes offrirent cela de remarquable que les jésuites, en s'alliant d'une part à l'absolutisme ultramontain, de l'autre à l'absolutisme de Louis XIV, se déclaraient, dans l'ordre théologique, les défenseurs de la liberté, tandis que les jansénistes, qui, dans l'ordre politique représentaient le parti de la liberté, proclamaient, en matière de foi, l'absolutisme providentiel.

« Le combat, dit M. Sainte-Beuve, s'était engagé dès le p.... Louvain; il éclata publiquement à Paris par trois sermons que M. Habert, théologal de Notre-Dame et docteur jusque-là estimé, prononça en pleine chaire de la cathédrale, le premier et le dernier dimanche de l'avent 1642, et le jour de la Septuagésime 1643 : ce furent trois coups de canon d'alarme (1). » Les chaires de Paris retentirent bientôt de déclamations violentes. Jansénius fut représenté comme un *Calvin rebouilli*, et ses disciples comme *des grenouilles nées dans la fange des marais de Genève*. L'abbé de Saint-Cyran, Jean Duvergier de Hauranne, qui avait été l'introducteur des doctrines jansénistes et « le saint Jean du nouveau Messie, » soutint le premier choc, et s'adjoignit bientôt Antoine Arnauld comme second dans ce duel théologique. L'engagement devint de plus en plus vif, et en 1653 l'affaire du jansénisme fut portée en cour de Rome. Les deux partis envoyèrent des députés près du saint-siége pour défendre leur cause; mais les jansénistes furent vaincus, comme ils l'avaient été déjà en 1642. Une bulle du pape Innocent X, décrétée le 27 mai, confirma les condamnations précédentes, et cette bulle devint le signal des persécutions les plus iniques. Avant de frapper les jansénistes dans leur liberté, on commença par les frapper dans leur conscience en leur refusant les sacrements, et c'est un refus d'absolution, fait par un prêtre de la paroisse Saint-Sulpice à l'un de ses pénitents, le duc de Liancourt, qui prépara de loin et indirectement la prise d'armes de Pascal.

Ami fidèle et dévoué des solitaires de Port-Royal, auxquels il rendait de fréquentes visites, le duc de Liancourt avait donné asile dans sa maison de Paris, située sur la

---

(1) *Port-Royal*, tom. II, pag. 93.

paroisse Saint-Sulpice, au père Desmares, de l'Oratoire, et à l'abbé de Bourzéis, de l'Académie française, qui s'étaient distingués tous deux par un grand zèle pour la défense des doctrines de l'évêque d'Ypres. C'fut là, aux yeux des jésuites et de leurs partisans, qui se confondaient alors sous le nom général de *molinistes*, un crime irrémissible. De plus, le duc faisait élever à Port-Royal sa petite-fille, Mlle de la Roche-Guyon ; et cette marque de confiance envers les solitaires ne les rendait pas moins coupables. « S'étant présenté, le 31 janvier 1655, à un M. Picoté, prêtre de sa paroisse et son confesseur ordinaire, il ne put recevoir l'absolution. Il venait d'achever sa confession détaillée, et attendait la parole du prêtre, quand celui-ci lui dit : « Vous ne me parlez point d'une chose de conséquence, qui est que vous avez chez vous un janséniste, un hérétique ; vous ne me parlez point non plus d'une petite-fille que vous faites élever à Port-Royal, et du commerce que vous avez avec ces messieurs. » Le confesseur exigeant un *meâ culpâ* là-dessus, et parlant même de rétractation publique, le pénitent ne put se résoudre d'aucune manière à s'en accuser, et il sortit paisiblement du confessional. Mais l'affaire fit grand bruit... Sans cette affaire de sacristie, ajoute M. Sainte-Beuve, point de *Provinciales !* » (1)

IV.

Cette première affaire en amena bientôt une autre dans laquelle s'engagea personnellement Antoine Arnauld, à propos de l'absolution qui avait été refusée au duc de Liancourt. Arnauld écrivit une *lettre à une personne de condition*, où il blâmait la conduite tenue à l'égard du duc, et montrait qu'on avait agi fort inconsidérément en refusant d'absoudre un chrétien d'une vie si exemplaire et si édi-

(1) *Port-Royal,* tom. II, pag. 523.

fiante. Un grand nombre d'écrits, dans lesquels on n'épargnait ni les calomnies ni les faussetés, furent publiés contre Arnauld, et celui-ci, pour répondre à ses adversaires, composa sa *lettre à un duc et pair de France* (le duc de Luynes). Cette lettre, datée de Port-Royal des champs, le 10 juillet 1655, souleva des récriminations plus violentes que la première. Les nombreux ennemis d'Arnauld lui reprochèrent d'avoir dit qu'il n'avait pas trouvé dans *l'Augustinus* les *cinq propositions* entachées d'hérésie ; mais que, les condamnant en quelque lieu qu'elles fussent, *il les condamnait dans Jansénius si elles y étaient.* On lui reprochait encore d'avoir dit que « saint Pierre offrait dans sa chute l'exemple d'un juste à qui la grâce, sans laquelle on ne peut rien, la grâce efficace, avait manqué dans une occasion où l'on ne peut pas dire qu'il n'ait point péché (1). » La lettre fut dénoncée à la faculté de théologie de Paris, et depuis le 1er décembre 1655 jusqu'au 31 janvier 1656, il y eut de nombreuses assemblées qui rappellent par leurs violences, ainsi que l'a remarqué M. Sainte-Beuve, les séances les plus orageuses et les plus tristement passionnées des assemblées politiques de 1815. Le syndic de la Sorbonne rappela souvent, au milieu d'argumentations latines, où les solécismes coulaient à grands flots, les orateurs à l'ordre par ces paroles sacramentelles : *Domine mi, impono tibi silentium.* La majorité demanda bien souvent la clôture : *conclude, concludatur !* (2) Après des débats très-animés, et malgré une opposition très-vive, Arnauld fut condamné et exclu de la Sorbonne.

« Ces disputes, dit un historien du jansénisme, faisaient grand éclat, il en résultait dans le public diverses impressions. Ceux qui ne savaient pas quel en était le sujet, s'imaginaient qu'il s'y agissait des fondements de la foi, ou au

---

(1) Voir, sur toute cette affaire, *Histoire abrégée de la Vie et des Ouvrages de M. Arnauld* (par Quesnel) ; 1697, in-12, pag. 78 et suiv.
(2) Sainte-Beuve, *Port-Royal*, tom. II, pag. 552.

moins de quelques questions d'une extrême conséquence pour la religion. Ceux qui étaient mieux instruits de l'affaire, gémissaient de voir les simples dans l'erreur et les théologiens divisés par des contestations de cette espèce.

« Ce fut alors que Pascal, s'entretenant à son ordinaire avec quelques amis, on parla de la peine que ces personnes avaient de ce qu'on imposait ainsi à ceux qui n'étaient pas capables de juger de ces disputes, et qui les auraient méprisées s'ils avaient pu en juger. Tous ceux de la compagnie trouvèrent que la chose méritait qu'on y fit attention, et qu'il eût été à souhaiter qu'on eût pu désabuser le monde. Sur cela, un d'eux dit que le meilleur moyen pour y réussir était de répandre dans le public une espèce de *factum*, où l'on fît voir que, dans ces disputes, il ne s'agissait de rien d'important ni de sérieux, mais seulement d'une question de mots et d'une pure chicane, qui ne roulait que sur des termes équivoques qu'on ne voulait point expliquer. Tous approuvèrent ce dessein et pressèrent fort M. Arnauld de se défendre. *Est-ce que vous vous laisserez condamner,* lui disaient-ils *, comme un enfant sans rien dire et sans instruire le public de quoi il est question?* Il composa donc un écrit dont il fit lecture à ces messieurs. Ceux-ci ne donnant aucun signe d'approbation il leur dit avec franchise : *Je vois bien que vous ne trouvez pas cet écrit bon, et je crois que vous avez raison.* Puis il dit à Pascal : *Mais vous, qui êtes jeune, vous devriez faire quelque chose.* M. Pascal, qui n'avait encore presque rien écrit, et qui ne connaissait pas combien il était capable de réussir dans ces sortes d'ouvrages, dit qu'il concevait à la vérité comment on pouvait faire le *factum* dont il s'agissait, mais que tout ce qu'il pouvait promettre était d'en ébaucher un projet, en attendant qu'il se trouvât quelqu'un qui pût le polir et le mettre en état de paraître. Le lendemain il voulut travailler au projet qu'il avait promis; mais au lieu d'une ébauche, il fit une lettre ; il la lut à la compagnie.

M. Arnauld dit aussitôt : *Cela est excellent, cela sera goûté; il faut l'imprimer.* Tous étant du même avis, on le fit. Cette lettre est datée du 23 janvier 1656. C'est la première des *Provinciales* ». — La dernière est datée du 24 mars 1657.

V.

Les Provinciales, qui sont au nombre de dix-huit, parurent d'abord séparément par feuilles d'impression de huit pages in-4º, à l'exception des trois dernières auxquelles l'auteur donna plus d'étendue. Lors de leur apparition, elles étaient anonymes, et ne portèrent que plus tard le nom supposé de *Louis de Montalte*. On les appela *les Petites Lettres;* « mais le libraire ou les amis, dit M. Sainte-Beuve, en revoyant les épreuves, y avaient mis le titre de *Lettre écrite à un provincial par un de ses amis.* Le public l'appela, pour abréger, *la Provinciale*, consacrant par cette locution impropre la popularité de la pièce. » *Les Provinciales* furent imprimées, dit-on, pour la plupart dans un des moulins qui se trouvaient alors à Paris entre le Pont-Neuf et le Pont-au-Change. Pierre Lepetit, célèbre libraire et imprimeur du roi, s'était chargé de l'impression, et il se servait, pour cette besogne, d'une espèce d'encre dont lui seul avait le secret. Cette encre prenait au papier sans qu'il fût besoin de le faire tremper, et séchait au moment même, ce qui permettait de tirer les lettres la nuit du jour où elles devaient être distribuées. « Jamais, dit le père Daniel, jamais la poste ne fit de plus grands profits. On envoya des exemplaires dans toutes les villes du royaume, et quoique je fusse assez peu connu de messieurs de Port-Royal, j'en reçus dans une ville de Bretagne, où j'étais alors, un gros paquet, port payé. »

L'apparition de l'admirable pamphlet de Pascal mit en

rumeur la cour et les jésuites. On fit d'abord des recherches très-actives pour découvrir l'imprimeur. On arrêta, sur un ordre du roi, Charles Savreux, l'un des libraires de Port-Royal, et il fut interrogé, ainsi que sa femme et ses commis, par le lieutenant criminel Tardif; mais l'interrogatoire n'amena aucune découverte. On fit également une visite domiciliaire chez Desprez et chez Pierre Lepetit, qui étaient, comme Savreux, en relation avec messieurs de Port-Royal; mais là encore on ne trouva rien, car au moment où les agents du roi se présentaient chez Lepetit, sa femme monta à l'imprimerie, et cachant les formes, toutes pesantes qu'elles fussent, sous son tablier, elle alla les porter chez un voisin où dès la nuit même on tira 300 exemplaires de la seconde lettre, et le lendemain 1200 (1). Cette publication coûtait fort cher aux jansénistes; mais, tout en s'occupant des intérêts de leur parti, ils n'oubliaient pas les intérêts positifs, et le docteur Arnauld s'avisa, pour rentrer dans les frais, d'un expédient commercial qui fut imité avec succès par M. de Saint-Gilles, janséniste zélé, qui s'occupa du placement des 7e, 8e, 9e et 10e Lettres. « Au lieu de donner de ces lettres, dit M. de Saint-Gilles, à nos libraires Savreux et Desprez, pour les vendre et nous en tenir compte, nous en faisons toujours tirer de chacune douze rames, qui font six mille, dont nous gardons trois mille que nous donnons, et les autres trois mille nous les vendons aux libraires ci-dessus, à chacun 1,500 pour 1 sou la pièce. Ils les vendent, eux, 2 sous 6 deniers et plus; par ce moyen nous faisons 50 écus qui nous payent toute l'impression et plus, et ainsi nos trois mille ne nous coûtent rien, et chacun se sauve. »

Tandis que les officiers du Châtelet, dépistés dans leurs poursuites, se mettaient en quête des éditeurs des *Petites Lettres*, le public, dont la curiosité était irritée par l'ano-

---

(1) Sainte-Beuve, *Port-Royal*, tom. II, pag. 850.

nyme, cherchait avidement à en deviner le véritable auteur. On les attribua d'abord à Gomberville, puis à M. Leroi, abbé de Haute-Fontaine, et Pascal resta longtemps invisible à l'abri de son pseudonyme. « Lorsqu'il commença *les Provinciales*, dit M. Sainte-Beuve que nous suivons toujours comme le guide le plus sûr pour ces détails curieux et précis, il logeait près du Luxembourg dans une maison qui faisait face à la porte Saint-Michel, et qui avait une sortie de derrière dans le jardin. C'était le poëte Patrix, officier du duc d'Orléans, qui la lui avait prêtée; mais pour plus de sûreté il la quitta et s'alla cacher, sous le nom de M. de Mons, dans une petite auberge de la rue des Poirées, à l'enseigne du roi David, derrière la Sorbonne, et tout vis-à-vis le collége des jésuites : comme un général habile, il coupait le corps ennemi. M. Périer, son beau-frère, étant arrivé à Paris sur ces entrefaites, se logea dans la même auberge. Un jésuite, le père de Frétat, un peu son cousin, l'y vint voir et lui dit qu'en bon parent, il devait l'avertir qu'on mettait dans la société *les Provinciales* sur le compte de M. Pascal, son beau-frère. M. Périer répondit comme il put. Il y avait au même moment sur son lit, derrière le rideau entr'ouvert, une vingtaine d'exemplaires de la 7e ou 8e Lettre qui étaient à sécher. Dès que le jésuite fut dehors, M. Périer, délivré d'angoisses, courut conter l'histoire à Pascal qui demeurait dans la chambre au-dessus. »

VI.

Parmi les dix-huit *Lettres Provinciales*, cinq seulement, les trois premières, la 17e et la 18e, se rapportent d'une manière directe au fond même de la question du jansénisme, aux disputes soulevées dans la Sorbonne par les démêlés d'Arnauld sur la grâce. Les treize autres, à partir de la 4e, sont dirigées contre les jésuites que l'auteur prend corps a corps et contre lesquels il entame résolûment une charge à fond ; car ce qui importait avant tout, c'était d'attaquer dans leur camp même les ennemis de Port-Royal ; et en cette occasion quels ennemis plus redoutables que les jésuites qui devaient jouer le rôle d'inquisiteurs contre la nouvelle secte? L'attaque était des plus opportunes. Mais sur quel point devait-elle porter ? On ne pouvait, sous la monarchie de Louis XIV, reprocher aux jésuites de s'être fait les auxiliaires du pouvoir absolu. On ne pouvait leur reprocher l'ardeur avec laquelle ils s'étaient jetés dans les mêlées religieuses du XVIe siècle; car ils avaient puissamment contribué à arrêter les envahissements du calvinisme, à sauver la France de l'hérésie, et par cela même à maintenir l'œuvre de cette unité nationale si péniblement préparée par les rois dans le cours du moyen âge, si glorieusement fondée par Richelieu et Louis XIV, et que le triomphe de la réforme, qui en France s'appuyait sur la noblesse, eût anéantie pour y substituer une organisation princière et morcelée comme en Allemagne. On ne pouvait mettre en cause la ferveur des jésuites, car ils avaient porté jusqu'aux limites du monde les lumières de l'Évangile, et en Amérique comme dans la Chine, ils avaient donné leur sang en témoignage de leur foi ; mais heureusement pour la polémique janséniste, à côté des martyrs et des saints il y avait les casuistes. Ce catholicisme dont Jansénius avait tendu les ressorts, les jésuites l'avaient pour ainsi dire assoupli ; ce paradis d'où Jansénius écartait la foule, où il n'admettait que quelques âmes d'élite, soutenues par une faveur toute exceptionnelle de Dieu, les jésuites l'ouvraient à tous ceux qui se présentaient à ses portes, en passant par leurs églises. Pour mieux s'insinuer dans le monde, pour s'attirer, par une conduite conciliante, une belle clientèle de pénitents, pour faire régner leur ambition, ils avaient pris des accommodements avec la morale, et ainsi que l'a dit un janséniste, « comme il y a des personnes de toutes sortes d'humeurs, ils ont été obligés d'avoir des maximes de toutes façons pour les satisfaire ; et parce qu'ils ont été obligés par là d'avoir des opinions contraires les unes aux autres, pour contenter tant d'humeurs contraires, il a fallu qu'ils aient changé la véritable règle des mœurs, qui est l'Évangile et la tradition, parce qu'elle conserve partout un même esprit, et qu'ils y en aient substitué un autre qui fût souple, divers, maniable à tous sens, capable de toutes sortes de formes, et c'est ce qu'ils appellent la doctrine de la probabilité (1). » On a dit qu'on avait exagéré en attribuant aux casuistes de la société de Jésus tant d'habileté et une tactique aussi perverse ; on a cité Voltaire, qui lui-même incline à l'indulgence.

On a montré que ce n'était point aux seuls jésuites qu'il fallait s'en prendre, mais que les casuistes de divers ordres religieux, des docteurs de Sorbonne, des théologiens de toutes les écoles, avaient professé les mêmes doctrines. Cette remarque est juste ; mais on peut répondre avec M. Sainte-Beuve que si « les jésuites seuls ont payé pour tous, ils l'ont, en un certain sens, mérité. Ce que les autres suivaient par routine et isolément, eux ils l'ont rajeuni à leur usage et y ont remis un vif esprit d'intention. En se mêlant activement à la politique et aux affaires du monde, en cherchant l'oreille ou le cœur des rois, ils ont introduit l'adresse humaine sous l'Évangile, et installé le machiavélisme à l'ombre de la croix (2). »

Quoi qu'il en soit du véritable but que se proposaient les casuistes de la société de Jésus, ces casuistes avaient enseigné des choses coupables. Ils avaient empoisonné non-seulement la morale catholique, mais la plus simple morale humaine. Leurs livres étaient là, comme des témoins ir-

---

(1) *Les Provinciales ou Lettres écrites*, etc. : Cologne, Nicolas Schoute, 1667, in-8°. Avertissement, pag. V.

2) Sainte-Beuve, *Port-Royal*, tom. III, pag. 68.

récusables, qui déposaient contre eux. Blessé par ces livres dans sa conscience de chrétien, dans ses sentiments d'honnête homme, pressé comme janséniste de combattre, Pascal les fit parler. Espagnols, Italiens, Flamands, les docteurs du probabilisme, après avoir siégé pour la plupart aux tribunaux du saint office, furent cités à leur tour devant une inquisition nouvelle, et torturés dans les *Provinciales*. Le jansénisme sembla un instant oublier Jansénius, et une guerre nouvelle s'alluma autour du sublime pamphlet qui fit condamner les jésuites, en même temps qu'il fut condamné lui-même.

VII.

En tirant de la poussière de l'école, où jusqu'alors ils étaient restés ensevelis, les livres d'Escobar, de Caramouel, de Vasquez, en les clouant au pilori, Pascal avait porté à ses adversaires le coup le plus rude qui les eût encore atteints. Les jésuites, à la suite de ce grand éclat, de ces révélations scandaleuses, ne pouvaient pas garder le silence. « En voyant le tort que ces lettres leur faisaient de tous côtés, ils se crurent obligés d'y répondre, mais c'est à quoi ils se trouvèrent infiniment embarrassés..... Ils y travaillèrent sans fruit et avec si peu de succès qu'ils ont laissé toutes leurs entreprises imparfaites; car ils firent d'abord un écrit qu'ils appelèrent *première réponse*, mais il n'y en eut point de seconde. Ils produisirent de même la *première* et la *deuxième lettre à Philarque* sans que la troisième ait suivi. Ils commencèrent depuis un plus long ouvrage dont ils promirent quatre parties; mais après en avoir produit la première et quelque chose de la seconde, ils en sont demeurés là; et enfin le père Annat étant venu le dernier au secours de ces pères, a fait paraître son dernier livre qu'il appelle *la bonne foi des jansénistes*, qui n'est qu'une redite, et qui est sans doute la plus faible de toutes leurs productions (1). » La seule défense un peu sérieuse des jésuites fut celle du père Daniel, mais elle parut en 1694 (2). Elle est par cela même de beaucoup postérieure à l'époque qui nous occupe, et d'ailleurs elle n'agit que faiblement sur l'opinion, car *les Provinciales* sont du petit nombre des livres dont la réfutation même la plus habile ne saurait atténuer l'effet. Vaincus dans leur impuissante polémique, les jésuites eurent recours à d'autres armes qu'à la plume, et, ne pouvant réfuter Pascal, ils intriguèrent pour le faire condamner. De ce côté, ils réussirent mieux. La première sentence prononcée contre les lettres du pseudo-Montalte partit du parlement de Provence. L'archevêque de Rouen de Harlay, qui fut depuis archevêque de Paris, les censura, et publia contre elles, dans un synode diocésain, un mandement dans lequel il fulminait une excommunication *ipso facto* contre ceux qui oseraient les lire. Le pape les proscrivit également vers la même époque; enfin, en 1660, quatre évêques et neuf docteurs de Sorbonne furent chargés par le roi d'examiner l'ouvrage. Ils déclarèrent que les hérésies condamnées dans Jansénius y étaient fidèlement reproduites, qu'on y trouvait des sentiments injurieux pour les papes, les évêques, le roi, la faculté de théologie de Paris et quelques ordres religieux. Cette déclaration fut transmise au conseil d'État, et le conseil ordonna que les lettres seraient lacérées et brûlées par la main du bourreau (3). Ainsi, par une bizarrerie singulière, le bûcher s'allume dans le xvıı^e siècle

---

(1) *Les Provinciales ou Lettres écrites*, etc.; Cologne, Nicolas Schoute, 1667, in-8°. Avertissement au lecteur.

(2) *Réponse aux Lettres Provinciales, etc. ou Entretiens de Cléandre et d'Eudoxe.*

(3) Voir sur les condamnations et les *Exécutions des Provinciales*, M. Sainte-Beuve, *Port-Royal*, tom. III, pag. 441 et suiv. M. Sainte-Beuve, à propos de la condamnation prononcée par le parlement d'Aix, rapporte que les magistrats provençaux, qui avaient publiquement condamné au feu *les Provinciales*, en faisaient tellement cas en leur particulier, et avaient tellement de peine à en sacrifier un exemplaire qu'ils ne donnèrent à brûler qu'un almanach.

pour Pascal, le plus éloquent, le plus profond des apologistes de la foi chrétienne, comme il s'allumera un siècle plus tard pour Rousseau, l'apôtre du déisme moderne, pour Voltaire, l'apôtre de l'incrédulité. La flamme des auto-da-fé brille pour ainsi dire aux deux pôles.

Les Provinciales devaient-elles être vaincues cependant par la censure d'un archevêque, par les bulles d'un pape, anéanties par le bourreau? Non, car elles avaient réveillé au nom de l'éternelle morale la conscience des théologiens égarée par les équivoques de la casuistique. Un parti plus fort que celui des jésuites, le parti des gens honnêtes, de ceux qui croient que la morale ne se discute pas, mais qu'elle s'affirme, se forma pour soutenir Pascal. On s'effraya, comme on disait alors, des monstruosités des nouveaux casuistes. « A peine pouvait-on croire, en les voyant de ses propres yeux, qu'elles fussent jamais venues dans l'esprit de théologiens catholiques. Telle était la disposition, non-seulement du peuple et des simples, mais encore de la plus grande partie des ecclésiastiques, des religieux, et principalement des curés qui, par un bonheur particulier à la France, ne se conduisent presque point par les décisions des casuistes (1). » Un prédicateur de Rouen, le curé de Saint-Maclou, dénonça dans sa chaire les opinions signalées par Pascal. Ses collègues nommèrent des commissaires pour vérifier les citations, qui furent reconnues exactes, et ils s'adressèrent aux curés de Paris, en les priant de s'unir à eux pour faire condamner les maximes des nouveaux casuistes, et les livres dans lesquels on avait cherché à défendre et à justifier ces maximes. Cet appel fut entendu : les membres du clergé des deux villes se réunirent à Paris en 1656. Lecture fut

---

(1) *Ludovici Montaltii Litteræ Provinciales, de morali et politicâ jesuitarum disciplinâ*, etc. *à Willelmo Windrockio è gallicâ in latinam linguam translatæ;* Coloniæ, Schouten, 1679, in-8°.—Admonitio ad lectorem.—Proloquium tertium, tertiæ editioni anni 1660 a Windrockio præfixum, in quo quæ post editas in vulgum Provinciales epistolas consecuta sunt, breviter perstringuntur.

faite de plusieurs propositions tirées des livres des jésuites. « Cette lecture, disent les curés de Rouen dans le compte-rendu de l'assemblée, fit horreur à ceux qui l'entendirent, et nous fûmes sur le point de nous boucher les oreilles, comme avaient fait autrefois les Pères du concile de Nicée pour n'entendre pas les blasphèmes d'un livre d'Arius. Chacun fut enflammé de zèle pour réprimer l'audace de ces malheureux écrivains qui corrompent si étrangement les maximes les plus saintes de l'Évangile, et introduisent une morale dont d'honnêtes païens auraient honte, et dont de bons Turcs seraient scandalisés. »

Pascal avait gagné sa cause au tribunal de l'opinion publique, et de tous les points du royaume, il s'éleva contre ses adversaires une solennelle réprobation. Quarante ans après la publication des *Provinciales*, le père Daniel, en essayant de les réfuter, pouvait dire encore avec raison que ce livre avait fait plus de jansénistes que *l'Augustin* de Jansénius et tous les ouvrages d'Arnauld, et que les jésuites se sentiraient longtemps de ce coup que le jansénisme leur avait porté. C'est qu'en effet *les Provinciales*, comme l'a dit Perrault, avaient été lues par un million d'hommes et admirées par tous ceux qui les avaient lues. L'Église elle-même devait, en dernier lieu, venger indirectement Pascal des arrêts qui avaient frappé son livre ; et elle le vengea en condamnant à son tour la casuistique des jésuites, par Innocent XI en 1679, par l'assemblée du clergé de France en 1700.

VIII.

Pascal était mort le 19 août 1662, à l'âge de trente-neuf ans et deux mois, mais il laissait derrière lui, pour continuer la lutte, le plus inflexible, le plus opiniâtre de tous les athlètes, Arnauld, qui, jusqu'à l'âge de quatre-vingts ans, ne cessa de combattre sans jamais déposer les armes.

Malgré les jésuites et la cour qui faisait cause commune avec eux, les jansénistes s'entêtaient dans la résistance, se rejetant à chaque nouvelle condamnation dans des subterfuges qui rendaient la paix impossible. Alexandre VII, pour mettre un terme à ces querelles toujours renaissantes, ordonna à tous les prêtres, à tous les moines, aux religieuses elles-mêmes, de signer un formulaire par lequel on déclarait réprouver formellement les doctrines du jansénisme. Le pape prescrivit aux fidèles de signer comme sujets de l'Église, le roi de France à son tour de signer comme sujets de l'État. Le formulaire devint ainsi une loi de l'État et de l'Église; mais malgré les peines canoniques, malgré la prison, quatre évêques refusèrent de se soumettre, et les querelles continuèrent avec la même ardeur, jusqu'au moment où le pape Clément IX amena les parties à un arrangement connu sous le nom de *paix de l'Église*. Ce fut moins une paix qu'une trêve armée. En 1702, un problème théologique, qu'on appela *cas de conscience*, réveilla les vieilles passions. « Pouvait-on donner les sacrements à un homme qui aurait signé le formulaire, en croyant dans le fond de son cœur que le pape et même l'Église peuvent se tromper sur les faits? » Quarante docteurs signèrent qu'on pouvait, dans ce cas, donner les sacrements. Cette nouvelle équivoque, ajoutée à tant d'autres, fut un nouveau *casus belli*. On discuta sur le *cas de conscience* comme on avait discuté sur les *cinq propositions*; et les disputes se traînaient ainsi à travers la même obscurité, à travers les mêmes intrigues et les mêmes persécutions, lorsque parut un livre du père Quesnel, intitulé : *Réflexions morales sur le Nouveau Testament*. Dans ce livre, composé depuis longtemps déjà, Quesnel avait développé certaines propositions entachées de jansénisme. Malgré cela, les *Réflexions morales* avaient été approuvées par le cardinal de Noailles, qui protégeait, comme le dit Voltaire, quelques jansénistes sans l'être, et aimait peu les jésuites sans leur nuire et sans les craindre. Le père Le Tellier, confesseur du roi, était l'ennemi personnel du cardinal. Faire condamner Quesnel, c'était faire condamner l'archevêque. Cent et une propositions furent donc extraites du livre de Quesnel et condamnées en 1708.

Les jansénistes se rallièrent autour du livre de Quesnel et recommencèrent le combat. Le Tellier, abusant tout à la fois de la vieillesse de Louis XIV et de son ignorance, lui persuada qu'il serait agréable à Dieu en redoublant de sévérité. En 1709, on arracha violemment de Port-Royal les solitaires, dont la résistance, toujours inflexible, avait porté la cour au dernier degré d'irritation. On alla plus loin encore deux ans plus tard. En 1711, après avoir dispersé les hôtes de cette pieuse retraite, on en exila les os des morts qui reposaient dans le cimetière; enfin, pour mettre un terme à des troubles qui n'étaient point sans danger, Louis XIV sollicita et obtint de Rome la bulle *Unigenitus*, qui fut donnée en 1713, et qui souleva la plus vive opposition. Il y eut à Paris une assemblée générale du haut clergé de France. Quarante évêques acceptèrent la bulle; sept autres, auxquels se joignirent bientôt des adhérents nouveaux, et le cardinal de Noailles, refusèrent de s'y soumettre, et dès ce moment l'Église de France fut divisée en deux partis, les acceptants et les refusants.

« Les acceptants, dit Voltaire, étaient les cent évêques qui avaient adhéré sous Louis XIV, avec les jésuites et les jacobins; les refusants étaient quinze évêques et toute la nation. » L'irritation des esprits fut poussée à l'extrême; les prisons se remplirent de prêtres et de laïques. Le père Le Tellier soulevait de jour en jour des haines plus vives, et l'Église de France était menacée d'un schisme, lorsque la mort de Louis XIV vint calmer les deux partis. Deux jours après les funérailles du grand roi, dont ces dissensions théologiques avaient attristé la vieillesse (1), le régent fit

---

1) P. Varin, *La Vérité sur les Arnaulds* Paris, 1847, in-8°, tom. I. p. 332.

sortir de prison tous ceux que Le Tellier y avait entassés. De plus, il fit composer un corps de doctrines qui parut satisfaire un instant toutes les opinions, et en 1720 il rendit un édit qui ordonnait l'acceptation de la bulle. On pouvait croire à une paix prochaine; on commençait à oublier Jansénius; on avait presque oublié Quesnel, quand une instruction pastorale de Soanen, évêque de Senez, vint de nouveau rallumer l'incendie. Soanen fut condamné dans le concile d'Embrun. Ses vertus lui avaient donné dans sa province une grande autorité; on s'affligea de l'arrêt inique qui reléguait, à l'âge de plus de quatre-vingts ans, dans un couvent au milieu des montagnes, un prélat justement respecté. La persécution fit un saint de ce vieillard. Quelques évêques, obstinés dans leurs convictions, se rallièrent à sa cause. On essaya encore de nouvelles agitations ; mais l'enthousiasme avait fait son temps. Les jansénistes rencontrèrent bientôt devant eux des adversaires plus redoutables que les jésuites, plus redoutables que Louis XIV lui-même, les philosophes de l'école voltairienne, armés de leur indifférence et de leur ironie. L'incrédulité faisait irruption de toutes parts. Les jansénistes, devenus convulsionnaires, essayèrent d'opposer des miracles à ce flot toujours montant qui menaçait de les engloutir. Ils choisirent pour lieu de la scène, dans le cimetière Saint-Médard, la tombe du diacre Pâris, l'un des *refusants* les plus inflexibles ; mais le temps des miracles était passé, et le tombeau du diacre Pâris fut aussi le tombeau du jansénisme.

IX.

Telle est, sommairement résumée, l'histoire d'une secte célèbre qui réveilla l'esprit de controverse du moyen âge, au moment où les dernières traditions de cet âge allaient disparaître sans retour. Deux cents familles de la paroisse Saint-

Séverin et les *frères de Saint-Antoine*, sont aujourd'hui le seul souvenir vivant qui la rappelle (1). Les *Provinciales* sont aussi, de tous les livres nombreux qu'elle a produits, le seul qu'on lise encore; mais ce livre, malgré la distance des temps, malgré les vicissitudes des révolutions modernes, est resté jusqu'à nos jours un livre actuel. Nous ne parlons point de l'influence qu'il a exercée comme œuvre littéraire; nous ne parlons ici que de son influence politique, et, sous ce dernier rapport, il est peu d'ouvrages qui aient eu, après un immense retentissement au moment de leur apparition, plus d'écho et de portée dans l'avenir. En effet, à côté de cette question éternelle de la liberté humaine, il y a dans les *Provinciales* la plus violente satire contre un ordre célèbre qui, depuis trois siècles, reparaît à tous les horizons de l'histoire dans les luttes où le droit divin et le droit des peuples sont en présence. Pascal le premier attaqua par le côté vulnérable, et de manière à laisser aux flancs de l'ennemi une blessure profonde, cet ordre fameux qui, par cela même qu'il fut toujours le plus politique de tous les ordres, en fut toujours le plus puissant; cet ordre qu'on persécute et qui règne, qu'on proscrit et qui revient toujours; qui professa, comme secte, de si perverses maximes, et qui donna individuellement l'exemple de si grandes vertus; cet ordre dont les membres dispersés dans tous les coins du monde, sans patrie, et,

---

(1) Le plus dévoué de tous les jansénistes modernes fut M. Louis Silvy, qu'on pourrait appeler le dernier solitaire de Port-Royal. M. Silvy, né à Paris d'une ancienne famille parlementaire, le 27 novembre 1760, est mort le 12 juin 1847. Devenu, vers 1837, acquéreur des ruines de Port-Royal, il fit construire un oratoire sur la place qu'avait occupée l'autel de l'ancienne église. Les *frères de Saint-Antoine*, dits aussi *Tabourins*, ont succédé depuis comme propriétaires à M. Silvy, et sont restés fidèles à la tradition janséniste. Les lieux illustrés par la mère Angélique sont encore aujourd'hui visités par quelques pèlerins fidèles, qui vont y réciter *l'office des Saintes-Reliques*, et le récit de ces pèlerinages a donné lieu à un volume de M. l'abbé Guzagne. Il existe aussi à Paris, rue des Bourguignons, faubourg Saint-Marceau, dans la maison qui fut habitée par le diacre Pâris, un musée composé d'objets provenant de Port-Royal, et diverses reliques des *saints* jansénistes. Nous ajouterons que la procession en commémoration de la guérison de Mme Lafosse a encore lieu chaque année à Sainte-Marguerite.

comme ils le disent eux-mêmes, partagés en autant de nations et de royaumes que la terre a de limites, liés par un même dessein, par un même vœu, soldats dans l'armée de la ligue, rois dans le Paraguay, martyrs en Asie, conspirateurs en Portugal, en Angleterre, se sont mêlés à tous les événements mystérieux sans que la vérité ait jamais percé tout entière sur leur conduite. Dans les attaques, parfois injustes, dirigées depuis deux siècles contre les jésuites, soit par la philosophie, soit par les parlements, soit par les partis politiques au nom du pouvoir absolu ou de la liberté, on n'a fait qu'imiter Pascal : comme lui, on s'arme toujours de la morale relâchée des casuistes, lorsqu'il s'agit de mettre en cause la société de Jésus. Quand le parlement, en 1764, dressait contre eux le réquisitoire qui entraîna leur expulsion du royaume, il procéda, comme l'auteur des *Provinciales*, par une enquête sur leurs doctrines morales, et ces doctrines analysées, extraites de leurs auteurs, comme elles l'avaient été dans la querelle du jansénisme, les firent condamner par la royauté, ainsi qu'elles les avaient fait condamner dans le siècle précédent par l'opinion publique. De nos jours encore la querelle s'est ranimée, sous la restauration, entre le libéralisme et les jésuites, sous le dernier roi, entre les jésuites et l'université, leur vieille ennemie. C'est toujours dans l'ouvrage de Pascal qu'on a été chercher des armes pour les combattre, et nos journaux, en reproduisant des fragments des *Provinciales*, ont semblé un instant nous reporter aux controverses du xviie siècle.

Il n'est pas, dans toute notre littérature, un seul livre qui ait eu cette destinée posthume ; c'est qu'il y a dans ce livre, au-dessus des circonstances et des querelles passagères des hommes, l'empreinte impérissable du génie, l'indignation de la conscience, et un style, comme l'âme de Pascal, « d'une incomparable beauté. »

Charles LOUANDRE.

LETTRES ÉCRITES
A UN PROVINCIAL
PAR UN DE SES AMIS.

PREMIÈRE LETTRE.

Des disputes de Sorbonne, et de l'invention du pouvoir prochain, dont les molinistes se servirent pour faire conclure la censure de M. Arnauld.

De Paris, ce 23 janvier 1656.

Monsieur,

Nous étions bien abusés. Je ne suis détrompé que d'hier ; jusque-là j'ai pensé que le sujet des disputes de Sorbonne était bien important, et d'une extrême conséquence pour la religion. Tant d'assemblées d'une compagnie aussi célèbre qu'est la faculté de Théologie de Paris, et où il s'est passé tant de choses si extraordinaires et si hors d'exemple, en font concevoir une si haute idée, qu'on ne peut croire qu'il n'y en ait un sujet bien extraordinaire. Cependant vous serez bien surpris, quand vous apprendrez par ce récit à quoi se termine un si grand éclat ; et c'est ce que je vous dirai en peu de mots, après m'en être parfaitement instruit.

On examine deux questions : l'une de fait, l'autre de droit.

Celle de fait consiste à savoir si M. Arnauld est téméraire, pour avoir dit dans sa seconde lettre : « Qu'il
« a lu exactement le livre de Jansénius et qu'il n'y
« a point trouvé les propositions condamnées par le

« feu pape; et néanmoins, que comme il condamne
« ces propositions en quelque lieu qu'elles se ren-
« contrent, il les condamne dans Jansénius, si elles
« y sont. »

La question sur cela est de savoir s'il a pu, sans témérité, témoigner par là qu'il doute que ces propositions soient de Jansénius, après que MM. les évêques ont déclaré qu'elles sont de lui.

On propose l'affaire en Sorbonne. Soixante et onze docteurs entreprennent sa défense, et soutiennent qu'il n'a pu répondre autre chose à ceux qui par tant d'écrits lui demandaient s'il tenait que ces propositions fussent dans ce livre, sinon qu'il ne les y a pas vues, et que néanmoins il les y condamne, si elles y sont.

Quelques-uns même, passant plus avant, ont déclaré que, quelque recherche qu'ils en aient faite, ils ne les y ont jamais trouvées, et que même ils y en ont trouvé de toutes contraires. Ils ont demandé ensuite avec instance que, s'il y avait quelque docteur qui les y eût vues, il voulût les montrer; que c'était une chose si facile, qu'elle ne pouvait être refusée, puisque c'était un moyen sûr de les réduire tous, et M. Arnauld même : mais on le leur a toujours refusé (1). Voilà ce qui s'est passé de ce côté-là.

De l'autre part se sont trouvés quatre-vingts docteurs séculiers, et quelque quarante religieux mendiants, qui ont condamné la proposition de M. Ar-

---

(1) L'auteur anonyme d'un livre qui parut en 1700, sous le titre de : *Histoire des cinq Propositions de Jansénius*, l'abbé Dumas, a contesté plusieurs faits allégués par Pascal dans les Ire, IIe, IIIe, XVIIe XVIIIe *Provinciales*, qui sont plus particulièrement relatives aux affaires du jansénisme. Le paragraphe ci-dessus, entre autres, est accusé d'inexactitude. Voir M. Sainte-Beuve, *Port-Royal*, t. III, p. 15.

nauld, sans vouloir examiner si ce qu'il avait dit était vrai ou faux ; et ayant même déclaré qu'il ne s'agissait pas de la vérité, mais seulement de la témérité de sa proposition.

Il s'en est de plus trouvé quinze qui n'ont point été pour la censure, et qu'on appelle indifférents.

Voilà comment s'est terminée la question de fait, dont je ne me mets guère en peine : car, que M. Arnauld soit téméraire ou non, ma conscience n'y est pas intéressée. Et si la curiosité me prenait de savoir si ces propositions sont dans Jansénius, son livre n'est pas si rare, ni si gros, que je ne le puisse lire tout entier pour m'en éclaircir, sans en consulter la Sorbonne.

Mais, si je ne craignais aussi d'être téméraire, je crois que je suivrais l'avis de la plupart des gens que je vois, qui, ayant cru jusqu'ici, sur la foi publique, que ces propositions sont dans Jansénius, commencent à se défier du contraire, par le refus bizarre qu'on fait de les montrer, qui est tel, que je n'ai encore vu personne qui m'ait dit les y avoir vues. De sorte que je crains que cette censure ne fasse plus de mal que de bien, et qu'elle ne donne à ceux qui en sauront l'histoire une impression tout opposée à la conclusion. Car en vérité le monde devient méfiant, et ne croit les choses que quand il les voit. Mais, comme je l'ai déjà dit, ce point-là est peu important, puisqu'il ne s'y agit point de la foi.

Pour la question de droit, elle semble bien plus considérable, en ce qu'elle touche la foi. Aussi j'ai pris un soin particulier de m'en informer. Mais vous serez bien satisfait de voir que c'est une chose aussi peu importante que la première.

Il s'agit d'examiner ce que M. Arnauld a dit dans la même lettre : « Que la grâce, sans laquelle on ne « peut rien, a manqué à saint Pierre dans sa chute. » Sur quoi nous pensions, vous et moi, qu'il était question d'examiner les plus grands principes de la grâce, comme si elle n'est pas donnée à tous les hommes; ou bien si elle est efficace ; mais nous étions bien trompés. Je suis devenu grand théologien en peu de temps, et vous en allez voir des marques.

Pour savoir la chose au vrai, je vis M. N., docteur de Navarre, qui demeure près de chez moi, qui est, comme vous le savez, des plus zélés contre les jansénistes ; et comme ma curiosité me rendait presque aussi ardent que lui, je lui demandai s'ils ne décideraient pas formellement que « la grâce est don- « née à tous », afin qu'on n'agitât plus ce doute. Mais il me rebuta rudement, et me dit que ce n'était pas là le point ; qu'il y en avait de ceux de son côté qui tenaient que la grâce n'est pas donnée à tous ; que les examinateurs mêmes avaient dit en pleine Sorbonne que cette opinion est *problématique*, et qu'il était lui-même dans ce sentiment ; ce qu'il me confirma par ce passage, qu'il dit être célèbre, de saint Augustin : « Nous savons que la grâce n'est pas « donnée à tous les hommes. »

Je lui fis excuse d'avoir mal pris son sentiment, et le priai de me dire s'ils ne condamneraient donc pas au moins cette autre opinion des jansénistes qui fait tant de bruit, « que la grâce est efficace, et qu'elle « détermine notre volonté à faire le bien. » Mais je ne fus pas plus heureux en cette seconde question. Vous n'y entendez rien, me dit-il ; ce n'est pas là une hérésie ; c'est une opinion orthodoxe : tous les thomistes la tiennent ; et moi-même je l'ai soutenue dans ma Sorbonique.

Je n'osai plus lui proposer mes doutes ; et même je ne savais plus où était la difficulté, quand, pour m'en éclaircir, je le suppliai de me dire en quoi consistait donc l'hérésie de la proposition de M. Arnauld. C'est, me dit-il, en ce qu'il ne reconnaît pas que les justes aient le pouvoir d'accomplir les commandements de Dieu en la manière que nous l'entendons.

Je le quittai après cette instruction ; et, bien glorieux de savoir le nœud de l'affaire, je fus trouver M. N., qui se porte de mieux en mieux, et qui eut assez de santé pour me conduire chez son beau-frère, qui est janséniste s'il y en eut jamais, et pourtant fort bon homme. Pour en être mieux reçu, je feignis d'être fort des siens, et lui dis : Serait-il bien possible que la Sorbonne introduisît dans l'Église cette erreur, « que tous les justes ont toujours le pouvoir « d'accomplir les commandements ? » Comment parlez-vous ? me dit mon docteur. Appelez-vous erreur un sentiment si catholique, et que les seuls luthériens et calvinistes combattent ? Eh quoi ! lui dis-je, n'est-ce pas votre opinion ? Non, me dit-il ; nous l'anathématisons comme hérétique et impie. Surpris de cette réponse, je connus bien que j'avais trop fait le janséniste, comme j'avais l'autre fois été trop moliniste. Mais, ne pouvant m'assurer de sa réponse, je le priai de me dire confidemment s'il tenait « que « les justes eussent toujours un pouvoir véritable d'ob-« server les préceptes. » Mon homme s'échauffa là-dessus, mais d'un zèle dévot, et dit qu'il ne déguiserait jamais ses sentiments pour quoi que ce fût; que c'était sa créance; et que lui et tous les siens la défendraient jusqu'à la mort, comme étant la pure doctrine de saint Thomas et de saint Augustin leur maître.

Il m'en parla si sérieusement, que je n'en pus douter. Et sur cette assurance je retournai chez mon premier docteur, et lui dis, bien satisfait, que j'étais sûr que la paix serait bientôt en Sorbonne : que les jansénistes étaient d'accord du pouvoir qu'ont les justes d'accomplir les préceptes; que j'en étais garant, et que je leur ferais signer de leur sang. Tout beau! me dit-il; il faut être théologien pour en voir le fin. La différence qui est entre nous est si subtile, qu'à peine pouvons-nous la marquer nous-mêmes; vous auriez trop de difficulté à l'entendre. Contentez-vous donc de savoir que les jansénistes vous diront bien que tous les justes ont toujours le pouvoir d'accomplir les commandements : ce n'est pas de quoi nous disputons; mais ils ne vous diront pas que ce pouvoir soit *prochain*. C'est là le point.

Ce mot me fut nouveau et inconnu. Jusque-là j'avais entendu les affaires, mais ce terme me jeta dans l'obscurité, et je crois qu'il n'a été inventé que pour brouiller. Je lui en demandai donc l'explication; mais il m'en fit un mystère, et me renvoya sans autre satisfaction, pour demander aux jansénistes s'ils admettaient ce pouvoir *prochain*. Je chargeai ma mémoire de ce terme; car mon intelligence n'y avait aucune part. Et, de peur de l'oublier, je fus promptement retrouver mon janséniste, à qui je dis, incontinent après les premières civilités : Dites-moi, je vous prie, si vous admettez *le pouvoir prochain?* Il se mit à rire, et me dit froidement : Dites-moi vous-même en quel sens vous l'entendez ; et alors je vous dirai ce que j'en crois. Comme ma connaissance n'allait pas jusque-là, je me vis en terme de ne lui pouvoir répondre ; et néanmoins, pour ne pas rendre ma visite inutile, je lui dis au hasard : Je l'entends au sens des molinistes. A quoi mon homme, sans s'émouvoir : Auxquels des molinistes, me dit-il, me renvoyez-vous? Je les lui offris tous ensemble, comme ne faisant qu'un même corps et n'agissant que par un même esprit.

Mais il me dit : Vous êtes bien peu instruit. Ils sont si peu dans les mêmes sentiments, qu'ils en ont de tout contraires. Étant tous unis dans le dessein de perdre M. Arnauld, ils se sont avisés de s'accorder de ce terme de *prochain*, que les uns et les autres diraient ensemble, quoiqu'ils l'entendissent diversement, afin de parler un même langage, et que par cette conformité apparente ils pussent former un corps considérable, et composer un plus grand nombre, pour l'opprimer avec assurance.

Cette réponse m'étonna. Mais, sans recevoir ces impressions des méchants desseins des molinistes, que je ne veux pas croire sur sa parole, et où je n'ai point d'intérêt, je m'attachai seulement à savoir les divers sens qu'ils donnent à ce mot mystérieux de *prochain*. Il me dit : Je vous en éclaircirais de bon cœur ; mais vous y verriez une répugnance et une contradiction si grossière, que vous auriez peine à me croire : je vous serais suspect. Vous en serez plus sûr en l'apprenant d'eux-mêmes, et je vous en donnerai les adresses. Vous n'avez qu'à voir séparément un nommé M. le Moine, et le père Nicolaï. Je ne connais ni l'un ni l'autre, lui dis-je. Voyez donc, me dit-il, si vous ne connaîtrez point quelqu'un de ceux que je vous vais nommer ; car ils suivent les sentiments de M. le Moine. J'en connus en effet quelques-uns. Et ensuite il me dit : Voyez si vous ne connaissez point des dominicains, qu'on appelle nouveaux thomistes, car ils sont tous comme le père Nicolaï. J'en connus aussi entre ceux qu'il me nomma ; et, résolu de profiter de cet avis et de sortir d'affaire, je le quittai, et allai d'abord chez un des disciples de M. le Moine.

Je le suppliai de me dire ce que c'était qu'*avoir le pouvoir prochain de faire quelque chose*. Cela est aisé, me dit-il ; c'est avoir tout ce qui est nécessaire pour la faire, de telle sorte qu'il ne manque rien pour agir. Et ainsi, lui dis-je, avoir le *pouvoir prochain* de passer une rivière, c'est avoir un bateau, des bateliers, des rames, et le reste, en sorte que rien ne manque. Fort bien, me dit-il. Et avoir le pouvoir prochain *de voir*, lui dis-je, c'est avoir bonne vue, et être en plein jour. Car qui aurait bonne vue dans l'obscurité n'aurait pas le pouvoir prochain de voir, selon vous ; puisque la lumière lui manquerait, sans quoi on ne voit point. Doctement, me dit-il. Et par conséquent, continuai-je, quand vous dites que tous les justes ont toujours le pouvoir prochain d'observer les commandements, vous entendez qu'ils ont toujours toute la grâce nécessaire pour les accomplir ; en sorte qu'il ne leur manque rien de la part de Dieu. Attendez, me dit-il ; ils ont toujours tout ce qui est nécessaire pour les observer, ou du moins pour le demander à Dieu. J'entends bien, lui dis-je; ils ont tout ce qui est nécessaire pour prier Dieu de les assister, sans qu'il soit nécessaire qu'ils aient aucune nouvelle grâce de Dieu pour prier. Vous l'entendez, me dit-il. Mais il n'est donc pas nécessaire qu'ils aient une grâce efficace pour prier Dieu? Non, me dit-il, suivant M. le Moine.

Pour ne point perdre de temps, j'allai aux jacobins, et demandai ceux que je savais être des nouveaux thomistes. Je les priai de me dire ce que c'est que *pouvoir prochain*. N'est-ce pas celui, leur dis-je, auquel il ne manque rien pour agir? Non, me dirent-ils. Mais quoi! mes pères, s'il manque quelque chose à ce pouvoir, l'appelez-vous *prochain*, et direz-vous, par exemple, qu'un homme ait, la nuit et sans aucune lumière, *le pouvoir prochain de voir?* Oui-da, il l'aurait selon nous, s'il n'est pas aveugle. Je le veux bien, leur dis-je; mais M. le Moine l'entend d'une manière contraire. Il est vrai, me dirent-ils; mais nous l'entendons ainsi. J'y consens, leur dis-je; car je ne dispute jamais du nom, pourvu qu'on m'avertisse du sens qu'on lui donne. Mais je vois par là que, quand vous dites que les justes ont toujours *le pouvoir prochain* pour prier Dieu, vous entendez qu'ils ont besoin d'un autre secours pour prier, sans quoi ils ne prieront jamais. Voilà qui va bien, me répondirent mes pères en m'embrassant, voilà qui va bien : car il leur faut de plus une grâce efficace qui n'est pas donnée à tous, et qui détermine leur volonté à prier; et c'est une hérésie de nier la nécessité de cette grâce efficace pour prier.

Voilà qui va bien, leur dis-je à mon tour; mais,

selon vous, les jansénistes sont catholiques, et M. le Moine hérétique : car les jansénistes disent que les justes ont le pouvoir de prier, mais qu'il faut pourtant une grâce efficace, et c'est ce que vous approuvez. Et M. le Moine dit que les justes prient sans grâce efficace, et c'est ce que vous condamnez. Oui, dirent-ils; mais M. le Moine appelle ce pouvoir *pouvoir prochain*.

Quoi! mes pères, leur dis-je, c'est se jouer des paroles, de dire que vous êtes d'accord à cause des termes communs dont vous usez, quand vous êtes contraires dans le sens. Mes pères ne répondirent rien; et sur cela mon disciple de M. le Moine arriva, par un bonheur que je croyais extraordinaire; mais j'ai su depuis que leur rencontre n'est pas rare, et qu'ils sont continuellement mêlés les uns avec les autres.

Je dis donc à mon disciple de M. le Moine : Je connais un homme qui dit que tous les justes ont toujours le pouvoir de prier Dieu, mais que néanmoins ils ne prieront jamais sans une grâce efficace qui les détermine, et laquelle Dieu ne donne pas toujours à tous les justes. Est-il hérétique? Attendez, me dit mon docteur, vous me pourriez surprendre. Allons doucement, *distinguo*; s'il appelle ce pouvoir *pouvoir prochain*, il sera thomiste, et partant catholique : sinon il sera janséniste, et partant hérétique. Il ne l'appelle, lui dis-je, ni prochain, ni non prochain. Il est donc hérétique, me dit-il : demandez-le à ces bons pères. Je ne les pris pas pour juges, car ils consentaient déjà d'un mouvement de tête; mais je leur dis : Il refuse d'admettre ce mot de *prochain*, parce qu'on ne le veut pas expliquer. A cela un de ces pères voulut en apporter sa définition ; mais il fut interrompu par le disciple de M. le Moine, qui lui dit : Voulez-vous donc recommencer nos brouilleries ? Ne sommes-nous pas demeurés d'accord de ne point expliquer ce mot de *prochain*, et de le dire de part et d'autre sans dire ce qu'il signifie ? A quoi le jacobin consentit.

Je pénétrai par là dans leur dessein, et leur dis, en me levant pour les quitter : En vérité, mes pères, j'ai grand'peur que tout ceci ne soit une pure chicanerie ; et, quoi qu'il arrive de vos assemblées, j'ose vous prédire que, quand la censure serait faite, la paix ne serait pas établie. Car, quand on aurait décidé qu'il faut prononcer les syllabes *prochain*, qui ne voit que, n'ayant point été expliquées, chacun de vous voudra jouir de la victoire ? Les jacobins diront que ce mot s'entend en leur sens, M. le Moine dira que c'est au sien ; et ainsi il y aura bien plus de disputes pour l'expliquer que pour l'introduire : car, après tout, il n'y aurait pas grand péril à le recevoir sans aucun sens, puisqu'il ne peut nuire que par le sens. Mais ce serait une chose indigne de la Sorbonne et de la théologie, d'user de mots équivoques et captieux sans les expliquer. Enfin, mes pères, dites-moi, je vous prie, pour la dernière fois, ce qu'il faut que je croie pour être catholique. Il faut, me dirent-ils tous ensemble, dire que tous les justes ont le *pouvoir prochain*, en faisant abstraction de tout sens : *abstrahendo a sensu thomistarum, et a sensu aliorum theologorum*.

C'est-à-dire, leur dis-je en les quittant, qu'il faut prononcer ce mot des lèvres, de peur d'être hérétique de nom. Car est-ce que le mot est de l'Écriture? Non, me dirent-ils. Est-il donc des Pères, ou des conciles, ou des papes? Non. Est-il donc de saint Thomas? Non. Quelle nécessité y a-t-il donc de le dire, puisqu'il n'a ni autorité, ni aucun sens de lui-même? Vous êtes opiniâtre, me dirent-ils : vous le direz, ou vous serez hérétique, et M. Arnauld aussi, car nous sommes le plus grand nombre; et, s'il est besoin, nous ferons venir tant de cordeliers, que nous l'emporterons.

Je les viens de quitter sur cette dernière raison, pour vous écrire ce récit, par où vous voyez qu'il ne s'agit d'aucun des points suivants, et qu'ils ne sont condamnés de part ni d'autre : « 1° que la grâce n'est « pas donnée à tous les hommes ; 2° que tous les jus- « tes ont le pouvoir d'accomplir les commandements « de Dieu ; 3° qu'ils ont néanmoins besoin pour les « accomplir, et même pour prier, d'une grâce efficace « qui détermine leur volonté ; 4° que cette grâce effi- « cace n'est pas toujours donnée à tous les justes, et « qu'elle dépend de la pure miséricorde de Dieu. » De sorte qu'il n'y a plus que le mot de *prochain* sans aucun sens qui court risque.

Heureux les peuples qui l'ignorent! heureux ceux qui ont précédé sa naissance! car je n'y vois plus de remède, si messieurs de l'Académie ne bannissent, par un coup d'autorité, ce mot barbare de la Sorbonne, qui cause tant de divisions. Sans cela la censure paraît assurée : mais je vois qu'elle ne fera point d'autre mal que de rendre la Sorbonne moins considérable (1) par ce procédé, qui lui ôtera l'autorité qui lui est si nécessaire en d'autres rencontres

---

(1) Var. *méprisable*, édit. de 1657.

Je vous laisse cependant dans la liberté de tenir pour le mot de *prochain*, ou non; car je vous aime trop pour vous persécuter sous ce prétexte. Si ce récit ne vous déplaît pas, je continuerai de vous avertir de tout ce qui se passera. Je suis, etc.

SECONDE LETTRE.

De la grâce suffisante.

De Paris, ce 29 janvier 1656.

Monsieur,

Comme je fermais la lettre que je vous ai écrite, je fus visité par M. N., notre ancien ami, le plus heureusement du monde pour ma curiosité; car il est très-informé des questions du temps, et il sait parfaitement le secret des jésuites, chez qui il est à toute heure, et avec les principaux. Après avoir parlé de ce qui l'amenait chez moi, je le priai de me dire en un mot quels sont les points débattus entre les deux partis.

Il me satisfit sur l'heure, et me dit qu'il y en avait deux principaux : le premier, touchant *le pouvoir prochain;* le second, touchant *la grâce suffisante.* Je vous ai éclairci du premier par la précédente : je vous parlerai du second dans celle-ci.

Je sus donc, en un mot, que leur différend, touchant *la grâce suffisante* (1), est en ce que les jésui-

---

(1) Dans un livre, à tous égards fort remarquable, l'*Histoire littéraire de la France avant le XIIe siècle*, par M. J. J. Ampère, on trouve de curieux rapprochements entre les querelles théologiques qui ont agité les premiers siècles de l'Église gallicane, et celles qui, au temps de Louis XIV, ont failli de nouveau la précipiter dans le schisme. Ces rapprochements sont ici tout à fait de circonstance, et ils

tes prétendent qu'il y a une grâce donnée généralement à tous les hommes, soumise de telle sorte au libre arbitre, qu'il la rend efficace ou inefficace à son choix, sans aucun nouveau secours de Dieu, et sans qu'il manque rien de sa part pour agir effectivement : ce qui fait qu'ils l'appellent *suffisante*, parce qu'elle suffit pour agir : et que les jansénistes, au contraire, veulent qu'il n'y ait aucune grâce actuellement suffisante qui ne soit aussi efficace ; c'est-à-dire, que toutes celles qui ne déterminent point la volonté à agir

airent utilement, par le côté de la tradition, cette question toujours si ténébreuse de la grâce. « Au XVII° siècle, dit M. Ampère, le jansénisme s'est constitué l'héritier et le représentant des doctrines de saint Augustin. Je sais que les adversaires des jansénistes n'admettent pas cette prétention ; ce qui est certain, c'est que l'analogie entre saint Augustin et Port-Royal est assez grande pour avoir fait illusion à des hommes comme Pascal, Nicole et Arnauld, et cette illusion, si c'en est une, j'avoue que je la partage entièrement. Or, pour comprendre à fond Pascal, pour se rendre compte de sa pensée intime, il faut nécessairement le rapprocher de ceux qui, à une autre époque, ont cru ce qu'il croyait. Si on l'aborde en partant de notre temps, de nos préoccupations toutes différentes..., on ne saisira que la partie pour ainsi dire extérieure de son génie ; mais on ne connaîtra pas le mystère douloureux de son intelligence, le redoutable secret de son âme. Ce qui le faisait intérieurement frémir et trembler, ce qui lui inspirait ce double sentiment de mélancolie profonde et d'énergie indomptable et presque désespérée, c'était sa manière de voir sur un ou deux points de controverse dont on serait tenté de renvoyer l'étude à la scolastique. Je crois qu'il y a un grand avantage à passer par le dogme pour arriver à l'étude des ouvrages de Pascal. Il faut, pour les apprécier, avoir habité le monde théologique où se débattait ce puissant esprit. Et d'où lui serait venu, si ce n'est de ses terribles opinions sur la grâce, ce mépris pour la volonté, cette horreur du *moi* humain, ce triste plaisir qu'il prend souvent à l'humilier sous la main de Dieu, et à ne le relever par moment que pour l'écraser et le précipiter ? L'abîme qu'il voyait sans cesse ouvert à ses côtés, n'était-ce pas l'abîme de ces questions formidables au fond desquelles étaient la prédestination et l'enfer ? Outre ces traits généraux du génie de Pascal..., il en est d'autres qui appartiennent encore plus à ce qu'on pourrait appeler la nature théologique de l'écrivain... Dans les admirables *Lettres Provinciales*, à côté de la meilleure, de la plus ingénieuse raillerie, on tombe sur des pages où les mêmes idées qui inspiraient à l'écrivain barbare du V° siècle (saint Prosper) des violences qui nous ont révoltés, en inspireront d'aussi odieuses au fin railleur, au grand écrivain du XVII° siècle.

Dans le quatrième chant du poëme que saint Prosper a écrit contre les semi-pélagiens, l'auteur arrive à certaines conséquences qu'on retrouve chez Pascal et ses amis de Port-Royal, c'est le mépris de la science, de l'esprit, des arts, des lois, de la société, de la vie... On se souvient avec quelle hauteur, quel dédain sublime et outré Pascal traite les choses humaines. Ce dédain des sciences, des arts, de l'esprit est déjà dans saint Prosper ; il abat durement la sagesse humaine qui croit en lice et qui s'aime. » *Hist. litt. de la France*, t. II, p. 48-50-51.

effectivement, sont insuffisantes pour agir, parce qu'ils disent qu'on n'agit jamais sans *grâce efficace*. Voilà leur différend.

En m'informant après de la doctrine des nouveaux thomistes : Elle est bizarre, me dit-il ; ils sont d'accord avec les jésuites d'admettre *une grâce suffisante* donnée à tous les hommes ; mais ils veulent néanmoins que les hommes n'agissent jamais avec cette seule grâce, et qu'il faille, pour les faire agir, que Dieu leur donne *une grâce efficace* qui détermine réellement leur volonté à l'action, et laquelle Dieu ne donne pas à tous. De sorte que, suivant cette doctrine, lui dis-je, cette grâce est *suffisante* sans l'être. Justement, me dit-il ; car, si elle suffit, il n'en faut pas davantage pour agir ; et, si elle ne suffit pas, elle n'est pas *suffisante*.

Mais, lui dis-je, quelle différence y a-t-il donc entre eux et les jansénistes ? Ils diffèrent, me dit-il, en ce qu'au moins les dominicains ont cela de bon, qu'ils ne laissent pas de dire que tous les hommes ont *la grâce suffisante*. J'entends bien, répondis-je ; mais ils le disent sans le penser, puisqu'ils ajoutent qu'il faut nécessairement, pour agir, avoir *une grâce efficace, qui n'est pas donnée à tous :* ainsi, s'ils sont conformes aux jésuites par un terme qui n'a pas de sens, ils leur sont contraires, et conformes aux jansénistes, dans la substance de la chose. Cela est vrai, dit-il. Comment donc, lui dis-je, les jésuites sont-ils unis avec eux ? et que ne les combattent-ils aussi bien que les jansénistes, puisqu'ils auront toujours en eux de puissants adversaires, lesquels, soutenant la nécessité de la grâce efficace qui détermine, les empêcheront d'établir celle qu'ils veulent être seule suffisante.

Les dominicains sont trop puissants, me dit-il, et la société des jésuites est trop politique pour les choquer ouvertement. Elle se contente d'avoir gagné sur eux qu'ils admettent au moins le nom de *grâce suffisante*, quoiqu'ils l'entendent en un autre sens. Par là elle a cet avantage qu'elle fera passer leur opinion pour insoutenable quand elle le jugera à propos; et cela lui sera aisé. Car, supposé que tous les hommes aient des grâces suffisantes, il n'y a rien de plus naturel que d'en conclure que la grâce efficace n'est donc pas nécessaire pour agir, puisque la suffisance de ces grâces générales excluerait la nécessité de toutes les autres. Qui dit *suffisant*, marque tout ce qui est nécessaire pour agir, et il servirait de peu aux dominicains de s'écrier qu'ils donnent un autre sens au mot de *suffisant* : le peuple, accoutumé à l'intelligence commune de ce terme, n'écouterait pas seulement leur explication. Ainsi la société profite assez de cette expression que les dominicains reçoivent, sans les pousser davantage; et si vous aviez la connaissance des choses qui se sont passées sous les papes Clément VIII et Paul V, et combien la société fut traversée, dans l'établissement de la grâce suffisante, par les dominicains, vous ne vous étonneriez pas de voir qu'elle ne se brouille pas avec eux, et qu'elle consent qu'ils gardent leur opinion, pourvu que la sienne soit libre, et principalement quand les dominicains la favorisent par le nom de *grâce suffisante*, dont ils ont consenti de se servir publiquement.

Elle est bien satisfaite de leur complaisance. Elle n'exige pas qu'ils nient la nécessité de la grâce efficace; ce serait trop les presser : il ne faut pas tyranniser ses amis ; les jésuites ont assez gagné. Car le monde se paye de paroles : peu approfondissent les choses ; et ainsi, le nom de *grâce suffisante* étant reçu des deux côtés, quoique avec divers sens, il n'y a personne, hors les plus fins théologiens, qui ne pense que la chose que ce mot signifie soit tenue aussi bien par les jacobins que par les jésuites ; et la suite fera voir que ces derniers ne sont pas les plus dupes.

Je lui avouai que c'étaient d'habiles gens, et, pour profiter de son avis, je m'en allai droit aux jacobins, où je trouvai à la porte un de mes bons amis, grand janséniste (car j'en ai de tous les partis), qui demandait quelque autre père que celui que je cherchais ; mais je l'engageai à m'accompagner à force de prières, et demandai un de mes nouveaux thomistes. Il fut ravi de me revoir : Eh bien ! mon père, lui dis-je, ce n'est pas assez que tous les hommes aient un *pouvoir prochain*, par lequel pourtant ils n'agissent en effet jamais ; il faut qu'ils aient encore une *grâce suffisante*, avec laquelle ils agissent aussi peu. N'est-ce pas là l'opinion de votre école? Oui, dit le bon père, et je l'ai bien dit ce matin en Sorbonne. J'y ai parlé toute ma demi-heure, et sans le *sable* j'eusse bien fait changer ce malheureux proverbe qui court déjà dans Paris : « Il opine du bonnet comme un moine en Sorbonne. » Et que voulez-vous dire par votre demi-heure et par votre sable? répondis-je ; taille-t-on vos avis à une certaine mesure? Oui, me dit-il, depuis quelques jours. Et vous oblige-t-on de parler une demi-heure? Non. On parle aussi peu qu'on veut. Mais non pas tant que l'on veut, lui dis-je. O la bonne règle pour les ignorants ! ô l'honnête prétexte pour ceux qui n'ont rien de bon à dire! Mais enfin, mon père, cette grâce donnée à tous les hommes est *suffisante?* Oui, dit-il. Et néanmoins elle n'a nul effet *sans grâce efficace.* Cela est vrai, dit-il. Et tous les hommes ont *la suffisante,* continuai-je, et tous n'ont pas l'*efficace?* Il est vrai, dit-il. C'est-à-dire, lui dis-je, que tous ont assez de grâce, et que tous n'en ont pas assez ; c'est-à-dire que cette grâce suffit, quoiqu'elle ne suffise pas ; c'est-à-dire qu'elle est suffisante de nom, et insuffisante en effet. En bonne foi, mon père, cette doctrine est bien subtile. Avez-vous oublié, en quittant le monde, ce que le mot de *suffisant* y signifie? ne vous souvient-il pas qu'il renferme tout ce qui est nécessaire pour agir? Mais vous n'en avez pas perdu la mémoire ; car, pour me servir d'une comparaison qui vous sera plus sensible, si l'on ne vous servait à table que deux onces de pain et un verre d'eau par jour, seriez-vous content de votre prieur qui vous dirait que cela serait suffisant pour vous nourrir, sous prétexte qu'avec autre chose, qu'il ne vous donnerait pas, vous auriez tout ce qui vous serait nécessaire pour vous nourrir? Comment donc vous laissez-vous aller à dire que tous les hommes ont *la grâce suffisante* pour agir, puisque vous confessez qu'il y en a une autre absolument nécessaire pour agir, que tous n'ont pas? Est-ce que cette créance est peu importante, et que vous abandonnez à la liberté des hommes de croire que la grâce efficace est nécessaire ou non? Est-ce une chose indifférente de dire qu'avec la grâce suffisante on agit en effet? Comment, dit ce bonhomme, indifférente! C'est *une hérésie,* c'est *une hérésie* formelle. La nécessité de *la grâce efficace* pour agir effectivement est *de foi;* il y a *hérésie* à la nier.

Où en sommes-nous donc ? m'écriai-je, et quel parti dois-je ici prendre ? Si je nie la grâce suffisante, je suis janséniste. Si je l'admets comme les jésuites, en sorte que la grâce efficace ne soit pas nécessaire, je serai *hérétique*, dites-vous. Et si je l'admets comme vous, en sorte que la grâce efficace soit nécessaire, je pèche contre le sens commun, et je suis *extravagant*, disent les jésuites. Que dois-je donc faire dans cette nécessité inévitable, d'être ou extravagant, ou hérétique, ou janséniste ? Et en quels termes sommes-nous réduits, s'il n'y a que les jansénistes qui ne se brouillent ni avec la foi, ni avec la raison, et qui se sauvent tout ensemble de la folie et de l'erreur ?

Mon ami janséniste prenait ce discours à bon présage, et me croyait déjà gagné. Il ne me dit rien néanmoins ; mais en s'adressant à ce père : Dites-moi, je vous prie, mon père, en quoi vous êtes conformes aux jésuites ? C'est, dit-il, en ce que les jésuites et nous reconnaissons les *grâces suffisantes* données à tous. Mais, lui dit-il, il y a deux choses dans ce mot de *grâce suffisante :* il y a le son, qui n'est que du vent, et la chose qu'il signifie, qui est réelle et effective. Et ainsi, quand vous êtes d'accord avec les jésuites touchant le mot de *suffisante*, et que vous leur êtes contraires dans le sens, il est visible que vous êtes contraires touchant la substance de ce terme, et que vous n'êtes d'accord que du son. Est-ce là agir sincèrement et cordialement ? Mais quoi ! dit le bonhomme, de quoi vous plaignez-vous, puisque nous ne trahissons personne par cette manière de parler ? Car dans nos écoles nous disons ouvertement que nous l'entendons d'une manière contraire aux jésuites. Je me plains, lui dit mon ami, de ce que vous ne publiez pas de toutes parts que vous entendez par grâce suffisante la grâce qui n'est pas suffisante. Vous êtes obligés, en conscience, en changeant ainsi le sens des termes ordinaires de la religion, de dire que, quand vous admettez une *grâce suffisante* dans tous les hommes, vous entendez qu'ils n'ont pas des grâces suffisantes en effet. Tout ce qu'il y a de personnes au monde entendent le mot de *suffisant* en un même sens : les seuls nouveaux thomistes l'entendent en un autre. Toutes les femmes, qui font la moitié du monde, tous les gens de la cour, tous les gens de guerre, tous les magistrats, tous les gens de palais, les marchands, les artisans, tout le peuple; enfin toutes sortes d'hommes, excepté les dominicains, entendent par le mot de *suffisant* ce qui renferme tout le nécessaire. Presque personne n'est averti de cette singularité. On dit seulement par toute la terre que les jacobins tiennent que tous les hommes ont des *grâces suffisantes*. Que peut-on conclure de là, sinon qu'ils tiennent que tous les hommes ont toutes les grâces qui sont nécessaires pour agir, et principalement en les voyant joints d'intérêt et d'intrigue avec les jésuites, qui l'entendent de cette sorte? L'uniformité de vos expressions, jointe à cette union de parti, n'est-elle pas une interprétation manifeste et une confirmation de l'uniformité de vos sentiments?

Tous les fidèles demandent aux théologiens quel est le véritable état de la nature depuis sa corruption? Saint Augustin et ses disciples répondent qu'elle n'a plus de grâce suffisante qu'autant qu'il plaît à Dieu de lui en donner. Les jésuites sont venus ensuite, et disent que tous ont des grâces effectivement suffisantes. On consulte les dominicains sur cette contrariété. Que font-ils là-dessus? Ils s'unissent aux jésuites : ils font par cette union le plus grand nombre : ils se séparent de ceux qui nient ces grâces suffisantes : ils déclarent que tous les hommes en ont. Que peut-on penser de là, sinon qu'ils autorisent les jésuites? Et puis ils ajoutent que néanmoins ces grâces suffisantes sont inutiles sans les efficaces, qui ne sont pas données à tous.

Voulez-vous voir une peinture de l'Église dans ces différents avis? Je la considère comme un homme qui, partant de son pays pour faire un voyage, est rencontré par des voleurs qui le blessent de plusieurs coups et le laissent à demi mort. Il envoie quérir trois médecins dans les villes voisines. Le premier, ayant sondé ses plaies, les juge mortelles, et lui déclare qu'il n'y a que Dieu qui lui puisse rendre ses forces perdues. Le second, arrivant ensuite, voulut le flatter, et lui dit qu'il avait encore des forces suffisantes pour arriver en sa maison; et, insultant contre le premier, qui s'opposait à son avis, forma le dessein de le perdre. Le malade, en cet état douteux, apercevant de loin le troisième, lui tend les mains, comme à celui qui le devait déterminer. Celui-ci ayant considéré ses blessures, et su l'avis des deux premiers, embrasse le second, s'unit à lui, et tous deux ensemble se liguent contre le premier, et le chassent honteusement, car ils étaient plus forts en nombre. Le malade juge à ce procédé qu'il est de l'avis du second, et, le lui demandant en effet, il lui déclare affirmativement que ses forces sont suffisantes pour faire son voyage. Le blessé néanmoins, ressentant sa faiblesse, lui demande à quoi il les jugeait telles. C'est, lui dit-il, parce que vous avez encore vos jambes ; or les jambes sont les organes qui suffisent naturellement pour marcher. Mais, lui dit le malade, ai-je toute la force nécessaire pour m'en servir ? car il me semble qu'elles sont inutiles dans ma langueur. Non certainement, dit le médecin ; et vous ne marcherez jamais effectivement, si Dieu ne vous envoie un secours extraordinaire pour vous soutenir et vous conduire. Eh quoi ! dit le malade, je n'ai donc pas en moi les forces suffisantes, et auxquelles il ne manque rien pour marcher effectivement ? Vous en êtes bien éloigné, lui dit-il. Vous êtes donc, dit le blessé, d'avis contraire à votre compagnon touchant mon véritable état ? Je vous l'avoue, lui répondit-il.

Que pensez-vous que dit le malade ? Il se plaignit du procédé bizarre et des termes ambigus de ce troisième médecin. Il le blâma de s'être uni au second, à qui il était contraire de sentiment, et avec lequel il n'avait qu'une conformité apparente ; et d'avoir chassé le premier, auquel il était conforme en effet. Et après avoir fait essai de ses forces, et reconnu par expérience la vérité de sa faiblesse, il les renvoya tous deux ; et, rappelant le premier, se mit entre ses mains, et, suivant son conseil, il demanda à Dieu les forces qu'il confessait n'avoir pas ; il en reçut miséricorde, et par son secours arriva heureusement dans sa maison.

Le bon père, étonné d'une telle parabole, ne répondait rien. Et je lui dis doucement pour le rassurer : Mais après tout, mon père, à quoi avez-vous pensé de donner le nom de *suffisante* à une grâce que vous dites qu'il est de foi de croire qu'elle est insuffisante en effet ? Vous en parlez, dit-il, bien à votre aise.

Vous êtes libre et particulier ; je suis religieux et en communauté. N'en savez-vous pas peser la différence? Nous dépendons des supérieurs ; ils dépendent d'ailleurs. Ils ont promis nos suffrages : que voulez-vous que je devienne? Nous l'entendîmes à demi-mot, et cela nous fit souvenir de son confrère, qui a été relégué à Abbeville pour un sujet semblable.

Mais, lui dis-je, pourquoi votre communauté s'est-elle engagée à admettre cette grâce? C'est un autre discours, me dit-il. Tout ce que je vous puis dire, en un mot, est que notre ordre a soutenu autant qu'il a pu la doctrine de saint Thomas touchant la grâce efficace. Combien s'est-il opposé ardemment à la naissance de la doctrine de Molina! combien a-t-il travaillé pour l'établissement de la nécessité de la grâce efficace de Jésus-Christ! Ignorez-vous ce qui se fit sous Clément VIII et Paul V, et que, la mort prévenant l'un, et quelques affaires d'Italie empêchant l'autre de publier sa bulle, nos armes sont demeurées au Vatican? Mais les jésuites, qui, dès le commencement de l'hérésie de Luther et de Calvin, s'étaient prévalu du peu de lumière qu'a le peuple pour en discerner l'erreur d'avec la vérité de la doctrine de saint Thomas, avaient en peu de temps répandu partout leur doctrine avec un tel progrès, qu'on les vit bientôt maîtres de la créance des peuples, et nous en état d'être décriés comme des calvinistes, et traités comme les jansénistes le sont aujourd'hui, si nous ne tempérions la vérité de la grâce efficace par l'aveu, au moins apparent, d'une *suffisante*. Dans cette extrémité, que pouvions-nous mieux faire, pour sauver la vérité sans perdre notre crédit, sinon d'admettre le nom de grâce suffisante, en niant qu'elle soit telle en effet? Voilà comment la chose est arrivée.

Il nous dit cela si tristement, qu'il me fit pitié ; mais non pas à mon second, qui lui dit : Ne vous flattez point d'avoir sauvé la vérité : si elle n'avait point eu d'autres protecteurs, elle serait périe en des mains si faibles. Vous avez reçu dans l'Église le nom de son ennemi : c'est y avoir reçu l'ennemi même. Les noms sont inséparables des choses. Si le mot de grâce *suffisante* est une fois affermi, vous aurez beau dire que vous entendez par là une grâce qui est insuffisante, vous n'y serez pas reçus. Votre explication serait odieuse dans le monde ; on y parle plus sincèrement des choses moins importantes : les jésuites triompheront ; ce sera leur grâce suffisante en effet, et non pas la vôtre, qui ne l'est que de nom, qui passera pour établie ; et on fera un article de foi du contraire de votre créance.

Nous souffririons tous le martyre, lui dit le père, plutôt que de consentir à l'établissement de *la grâce suffisante au sens des jésuites*, saint Thomas, que nous jurons de suivre jusqu'à la mort, y étant directement contraire. A quoi mon ami, plus sérieux que moi, lui dit : Allez, mon père, votre ordre a reçu un honneur qu'il ménage mal. Il abandonne cette grâce qui lui avait été confiée, et qui n'a jamais été abandonnée depuis la création du monde. Cette grâce victorieuse, qui a été attendue par les patriarches, prédite par les prophètes, apportée par Jésus-Christ, prêchée par saint Paul, expliquée par saint Augustin le plus grand des Pères, embrassée par ceux qui l'ont suivi, confirmée par saint Bernard le dernier des Pères, soutenue par saint Thomas l'ange de l'école, transmise de lui à votre ordre, maintenue par tant de vos pères, et si glorieusement défendue par vos religieux sous les papes Clément et Paul : cette grâce efficace, qui avait été mise comme en dépôt entre vos mains, pour avoir, dans un saint ordre à jamais durable, des prédicateurs qui la publiassent au monde jusqu'à la fin des temps, se trouve comme délaissée pour des intérêts si indignes. Il est temps que d'autres mains s'arment pour sa querelle; il est temps que Dieu suscite des disciples intrépides au docteur de la grâce, qui, ignorant les engagements du siècle, servent Dieu pour Dieu. La grâce peut bien n'avoir plus les dominicains pour défenseurs, mais elle ne manquera jamais de défenseurs, car elle les forme elle-même par sa force toute-puissante. Elle demande des cœurs purs et dégagés ; et elle-même les purifie et les dégage des intérêts du monde, incompatibles avec les vérités de l'Évangile. Pensez-y bien, mon père, et prenez garde que Dieu ne change ce flambeau de sa place, et qu'il ne vous laisse dans les ténèbres, et sans couronne, pour punir la froideur que vous avez pour une cause si importante à son Église.

Il en eût dit bien davantage, car il s'échauffait de plus en plus. Mais je l'interrompis, et dis en me levant : En vérité, mon père, si j'avais du crédit en France, je ferais publier à son de trompe : « On fait a savoir que « quand les jacobins disent que la grâce suffisante est « donnée à tous, ils entendent que tous n'ont pas la « grâce qui suffit effectivement. » Après quoi vous le diriez tant qu'il vous plairait, mais non pas autrement. Ainsi finit notre visite.

Vous voyez donc par là que c'est ici une *suffisance* politique, pareille au *pouvoir prochain*. Cependant je vous dirai qu'il me semble qu'on peut sans péril douter du *pouvoir prochain*, et de cette grâce *suffisante*, pourvu qu'on ne soit pas jacobin.

En fermant ma lettre, je viens d'apprendre que la censure est faite; mais comme je ne sais pas encore en quels termes, et qu'elle ne sera publiée que le 15 février, je ne vous en parlerai que par le premier ordinaire. Je suis, etc.

RÉPONSE DU PROVINCIAL

AUX DEUX PREMIÈRES LETTRES DE SON AMI.

Du 2 février 1656.

Monsieur,

Vos deux lettres n'ont pas été pour moi seul. Tout le monde les voit, tout le monde les entend, tout le monde les croit. Elles ne sont pas seulement estimées par les théologiens; elles sont encore agréables aux gens du monde, et intelligibles aux femmes mêmes.

Voici ce que m'en écrit un de MM. de l'Académie, des plus illustres entre ces hommes tous illustres, qui n'avait encore vu que la première : « Je voudrais que
« la Sorbonne, qui doit tant à la mémoire de feu M. le
« cardinal, voulût reconnaître la juridiction de son Aca-
« démie française. L'auteur de la lettre serait content;
« car, en qualité d'académicien, je condamnerais d'au-
« torité, je bannirais, je proscrirais, peu s'en faut que
« je ne die j'exterminerais de tout mon pouvoir ce
« pouvoir prochain, qui fait tant de bruit pour rien,
« et sans savoir autrement ce qu'il demande. Le mal
« est que notre pouvoir académique est un pouvoir

« fort éloigné et borné. J'en suis marri; et je le suis
« encore beaucoup de ce que tout mon petit pouvoir
« ne saurait m'acquitter envers vous », etc.

Et voici ce qu'une personne, que je ne vous marquerai en aucune sorte, en écrit à une dame qui lui avait fait tenir la première de vos lettres :

« Je vous suis plus obligée que vous ne pouvez vous
« l'imaginer de la lettre que vous m'avez envoyée : elle
« est tout à fait ingénieuse et tout à fait bien écrite.
« Elle narre sans narrer ; elle éclaircit les affaires du
« monde les plus embrouillées ; elle raille finement ;
« elle instruit même ceux qui ne savent pas bien les
« choses, elle redouble le plaisir de ceux qui les en-
« tendent. Elle est encore une excellente apologie, et,
« si l'on veut, une délicate et innocente censure. Et il
« y a enfin tant d'art, tant d'esprit et tant de juge-
« ment en cette lettre, que je voudrais bien savoir
« qui l'a faite », etc.

Vous voudriez bien aussi savoir qui est la personne qui en écrit de la sorte ; mais contentez-vous de l'honorer sans la connaître, et, quand vous la connaîtrez vous l'honorerez bien davantage.

Continuez donc vos lettres sur ma parole, et que la censure vienne quand il lui plaira : nous sommes fort bien disposés à la recevoir. Ces mots de *pouvoir prochain* et de *grâce suffisante*, dont on nous menace, ne nous feront plus de peur. Nous avons trop appris des jésuites, des jacobins et de M. le Moine, en combien de façons on les tourne, et combien il y a peu de solidité en ces mots nouveaux, pour nous en mettre en peine. Cependant je serai toujours, etc.

TROISIÈME LETTRE,

POUR SERVIR DE RÉPONSE A LA PRÉCÉDENTE.

Injustice, absurdité et nullité de la censure de M. Arnauld.

De Paris, ce 9 février 1656.

Monsieur,

Je viens de recevoir votre lettre, et en même temps l'on m'a apporté une copie manuscrite de la censure. Je me suis trouvé aussi bien traité dans l'une que M. Arnauld l'est mal dans l'autre. Je crains qu'il n'y ait de l'excès des deux côtés, et que nous ne soyons pas assez connus de nos juges. Je m'assure que, si nous l'étions davantage, M. Arnauld mériterait l'approbation de la Sorbonne, et moi la censure de l'Académie. Ainsi nos intérêts sont tout contraires. Il doit se faire connaître pour défendre son innocence, au lieu que je dois demeurer dans l'obscurité pour ne pas perdre ma réputation. De sorte que, ne pouvant paraître, je vous remets le soin de m'acquitter envers mes célèbres approbateurs, et je prends celui de vous informer des nouvelles de la censure.

Je vous avoue, monsieur, qu'elle m'a extrêmement surpris. J'y pensais voir condamner les plus horribles hérésies du monde ; mais vous admirerez, comme moi, que tant d'éclatantes préparations se soient anéanties sur le point de produire un si grand effet.

Pour l'entendre avec plaisir, ressouvenez-vous, je vous prie, des étranges impressions qu'on nous donne depuis si longtemps des jansénistes. Rappelez dans votre mémoire les cabales, les factions, les erreurs, les schismes, les attentats, qu'on leur reproche depuis si longtemps ; de quelle sorte on les a décriés et noircis dans les chaires et dans les livres, et combien ce torrent, qui a eu tant de violence et de durée, était grossi dans ces dernières années, où on les accusait ouvertement et publiquement d'être non-seulement hérétiques et schismatiques, mais apostats et infidèles ; « de « nier le mystère de la transsubstantiation, et de re-« noncer à Jésus-Christ et à l'Évangile. »

Ensuite de tant d'accusations si surprenantes (1), on a pris le dessein d'examiner leurs livres pour en faire le jugement. On a choisi la seconde lettre de M. Arnauld, qu'on disait être remplie des plus grandes (2) erreurs. On lui donne pour examinateurs ses plus déclarés ennemis. Ils emploient toute leur étude à rechercher ce qu'ils y pourraient reprendre ; et ils en rapportent une proposition touchant la doctrine, qu'ils exposent à la censure.

Que pouvait-on penser de tout ce procédé, sinon que cette proposition, choisie avec des circonstances si remarquables, contenait l'essence des plus noires hérésies qui se puissent imaginer ? Cependant elle était telle, qu'on n'y voit rien qui ne soit si clairement et si formellement exprimé, dans les passages des Pères que M. Arnauld a rapportés en cet endroit, que je n'ai vu personne qui en pût comprendre la différence. On s'imaginait néanmoins qu'il y en avait beaucoup, puisque, les passages des Pères étant sans doute catholiques, il fallait que la proposition de M. Arnauld y fût extrêmement (3) contraire pour être hérétique.

(1) Var. *si atroces*, édit. de 1657.
(2) Var. *détestables*, ibid.
(3) Var. *horriblement*, ibid.

C'était de la Sorbonne qu'on attendait cet éclaircissement. Toute la chrétienté avait les yeux ouverts pour voir dans la censure de ces docteurs ce point imperceptible au commun des hommes. Cependant M. Arnauld fait ses apologies, où il donne en plusieurs colonnes sa proposition, et les passages des Pères d'où il l'a prise, pour en faire paraître la conformité aux moins clairvoyants.

Il fait voir que saint Augustin dit, en un endroit qu'il cite, « que Jésus-Christ nous montre un juste en la « personne de saint Pierre, qui nous instruit par sa « chute de fuir la présomption. » Il en rapporte un autre du même Père, qui dit « que Dieu, pour mon- « trer que sans la grâce on ne peut rien, a laissé saint « Pierre sans grâce. » Il en donne un autre de saint Chrysostôme, qui dit « que la chute de saint Pierre « n'arriva pas pour avoir été froid envers Jésus-Christ, « mais parce que la grâce lui manqua; et qu'elle n'ar- « riva pas tant par sa négligence que par l'abandon de « Dieu, pour apprendre à toute l'Église que sans Dieu « l'on ne peut rien. » Ensuite de quoi il rapporte sa proposition accusée, qui est celle-ci : « Les Pères nous « montrent un juste en la personne de saint Pierre, à qui « la grâce, sans laquelle on ne peut rien, a manqué. »

C'est sur cela qu'on essaye en vain de remarquer comment il se peut faire que l'expression de M. Arnauld soit autant différente de celle des Pères que la vérité l'est de l'erreur, et la foi de l'hérésie. Car où en pourrait-on trouver la différence? Serait-ce en ce qu'il dit « que les Pères nous montrent un juste en « la personne de saint Pierre? » Mais saint Augustin l'a dit en mots propres. Est-ce en ce qu'il dit

« que la grâce lui a manqué? » Mais le même saint Augustin, qui dit « que saint Pierre était juste, » dit « qu'il n'avait pas eu la grâce en cette rencontre. » Est-ce en ce qu'il dit « que sans la grâce on ne peut « rien? » Mais n'est-ce pas ce que saint Augustin dit au même endroit, et ce que saint Chrysostôme même avait dit avant lui, avec cette seule différence qu'il l'exprime d'une manière bien plus forte; comme en ce qu'il dit « que sa chute n'arriva pas par sa froideur, ni « par sa négligence, mais par le défaut de la grâce, et « par l'abandon de Dieu? »

Toutes ces considérations tenaient tout le monde en haleine, pour apprendre en quoi consistait donc cette diversité, lorsque cette censure si célèbre et si attendue a enfin paru après tant d'assemblées. Mais, hélas! elle a bien frustré notre attente. Soit que les docteurs molinistes n'aient pas daigné s'abaisser jusqu'à nous en instruire, soit pour quelque autre raison secrète, ils n'ont fait autre chose que prononcer ces paroles : « Cette proposition est téméraire, impie, blasphéma- « toire, frappée d'anathème, et hérétique. »

Croiriez-vous, monsieur, que la plupart des gens, se voyant trompés dans leur espérance, sont entrés en mauvaise humeur, et s'en prennent aux censeurs mêmes? Ils tirent de leur conduite des conséquences admirables pour l'innocence de M. Arnauld. Eh quoi! disent-ils, est-ce là tout ce qu'ont pu faire durant si longtemps tant de docteurs si acharnés sur un seul, que de ne trouver dans tous ses ouvrages que trois lignes à reprendre, et qui sont tirées des propres paroles des plus grands docteurs de l'Église grecque et latine? Y a-t-il un auteur qu'on veuille perdre, dont les écrits n'en donnent un plus spécieux prétexte? Et quelle plus haute marque peut-on produire de la foi de cet illustre accusé?

D'où vient, disent-ils, qu'on pousse tant d'imprécations qui se trouvent dans cette censure, où l'on assemble tous ces termes « de poison, de peste, d'hor- « reur, de témérité, d'impiété, de blasphème, d'abo- « mination, d'exécration, d'anathème, d'hérésie, » qui sont les plus horribles expressions qu'on pourrait former contre Arius, et contre l'Antechrist même, pour combattre une hérésie imperceptible, et encore sans la découvrir? Si c'est contre les paroles des Pères qu'on agit de la sorte, où est la foi et la tradition? Si c'est contre la proposition de M. Arnauld, qu'on nous montre en quoi elle en est différente, puisqu'il ne nous en paraît autre chose qu'une parfaite conformité. Quand nous en reconnaîtrons le mal, nous l'aurons en détestation : mais tant que nous ne le verrons point, et que nous n'y trouverons que les sentiments des saints Pères, conçus et exprimés en leurs propres termes, comment pourrions-nous l'avoir sinon en une sainte vénération?

Voilà de quelle sorte ils s'emportent ; mais ce sont des gens trop pénétrants. Pour nous, qui n'approfondissons pas tant les choses, tenons-nous en repos sur le tout. Voulons-nous être plus savants que nos maîtres, n'entreprenons pas plus qu'eux. Nous nous égarerions dans cette recherche. Il ne faudrait rien pour rendre cette censure hérétique. La vérité est si délicate, que, pour peu qu'on s'en retire, on tombe dans l'erreur ; mais cette erreur est si déliée, que, pour peu qu'on s'en éloigne, on se trouve dans la vérité. Il n'y a qu'un point imperceptible entre cette proposition et la foi. La distance en est si insensible, que j'ai eu peur, en ne la voyant pas, de me rendre contraire aux docteurs de l'Église, pour me rendre trop conforme aux docteurs de Sorbonne; et, dans cette crainte, j'ai jugé nécessaire de consulter un de ceux qui, par politique, furent neutres dans la première question, pour apprendre de lui la chose véritablement. J'en ai donc vu un fort habile, que je priai de me vouloir marquer les circonstances de cette différence, parce que je lui confessai franchement que je n'y en voyais aucune.

A quoi il me répondit en riant, comme s'il eût pris plaisir à ma naïveté : Que vous êtes simple, de croire qu'il y en ait! Et où pourrait-elle être? Vous imaginez-vous que, si l'on en eût trouvé quelqu'une, on ne l'eût pas marquée hautement, et qu'on n'eût pas été ravi de l'exposer à la vue de tous les peuples dans l'esprit desquels on veut décrier M. Arnauld? Je reconnus bien, à ce peu de mots, que tous ceux qui avaient été neutres dans la première question ne l'eussent pas été dans la seconde. Je ne laissai pas néanmoins de vouloir ouïr ces raisons, et de lui dire : Pourquoi donc ont-ils attaqué cette proposition? A quoi il me repartit : Ignorez-vous ces deux choses, que les moins instruits de ces affaires connaissent : l'une, que M. Arnauld a toujours évité de dire rien qui ne fût puissamment fondé sur la tradition de l'Église; l'autre, que ses ennemis ont néanmoins résolu de l'en retrancher à quelque prix que ce soit; et qu'ainsi les écrits de l'un ne donnant aucune prise aux desseins des autres, ils ont été contraints, pour satisfaire leur passion, de prendre une proposition telle quelle, et de la condamner sans dire en quoi, ni pourquoi? Car ne savez-vous pas comment les jansénistes les tiennent en échec et les pressent si furieusement, que, la moindre parole qui leur échappe contre les principes des Pères, on les voit incontinent accablés par des volumes entiers, où ils sont forcés de succomber : de sorte qu'après tant d'épreuves de leur faiblesse, ils ont jugé plus à propos et plus facile de censurer que de repartir, parce qu'il leur est bien plus aisé de trouver des moines que des raisons?

Mais quoi! lui dis-je, la chose étant ainsi, leur censure est inutile ; car quelle créance y aura-t-on en la voyant sans fondement, et ruinée par les réponses qu'on y fera? Si vous connaissiez l'esprit du peuple, me dit mon docteur, vous parleriez d'une autre sorte. Leur censure, toute censurable qu'elle est, aura presque tout son effet pour un temps ; et quoiqu'à force d'en montrer l'invalidité il soit certain qu'on la fera entendre, il est aussi véritable que d'abord la plupart des esprits en seront aussi fortement frappés que de la plus juste du monde. Pourvu qu'on crie dans les rues : « Voici la censure de M. Arnauld, voici la condam- « nation des jansénistes! » les jésuites auront leur compte. Combien y en aura-t-il peu qui la lisent! combien peu de ceux qui la liront qui l'entendent! combien peu qui aperçoivent qu'elle ne satisfait point aux objections! Qui croyez-vous qui prenne les choses à cœur, et qui entreprenne de les examiner à fond? Voyez donc combien il y a d'utilité en cela pour les ennemis des jansénistes. Ils sont sûrs par là de triompher, quoique d'un vain triomphe à leur ordinaire, au moins durant quelques mois ; c'est beaucoup pour eux :

ils chercheront ensuite quelque nouveau moyen de subsister. Ils vivent au jour la journée. C'est de cette sorte qu'ils se sont maintenus jusqu'à présent, tantôt par un catéchisme où un enfant condamne leurs adversaires, tantôt par une procession où la grâce suffisante mène l'efficace en triomphe, tantôt par une comédie où les diables emportent Jansénius; une autre fois par un almanach, maintenant par cette censure.

En vérité, lui dis-je, je trouvais tantôt à redire au procédé des molinistes; mais, après ce que vous m'avez dit, j'admire leur prudence et leur politique. Je vois bien qu'ils ne pouvaient rien faire de plus judicieux ni de plus sûr. Vous l'entendez, me dit-il : leur plus sûr parti a toujours été de se taire. Et c'est ce qui a fait dire à un savant théologien « que les plus habiles « d'entre eux sont ceux qui intriguent beaucoup, qui « parlent peu, et qui n'écrivent point. »

C'est dans cet esprit que, dès le commencement des assemblées, ils avaient prudemment ordonné que, si M. Arnauld venait en Sorbonne, ce ne fût que pour y exposer simplement ce qu'il croyait, et non pas pour y entrer en lice contre personne. Les examinateurs s'étant voulu un peu écarter de cette méthode, ils ne s'en sont pas bien trouvés. Ils se sont vus trop fortement (1) réfutés par son second apologétique.

C'est dans ce même esprit qu'ils ont trouvé cette rare et toute nouvelle invention de la demi-heure et du sable. Ils se sont délivrés par là de l'importunité de ces fâcheux docteurs qui entreprenaient de réfuter toutes leurs raisons, de produire les livres pour les con-

(1) Var. *vertement*, édit. de 1657.

vaincre de fausseté, de les sommer de répondre, et de les réduire à ne pouvoir répliquer.

Ce n'est pas qu'ils n'aient bien vu que ce manquement de liberté, qui avait porté un si grand nombre de docteurs à se retirer des assemblées, ne ferait pas de bien à leur censure ; et que l'acte de protestation de nullité qu'en avait fait M. Arnauld, dès avant qu'elle fût conclue, serait un mauvais préambule pour la faire recevoir favorablement. Ils croient assez que ceux qui ne sont pas préoccupés considèrent pour le moins autant le jugement de soixante et dix docteurs qui n'avaient rien à gagner en défendant M. Arnauld, que celui d'une centaine d'autres qui n'avaient rien à perdre en le condamnant.

Mais, après tout, ils ont pensé que c'était toujours beaucoup d'avoir une censure, quoiqu'elle ne soit que d'une partie de la Sorbonne, et non pas de tout le corps; quoiqu'elle soit faite avec peu ou point de liberté, et obtenue par beaucoup de menus moyens qui ne sont pas des plus réguliers ; quoiqu'elle n'explique rien de ce qui pouvait être en dispute ; quoiqu'elle ne marque point en quoi consiste cette hérésie, et qu'on y parle peu, de crainte de se méprendre. Ce silence même est un mystère pour les simples ; et la censure en tirera cet avantage singulier, que les plus critiques et les plus subtils théologiens n'y pourront trouver aucune mauvaise raison.

Mettez-vous donc l'esprit en repos, et ne craignez point d'être hérétique en vous servant de la proposition condamnée. Elle n'est mauvaise que dans la seconde lettre de M. Arnauld. Ne vous en voulez-vous pas fier à ma parole? croyez-en M. le Moine, le plus ardent des examinateurs, qui, en parlant encore ce matin à un docteur de mes amis qui lui demandait en quoi consiste cette différence dont il s'agit, et s'il ne serait plus permis de dire ce qu'ont dit les Pères : « Cette proposition, lui a-t-il excellemment répondu, « serait catholique dans une autre bouche : ce n'est que « dans M. Arnauld que la Sorbonne l'a condamnée. » Et ainsi admirez les machines du molinisme, qui font dans l'Église de si prodigieux renversements, que ce qui est catholique dans les Pères devient hérétique dans M. Arnauld ; que ce qui était hérétique dans les semipélagiens devient orthodoxe dans les écrits des jésuites; que la doctrine si ancienne de saint Augustin est une nouveauté insupportable, et que les inventions nouvelles qu'on fabrique tous les jours à notre vue passent pour l'ancienne foi de l'Église. Sur cela, il me quitta.

Cette instruction m'a servi. J'y ai compris que c'est ici une hérésie d'une nouvelle espèce. Ce ne sont pas les sentiments de M. Arnauld qui sont hérétiques ; ce n'est que sa personne. C'est une hérésie personnelle. Il n'est pas hérétique pour ce qu'il a dit ou écrit, mais seulement pour ce qu'il est M. Arnauld. C'est tout ce qu'on trouve à redire en lui. Quoi qu'il fasse, s'il ne cesse d'être, il ne sera jamais bon catholique. La grâce de saint Augustin ne sera jamais la véritable tant qu'il la défendra. Elle le deviendrait, s'il venait à la combattre. Ce serait un coup sûr, et presque le seul moyen de l'établir, et de détruire le molinisme ; tant il porte de malheur aux opinions qu'il embrasse.

Laissons donc là leurs différends. Ce sont des disputes de théologiens, et non pas de théologie. Nous, qui ne sommes point docteurs, n'avons que faire à leurs démêlés. Apprenez des nouvelles de la censure à tous nos amis, et aimez-moi autant que je suis,

Monsieur,

Votre très-humble et très-obéissant serviteur,

E. A. A. B. P. A. F. D. E. P. (1).

QUATRIÈME LETTRE (2).

De la grâce actuelle, toujours présente; et des péchés d'ignorance.

De Paris, ce 25 février 1656.

Monsieur,

Il n'est rien tel que les jésuites. J'ai bien vu des jacobins, des docteurs, et de toute sorte de gens; mais une pareille visite manquait à mon instruction. Les autres ne font que les copier. Les choses valent toujours mieux dans leur source. J'en ai donc vu un des plus habiles, et j'y étais accompagné de mon fidèle janséniste qui vint avec moi aux Jacobins. Et comme je souhaitais particulièrement d'être éclairci sur le sujet d'un différend qu'ils ont avec les jansénistes, tou-

---

(1) Cette signature énigmatique a été expliquée ainsi qu'il suit dans l'édition in-18 de 1753 : Transportez les trois premières lettres à la fin de la ligne, et lisez : *Blaise Pascal, Auvergnat, fils d'Étienne Pascal, et d'Antoine Arnauld.*

(2) A propos de cette lettre, où Pascal prend si vivement l'offensive contre les jésuites, M. Sainte-Beuve fait la remarque suivante :

« Si l'on jette les yeux sur les éditions originales, l'impression même atteste qu'il y a là un redoublement, et que l'affaire décidément s'engage. Les trois premières Lettres, en plus gros caractères, faisaient à peine chacune huit pages in-4°. Avec la quatrième, les caractères deviennent plus serrés, plus fins, la matière plus dense. Les Lettres n'excèdent pourtant jamais les huit pages in-4°, excepté la seizième (qui encore a son post-scriptum d'excuse) et les deux suivantes et dernières, où le restant de la polémique déborde. Jusque là, au plus fort du combat, Pascal, de plus en plus écrivain et maître de sa plume, s'était fait une loi de réduire et de faire tomber juste à une certaine mesure chaque petit acte, observant en cela une idée de proportion et de nombre. » *Port-Royal*, t. III, pag. 451.

chant ce qu'ils appellent la *grâce actuelle*, je dis à ce bon père que je lui serais fort obligé s'il voulait m'en instruire ; que je ne savais pas seulement ce que ce terme signifiait : je le priai donc de me l'expliquer. Très-volontiers, me dit-il ; car j'aime les gens curieux. En voici la définition : Nous appelons « grâce actuelle, « une inspiration de Dieu par laquelle il nous fait con- « naître sa volonté, et par laquelle il nous excite à la « vouloir accomplir. » En quoi, lui dis-je, êtes-vous en dispute avec les jansénistes sur ce sujet? C'est, me répondit-il, en ce que nous voulons que Dieu donne des grâces actuelles à tous les hommes, à chaque tentation ; parce que nous soutenons que, si l'on n'avait pas à chaque tentation la grâce actuelle pour n'y point pécher, quelque péché que l'on commît, il ne pourrait jamais être imputé. Et les jansénistes disent, au contraire, que les péchés commis sans grâce actuelle ne laissent pas d'être imputés : mais ce sont des rêveurs. J'entrevoyais ce qu'il voulait dire ; mais, pour le lui faire encore expliquer plus clairement, je lui dis : Mon père, ce mot de *grâce actuelle* me brouille ; je n'y suis pas accoutumé : si vous aviez la bonté de me dire la même chose sans vous servir de ce terme, vous m'obligeriez infiniment. Oui, dit le père ; c'est-à-dire que vous voulez que je substitue la définition à la place du défini : cela ne change jamais le sens du discours ; je le veux bien. Nous soutenons donc, comme un principe indubitable, « qu'une action ne peut être imputée à « péché, si Dieu ne nous donne, avant que de la com- « mettre, la connaissance du mal qui y est, et une in- « spiration qui nous excite à l'éviter. » M'entendez-vous maintenant?

Étonné d'un tel discours, selon lequel tous les péchés de surprise, et ceux qu'on fait dans un entier oubli de Dieu, ne pourraient être imputés, je me tournai vers mon janséniste, et je connus bien, à sa façon, qu'il n'en croyait rien. Mais, comme il ne répondait mot, je dis à ce père : Je voudrais, mon père, que ce que vous dites fût bien véritable, et que vous en eussiez de bonnes preuves. En voulez-vous? me dit-il aussitôt ; je m'en vais vous en fournir, et des meilleures ; laissez-moi faire. Sur cela, il alla chercher ses livres. Et je dis cependant à mon ami : Y en a-t-il quelque autre qui parle comme celui-ci ? Cela vous est-il si nouveau ! me répondit-il. Faites état que jamais les Pères, les papes, les conciles, ni l'Écriture, ni aucun livre de piété, même dans ces derniers temps, n'ont parlé de cette sorte : mais que, pour des casuistes, et des nouveaux scolastiques, il vous en apportera un beau nombre. Mais quoi ! lui dis-je, je me moque de ces auteurs-là, s'ils sont contraires à la tradition. Vous avez raison, me dit-il. Et, à ces mots, le bon père arriva chargé de livres ; et m'offrant le premier qu'il tenait : Lisez, me dit-il, la Somme des péchés du père Bauny, que voici ; et de la cinquième édition encore, pour vous montrer que c'est un bon livre. C'est dommage, me dit tout bas mon janséniste, que ce livre-là ait été condamné à Rome, et par les évêques de France. Voyez, me dit le père, la page 906. Je lus donc, et je trouvai ces paroles : « Pour pécher et se rendre coupa-
« ble devant Dieu, il faut savoir que la chose qu'on veut
« faire ne vaut rien, ou au moins en douter, craindre ;
« ou bien juger que Dieu ne prend plaisir à l'action à
« laquelle on s'occupe, qu'il la défend, et nonob-

« stant la faire, franchir le saut, et passer outre. »

Voilà qui commence bien, lui dis-je. Voyez cependant, me dit-il, ce que c'est que l'envie. C'était sur cela que M. Hallier, avant qu'il fût de nos amis, se moquait du père Bauny, et lui appliquait ces paroles : *Ecce qui tollit peccata mundi*; « Voilà celui qui ôte les péchés du monde. » Il est vrai, lui dis-je, que voilà une rédemption toute nouvelle, selon le père Bauny.

En voulez-vous, ajouta-t-il, une autorité plus authentique? voyez ce livre du père Annat. C'est le dernier qu'il a fait contre M. Arnauld; lisez la page 34, où il y a une oreille, et voyez les lignes que j'ai marquées avec du crayon; elles sont toutes d'or. Je lus donc ces termes : « Celui qui n'a aucune pensée de
« Dieu, ni de ses péchés, ni aucune appréhension,
« c'est-à-dire, à ce qu'il me fit entendre, aucune con-
« naissance de l'obligation d'exercer des actes d'amour
« de Dieu, ou de contrition, n'a aucune grâce actuelle
« pour exercer ces actes : mais il est vrai aussi qu'il
« ne fait aucun péché en les omettant; et que, s'il est
« damné, ce ne sera pas en punition de cette omis-
« sion. » Et quelques lignes plus bas : « Et on peut
« dire la même chose d'une coupable commission. »

Voyez-vous, me dit le père, comme il parle des péchés d'omission, et de ceux de commission? Car il n'oublie rien. Qu'en dites-vous? O que cela me plaît! lui répondis-je; que j'en vois de belles conséquences. Je perce déjà dans les suites : que de mystères s'offrent à moi! Je vois, sans comparaison, plus de gens justifiés par cette ignorance et cet oubli de Dieu, que par la grâce et les sacrements. Mais, mon père, ne me donnez-vous point une fausse joie? N'est-ce point ici quelque chose de semblable à cette *suffisance* qui ne suffit pas? J'appréhende furieusement le *distinguo :* j'y ai déjà été attrapé. Parlez-vous sincèrement? Comment! dit le père en s'échauffant, il n'en faut pas railler; il n'y a point ici d'équivoque. Je n'en raille pas, lui dis-je; mais c'est que je crains à force de désirer.

Voyez donc, me dit-il, pour vous en mieux assurer, les écrits de M. le Moine, qui l'a enseigné en pleine Sorbonne. Il l'a appris de nous, à la vérité; mais il l'a bien démêlé. O qu'il l'a fortement établi! il enseigne que, pour faire qu'une action *soit péché*, il faut que *toutes ces choses se passent dans l'âme.* Lisez et pesez chaque mot. Je lus donc en latin ce que vous verrez ici en français. « 1. D'une part, Dieu répand dans
« l'âme quelque amour qui la penche vers la chose
« commandée; et, de l'autre part, la concupiscence
« rebelle la sollicite au contraire. 2. Dieu lui inspire
« la connaissance de sa faiblesse. 3. Dieu lui inspire
« la connaissance du médecin qui la doit guérir.
« 4. Dieu lui inspire le désir de sa guérison. 5. Dieu
« lui inspire le désir de le prier et d'implorer son se-
« cours. »

Et si toutes ces choses ne se passent dans l'âme, dit le jésuite, l'action n'est pas proprement péché, et ne peut être imputée, comme M. le Moine le dit en ce même endroit et dans toute la suite.

En voulez-vous encore d'autres autorités? en voici. Mais toutes modernes, me dit doucement mon janséniste. Je le vois bien, dis-je; et, en m'adressant à ce père, je lui dis : O mon père, le grand bien que voici pour des gens de ma connaissance! il faut que je vous

DE LA GRACE ACTUELLE. 73

les amène. Peut-être n'en avez-vous guère vu qui aient moins de péchés, car ils ne pensent jamais à Dieu ; les vices ont prévenu leur raison : « Ils n'ont jamais « connu ni leur infirmité, ni le médecin qui la peut « guérir. Ils n'ont jamais pensé à désirer la santé de « leur âme, et encore moins à prier Dieu de la leur « donner : » de sorte qu'ils sont encore dans l'innocence du baptême, selon M. le Moine. « Ils n'ont ja- « mais eu de pensée d'aimer Dieu, ni d'être contrits « de leurs péchés ; » de sorte que, selon le père Annat, ils n'ont commis aucun péché par le défaut de charité et de pénitence : leur vie est dans une recherche continuelle de toutes sortes de plaisirs, dont jamais le moindre remords n'a interrompu le cours. Tous ces excès me faisaient croire leur perte assurée ; mais, mon père, vous m'apprenez que ces mêmes excès rendent leur salut assuré. Béni soyez-vous, mon père, qui justifiez ainsi les gens ! Les autres apprennent à guérir les âmes par des austérités pénibles : mais vous montrez que celles qu'on aurait crues le plus désespérément malades se portent bien. O la bonne voie pour être heureux en ce monde et en l'autre ! J'avais toujours pensé qu'on péchait d'autant plus qu'on pensait moins à Dieu ; mais, à ce que je vois, quand on a pu gagner une fois sur soi de n'y plus penser du tout, toutes choses deviennent pures pour l'avenir. Point de ces pécheurs à demi, qui ont quelque amour pour la vertu ; ils seront tous damnés ces demi-pécheurs. Mais pour ces francs pécheurs, pécheurs endurcis, pécheurs sans mélange, pleins et achevés, l'enfer ne les tient pas : ils ont trompé le diable à force de s'y abandonner.

Le bon père, qui voyait assez clairement la liaison

de ces conséquences avec son principe, s'en échappa adroitement; et, sans se fâcher, ou par douceur, ou par prudence, il me dit seulement : Afin que vous entendiez comment nous sauvons ces inconvénients, sachez que nous disons bien que ces impies dont vous parlez seraient sans péché, s'ils n'avaient jamais eu de pensées de se convertir, ni de désirs de se donner à Dieu. Mais nous soutenons qu'ils en ont tous, et que Dieu n'a jamais laissé pécher un homme sans lui donner auparavant la vue du mal qu'il va faire, et le désir ou d'éviter le péché, ou au moins d'implorer son assistance pour le pouvoir éviter : et il n'y a que les jansénistes qui disent le contraire.

Eh quoi ! mon père, lui repartis-je, est-ce là l'hérésie des jansénistes, de nier qu'à chaque fois qu'on fait un péché, il vient un remords troubler la conscience, malgré lequel on ne laisse pas de *franchir le saut* et de *passer outre*, comme dit le père Bauny? C'est une assez plaisante chose d'être hérétique pour cela ! Je croyais bien qu'on fût damné pour n'avoir pas de bonnes pensées ; mais qu'on le soit pour ne pas croire que tout le monde en a, vraiment je ne le pensais pas. Mais, mon père, je me tiens obligé en conscience de vous désabuser, et de vous dire qu'il y a mille gens qui n'ont point ces désirs, qui pèchent sans regret, qui pèchent avec joie, qui en font vanité. Et qui peut en savoir plus de nouvelles que vous? Il n'est pas que vous ne confessiez quelqu'un de ceux dont je parle ; car c'est parmi les personnes de grande qualité qu'il s'en rencontre d'ordinaire. Mais prenez garde, mon père, aux dangereuses suites de votre maxime. Ne remarquez-vous pas quel effet elle peut faire dans ces libertins qui ne cherchent qu'à douter de la religion? Quel prétexte leur en offrez-vous, quand vous leur dites, comme une vérité de foi, qu'ils sentent, à chaque péché qu'ils commettent, un avertissement et un désir intérieur de s'en abstenir! Car n'est-il pas visible qu'étant convaincus, par leur propre expérience, de la fausseté de votre doctrine en ce point, que vous dites être de foi, ils en étendront la conséquence à tous les autres? Ils diront que si vous n'êtes pas véritables en un article, vous êtes suspects en tous : et ainsi vous les obligerez à conclure, ou que la religion est fausse, ou du moins que vous en êtes mal instruits.

Mais mon second, soutenant mon discours, lui dit : Vous feriez bien, mon père, pour conserver votre doctrine, de n'expliquer pas aussi nettement que vous nous avez fait ce que vous entendez par grâce *actuelle*. Car comment pourriez-vous déclarer ouvertement, sans perdre toute créance dans les esprits, « que « personne ne pèche qu'il n'ait auparavant la con- « naissance de son infirmité, celle du médecin, le dé- « sir de la guérison, et celui de la demander à Dieu? » Croira-t-on, sur votre parole, que ceux qui sont plongés dans l'avarice, dans l'impudicité, dans les blasphèmes, dans le duel, dans la vengeance, dans les vols, dans les sacriléges, aient véritablement le désir d'embrasser la chasteté, l'humilité, et les autres vertus chrétiennes?

Pensera-t-on que les philosophes qui vantaient si hautement la puissance de la nature en connussent l'infirmité et le médecin? Direz-vous que ceux qui soutenaient comme une maxime assurée, « que ce

« n'est pas Dieu qui donne la vertu, et qu'il ne s'est
« jamais trouvé personne qui la lui ait demandée, »
pensassent à la lui demander eux-mêmes?

Qui pourra croire que les épicuriens, qui niaient
la providence divine, eussent des mouvements de prier
Dieu, eux qui disaient « que c'était lui faire injure de
« l'implorer dans nos besoins, comme s'il eût été ca-
« pable de s'amuser à penser à nous? »

Et enfin, comment s'imaginer que les idolâtres et
les athées aient dans toutes les tentations qui les portent au péché, c'est-à-dire une infinité de fois en leur
vie, le désir de prier le vrai Dieu, qu'ils ignorent, de
leur donner les vraies vertus qu'ils ne connaissent pas?

Oui, dit le bon père d'un ton résolu, nous le dirons;
et plutôt que de dire qu'on pèche sans avoir la vue que
l'on fait mal, et le désir de la vertu contraire, nous
soutiendrons que tout le monde, et les impies et les
infidèles, ont ces inspirations et ces désirs à chaque
tentation. Car vous ne sauriez me montrer, au moins
par l'Écriture, que cela ne soit pas.

Je pris la parole à ce discours pour lui dire : Eh
quoi! mon père, faut-il recourir à l'Écriture pour
montrer une chose si claire? Ce n'est pas ici un point
de foi, ni même de raisonnement; c'est une chose de
fait; nous le voyons, nous le savons, nous le sentons.

Mais mon janséniste, se tenant dans les termes que
le père avait prescrits, lui dit ainsi : Si vous voulez,
mon père, ne vous rendre qu'à l'Écriture, j'y consens; mais au moins ne lui résistez pas : et puisqu'il
est écrit « que Dieu n'a pas révélé ses jugements aux
« gentils, et qu'il les a laissés errer dans leurs voies, »
ne dites pas que Dieu a éclairé ceux que les livres

sacrés nous assurent avoir été « abandonnés dans les
« ténèbres et dans l'ombre de la mort. »

— Ne vous suffit-il pas, pour entendre l'erreur de votre principe, de voir que saint Paul se dit *le premier des pécheurs*, pour un péché qu'il déclare avoir commis *par ignorance, et avec zèle?*

Ne suffit-il pas de voir par l'Évangile que ceux qui crucifiaient Jésus-Christ avaient besoin du pardon qu'il demandait pour eux, quoiqu'ils ne connussent point la malice de leur action, et qu'ils ne l'eussent jamais faite, selon saint Paul, s'ils en eussent eu la connaissance?

Ne suffit-il pas que Jésus-Christ nous avertisse qu'il y aura des persécuteurs de l'Église qui croiront rendre service à Dieu en s'efforçant de la ruiner, pour nous faire entendre que ce péché, qui est le plus grand de tous selon l'apôtre, peut être commis par ceux qui sont si éloignés de savoir qu'ils pèchent, qu'ils croiraient pécher en ne le faisant pas? Et enfin ne suffit-il pas que Jésus-Christ lui-même nous ait appris qu'il y a deux sortes de pécheurs, dont les uns pèchent avec connaissance, et les autres sans connaissance; et qu'ils seront tous châtiés, quoiqu'à la vérité différemment?

Le bon père, pressé par tant de témoignages de l'Écriture, à laquelle il avait eu recours, commença à lâcher le pied; et laissant pécher les impies sans inspiration, il nous dit: Au moins vous ne nierez pas que les justes ne pèchent jamais sans que Dieu leur donne.... Vous reculez, lui dis-je en l'interrompant, vous reculez, mon père: vous abandonnez le principe général; et, voyant qu'il ne vaut plus rien à l'égard des pécheurs, vous voudriez entrer en composition, et le faire au moins subsister pour les justes. Mais cela étant, j'en vois l'usage bien raccourci; car il ne servira plus à guère de gens; et ce n'est quasi pas la peine de vous le disputer.

Mais mon second, qui avait, à ce que je crois, étudié toute cette question le matin même, tant il était prêt sur tout, lui répondit : Voilà, mon père, le dernier retranchement où se retirent ceux de votre parti qui ont voulu entrer en dispute. Mais vous y êtes aussi peu en assurance. L'exemple des justes ne vous est pas plus favorable. Qui doute qu'ils ne tombent souvent dans des péchés de surprise sans qu'ils s'en aperçoivent? N'apprenons-nous pas des saints mêmes combien la concupiscence leur tend de piéges secrets, et combien il arrive ordinairement que, quelque sobres qu'ils soient, ils donnent à la volupté ce qu'ils pensent donner à la seule nécessité, comme saint Augustin le dit de soi-même dans ses Confessions?

Combien est-il ordinaire de voir les plus zélés s'emporter dans la dispute à des mouvements d'aigreur pour leur propre intérêt, sans que leur conscience leur rende sur l'heure d'autre témoignage, sinon qu'ils agissent de la sorte pour le seul intérêt de la vérité, et sans qu'ils s'en aperçoivent quelquefois que longtemps après!

Mais que dira-t-on de ceux qui se portent avec ardeur à des choses effectivement mauvaises, parce qu'ils les croient effectivement bonnes, comme l'histoire ecclésiastique en donne des exemples; ce qui n'empêche pas, selon les Pères, qu'ils n'aient péché dans ces occasions?

Et, sans cela, comment les justes auraient-ils des péchés cachés? Comment serait-il véritable que Dieu seul en connaît et la grandeur et le nombre ; que personne ne sait s'il est digne d'amour ou de haine, et que les plus saints doivent toujours demeurer dans la crainte et dans le tremblement, quoiqu'ils ne se sentent coupables en aucune chose, comme saint Paul le dit de lui-même?

Concevez donc, mon père, que les exemples et des justes et des pécheurs renversent également cette nécessité que vous supposez pour pécher, de connaître le mal et d'aimer la vertu contraire, puisque la passion que les impies ont pour les vices témoigne assez qu'ils n'ont aucun désir pour la vertu ; et que l'amour que les justes ont pour la vertu témoigne hautement qu'ils n'ont pas toujours la connaissance des péchés qu'ils commettent chaque jour, selon l'Écriture.

Et il est si vrai que les justes pèchent en cette sorte, qu'il est rare que les grands saints pèchent autrement. Car comment pourrait-on concevoir que ces âmes si pures, qui fuient avec tant de soin et d'ardeur les moindres choses qui peuvent déplaire à Dieu aussitôt qu'elles s'en aperçoivent, et qui pèchent néanmoins plusieurs fois chaque jour, eussent à chaque fois, avant que de tomber « la connaissance de leur « infirmité en cette occasion, celle du médecin, le dé- « sir de leur santé, et celui de prier Dieu de les se- « courir, » et que, malgré toutes ces inspirations, ces âmes si zélées *ne laissassent pas de passer outre* et de commettre le péché?

Concluez donc, mon père, que ni les pécheurs, ni même les plus justes, n'ont pas toujours ces connaissances, ces désirs, et toutes ces inspirations, toutes les fois qu'ils pèchent ; c'est-à-dire, pour user de vos termes, qu'ils n'ont pas toujours la grâce actuelle dans toutes les occasions où ils pèchent. Et ne dites plus, avec vos nouveaux auteurs, qu'il est impossible qu'on pèche quand on ne connaît pas la justice ; mais dites plutôt, avec saint Augustin et les anciens Pères, qu'il est impossible qu'on ne pèche pas quand on ne connaît pas la justice : *Necesse est ut peccet, a quo ignoratur justitia.*

Le bon père, se trouvant aussi empêché de soutenir son opinion au regard des justes qu'au regard des pécheurs, ne perdit pas pourtant courage ; et après avoir un peu rêvé : Je m'en vais bien vous convaincre, nous dit-il. Et reprenant son père Bauny à l'endroit même qu'il nous avait montré : Voyez, voyez la raison sur laquelle il établit sa pensée. Je savais bien qu'il ne manquait pas de bonnes preuves. Lisez ce qu'il cite d'Aristote ; et vous verrez qu'après une autorité si expresse, il faut brûler les livres de ce prince des philosophes, ou être de notre opinion. Écoutez donc les principes qu'établit le père Bauny : il dit premièrement « qu'une action ne peut être imputée à blâme « lorsqu'elle est involontaire. » Je l'avoue, lui dit mon ami. Voilà la première fois, leur dis-je, que je vous ai vus d'accord. Tenez-vous-en là, mon père, si vous m'en croyez. Ce ne serait rien faire, me dit-il ; car il faut savoir quelles sont les conditions nécessaires pour faire qu'une action soit volontaire. J'ai bien peur, répondis-je, que vous ne vous brouillez là-dessus. Ne craignez point, dit-il, ceci est sûr ; Aristote est pour moi. Écoutez bien ce que dit le père Bauny : « Afin

« qu'une action soit volontaire, il faut qu'elle procède
« d'homme qui voie, qui sache, qui pénètre ce qu'il
« y a de bien et de mal en elle. VOLUNTARIUM *est*, dit-
« on communément avec le philosophe (vous savez
« bien que c'est Aristote, me dit-il en me serrant les
« doigts), *quod fit a principio cognoscente singula*
« *in quibus est actio :* si bien que quand la volonté,
« à la volée et sans discussion, se porte à vouloir ou
« abhorrer, faire ou laisser quelque chose avant que
« l'entendement ait pu voir s'il y a du mal à la vou-
« loir ou à la fuir, la faire ou la laisser, telle action
« n'est ni bonne ni mauvaise ; d'autant qu'avant cette
« perquisition, cette vue et réflexion de l'esprit dessus
« les qualités bonnes ou mauvaises de la chose à la-
« quelle on s'occupe, l'action avec laquelle on la fait
« n'est volontaire. »

Eh bien ! me dit le père, êtes-vous content ? Il semble, repartis-je, qu'Aristote est de l'avis du père Bauny ; mais cela ne laisse pas de me surprendre. Quoi ! mon père, il ne suffit pas, pour agir volontairement, qu'on sache ce que l'on fait, et qu'on ne le fasse que parce qu'on le veut faire ; mais il faut de plus « que l'on voie, que l'on sache et que l'on pé- » nètre ce qu'il y a de bien et de mal dans cette ac- « tion ? » Si cela est, il n'y a guère d'actions volontaires dans la vie ; car on ne pense guère à tout cela. Que de jurements dans le jeu, que d'excès dans les débauches, que d'emportements dans le carnaval, qui ne sont point volontaires, et par conséquent ni bons ni mauvais, pour n'être point accompagnés de ces *réflexions d'esprit sur les qualités bonnes ou mauvaises* de ce que l'on fait ! Mais est-il possible, mon père, qu'Aristote ait eu cette pensée, car j'avais ouï dire que c'était un habile homme? Je m'en vais vous en éclaircir, me dit mon janséniste. Et ayant demandé au père la Morale d'Aristote, il l'ouvrit au commencement du troisième livre, d'où le père Bauny a pris les paroles qu'il en rapporte, et dit à ce bon père : Je vous pardonne d'avoir cru, sur la foi du père Bauny, qu'Aristote ait été de ce sentiment. Vous auriez changé d'avis, si vous l'aviez lu vous-même. Il est bien vrai qu'il enseigne qu'afin qu'une action soit volontaire, « il faut connaître les particularités de cette action, « SINGULA *in quibus est actio.* » Mais qu'entend-il par là, sinon les circonstances particulières de l'action, ainsi que les exemples qu'il en donne le justifient clairement; n'en rapportant point d'autre que de ceux où l'on ignore quelqu'une de ces circonstances, comme « d'une personne qui, voulant monter « une machine, en décoche un dard qui blesse quel- « qu'un; et de Mérope, qui tua son fils en pensant « tuer son ennemi, » et autres semblables?

Vous voyez donc par là quelle est l'ignorance qui rend les actions involontaires; et que ce n'est que celle des circonstances particulières qui est appelée par les théologiens, comme vous le savez fort bien, mon père, l'*ignorance du fait*. Mais quant à celle *du droit*, c'est-à-dire quant à l'ignorance du bien et du mal qui est en l'action, de laquelle seule il s'agit ici, voyons si Aristote est de l'avis du père Bauny. Voici les paroles de ce philosophe : « Tous les mé- « chants ignorent ce qu'ils doivent faire et ce qu'ils « doivent fuir; et c'est cela même qui les rend mé- « chants et vicieux. C'est pourquoi on ne peut pas dire

« que, parce qu'un homme ignore ce qu'il est à pro-
« pos qu'il fasse pour satisfaire à son devoir, son ac-
« tion soit involontaire. Car cette ignorance dans le
« choix du bien et du mal ne fait pas qu'une action
« soit involontaire; mais seulement qu'elle est vi-
« cieuse. On doit dire la même chose de celui qui
« ignore en général les règles de son devoir, puisque
« cette ignorance rend les hommes dignes de blâme, et
« non d'excuse. Et ainsi l'ignorance qui rend les actions
« involontaires et excusables est seulement celle qui
« regarde le fait en particulier, et ses circonstances
« singulières. Car alors on pardonne à un homme, et
« on l'excuse, et on le considère comme ayant agi
« contre son gré. »

Après cela, mon père, direz-vous encore qu'Aristote soit de votre opinion? Et qui ne s'étonnera de voir qu'un philosophe païen ait été plus éclairé que vos docteurs en une matière aussi importante à toute la morale, et à la conduite même des âmes, qu'est la connaissance des conditions qui rendent les actions volontaires ou involontaires, et qui ensuite les excusent ou ne les excusent pas de péché? N'espérez donc plus rien, mon père, de ce prince des philosophes; et ne résistez plus au prince des théologiens, qui décide ainsi ce point, au liv. I de ses Rétr., ch. xv :

« Ceux qui pèchent par ignorance ne font leur action
« que parce qu'ils la veulent faire, quoiqu'ils pèchent
« sans qu'ils veuillent pécher. Et ainsi ce péché même
« d'ignorance ne peut être commis que par la volonté
« de celui qui le commet; mais par une volonté qui se
« porte à l'action, et non au péché : ce qui n'empêche
« pas néanmoins que l'action ne soit péché, parce

« qu'il suffit pour cela qu'on ait fait ce qu'on était
« obligé de ne point faire. »

Le père me parut surpris, et plus encore du passage
d'Aristote que de celui de saint Augustin. Mais, comme il pensait à ce qu'il devait dire, on vint l'avertir
que Mme la maréchale de... et Mme la marquise
de... le demandaient. Et ainsi, en nous quittant
à la hâte : J'en parlerai, dit-il, à nos pères. Ils y
trouveront bien quelque réponse : nous en avons ici
de bien subtils. Nous l'entendîmes bien ; et, quand
je fus seul avec mon ami, je lui témoignai d'être étonné
du renversement que cette doctrine apportait dans la
morale. A quoi il me répondit qu'il était bien étonné
de mon étonnement. Ne savez-vous donc pas encore
que leurs excès sont beaucoup plus grands dans la
morale que dans les autres matières ? Il m'en donna
d'étranges exemples, et remit le reste à une autre fois.
J'espère que ce que j'en apprendrai sera le sujet de
notre premier entretien. Je suis, etc. (1).

CINQUIÈME LETTRE.

Dessein des jésuites en établissant une nouvelle morale. — Deux
sortes de casuistes parmi eux : beaucoup de relâchés et quelques-uns de sévères ; raison de cette différence. — Explication
de la doctrine de la probabilité. — Foule d'auteurs modernes
et inconnus mis à la place des saints Pères.

De Paris, ce 20 mars 1656.

Monsieur,

Voici ce que je vous ai promis : voici les premiers
traits de la morale de ces bons pères jésuites, « de

---

(1) A partir de la quatrième Lettre, dit M. Sainte-Beuve, Pascal, qui semblait tout

« ces hommes éminents en doctrine et en sagesse, qui
« sont tous conduits par la sagesse divine, qui est plus
« assurée que toute la philosophie. » Vous pensez peut-
être que je raille. Je le dis sérieusement, ou plutôt ce
sont eux-mêmes qui le disent dans leur livre intitulé :
Imago primi sæculi. Je ne fais que copier leurs paro-

occupé d'expliquer au public les matières de la grâce, changea de route, en prit
une plus large, et entra tout droit et brusquement dans la morale des jésuites.
Ceux-ci y ont vu un profond calcul et une tactique profonde. Le père Daniel, dans
ses *Entretiens de Cléandre et d'Eudoxe*, après un exposé de la situation
critique à laquelle était réduit en ce moment le parti janséniste, continue en ces
termes :

« En un mot, jamais parti n'avoit été plus malmené et plus accablé par les puissances ecclésiastiques et par les puissances séculières, lorsque ces habiles gens
firent changer tout à coup la scène ; et, au moment que les uns les plaignoient,
que les autres les blâmoient, et que quelques-uns leur insultoient, ils se firent les
acteurs d'une comédie qui fit oublier aux spectateurs tout ce qui venoit de se passer.
Ils donnèrent le change au public presque sans qu'il s'en aperçût, et le firent prendre
aux jésuites, sur lesquels ils rabattirent tout court après avoir d'abord fait semblant
d'en vouloir à la Sorbonne. Ils les mirent sur la défensive et les poussèrent si vivement qu'ils s'attirèrent les applaudissements d'une grande partie de ceux qui n'a-
voient pour eux, un peu auparavant, que des sentiments d'indignation... »

Le fait est que les *Provinciales* se peuvent exactement considérer comme la
contre-partie et les représailles de l'affaire de Rome, de cette affaire de la bulle dans
laquelle les députés avaient été joués sous main...

On se tromperait fort pourtant en supposant que le calcul soit entré pour beaucoup
dans ce choix de la bonne veine, et qu'un hasard heureux, un de ces hasards qui
n'arrivent qu'à ceux qui en savent profiter, n'y ait pas aidé avant tout :

« Quoi qu'il en soit, dit toujours le père Daniel, on prétend que, quelque grand
qu'eût été le succès de la quatrième Lettre, le chevalier de Méré conseilla à Pascal
de laisser absolument la matière de la grâce dont elle traitoit encore, quoique
par rapport à la morale, et de s'ouvrir une plus grande carrière. »

Nicole raconte la chose sans donner le nom des personnes, mais avec plus de dé-
veloppement.

M. Sainte-Beuve, continuant d'exposer la situation après cette quatrième Lettre,
la résume tout entière dans ces lignes d'une si heureuse justesse :

« De ce jour-là, la question fut nettement dessinée ; tout devint un pur duel *à
mort* entre Pascal et la société, ou, pour parler plus justement, entre le jansénisme d'une part et le jésuitisme de l'autre. Le rôle du jansénisme, sa destinée, sa
vocation historique, à dater de ce moment, parut être uniquement de tuer *l'autre*
et de mourir après, vainqueur, mais transpercé en une même blessure. Toute cette
grande entreprise de réforme intérieure et doctrinale, selon Jansénius et Saint-
Cyran, aboutit et fit place à un simple rôle pratique, courageux, obstiné, impitoyable, et à un combat mortel corps à corps. Le monde, qui aime les combats bien
vifs et les résultats bien nets, n'a guère connu et loué le jansénisme que par là, et
ce qui a été la déviation à bien des égards, le rétrécissement et l'idée fixe de la
secte, est devenu son seul titre de gloire.

« Les jansénistes, depuis Pascal, ont été, par rapport aux jésuites, *les exécuteurs des hautes œuvres* de la morale publique. »

les, aussi bien que dans la suite de cet éloge : « C'est « une société d'hommes, ou plutôt d'anges, qui a été « prédite par Isaïe en ces paroles : « Allez, anges « prompts et légers. » La prophétie n'en est-elle pas claire? « Ce sont des esprits d'aigles; c'est une troupe « de phénix, » un auteur ayant montré depuis peu qu'il y en a plusieurs. « Ils ont changé la face de la « chrétienté. » Il le faut croire, puisqu'ils le disent. Et vous l'allez bien voir dans la suite de ce discours, qui vous apprendra leurs maximes.

J'ai voulu m'en instruire de bonne sorte. Je ne me suis pas fié à ce que notre ami m'en avait appris. J'ai voulu les voir eux-mêmes; mais j'ai trouvé qu'il ne m'avait rien dit que de vrai. Je pense qu'il ne ment jamais. Vous le verrez par le récit de ces conférences.

Dans celle que j'eus avec lui, il me dit de si étranges choses que j'avais peine à le croire; mais il me les montra dans les livres de ces pères (1) : de sorte qu'il ne me resta à dire pour leur défense, sinon que c'étaient les sentiments de quelques particuliers qu'il n'était pas juste d'imputer au corps. Et, en effet, je l'assurai que j'en connaissais qui sont aussi sévères que ceux qu'il me citait sont relâchés. Ce fut sur cela qu'il

---

(1) Ce n'est point en effet Pascal qui le premier eut l'idée de vérifier, dans leurs livres mêmes, les doctrines des jésuites, ou qui en signala l'immoralité : voici ce que dit, à cette occasion, M. Sainte-Beuve : « L'abbé de Saint-Cyran, en relevant, dès 1626, les erreurs de *la Somme* du père Garasse, y avait dénoncé plusieurs propositions d'une morale tout à fait drôlatique et déshonorante dans un chrétien. Arnauld surtout, en 1643, lançant la première escarmouche contre la société en corps, avait publié sous ce titre : *Théologie morale des jésuites, extraite fidèlement de leurs livres,* un recueil de plusieurs maximes et règles de conduite, de leur façon, plus ou moins révoltantes ou récréatives. La faculté de théologie de Paris avait censuré quelques propositions de morale du père Bauny, en 1641; l'université avait condamné, en 1644, la Morale du Père Héreau. M. Hallier, avait soutenu vers le même temps une polémique sur ces matières contre le père Pinthereau. Mais tout cela restait enfermé dans l'école, et Pascal seul afficha publiquement et livra le coupable au monde. » Sainte-Beuve, *Port-Royal,* tom. III, pag. 44-45.

me découvrit l'esprit de la société, qui n'est pas connu de tout le monde; et vous serez peut-être bien aise de l'apprendre. Voici ce qu'il me dit :

Vous pensez beaucoup faire en leur faveur, de montrer qu'ils ont de leurs pères aussi conformes aux maximes évangéliques que les autres y sont contraires; et vous concluez de là que ces opinions larges n'appartiennent pas à toute la société. Je le sais bien ; car si cela était, ils n'en souffriraient pas qui y fussent si contraires. Mais puisqu'ils en ont aussi qui sont dans une doctrine si licencieuse, concluez-en de même que l'esprit de la société n'est pas celui de la sévérité chrétienne : car, si cela était, ils n'en souffriraient pas qui y fussent si opposés. Eh quoi! lui répondis-je, quel peut donc être le dessein du corps entier? C'est sans doute qu'ils n'en ont aucun d'arrêté, et que chacun a la liberté de dire à l'aventure ce qu'il pense. Cela ne peut pas être, me répondit-il; un si grand corps ne subsisterait pas dans une conduite téméraire, et sans une âme qui le gouverne et qui règle tous ses mouvements : outre qu'ils ont un ordre particulier de ne rien imprimer sans l'aveu de leurs supérieurs. Mais quoi! lui dis-je, comment les mêmes supérieurs peuvent-ils consentir à des maximes si différentes? C'est ce qu'il faut vous apprendre, me répliqua-t-il.

Sachez donc que leur objet n'est pas de corrompre les mœurs : ce n'est pas leur dessein. Mais ils n'ont pas aussi pour unique but celui de les réformer : ce serait une mauvaise politique. Voici quelle est leur pensée. Ils ont assez bonne opinion d'eux-mêmes pour croire qu'il est utile et comme nécessaire au bien de la religion que leur crédit s'étende partout, et qu'ils gouvernent toutes les consciences. Et, parce que les maximes évangéliques et sévères sont propres pour gouverner quelques sortes de personnes, ils s'en servent dans ces occasions où elles leur sont favorables. Mais comme ces mêmes maximes ne s'accordent pas au dessein de la plupart des gens, ils les laissent à l'égard de ceux-là, afin d'avoir de quoi satisfaire tout le monde. C'est pour cette raison qu'ayant affaire à des personnes de toutes sortes de conditions et de nations si différentes, il est nécessaire qu'ils aient des casuistes assortis à toute cette diversité.

De ce principe vous jugez aisément que s'ils n'avaient que des casuistes relâchés, ils ruineraient leur principal dessein, qui est d'embrasser tout le monde, puisque ceux qui sont véritablement pieux cherchent une conduite plus sévère. Mais comme il n'y en a pas beaucoup de cette sorte, ils n'ont pas besoin de directeurs sévères pour les conduire. Ils en ont peu pour peu; au lieu que la foule des casuistes relâchés s'offre à la foule de ceux qui cherchent le relâchement.

C'est par cette conduite *obligeante et accommodante*, comme l'appelle le P. Petau, qu'ils tendent les bras à tout le monde. Car s'il se présente à eux quelqu'un qui soit tout résolu de rendre des biens mal acquis, ne craignez pas qu'ils l'en détournent; ils loueront au contraire et confirmeront une si sainte résolution. Mais qu'il en vienne un autre qui veuille avoir l'absolution sans restituer, la chose sera bien difficile, s'ils n'en fournissent des moyens dont ils se rendront les garants.

Par là ils conservent tous leurs amis, et se défendent contre tous leurs ennemis. Car si on leur reproche leur extrême relâchement, ils produisent incontinent au public leurs directeurs austères, avec quelques livres qu'ils ont fait de la rigueur de la loi chrétienne ; et les simples, et ceux qui n'approfondissent pas plus avant les choses, se contentent de ces preuves.

Ainsi ils en ont pour toutes sortes de personnes, et répondent si bien selon ce qu'on leur demande, que, quand ils se trouvent en des pays où un Dieu crucifié passe pour folie, ils suppriment le scandale de la croix, et ne prêchent que Jésus-Christ glorieux, et non pas Jésus-Christ souffrant : comme ils ont fait dans les Indes et dans la Chine, où ils ont permis aux chrétiens l'idolâtrie même, par cette subtile invention de leur faire cacher sous leurs habits une image de Jésus-Christ, à laquelle ils leur enseignent de rapporter mentalement les adorations publiques qu'ils rendent à l'idole Cachimchoan et à leur Keum-fucum, comme Gravina, dominicain le leur reproche ; et comme le témoigne le mémoire, en espagnol, présenté au roi d'Espagne Philippe IV par les cordeliers des îles Philippines, rapporté par Thomas Hurtado dans son livre du *Martyre de la foi*, p. 427. De telle sorte que la congrégation des cardinaux *de propagandâ fide* fut obligée de défendre particulièrement aux jésuites, sur peine d'excommunication, de permettre des adorations d'idoles sous aucun prétexte, et de cacher le mystère de la croix à ceux qu'ils instruisent de la religion, leur commandant expressément de n'en recevoir aucun au baptême qu'après cette connaissance, et leur ordonnant d'exposer dans leurs églises l'image du crucifix, comme il est porté amplement dans le décret de cette congrégation, donné le 9e juillet 1646, signé par le cardinal Capponi.

Voilà de quelle manière ils se sont répandus par toute la terre à la faveur *de la doctrine des opinions probables*, qui est la source et la base de tout ce déréglement. C'est ce qu'il faut que vous appreniez d'eux-mêmes; car ils ne le cachent à personne, non plus que tout ce que vous venez d'entendre, avec cette seule différence, qu'ils couvrent leur prudence humaine et politique du prétexte d'une prudence divine et chrétienne : comme si la foi, et la tradition qui la maintient, n'était pas toujours une et invariable dans tous les temps et dans tous les lieux ; comme si c'était à la règle à se fléchir pour convenir au sujet qui doit lui être conforme, et comme si les âmes n'avaient, pour se purifier de leurs taches, qu'à corrompre la loi du Seigneur, au lieu « que la loi du Seigneur, qui est « sans tache et toute sainte, est celle qui doit conver- « tir les âmes, » et les conformer à ses salutaires instructions.

Allez donc, je vous prie, voir ces bons pères, et je m'assure que vous remarquerez aisément, dans le relâchement de leur morale, la cause de leur doctrine touchant la grâce. Vous y verrez les vertus chrétiennes si inconnues et si dépourvues de la charité, qui en est l'âme et la vie ; vous y verrez tant de crimes palliés, et tant de désordres soufferts, que vous ne trouverez plus étrange qu'ils soutiennent que tous les hommes ont toujours assez de grâce pour vivre dans la piété, de la manière qu'ils l'entendent. Comme leur morale est toute païenne, la nature suffit pour l'observer. Quand nous soutenons la nécessité de la grâce efficace, nous lui donnons d'autres vertus pour objet. Ce n'est pas simplement pour guérir les vices par d'autres vices, ce n'est pas seulement pour faire pratiquer aux hommes les devoirs extérieurs de la religion, c'est pour une vertu plus haute que celle des pharisiens et des plus sages du paganisme. La loi et la raison sont des grâces suffisantes pour ces effets. Mais pour dégager l'âme de l'amour du monde, pour la retirer de ce qu'elle a de plus cher, pour la faire mourir à soi-même, pour la porter et l'attacher uniquement et invariablement à Dieu, ce n'est l'ouvrage que d'une main toute-puissante. Et il est aussi peu raisonnable de prétendre que l'on a toujours un plein pouvoir, qu'il le serait de nier que ces vertus destituées d'amour de Dieu, lesquelles ces bons pères confondent avec les vertus chrétiennes, ne sont pas en notre puissance.

Voilà comment il me parla, et avec beaucoup de douleur; car il s'afflige sérieusement de tous ces désordres. Pour moi, j'estimai ces bons pères de l'excellence de leur politique; et je fus, selon son conseil, trouver un bon casuiste de la société. C'est une de mes anciennes connaissances, que je voulus renouveler exprès. Et comme j'étais instruit de la manière dont il les fallait traiter, je n'eus pas de peine à le mettre en train. Il me fit d'abord mille caresses, car il m'aime toujours : et, après quelques discours indifférents, je pris occasion du temps où nous sommes pour apprendre de lui quelque chose sur le jeûne, afin d'entrer insensiblement en matière. Je lui témoignai donc que j'avais de la peine à le supporter. Il m'exhorta à me faire violence : mais, comme je continuai à me plaindre, il en fut touché, et se mit à chercher quelque cause de dispense. Il m'en offrit en effet plusieurs qui ne me convenaient point, lorsqu'il s'avisa enfin de me demander si je n'avais pas de peine à dormir sans souper. Oui, lui dis-je, mon père, et cela m'oblige souvent à faire collation à midi et à souper le soir. Je suis bien aise, me répliqua-t-il, d'avoir trouvé ce moyen de vous soulager sans péché : allez, vous n'êtes point obligé à jeûner. Je ne veux pas que vous m'en croyiez, venez à la bibliothèque. J'y fus, et là, en prenant un livre : En voici la preuve, me dit-il, et Dieu sait quelle ! c'est Escobar. Qui est Escobar, lui dis-je, mon père ? Quoi ! vous ne savez pas qui est Escobar, de notre société, qui a compilé cette Théologie morale de vingt-quatre de nos pères, sur quoi il fait, dans la préface, une « allégorie de ce livre à celui de l'Apocalypse qui était « scellé de sept sceaux ? » et il dit que « JESUS l'offre « ainsi scellé aux quatre animaux, Suarez, Vasquez, « Molina, Valentia, en présence de vingt-quatre jé- « suites qui représentent les vingt-quatre vieillards ? » Il lut toute cette allégorie, qu'il trouvait bien juste, et par où il me donnait une grande idée de l'excellence de cet ouvrage. Ayant ensuite cherché son passage du jeûne : Le voici, me dit-il, au tr. 1, ex. 13, n. 68. « Celui qui ne peut dormir s'il n'a soupé, est-il obligé « de jeûner ? Nullement. » N'êtes-vous pas content ? Non, pas tout à fait, lui dis-je ; car je puis bien supporter le jeûne en faisant collation le matin et soupant le soir. Voyez donc la suite, me dit-il ; ils ont pensé à tout. « Et que dira-t-on, si on peut bien se pas- « ser d'une collation le matin en soupant le soir ? « *Me « voilà.* » On n'est point encore obligé à jeûner ; car per- « sonne n'est obligé à changer l'ordre de ses repas. » O la bonne raison ! lui dis-je. Mais, dites-moi, continuat-il, usez-vous de beaucoup de vin ? Non, mon père, lui dis-je ; je ne le puis souffrir. Je vous disais cela, me répondit-il, pour vous avertir que vous en pourriez boire le matin, et quand il vous plairait, sans rompre le jeûne ; et cela soutient toujours. En voici la décision au même lieu, n. 75 : « Peut-on, sans rompre le jeûne, « boire du vin à telle heure qu'on voudra, et même « en grande quantité? On le peut, et même de l'hypo- « cras. » Je ne me souvenais pas de cet hypocras, dit-il ; il faut que je le mette sur mon recueil. Voilà un honnête homme, lui dis-je, qu'Escobar. Tout le monde l'aime, répondit le père. Il fait de si jolies questions ! Voyez celle-ci, qui est au même endroit, n. 38 : « Si « un homme doute qu'il ait vingt et un ans, est-il obligé « de jeûner? Non. Mais si j'ai vingt et un ans cette « nuit à une heure après minuit, et qu'il soit « demain jeûne, serai-je obligé de jeûner demain? « Non ; car vous pourriez manger autant qu'il vous « plairait depuis minuit jusqu'à une heure, puis- « que vous n'auriez pas encore vingt et un ans : et « ainsi, ayant droit de rompre le jeûne, vous n'y « êtes point obligé. » Oh! que cela est divertissant, lui dis-je. On ne s'en peut tirer, me répondit-il; je passe les jours et les nuits à le lire ; je ne fais autre chose. Le bon père, voyant que j'y prenais plaisir, en fut ravi, et continuant : Voyez, dit-il, encore ce trait de Filiutius, qui est un de ces vingt-quatre jésuites, t. II, tr. 27, part. 2, c. 6, n. 143 : « Celui qui s'est « fatigué à quelque chose, comme à poursuivre une « fille, *ad insequendam amicam*, est-il obligé de jeû- « ner? nullement. Mais s'il s'est fatigué exprès pour « être par là dispensé du jeûne, y sera-t-il tenu? En- « core qu'il ait eu ce dessein formé, il n'y sera point

« obligé (1). » Eh bien! l'eussiez-vous cru? me dit-il. En vérité, mon père, lui dis-je, je ne le crois pas bien encore. Eh quoi! n'est-ce pas un péché de ne pas jeûner quand on le peut? Et est-il permis de rechercher les occasions de pécher, ou plutôt n'est-on pas obligé de les fuir? Cela serait assez commode. Non pas toujours, me dit-il; c'est selon. Selon quoi? lui dis-je. Ho! ho! repartit le père. Et si on recevait quelque incommodité en fuyant les occasions, y serait-on obligé, à votre avis? Ce n'est pas au moins celui du père Bauny, que voici, p. 1084 : « On ne doit pas refuser
« l'absolution à ceux qui demeurent dans les occa-
« sions prochaines du péché, s'ils sont en tel état
« qu'ils ne puissent les quitter sans donner sujet au
« monde de parler, ou sans qu'ils en reçussent eux-

---

(1) Parmi les reproches que les adversaires de Pascal ont, à défaut de réfutation victorieuse, adressés aux *Provinciales*, il en est un qui a été souvent répété, et qui quelquefois porte juste, c'est qu'il y a dans *les Provinciales* plusieurs citations inexactes ou tronquées. La citation ci-dessus est du nombre. M. Sainte-Beuve, à qui rien n'échappe, a vérifié le passage dans Filiutius, et il le donne, dit-il dans sa lourdeur authentique, en ajoutant que la première infidélité de Pascal est de l'avoir rendu leste et plaisant: voici ce passage : « Tu demanderas si celui qui se fatiguerait pour une mauvaise fin, comme qui dirait pour tuer son ennemi ou pour poursuivre sa maîtresse, ou pour toute autre chose de ce genre, serait obligé au jeûne. Je réponds que celui-là aurait péché, en tant qu'il aurait poursuivi une fin criminelle; mais que, s'étant mis une fois hors d'état à force de fatigue, il serait exempt du jeûne. — A moins toutefois, disent quelques-uns, qu'il n'y ait mis une intention de fraude (l'intention de s'exempter). — Pourtant, d'autres pensent plus justement que le péché consiste à s'être procuré une raison de rompre le jeûne, mais que, cette raison une fois produite, on est exempt du jeûne. » Nicole, ajoute M. Sainte-Beuve, après cette citation, a beau s'évertuer pour nous démontrer que Montalte a bien cité : quoi! se peut-il, monsieur Nicole, que vous soyez d'une morale si relâchée en matière de citations? La différence de ce texte avec celui de Pascal saute aux yeux ..... Pascal, comme tous les gens d'esprit qui citent, tire légèrement à lui; il dégage l'opinion de l'adversaire plus nettement qu'elle ne se lirait dans le texte complet; parfois il *arrache quatre mots* de tout un passage, quand cela lui va et sert à ses fins; il aide volontiers à la lettre; enfin dans cette ambiguité d'autorités et de décisions, il lui arrive par moments aussi de se méprendre. C'est là tout ce qu'on peut dire, sans avoir droit de mettre en doute sa sincérité. » Sainte-Beuve, *Port-Royal*, tom. III, pag. 59-60. M. Sainte-Beuve dit plus loin, pag. 135, not. 1: « Là où l'exactitude n'est pas rigoureuse, les passages des casuistes ne gagnent pas pour cela à être examinés en place; on y trouve à côté une foule d'autres choses que Pascal n'a pas dites, et qui étonnent même des curés. »

« mêmes de l'incommodité. » Je m'en réjouis, mon père ; il ne reste plus qu'à dire qu'on peut rechercher les occasions de propos délibéré, puisqu'il est permis de ne les pas fuir. Cela même est aussi quelquefois permis, ajouta-t-il. Le célèbre casuiste Basile Ponce l'a dit ; et le père Bauny le cite, et approuve son sentiment, que voici dans le Traité de la pénitence, q. 4, p. 94 : « On peut rechercher une occasion directement « et pour elle-même, PRIMO ET PER SE, quand le bien « spirituel ou temporel de nous ou de notre prochain « nous y porte. »

Vraiment, lui dis-je, il me semble que je rêve, quand j'entends des religieux parler de cette sorte ! Eh quoi ! mon père, dites-moi, en conscience, êtes-vous dans ce sentiment-là ? Non vraiment, me dit le père. Vous parlez donc, continuai-je, contre votre conscience ? Point du tout, dit-il. Je ne parlais pas en cela selon ma conscience, mais selon celle de Ponce et du père Bauny : et vous pourriez les suivre en sûreté, car ce sont d'habiles gens. Quoi ! mon père, parce qu'ils ont mis ces trois lignes dans leurs livres, sera-t-il devenu permis de rechercher les occasions de pécher ? Je croyais ne devoir prendre pour règle que l'Écriture et la tradition de l'Église, mais non pas vos casuistes. O bon Dieu, s'écria le père, vous me faites souvenir de ces jansénistes ! Est-ce que le père Bauny et Basile Ponce ne peuvent pas rendre leur opinion probable ? Je ne me contente pas du probable, lui dis-je, je cherche le sûr. Je vois bien, me dit le bon père, que vous ne savez pas ce que c'est que la doctrine des opinions probables (1) : vous parleriez autrement si vous le saviez.

(1) C'était une œuvre juste et salutaire entreprise par Pascal, que de combattre

Ah! vraiment, il faut que je vous en instruise. Vous n'aurez pas perdu votre temps d'être venu ici ; sans cela, vous ne pouviez rien entendre. C'est le fondement et l'A B C de toute notre morale. Je fus ravi de le voir tombé dans ce que je souhaitais; et, le lui ayant témoigné, je le priai de m'expliquer ce que c'était qu'une opinion probable. Nos auteurs vous y répondront mieux que moi, dit-il. Voici comme ils en parlent tous généralement, et, entre autres, nos vingt-quatre, *in princ. ex.* 3, n. 8. « Une opinion est appelée probable, lorsqu'elle « est fondée sur des raisons de quelque considération. « D'où il arrive quelquefois qu'un seul docteur fort « grave peut rendre une opinion probable. » Et en voici la raison : « Car un homme adonné particuliè- « rement à l'étude ne s'attacherait pas à une opinion, « s'il n'y était attiré par une raison bonne et suffi- « sante. » Et ainsi, lui dis-je, un seul docteur peut tourner les consciences et les bouleverser à son gré, et toujours en sûreté. Il n'en faut pas rire, me dit-il, ni penser combattre cette doctrine. Quand les jansénistes l'ont voulu faire, ils y ont perdu leur temps. Elle est trop bien établie. Écoutez Sanchez, qui est un des plus célèbres de nos pères, *Som.* l. 1, c. 9, n. 7. « Vous

---

hautement de lâches complaisances qui dégradaient la religion, et de diffamer cette jurisprudence bizarre qui avait, pour ainsi dire, introduit dans les sublimes vérités de la morale et de la conscience les subtilités de la chicane et les formes astucieuses de la procédure. Avec quel feu de naturel, quelle impitoyable ironie, quelle gaieté digne de l'ancienne comédie, Pascal n'a-t-il pas rempli cette généreuse mission ? Les doctrines *de la probabilité et de la direction d'intention*, ne sont-elles pas devenues immortelles par le ridicule dont il les a flétries ? Cet art de la plaisanterie que les anciens nommaient une partie de l'éloquence, cet atticisme moqueur et naïf dont se servait Socrate, cette malice instructive et plaisante que Rabelais avait salie du cynisme de ses paroles, cette gaieté intérieure et profonde qui anime Molière, et que l'on trouve souvent dans Lesage, enfin cette perfection de l'esprit qui n'est autre chose qu'une raison supérieure et enjouée, voilà l'ineffaçable mérite des premières *Provinciales*. Villemain, *Mélanges historiques et littéraires*, Paris, 1830, in-8º, tom. 1ᵉʳ, pag. 561.

« douterez peut-être si l'autorité d'un seul docteur
« bon et savant rend une opinion probable. A quoi je
« réponds que oui. Et c'est ce qu'assurent Angelus,
« Sylv. Navarre, Emmanuel Sa, etc. Et voici comme
« on le prouve. Une opinion probable est celle qui
« a un fondement considérable. Or l'autorité d'un
« homme savant et pieux n'est pas de petite considéra-
« tion, mais plutôt de grande considération. Car (*écou-
« tez bien cette raison*) si le témoignage d'un tel homme
« est de grand poids pour nous assurer qu'une chose se
« soit passée, par exemple, à Rome, pourquoi ne le
« sera-t-il pas de même dans un doute de morale ? »

La plaisante comparaison, lui dis-je, des choses du
monde à celles de la conscience ! Ayez patience : Sanchez répond à cela dans les lignes qui suivent immédiatement. « Et la restriction qu'y apportent certains
« auteurs ne me plaît pas : que l'autorité d'un tel doc-
« teur est suffisante dans les choses de droit humain,
« mais non pas dans celles de droit divin. Car elle est
« de grand poids dans les unes et dans les autres. »

Mon père, lui dis-je franchement, je ne puis faire
cas de cette règle. Qui m'a assuré que, dans la liberté
que vos docteurs se donnent d'examiner les choses
par la raison, ce qui paraîtra sûr à l'un le paraisse à
tous les autres ? La diversité des jugements est si
grande... Vous ne l'entendez pas, dit le père en m'interrompant ; aussi sont-ils fort souvent de différents
avis : mais cela n'y fait rien ; chacun rend le sien
probable et sûr. Vraiment l'on sait bien qu'ils ne sont
pas tous de même sentiment ; et cela n'en est que
mieux. Ils ne s'accordent au contraire presque jamais.
Il y a peu de questions où vous ne trouviez que l'un

dit oui, l'autre dit non. Et, en tous ces cas-là, l'une et l'autre des opinions contraires est probable. Et c'est pourquoi Diana dit sur un certain sujet, part. 3, t. 4, r. 244 : « Ponce et Sanchez sont de contraires avis : « mais, parce qu'ils étaient tous deux savants, chacun « rend son opinion probable. »

Mais, mon père, lui dis-je, on doit être bien embarrassé à choisir alors? Point du tout, dit-il, il n'y a qu'à suivre l'avis qui agrée le plus. Eh quoi! si l'autre est plus probable? Il n'importe, me dit-il. Et si l'autre est plus sûr? Il n'importe, me dit encore le père; le voici bien expliqué. C'est Emmanuel Sa, de notre société, dans son aphorisme *De dubio*, p. 183 : « On « peut faire ce qu'on pense être permis selon une opi- « nion probable, quoique le contraire soit plus sûr. « Or l'opinion d'un seul docteur grave y suffit. » Et si une opinion est tout ensemble et moins probable et moins sûre, sera-t-il permis de la suivre, en quittant ce que l'on croit être plus probable et plus sûr? Oui, encore une fois, me dit-il : écoutez Filiutius, ce grand jésuite de Rome, *Mor. Quæst.*, tr. 21, c. 4, n. 128 : « Il est permis de suivre l'opinion la moins probable, « quoiqu'elle soit la moins sûre. C'est l'opinion com- « mune des nouveaux auteurs. » Cela n'est-il pas clair? Nous voici bien au large, lui dis-je, mon révérend père. Grâces à vos opinions probables, nous avons une belle liberté de conscience. Et vous autres casuistes, avez-vous la même liberté dans vos réponses? Oui, me dit-il; nous répondons aussi ce qu'il nous plaît, ou plutôt ce qu'il plaît à ceux qui nous interrogent. Car voici nos règles, prises de nos pères : Layman, *Theol. Mor.*, l. 1, tr. 1, c. 2, § 2, n. 8;

Vasquez, *Dist.* 62, c. 9, n. 47; Sanchez, *in Sum.*, l. 1, c. 9, n. 23; et de nos vingt-quatre *in princ* ex. 3, n. 24. Voici les paroles de Layman, que le livre de nos vingt-quatre a suivies : « Un docteur, étant con-
« sulté, peut donner un conseil non seulement pro-
« bable selon son opinion, mais contraire à son opi-
« nion, s'il est estimé probable par d'autres, lorsque
« cet avis contraire au sien se rencontre plus favo-
« rable et plus agréable à celui qui le consulte : *Si*
« *forte et illi favorabilior seu exoptatior sit*. Mais
« je dis de plus qu'il ne sera point hors de raison qu'il
« donne à ceux qui le consultent un avis tenu pour
« probable par quelque personne savante, quand
« même il s'assurerait qu'il serait absolument faux. »

Tout de bon, mon père, votre doctrine est bien commode. Quoi ! avoir à répondre oui et non à son choix ? on ne peut assez priser un tel avantage. Et je vois bien maintenant à quoi vous servent les opinions contraires que vos docteurs ont sur chaque matière ; car l'une vous sert toujours, et l'autre ne vous nuit jamais. Si vous ne trouvez votre compte d'un côté, vous vous jetez de l'autre, et toujours en sûreté. Cela est vrai, dit-il ; et ainsi nous pouvons toujours dire avec Diana, qui trouva le père Bauny pour lui, lorsque le père Lugo lui était contraire :

Sœpe, premente deo, fert deus alter opem.
Si quelque dieu nous presse, un autre nous délivre.

J'entends bien, lui dis-je ; mais il me vient une difficulté dans l'esprit. C'est qu'après avoir consulté un de vos docteurs, et pris de lui une opinion un peu large, on sera peut-être attrapé si on rencontre un confesseur qui n'en soit pas, et qui refuse l'absolution

si on ne change de sentiment. N'y avez-vous point donné ordre, mon père? En doutez-vous? me répondit-il. On les a obligés à absoudre leurs pénitents qui ont des opinions probables, sur peine de péché mortel, afin qu'ils n'y manquent pas. C'est ce qu'ont bien montré nos pères, et entre autres le père Bauny, tr. 4, *De pœnit.*, q. 13, p. 93. « Quand le pénitent, dit-il, suit
« une opinion probable, le confesseur le doit absou-
« dre, quoique son opinion soit contraire à celle du
« pénitent. » Mais il ne dit pas que ce soit un péché mortel de ne le pas absoudre. Que vous êtes prompt! me dit-il; écoutez la suite : il en fait une conclusion expresse : « Refuser l'absolution à un pénitent qui
« agit selon une opinion probable, est un péché qui,
« de sa nature, est mortel. » Et il cite, pour confirmer ce sentiment, trois des plus fameux de nos pères, Suarez, t. 4, dist. 32, sect. 5; Vasquez, disp. 62, c. 7; et Sanchez, *ut supra*, n. 29.

O mon père! lui dis-je, voilà qui est bien prudemment ordonné! Il n'y a plus rien à craindre. Un confesseur n'oserait plus y manquer. Je ne savais pas que vous eussiez le pouvoir d'ordonner sur peine de damnation. Je croyais que vous ne saviez qu'ôter les péchés; je ne pensais pas que vous en sussiez introduire. Mais vous avez tout pouvoir, à ce que je vois. Vous ne parlez pas proprement, me dit-il. Nous n'introduisons pas les péchés, nous ne faisons que les remarquer. J'ai déjà bien reconnu deux ou trois fois que vous n'êtes pas bon scolastique. Quoi qu'il en soit, mon père, voilà mon doute bien résolu. Mais j'en ai un autre encore à vous proposer : c'est que je ne sais comment vous pouvez faire, quand les Pères de l'Église sont contraires au sentiment de quelqu'un de vos casuistes.

Vous l'entendez bien peu, me dit-il. Les Pères étaient bons pour la morale de leur temps; mais ils sont trop éloignés pour celle du nôtre. Ce ne sont plus eux qui la règlent, ce sont les nouveaux casuistes. Écoutez notre père Cellot, *de Hier.*, l. 8, cap. 16, p. 714, qui suit en cela notre fameux père Reginaldus : « Dans les questions de morale, les nouveaux ca-« suistes sont préférables aux anciens Pères, quoiqu'ils « fussent plus proches des apôtres. » Et c'est en suivant cette maxime que Diana parle de cette sorte, p. 5, tr. 8, reg. 31 : « Les bénéficiers sont-ils obligés de res-« tituer leur revenu dont ils disposent mal? Les an-« ciens disaient que oui, mais les nouveaux disent que « non : ne quittons donc pas cette opinion, qui dé-« charge de l'obligation de restituer. » Voilà de belles paroles, lui dis-je, et pleines de consolation pour bien du monde. Nous laissons les Pères, me dit-il, à ceux qui traitent la positive; mais pour nous, qui gouvernons les consciences, nous les lisons peu, et ne citons dans nos écrits que les nouveaux casuistes. Voyez Diana, qui a tant écrit; il a mis à l'entrée de ses livres la liste des auteurs qu'il rapporte. Il y en a deux cent quatre-vingt-seize, dont le plus ancien est depuis quatre-vingts ans. Cela est donc venu au monde depuis votre société? lui dis-je. Environ, me répondit-il. C'est-à-dire, mon père, qu'à votre arrivée on a vu disparaître saint Augustin, saint Chrysostôme, saint Ambroise, saint Jérôme, et les autres, pour ce qui est de la morale. Mais au moins que je sache les noms de ceux qui leur ont succédé : qui sont-ils, ces nouveaux auteurs? Ce sont des gens bien habiles et bien célèbres, me dit-il. C'est Villalobos, Conink, Llamas, Achokier, Dealkozer, Dellacruz, Veracruz, Ugolin, Tambourin, Fernandez, Martinez, Suarez, Henriquez, Vasquez, Lopez, Gomez, Sanchez, de Vechis, de Grassis, de Grassalis, de Pitigianis, de Graphæis, Squilanti, Bizozeri, Barcola, de Bobadilla, Simancha, Perez de Lara, Aldretta, Lorca, de Scarcia, Quaranta, Scophra, Pedrezza, Cabrezza, Bisbe, Dias, de Clavasio, Villagut, Adam à Manden, Iribarne, Binsfeld, Volfangi à Vorberg, Vosthery, Strevesdorf. O mon père! lui dis-je tout effrayé, tous ces gens-là étaient-ils chrétiens?. Comment, chrétiens! me répondit-il. Ne vous disais-je pas que ce sont les seuls par lesquels nous gouvernons aujourd'hui la chrétienté? Cela me fit pitié; mais je ne lui en témoignai rien, et lui demandai seulement si tous ces auteurs-là étaient jésuites. Non, me dit-il, mais il n'importe; ils n'ont pas laissé de dire de bonnes choses. Ce n'est pas que la plupart ne les ait prises ou imitées des nôtres; mais nous ne nous piquons pas d'honneur, outre qu'ils citent nos pères à toute heure et avec éloge. Voyez Diana, qui n'est pas de notre société; quand il parle de Vasquez, il l'appelle *le phénix des esprits*. Et quelquefois il dit « que Vasquez seul lui est autant que « tout le reste des hommes ensemble, *instar omnium*. » Aussi tous nos pères se servent fort souvent de ce bon Diana; car si vous entendez bien notre doctrine de la probabilité, vous verrez que cela n'y fait rien. Au contraire, nous avons bien voulu que d'autres que les jésuites puissent rendre leurs opinions probables, afin qu'on ne puisse pas nous les imputer toutes. Et ainsi, quand quelque auteur que ce soit en a avancé une, nous avons droit de la prendre, si nous le voulons, par la doctrine des opinions probables ; et nous n'en sommes pas les garants, quand l'auteur n'est pas de notre corps. J'entends tout cela, lui dis-je. Je vois bien par là que tout est bien venu chez vous, hormis les anciens Pères, et que vous êtes les maîtres de la campagne. Vous n'avez plus qu'à courir.

Mais je prévois trois ou quatre grands inconvénients, et de puissantes barrières qui s'opposeront à votre course. Et quoi ? me dit le père tout étonné. C'est, lui répondis-je, l'Écriture sainte, les papes et les conciles, que vous ne pouvez démentir, et qui sont tous dans la voie unique de l'Évangile. Est-ce là tout ? me dit-il. Vous m'avez fait peur. Croyez-vous qu'une chose si visible n'ait pas été prévue, et que nous n'y ayons pas pourvu ? Vraiment je vous admire, de penser que nous soyons opposés à l'Écriture, aux papes ou aux conciles ! Il faut que je vous éclaircisse du contraire. Je serais bien marri que vous crussiez que nous manquons à ce que nous leur devons. Vous avez sans doute pris cette pensée de quelques opinions de nos pères qui paraissent choquer leurs décisions, quoique cela ne soit pas. Mais, pour en entendre l'accord, il faudrait avoir plus de loisir. Je souhaite que vous ne demeuriez pas mal édifié de nous. Si vous voulez que nous nous revoyions demain, je vous en donnerai l'éclaircissement.

Voilà la fin de cette conférence, qui sera celle de cet entretien ; aussi en voilà bien assez pour une lettre. Je m'assure que vous en serez satisfait en attendant la suite. Je suis, etc.

SIXIÈME LETTRE (1).

Différents artifices des jésuites pour éluder l'autorité de l'Évangile, des conciles et des papes. — Quelques conséquences qui suivent de leur doctrine sur la probabilité. — Leurs relâchements en faveur des bénéficiers, des prêtres, des religieux et des domestiques. — Histoire de Jean d'Alba.

De Paris, ce 10 avril 1656.

MONSIEUR,

Je vous ai dit, à la fin de ma dernière lettre, que ce bon père jésuite m'avait promis de m'apprendre de quelle sorte les casuistes accordent les contrariétés qui se rencontrent entre leurs opinions et les décisions des papes, des conciles et de l'Écriture. Il m'en a instruit, en effet, dans ma seconde visite, dont voici le récit (2).

Ce bon père me parla de cette sorte : Une des manières dont nous accordons ces contradictions apparentes, est par l'interprétation de quelque terme. Par exemple, le pape Grégoire XIV a déclaré que les assassins sont indignes de jouir de l'asile des églises, et

---

(1) Cette lettre a été revue par M. Nicole.

(2) « Le père Daniel (VIᵉ Entretien), fait remarquer qu'au commencement de la sixième Lettre, Pascal dit, en parlant du récit de sa seconde visite : « Je le ferai (ce récit) plus exactement que l'autre, car j'y portai des tablettes pour marquer les citations des passages, et je fus bien fâché de n'en avoir point apporté dès la première fois. Néanmoins, si vous êtes en peine de quelqu'un de ceux que je vous ai cités dans l'autre Lettre, faites-le-moi savoir ; je vous satisferai facilement. » Cette phrase, qui se trouve dans les premières éditions, a été supprimée depuis ; elle indique, en effet, l'invraisemblance plutôt qu'elle ne la corrige. D'ailleurs, dans la Lettre précédente, où *il n'avait pas de tablettes*, Pascal ne cite pas moins textuellement les passages. Seulement, soit qu'on lui eût fait l'objection dans l'intervalle de la cinquième à la sixième Lettre, soit qu'il sentît le besoin d'une précaution pour arriver à l'indication détaillée des chapitre, page, paragraphe, etc., il glisse cette phrase qui fut depuis jugée inutile ». Sainte-Beuve, *Port-Royal*, tom. III, pag. 50-51.

qu'on les en doit arracher. Cependant nos vingt-quatre vieillards disent, tr. 6, ex. 4, n. 27, que « tous « ceux qui tuent en trahison ne doivent pas encourir « la peine de cette bulle. » Cela vous paraît être contraire ; mais on l'accorde, en interprétant le mot d'*assassin*, comme ils font par ces paroles : « Les assas-« sins ne sont-ils pas indignes de jouir du privilége « des églises ? Oui, par la bulle de Grégoire XIV. « Mais nous entendons par le mot d'assassins ceux « qui ont reçu de l'argent pour tuer quelqu'un en tra-« hison. D'où il arrive que ceux qui tuent sans en re-« cevoir aucun prix, mais seulement pour obliger leurs « amis, ne sont pas appelés assassins. » De même il est dit dans l'Évangile : « Donnez l'aumône de votre « superflu. » Cependant plusieurs casuistes ont trouvé moyen de décharger les personnes les plus riches de l'obligation de donner l'aumône. Cela vous paraît encore contraire ; mais on en fait voir facilement l'accord, en interprétant le mot de *superflu ;* en sorte qu'il n'arrive presque jamais que personne en ait. Et c'est ce qu'a fait le docte Vasquez en cette sorte, dans son *Traité de l'aumône*, c. 4, n. 14 : « Ce que « les personnes du monde gardent pour relever leur « condition et celle de leurs parents n'est pas appelé « superflu. Et c'est pourquoi à peine trouvera-t-on « qu'il y ait jamais de superflu chez les gens du monde, « et non pas même chez les rois. »

Aussi Diana ayant rapporté ces mêmes paroles de Vasquez, car il se fonde ordinairement sur nos pères, il en conclut fort bien que, « dans la question, si les « riches sont obligés de donner l'aumône de leur su-« perflu, encore que l'affirmative fût véritable, il

« n'arrivera jamais, ou presque jamais, qu'elle oblige
« dans la pratique. »

Je vois bien, mon père, que cela suit de la doctrine de Vasquez. Mais que répondrait-on, si l'on objectait qu'afin de faire son salut, il serait donc aussi sûr, selon Vasquez, de ne point donner l'aumône, pourvu qu'on ait assez d'ambition pour n'avoir point de superflu, qu'il est sûr, selon l'Évangile, de n'avoir point d'ambition, afin d'avoir du superflu pour en pouvoir donner l'aumône? Il faudrait répondre, me dit-il, que toutes ces deux voies sont sûres selon le même Évangile : l'une, selon l'Évangile dans le sens le plus littéral et le plus facile à trouver; l'autre, selon le même Évangile, interprété par Vasquez. Vous voyez par là l'utilité des interprétations.

Mais quand les termes sont si clairs qu'ils n'en souffrent aucune, alors nous nous servons de la remarque des circonstances favorables, comme vous verrez par cet exemple. Les papes ont excommunié les religieux qui quittent leur habit; et nos vingt-quatre vieillards ne laissent pas de parler en cette sorte, tr. 6, ex. 7, n. 103 : « En quelles occasions un religieux
« peut-il quitter son habit sans encourir l'excommuni-
« cation? » Il en rapporte plusieurs, et entre autres celle-ci : « S'il le quitte pour une cause honteuse,
« comme pour aller filouter, ou pour aller *incognito*
« en des lieux de débauche, le devant bientôt repren-
« dre. » Aussi il est visible que les bulles ne parlent point de ces cas-là.

J'avais peine à croire cela, et je priai le père de me le montrer dans l'original; je vis que le chapitre où sont ces paroles est intitulé : « Pratique selon l'école

« de la société de Jésus; *Praxis è societatis Jesu
« scholâ* », et j'y vis ces mots : *Si habitum dimittat
ut furetur occultè, vel fornicetur*. Et il me montra la
même chose dans Diana, en ces termes : *Ut eat incognitus ad lupanar*. Et d'où vient, mon père, qu'ils
les ont déchargés de l'excommunication en cette rencontre? Ne le comprenez-vous pas? me dit-il. Ne
voyez-vous pas quel scandale ce serait de surprendre
un religieux en cet état avec son habit de religion?
Et n'avez-vous point ouï parler, continua-t-il, comment on répondit à la première bulle, *Contra sollicitantes?* et de quelle sorte nos vingt-quatre, dans un
chapitre aussi de la Pratique de l'école de notre société, expliquent la bulle de Pie V, *Contra clericos*,
etc.? Je ne sais ce que c'est que tout cela, lui dis-je.
Vous ne lisez donc guère Escobar? me dit-il. Je ne l'ai
que d'hier, mon père; et même j'eus de la peine à le
trouver. Je ne sais ce qui est arrivé depuis peu, qui
fait que tout le monde le cherche. Ce que je vous disais, repartit le père, est au tr. 1, ex. 8, n. 102.
Voyez-le en votre particulier; vous y trouverez un bel
exemple de la manière d'interpréter favorablement les
bulles. Je le vis en effet dès le soir même; mais je
n'ose vous le rapporter, car c'est une chose effroyable.

Le bon père continua donc ainsi : Vous entendez
bien maintenant comment on se sert des circonstances
favorables. Mais il y en a quelquefois de si précises,
qu'on ne peut accorder par là les contradictions; de
sorte que ce serait bien alors que vous croiriez qu'il
y en aurait. Par exemple, trois papes ont décidé que
les religieux qui sont obligés par un vœu particulier
à la vie quadragésimale n'en sont pas dispensés, en-

core qu'ils soient faits évêques. Et cependant Diana dit que : « nonobstant leur décision, ils en sont dis-
« pensés. » Et comment accorde-t-il cela? lui dis-je. C'est, répliqua le père, par la plus subtile de toutes les nouvelles méthodes, et par le plus fin de la probabilité. Je vais vous l'expliquer. C'est que, comme vous le vîtes l'autre jour, l'affirmative et la négative de la plupart des opinions ont chacune quelque probabilité, au jugement de nos docteurs, et assez pour être suivies avec sûreté de conscience. Ce n'est pas que le pour et le contre soient ensemble véritables dans le même sens, cela est impossible ; mais c'est seulement qu'ils sont ensemble probables, et sûrs par conséquent.

Sur ce principe, Diana notre bon ami parle ainsi en la part. 5, tr. 13, r. 39 : « Je réponds à la décision
« de ces trois papes, qui est contraire à mon opinion,
« qu'ils ont parlé de la sorte en s'attachant à l'affir-
« mative, laquelle en effet est probable, à mon juge-
« ment même : mais il ne s'ensuit pas de là que la né-
« gative n'ait aussi sa probabilité. » Et, dans le même traité, r. 65, sur un autre sujet, dans lequel il est encore d'un sentiment contraire à un pape, il parle ainsi : « Que le pape l'ait dit comme chef de l'Église,
« je le veux. Mais il ne l'a fait que dans l'étendue de
« la sphère de probabilité de son sentiment. » Or vous voyez bien que ce n'est pas là blesser les sentiments des papes : on ne le souffrirait pas à Rome, où Diana est en si grand crédit. Car il ne dit pas que ce que les papes ont décidé ne soit pas probable ; mais, en laissant leur opinion dans toute la sphère de probabilité, il ne laisse pas de dire que le contraire est aussi probable. Cela

est très-respectueux, lui dis-je. Et cela est plus subtil, ajouta-t-il, que la réponse que fit le père Bauny quand on eut censuré ses livres à Rome. Car il lui échappa d'écrire contre M. Hallier, qui le persécutait alors furieusement : « Qu'a de commun la censure de « Rome avec celle de France ? » Vous voyez assez par là que, soit par l'interprétation des termes, soit par la remarque des circonstances favorables, soit enfin par la double probabilité du pour et du contre, on accorde toujours ces contradictions prétendues, qui vous étonnaient auparavant, sans jamais blesser les décisions de l'Écriture, des conciles ou des papes, comme vous le voyez. Mon révérend père, lui dis-je, que le monde est heureux de vous avoir pour maîtres ! Que ces probabilités sont utiles ! Je ne savais pourquoi vous aviez pris tant de soin d'établir qu'un seul docteur, *s'il est grave*, peut rendre une opinion probable; que le contraire peut l'être aussi ; et qu'alors on peut choisir du pour et du contre celui qui agrée le plus, encore qu'on ne le croie pas véritable, et avec tant de sûreté de conscience, qu'un confesseur qui refuserait de donner l'absolution sur la foi de ces casuistes serait en état de damnation : d'où je comprends qu'un seul casuiste peut à son gré faire de nouvelles règles de morale, et disposer, selon sa fantaisie, de tout ce qui regarde la conduite des mœurs. Il faut, me dit le père, apporter quelque tempérament à ce que vous dites. Apprenez bien ceci. Voici notre méthode, où vous verrez le progrès d'une opinion nouvelle, depuis sa naissance jusqu'à sa maturité.

D'abord le docteur *grave* qui l'a inventée l'expose au monde, et la jette comme une semence pour prendre racine. Elle est encore faible en cet état, mais il faut que le temps la mûrisse peu à peu. Et c'est pourquoi Diana, qui en a introduit plusieurs, dit en un endroit : « J'avance cette opinion ; mais parce « qu'elle est nouvelle, je la laisse mûrir au temps, *re-* « *linquo tempori maturandam.* » Ainsi en peu d'années on la voit insensiblement s'affermir ; et, après un temps considérable, elle se trouve autorisée par la tacite approbation de l'Église, selon cette grande maxime du père Bauny : « qu'une opinion étant avancée par quel- « que casuiste, et l'Église ne s'y étant point opposée, « c'est un témoignage qu'elle l'approuve. » Et c'est en effet par ce principe qu'il autorise un de ces sentiments dans son traité 6, p. 312. Eh quoi ! lui dis-je, mon père, l'Église, à ce compte-là, approuverait donc tous les abus qu'elle souffre, et toutes les erreurs des livres qu'elle ne censure point ? Disputez, me dit-il, contre le père Bauny. Je vous fais un récit, et vous contestez contre moi ! Il ne faut jamais disputer sur un fait. Je vous disais donc que, quand le temps a ainsi mûri une opinion, alors elle est tout à fait probable et sûre. Et de là vient que le docte Caramuel, dans la lettre où il adresse à Diana sa Théologie fondamentale, dit que ce grand « Diana a rendu plusieurs opi- « nions probables qui ne l'étaient pas auparavant, « *quæ antea non erant;* et qu'ainsi on ne pèche plus « en les suivant, au lieu qu'on péchait auparavant : « *jam non peccant, licet ante peccaverint.* »

En vérité, mon père, lui dis-je, il y a bien à profiter auprès de vos docteurs. Quoi ! de deux personnes qui font les mêmes choses, celui qui ne sait pas leur doctrine pèche ; celui qui la sait ne pèche pas ? Elle est donc tout ensemble instructive et justifiante? La loi de Dieu faisait des prévaricateurs, selon saint Paul; celle-ci fait qu'il n'y a presque que des innocents. Je vous supplie, mon père, de m'en bien informer; je ne vous quitterai point que vous ne m'ayez dit les principales maximes que vos casuistes ont établies.

Hélas! me dit le père, notre principal but aurait été de n'établir point d'autres maximes que celles de l'Évangile dans toute leur sévérité; et l'on voit assez par le règlement de nos mœurs que si nous souffrons quelque relâchement dans les autres, c'est plutôt par condescendance que par dessein. Nous y sommes forcés. Les hommes sont aujourd'hui tellement corrompus, que, ne pouvant les faire venir à nous, il faut bien que nous allions à eux; autrement ils nous quitteraient : ils feraient pis, ils s'abandonneraient entièrement. Et c'est pour les retenir que nos casuistes ont considéré les vices auxquels on est le plus porté dans toutes les conditions, afin d'établir des maximes si douces, sans toutefois blesser la vérité, qu'on serait de difficile composition si l'on n'en était content; car le dessein capital que notre société a pris pour le bien de la religion est de ne rebuter qui que ce soit, pour ne pas désespérer le monde.

Nous avons donc des maximes pour toutes sortes de personnes, pour les bénéficiers, pour les prêtres, pour les religieux, pour les gentilshommes, pour les domestiques, pour les riches, pour ceux qui sont dans le commerce, pour ceux qui sont mal dans leurs affaires, pour ceux qui sont dans l'indigence, pour les femmes dévotes, pour celles qui ne le sont pas, pour les gens mariés, pour les gens déréglés. Enfin, rien n'a échappé à leur prévoyance. C'est-à-dire, lui dis-je, qu'il y en a pour le clergé, la noblesse et le tiers état. Me voici bien disposé à les entendre.

Commençons, dit le père, par les bénéficiers. Vous savez quel trafic on fait aujourd'hui des bénéfices, et que, s'il fallait s'en rapporter à ce que saint Thomas et les anciens en ont écrit, il y aurait bien des simoniaques dans l'Église. C'est pourquoi il a été fort nécessaire que nos pères aient tempéré les choses par leur prudence, comme ces paroles de Valentia, qui est l'un des quatre animaux d'Escobar, vous l'apprendront. C'est la conclusion d'un long discours, où il en donne plusieurs expédients, dont voici le meilleur à mon avis. C'est en la p. 2039 du t. 3. « Si l'on donne « un bien temporel pour un bien spirituel, » c'est-à-dire de l'argent pour un bénéfice, « et qu'on donne « l'argent comme le prix du bénéfice, c'est une simo-« nie visible. Mais si on le donne comme le motif qui « porte la volonté du collateur à le conférer, ce n'est « point simonie, encore que celui qui le confère con-« sidère et attende l'argent comme la fin principale. » Tannerus, qui est encore de notre société, dit la même chose dans son t. 3, p. 1549, quoiqu'il avoue « que saint Thomas y est contraire, en ce qu'il en-« seigne absolument que c'est toujours simonie de « donner un bien spirituel pour un temporel, si le tem-« porel en est la fin. » Par ce moyen nous empêchons une infinité de simonies. Car qui serait assez méchant pour refuser, en donnant de l'argent pour un bénéfice, de porter son intention à le donner comme *un motif* qui porte le bénéficier à le résigner, au lieu de le donner comme *le prix* du bénéfice? Personne n'est assez abandonné de Dieu pour cela. Je demeure d'accord, lui dis-je, que tout le monde a des grâces suffisantes pour faire un tel marché. Cela est assuré, repartit le père.

« Voilà comment nous avons adouci les choses à l'égard des bénéficiers. Quant aux prêtres, nous avons plusieurs maximes qui leur sont assez favorables; par exemple, celle-ci de nos vingt-quatre, tr. 1, ex. 11, n. 96 : « Un prêtre qui a reçu de l'argent pour dire
« une messe peut-il recevoir de nouvel argent sur la
« même messe? Oui, dit Filiutius; en appliquant la
« partie du sacrifice qui lui appartient comme prêtre
« à celui qui le paye de nouveau, pourvu qu'il n'en
« reçoive pas autant que pour une messe entière, mais
« seulement pour une partie, comme pour un tiers de
« messe. »

Certes, mon père, voici une de ces rencontres où le *pour* et le *contre* sont bien probables; car ce que vous dites ne peut manquer de l'être, après l'autorité de Filiutius et d'Escobar. Mais en le laissant dans sa sphère de probabilité, on pourrait bien, ce me semble, dire aussi le contraire, et l'appuyer par ces raisons. Lorsque l'Église permet aux prêtres qui sont pauvres de recevoir de l'argent pour leurs messes, parce qu'il est bien juste que ceux qui servent à l'autel vivent de l'autel, elle n'entend pas pour cela qu'ils échangent le sacrifice pour de l'argent, et encore moins qu'ils se privent eux-mêmes de toutes les grâces qu'ils en doivent tirer les premiers. Et je dirais encore que « les
« prêtres, selon saint Paul, sont obligés d'offrir le sa-
« crifice, premièrement pour eux-mêmes, et puis pour

« le peuple; » et qu'ainsi il leur est bien permis d'en associer d'autres au fruit du sacrifice, mais non pas de renoncer eux-mêmes volontairement à tout le fruit du sacrifice, et de le donner à un autre pour un tiers de messe, c'est-à-dire pour quatre ou cinq sous. En vérité, mon père, pour peu que je fusse *grave*, je rendrais cette opinion probable. Vous n'y auriez pas grand'peine, me dit-il; elle l'est visiblement. La difficulté était de trouver de la probabilité dans le contraire des opinions qui sont manifestement bonnes; et c'est ce qui n'appartient qu'aux grands hommes. Le père Bauny y excelle. Il y a du plaisir de voir ce savant casuiste pénétrer dans le pour et le contre d'une même question qui regarde encore les prêtres, et trouver raison partout, tant il est ingénieux et subtil.

Il dit en un endroit (c'est dans le traité 10, p. 474): « On ne peut pas faire une loi qui obligeât les curés à « dire la messe tous les jours, parce qu'une telle loi « les exposerait indubitablement, *haud dubie*, au « péril de la dire quelquefois en péché mortel. » Et néanmoins, dans le même traité 10, p. 441, il dit que « les prêtres qui ont reçu de l'argent pour dire la « messe tous les jours la doivent dire tous les jours; » et qu'ils ne « peuvent pas s'excuser sur ce qu'ils ne « sont pas toujours assez bien préparés pour la dire, « parce qu'on peut toujours faire l'acte de contrition; « et que s'ils y manquent, c'est leur faute, et non pas « à celle de celui qui leur fait dire la messe. » Et, pour lever les plus grandes difficultés qui pourraient les en empêcher, il résout ainsi cette question dans le même traité, quest. 32, p. 457 : « Un prêtre peut-il dire la « messe le même jour qu'il a commis un péché mor-

« tel et des plus criminels, en se confessant aupara-
« vant? Non, dit Villalobos, à cause de son impu-
« reté. Mais Sancius dit que oui, et sans aucun péché.
« Je tiens son opinion sûre, et qu'elle doit être suivie
« dans la pratique : *et tuta et sequenda in praxi.* »

Quoi! mon père, lui dis-je, on doit suivre cette opinion dans la pratique? Un prêtre qui serait tombé dans un tel désordre oserait-il s'approcher le même jour de l'autel, sur la parole du père Bauny? Et ne devrait-il pas déférer aux anciennes lois de l'Église, qui excluaient pour jamais du sacrifice, ou au moins pour un long temps, les prêtres qui avaient commis des péchés de cette sorte, plutôt que de s'arrêter aux nouvelles opinions des casuistes, qui les y admettent le jour même qu'ils y sont tombés? Vous n'avez point de mémoire, dit le père. Ne vous appris-je pas l'autre fois que, selon nos pères Cellot et Reginaldus, « on ne doit
« pas suivre, dans la morale, les anciens Pères, mais
« les nouveaux casuistes? » Je m'en souviens bien, lui répondis-je; mais il y a plus ici, car il y a des lois de l'Église. Vous avez raison, me dit-il; mais c'est que vous ne savez pas encore cette belle maxime de nos pères : « Que les lois de l'Église perdent leur
« force quand on ne les observe plus, CUM *jam desuetudine abierunt,* » comme dit Filiutius, t. 2, tr. 25, n. 33. Nous voyons mieux que les anciens les nécessités présentes de l'Église. Si on était si sévère à exclure les prêtres de l'autel, vous comprenez bien qu'il n'y aurait pas un si grand nombre de messes. Or la pluralité des messes apporte tant de gloire à Dieu et tant d'utilité aux âmes, que j'oserais dire avec notre père Cellot, dans son livre de la Hiérarchie, p. 611

de l'impression de Rouen, qu'il n'y aurait pas trop de prêtres, « quand non-seulement tous les hommes et « les femmes, si cela se pouvait, mais que les corps « insensibles, et les bêtes brutes même, *bruta ani-* « *malia*, seraient changés en prêtres pour célébrer « la messe. »

Je fus si surpris de la bizarrerie de cette imagination, que je ne pus rien dire; de sorte qu'il continua ainsi : Mais en voilà assez pour les prêtres; je serais trop long; venons aux religieux. Comme leur plus grande difficulté est en l'obéissance qu'ils doivent à leurs supérieurs, écoutez l'adoucissement qu'y apportent nos pères. C'est Castrus Palaüs, de notre société, *Op. mor.*, p. 1, disp. 2, p. 6 : « Il est hors de dis- « pute, *non est controversia*, que le religieux qui a « pour soi une opinion probable n'est point tenu d'o- « béir à son supérieur, quoique l'opinion du supé- « rieur soit plus probable ; car alors il est permis au « religieux d'embrasser celle qui lui est la plus agréa- « ble, *quæ sibi gratior fuerit*, comme le dit Sanchez. « Et encore que le commandement du supérieur soit « juste, cela ne vous oblige pas de lui obéir : car il « n'est pas juste de tous points et en toutes manières, « *non undequaque juste præcipit*, mais seulement « probablement ; et ainsi vous n'êtes engagé que pro- « bablement à lui obéir, et vous en êtes probable- « ment dégagé : *probabiliter obligatus, et probabi-* « *liter deobligatus*. » Certes, mon père, lui dis-je, on ne saurait trop estimer un si beau fruit de la double probabilité. Elle est de grand usage, me dit-il ; mais abrégeons. Je ne vous dirai plus que ce trait de notre célèbre Molina, en faveur des religieux qui sont chassés de leurs couvents pour leurs désordres. Notre père Escobar le rapporte, tr. 6, ex. 7, n. 111, en ces termes : « Molina assure qu'un religieux chassé de « son monastère n'est point obligé de se corriger pour « y retourner, et qu'il n'est plus lié par son vœu d'o- « béissance. »

— Voilà, mon père, lui dis-je, les ecclésiastiques bien à leur aise. Je vois bien que vos casuistes les ont traités favorablement. Ils y ont agi comme pour eux-mêmes. J'ai bien peur que les gens des autres conditions ne soient pas si bien traités. Il fallait que chacun fît pour soi. Ils n'auraient pas mieux fait eux-mêmes, me repartit le père. On a agi pour tous avec une pareille charité, depuis les plus grands jusques aux moindres ; et vous m'engagez, pour vous le montrer, à vous dire nos maximes touchant les valets.

Nous avons considéré, à leur égard, la peine qu'ils ont, quand ils sont gens de conscience, à servir des maîtres débauchés. Car s'ils ne font tous les messages où ils les emploient, ils perdent leur fortune ; et, s'ils leur obéissent, ils en ont du scrupule. C'est pour les en soulager que nos vingt-quatre pères, tr. 7, ex. 4, n. 223, ont marqué les services qu'ils peuvent rendre en sûreté de conscience. En voici quelques-uns : « Porter des lettres et des présents ; ouvrir les portes « et les fenêtres ; aider leur maître à monter à la fenê- « tre, tenir l'échelle pendant qu'il y monte ; tout cela « est permis et indifférent. Il est vrai que pour tenir « l'échelle il faut qu'ils soient menacés plus qu'à l'or- « dinaire, s'ils y manquaient ; car c'est faire injure au « maître d'une maison d'y entrer par la fenêtre. »

Voyez-vous combien cela est judicieux ? Je n'atten-

dais rien moins, lui dis-je, d'un livre tiré de vingt-quatre jésuites. Mais, ajouta le père, notre père Bauny a encore bien appris aux valets à rendre tous ces devoirs-là innocemment à leurs maîtres, en faisant qu'ils portent leur intention, non pas aux péchés dont ils sont les entremetteurs, mais seulement au gain qui leur en revient. C'est ce qu'il a bien expliqué dans sa Somme des péchés, en la page 710 de la première impression : « Que les confesseurs, dit-il, remarquent
« bien qu'on ne peut absoudre les valets qui font des
« messages déshonnêtes, s'ils consentent aux péchés
« de leurs maîtres ; mais il faut dire le contraire, s'ils
« le font pour leur commodité temporelle. » Et cela est bien facile à faire ; car pourquoi s'obstineraient-ils à consentir à des péchés dont ils n'ont que la peine ?

Et le même père Bauny a encore établi cette grande maxime en faveur de ceux qui ne sont pas contents de leurs gages ; c'est dans sa Somme, p. 213 et 214 de la sixième édition : « Les valets qui se plaignent de
« leurs gages peuvent-ils d'eux-mêmes les croître en
« se garnissant les mains d'autant de bien apparte-
« nant à leurs maîtres, comme ils s'imaginent en être
« nécessaire pour égaler lesdits gages à leur peine ?
« Ils le peuvent en quelques rencontres, comme lors-
« qu'ils sont si pauvres en cherchant condition, qu'ils
« ont été obligés d'accepter l'offre qu'on leur a faite,
« et que les autres valets de leur sorte gagnent da-
« vantage ailleurs. »

Voilà justement, mon père, lui dis-je, le passage de Jean d'Alba. Quel Jean d'Alba ? dit le père ; que voulez-vous dire ? Quoi ! mon père, ne vous souvenez-vous plus de ce qui se passa en cette ville l'an-

née 1647? et où étiez-vous donc alors? J'enseignais, dit-il, les cas de conscience dans un de nos colléges assez éloigné de Paris. Je vois donc bien, mon père, que vous ne savez pas cette histoire; il faut que je vous la dise. C'était une personne d'honneur qui la contait l'autre jour en un lieu où j'étais. Il nous disait que ce Jean d'Alba, servant vos pères du collége de Clermont de la rue Saint-Jacques, et n'étant pas satisfait de ses gages, déroba quelque chose pour se récompenser; que vos pères, s'en étant aperçus, le firent mettre en prison, l'accusant de vol domestique, et que le procès en fut rapporté au Châtelet le sixième jour d'avril 1647, si j'ai bonne mémoire; car il nous marqua toutes ces particularités-là, sans quoi à peine l'aurait-on cru. Ce malheureux, étant interrogé, avoua qu'il avait pris quelques plats d'étain à vos pères; mais il soutint qu'il ne les avait pas volés pour cela, rapportant pour sa justification cette doctrine du père Bauny, qu'il présenta aux juges avec un écrit d'un de vos pères, sous lequel il avait étudié les cas de conscience, qui lui avait appris la même chose. Sur quoi M. de Montrouge, l'un des plus considérés de cette compagnie, dit en opinant qu'il n'était « pas d'avis
« que, sur des écrits de ces pères, contenant une doc-
« trine illicite, pernicieuse, et contraire à toutes les
« lois naturelles, divines et humaines, capable de
« renverser toutes les familles et d'autoriser tous les
« vols domestiques, on dût absoudre cet accusé. »
Mais qu'il était « d'avis que ce trop fidèle disciple
« fût fouetté devant la porte du collége par la main
« du bourreau, lequel en même temps brûlerait les
« écrits de ces pères traitant du larcin, avec défense

« à eux de plus enseigner une telle doctrine, sur peine de la vie. »

On attendait la suite de cet avis, qui fut fort approuvé, lorsqu'il arriva un incident qui fit remettre le jugement de ce procès. Mais cependant le prisonnier disparut on ne sait comment, sans qu'on parlât plus de cette affaire-là ; de sorte que Jean d'Alba sortit, et sans rendre sa vaisselle. Voilà ce qu'il nous dit ; et il ajoutait à cela que l'avis de M. de Montrouge est aux registres du Châtelet, où chacun le peut voir. Nous prîmes plaisir à ce conte.

A quoi vous amusez-vous ? dit le père. Qu'est-ce que tout cela signifie ? Je vous parle des maximes de nos casuistes ; j'étais prêt à vous parler de celles qui regardent les gentilshommes, et vous m'interrompez par des histoires hors de propos ! Je ne vous le disais qu'en passant, lui dis-je, et aussi pour vous avertir d'une chose importante sur ce sujet, que je trouve que vous avez oubliée en établissant votre doctrine de la probabilité. Et quoi ? dit le père ; que pourrait-il y avoir de manque après que tant d'habiles gens y ont passé ? C'est, lui répondis-je, que vous avez bien mis ceux qui suivent vos opinions probables, en assurance à l'égard de Dieu et de la conscience : car, à ce que vous dites, on est en sûreté de côté-là en suivant un docteur grave. Vous les avez encore mis en assurance du côté des confesseurs : car vous avez obligé les prêtres à les absoudre sur une opinion probable, à peine de péché mortel. Mais vous ne les avez point mis en assurance du côté des juges ; de sorte qu'ils se trouvent exposés au fouet et à la potence en suivant vos probabilités : c'est un défaut capital que cela. Vous avez raison, dit le père; vous me faites plaisir. Mais c'est que nous n'avons pas autant de pouvoir sur les magistrats que sur les confesseurs, qui sont obligés de se rapporter à nous pour les cas de conscience : car c'est nous qui en jugeons souverainement. J'entends bien, lui dis-je; mais si d'une part vous êtes les juges des confesseurs, n'êtes-vous pas de l'autre les confesseurs des juges? Votre pouvoir est de grande étendue : obligez-les d'absoudre les criminels qui ont une opinion probable, à peine d'être exclus des sacrements, afin qu'il n'arrive pas, au grand mépris et scandale de la probabilité, que ceux que vous rendez innocents dans la théorie soient fouettés ou pendus dans la pratique. Sans cela comment trouveriez-vous des disciples? Il y faudra songer, me dit-il, cela n'est pas à négliger. Je le proposerai à notre père provincial. Vous pouviez néanmoins réserver cet avis à un autre temps, sans interrompre ce que j'ai à vous dire des maximes que nous avons établies en faveur des gentilshommes; et je ne vous les apprendrai qu'à la charge que vous ne me ferez plus d'histoires.

Voilà tout ce que vous aurez pour aujourd'hui; car il faut plus d'une lettre pour vous mander tout ce que j'appris en une seule conversation. Cependant je suis, etc. (1).

(1) « Après avoir lu la sixième *Provinciale*, M. Le Roi, abbé de Haute-Fontaine, pénétré de satisfaction, en avoit écrit en des termes très-forts à Mme de Sablé : « Il dit qu'elle étoit admirable, que c'étoit un chef-d'œuvre de la plus forte, de la plus féconde et de la plus ingénieuse raillerie; qu'il faut qu'il fasse une terrible résistance à son amour-propre et à sa vanité pour n'avoir pas envie d'en être estimé l'auteur, comme on en faisoit courir le bruit (on avait dit à tout hasard que les premières *Provinciales* étaient de l'abbé Le Roi) : que, sans y penser, cette Lettre fera faire plusieurs éditions de cet incomparable livre d'Escobar; qu'il ne donneroit pas dès à présent le sien pour une pistole; qu'il est fort en peine où l'on trouvera des Filliutius, des Caramuels et des Sanchez, et que ce seroit une plaisante chose si la cherté

SEPTIÈME LETTRE (1).

De la méthode de diriger l'intention, selon les casuistes. — De la permission qu'ils donnent de tuer pour la défense de l'honneur et des biens, et qu'ils étendent jusqu'aux prêtres et aux religieux. — Question curieuse proposée par Caramuel, savoir s'il est permis aux jésuites de tuer les jansénistes.

De Paris, ce 25 avril 1656.

Monsieur,

Après avoir apaisé le bon père, dont j'avais un peu troublé le discours par l'histoire de Jean d'Alba, il le reprit sur l'assurance que je lui donnai de ne lui en plus faire de semblables; et il me parla des maximes de ses casuistes touchant les gentilshommes, à peu près en ces termes :

Vous savez, me dit-il, que la passion dominante des personnes de cette condition est ce point d'honneur qui les engage à toute heure à des violences qui paraissent bien contraires à la piété chrétienne; de sorte qu'il faudrait les exclure presque tous de nos confessionnaux, si nos pères n'eussent un peu relâché de la sévérité de la religion pour s'accommoder à la faiblesse des hommes. Mais comme ils voulaient demeurer attachés à l'Évangile par leur devoir envers Dieu, et aux gens du monde par leur charité pour le prochain, ils ont eu besoin de toute leur lumière pour

---

s'alloit mettre sur les casuistes. » (*Mémoires* manuscrits de Beaubrun, tom. 1er.) La cherté ou du moins la curiosité s'y mit en effet. Escobar avait été imprimé quarante et une fois avant 1656; il le fut une quarante-deuxième fois en 1656, grâce aux *Provinciales. Port-Royal,* tom. III, p. 51, note.

(1) La révision de cette lettre fut faite par M. Nicole.

trouver des expédients qui tempérassent les choses avec tant de justesse, qu'on pût maintenir et réparer son honneur par les moyens dont on se sert ordinairement dans le monde, sans blesser néanmoins sa conscience ; afin de conserver tout ensemble deux choses aussi opposées en apparence que la piété et l'honneur.

Mais autant que ce dessein était utile, autant l'exécution en était pénible ; car je crois que vous voyez assez la grandeur et la difficulté de cette entreprise. Elle m'étonne, lui dis-je assez froidement. Elle vous étonne? me dit-il. Je le crois, elle en étonnerait bien d'autres. Ignorez-vous que d'une part la loi de l'Évangile ordonne « de ne point rendre le mal pour le mal, et « d'en laisser la vengeance à Dieu ? » Et que de l'autre les lois du monde défendent de souffrir les injures, sans en tirer raison soi-même, et souvent par la mort de ses ennemis ? Avez-vous jamais rien vu qui paraisse plus contraire? Et cependant, quand je vous dis que nos pères ont accordé ces choses, vous me dites simplement que cela vous étonne. Je ne m'expliquais pas assez, mon père. Je tiendrais la chose impossible, si, après ce que j'ai vu de vos pères, je ne savais qu'ils peuvent faire facilement ce qui est impossible aux autres hommes. C'est ce qui me fait croire qu'ils en ont bien trouvé quelque moyen, que j'admire sans le connaître, et que je vous prie de me déclarer.

Puisque vous le prenez ainsi, me dit-il, je ne puis vous le refuser. Sachez donc que ce principe merveilleux est notre grande méthode de *diriger l'intention*, dont l'importance est telle dans notre morale, que j'oserais quasi la comparer à la doctrine de la probabilité.

Vous en avez vu quelques traits en passant, dans de certaines maximes que je vous ai dites. Car, lorsque je vous ai fait entendre comment les valets peuvent faire en conscience de certains messages fâcheux, n'avez-vous pas pris garde que c'était seulement en détournant leur intention du mal dont ils sont les entremetteurs, pour la porter au gain qui leur en revient? Voilà ce que c'est que *diriger l'intention*. Et vous avez vu de même que ceux qui donnent de l'argent pour des bénéfices seraient de véritables simoniaques sans une pareille diversion. Mais je veux maintenant vous faire voir cette grande méthode dans tout son lustre sur le sujet de l'homicide, qu'elle justifie en mille rencontres, afin que vous jugiez par un tel effet tout ce qu'elle est capable de produire. Je vois déjà, lui dis-je, que par là tout sera permis, rien n'en échappera. Vous allez toujours d'une extrémité à l'autre, répondit le père; corrigez-vous de cela. Car, pour vous témoigner que nous ne permettons pas tout, sachez que, par exemple, nous ne souffrons jamais d'avoir l'intention formelle de pécher pour le seul dessein de pécher; et que quiconque s'obstine à n'avoir point d'autre fin dans le mal que le mal même, nous rompons avec lui; cela est diabolique : voilà qui est sans exception d'âge, de sexe, de qualité. Mais quand on n'est pas dans cette malheureuse disposition, alors nous essayons de mettre en pratique notre méthode de *diriger l'intention*, qui consiste à se proposer pour fin de ses actions un objet permis. Ce n'est pas qu'autant qu'il est en notre pouvoir, nous ne détournions les hommes des choses défendues; mais quand nous ne pouvons pas empêcher l'action, nous purifions au moins l'intention ; et ainsi nous corrigeons le vice du moyen par la pureté de la fin.

Voilà par où nos pères ont trouvé moyen de permettre les violences qu'on pratique en défendant son honneur. Car il n'y a qu'à détourner son intention du désir de vengeance, qui est criminel, pour la porter au désir de défendre son honneur, qui est permis selon nos pères. Et c'est ainsi qu'ils accomplissent tous leurs devoirs envers Dieu et envers les hommes : car ils contentent le monde en permettant les actions ; et ils satisfont à l'Évangile en purifiant les intentions. Voilà ce que les anciens n'ont point connu ; voilà ce qu'on doit à nos pères. Le comprenez-vous maintenant ? Fort bien, lui dis-je. Vous accordez aux hommes l'effet extérieur et matériel de l'action, et vous donnez à Dieu ce mouvement intérieur et spirituel de l'intention ; et, par cet équitable partage, vous alliez les lois humaines avec les divines. Mais, mon père, pour vous dire la vérité, je me défie un peu de vos promesses, et je doute que vos auteurs en disent autant que vous. Vous me faites tort, dit le père ; je n'avance rien que je ne prouve, et par tant de passages, que leur nombre, leur autorité et leurs raisons vous rempliront d'admiration.

Car, pour vous faire voir l'alliance que nos pères ont faite des maximes de l'Évangile avec celles du monde, par cette direction d'intention, écoutez notre père Reginaldus, *in Praxi*, l. 21, n. 62, p. 260 : « Il est
« défendu aux particuliers de se venger ; car saint Paul
« dit aux Rom., ch. 12 : Ne rendez à personne le mal
« pour le mal ; et l'Eccl., ch. 28 : Celui qui veut se
« venger attirera sur soi la vengeance de Dieu, et ses

« péchés ne seront point oubliés. Outre tout ce qui est
« dit dans l'Évangile, du pardon des offenses, comme
« dans les chapitres 6 et 18 de saint Matthieu. » Certes, mon père, si après cela il dit autre chose que ce qui est dans l'Écriture, ce ne sera pas manque de la savoir. Que conclut-il donc enfin? Le voici, dit-il :
« De toutes ces choses, il paraît qu'un homme de guerre
« peut sur l'heure même poursuivre celui qui l'a blessé ; non pas, à la vérité, avec l'intention de rendre
« le mal pour le mal, mais avec celle de conserver son
« honneur : *Non ut malum pro malo reddat, sed ut
« conservet honorem.* »

Voyez-vous comment ils ont soin de défendre d'avoir l'intention de rendre le mal pour le mal, parce que l'Écriture le condamne? Ils ne l'ont jamais souffert. Voyez Lessius, De just., liv. 2, c. 9, d. 12, n. 79. « Celui
« qui a reçu un soufflet ne peut pas avoir l'intention
« de s'en venger ; mais il peut bien avoir celle d'éviter l'infamie, et pour cela de repousser à l'instant
« cette injure, et même à coups d'épée : *etiam cum
« gladio.* » Nous sommes si éloignés de souffrir qu'on ait le dessein de se venger de ses ennemis, que nos pères ne veulent pas seulement qu'on leur souhaite la mort par un mouvement de haine. Voyez notre père Escobar, tr. 5, ex. 5, n. 145 : « Si votre ennemi est
« disposé à vous nuire, vous ne devez pas souhaiter sa
« mort par un mouvement de haine, mais vous le pouvez bien faire pour éviter votre dommage. » Car cela est tellement légitime avec cette intention, que notre grand Hurtado de Mendoza dit qu'on peut « prier Dieu
« de faire promptement mourir ceux qui se disposent
« à nous persécuter, si on ne le peut éviter autre-

« ment. » C'est au livre *De spe*, v. 2, d. 15, sect. 4, § 48.

Mon révérend père, lui dis-je, l'Église a bien oublié de mettre une oraison à cette intention dans ses prières. On n'y a pas mis, me dit-il, tout ce qu'on peut demander à Dieu. Outre que cela ne se pouvait pas ; car cette opinion-là est plus nouvelle que le bréviaire : vous n'êtes pas bon chronologiste. Mais, sans sortir de ce sujet, écoutez encore ce passage de notre père Gaspar Hurtado, *De sub. pecc. diff.* 9, cité par Diana, p. 5, tr. 14, r. 99. C'est l'un des vingt-quatre pères d'Escobar. « Un bénéficier peut, sans aucun péché
« mortel, désirer la mort de celui qui a une pension
« sur son bénéfice ; et un fils celle de son père, et se
« réjouir quand elle arrive, pourvu que ce ne soit que
« pour le bien qui lui en revient, et non pas par une
« haine personnelle. »

O mon père, lui dis-je, voilà un beau fruit de la direction d'intention ! Je vois bien qu'elle est de grande étendue. Mais néanmoins il y a de certains cas dont la résolution serait encore difficile, quoique fort nécessaire pour les gentilshommes. Proposez-les pour voir, dit le père. Montrez-moi, lui dis-je avec toute cette direction d'intention, qu'il soit permis de se battre en duel. Notre grand Hurtado de Mendoza, dit le père, vous y satisfera sur l'heure, dans ce passage que Diana rapporte, p. 5, tr. 14, r. 99 :
« Si un gentilhomme qui est appelé en duel est connu
« pour n'être pas dévot, et que les péchés qu'on lui
« voit commettre à toute heure sans scrupule fassent
« aisément juger que, s'il refuse le duel, ce n'est pas par
« la crainte de Dieu, mais par timidité ; et qu'ainsi on

« dise de lui que c'est une poule et non pas un homme,
« *gallina et non vir*, il peut, pour conserver son
« honneur, se trouver au lieu assigné, non pas véri-
« tablement avec l'intention expresse de se battre en
« duel, mais seulement avec celle de se défendre, si
« celui qui l'a appelé l'y vient attaquer injustement.
« Et son action sera toute indifférente d'elle-même;
« car quel mal y a-t-il d'aller dans un champ, de s'y
« promener en attendant un homme, et de se défendre
« si on l'y vient attaquer? Et ainsi il ne pèche en aucune
« manière, puisque ce n'est point du tout accepter un
« duel, ayant l'intention dirigée à d'autres circon-
« stances. Car l'acceptation du duel consiste en l'in-
« tention expresse de se battre, laquelle celui-ci n'a
« pas. »

Vous ne m'avez pas tenu parole, mon père. Ce n'est pas là proprement permettre le duel; au contraire; il le croit tellement défendu, que pour le rendre permis, il évite de dire que c'en soit un. Ho! ho! dit le père, vous commencez à pénétrer; j'en suis ravi. Je pourrais dire néanmoins qu'il permet en cela tout ce que demandent ceux qui se battent en duel. Mais, puisqu'il faut vous répondre juste, notre père Layman le fera pour moi, en permettant le duel en mots propres, pourvu qu'on dirige son intention à l'accepter seulement pour conserver son honneur ou sa fortune. C'est au l. 3, p. 3, c. 3, n. 2 et 3 : « Si un soldat à l'armée,
« ou un gentilhomme à la cour, se trouve en état de
« perdre son honneur ou sa fortune s'il n'accepte un
« duel, je ne vois pas que l'on puisse condamner celui
« qui le reçoit pour se défendre. » Petrus Hurtado dit la même chose, au rapport de notre célèbre Escobar,

au tr. 1, ex. 7, n. 96 et 98 ; il ajoute ces paroles de Hurtado : « Qu'on peut se battre en duel pour défendre « même son bien, s'il n'y a que ce moyen de le con- « server, parce que chacun a le droit de défendre son « bien, et même par la mort de ses ennemis. » J'admirai sur ces passages de voir que la piété du roi emploie sa puissance à défendre et à abolir le duel dans ses États, et que la piété des jésuites occupe leur subtilité à le permettre et à l'autoriser dans l'Église. Mais le bon père était si en train, qu'on lui eût fait tort de l'arrêter, de sorte qu'il poursuivit ainsi : Enfin, dit-il, Sanchez (voyez un peu quelles gens je vous cite!) passe outre ; car il permet non-seulement de recevoir, mais encore d'offrir le duel, en dirigeant bien son intention. Et notre Escobar le suit en cela au même lieu, n. 97. Mon père, lui dis-je, je le quitte si cela est ; mais je ne croirai jamais qu'il l'ait écrit, si je ne le vois. Lisez-le donc vous-même, me dit-il. Et je lus en effet ces mots dans la Théologie morale de Sanchez, liv. 2, c. 39, n. 7 : « Il est bien raisonnable de dire « qu'un homme peut se battre en duel pour sauver sa « vie, son honneur, ou son bien en une quantité con- « sidérable, lorsqu'il est constant qu'on les lui veut « ravir injustement par des procès et des chicaneries, « et qu'il n'y a que ce seul moyen de les conserver. Et « Navarrus dit fort bien qu'en cette occasion il est per- « mis d'accepter et d'offrir le duel : *Licet acceptare et* « *offerre duellum.* Et aussi qu'on peut tuer en cachette « son ennemi. Et même, en ces rencontres-là, on ne « doit point user de la voie du duel, si on peut tuer en « cachette son homme, et sortir par là d'affaire : car, « par ce moyen, on évitera tout ensemble, et d'expo-

« ser sa vie dans un combat, et de participer au pé-
« ché que notre ennemi commettrait par un duel. »

Voilà, mon père, lui dis-je, un pieux guet-apens : mais, quoique pieux, il demeure toujours guet-apens, puisqu'il est permis de tuer son ennemi en trahison. Vous ai-je dit, répliqua le père, qu'on peut tuer en trahison? Dieu m'en garde! Je vous dis qu'on peut tuer en cachette, et de là vous concluez qu'on peut tuer en trahison, comme si c'était la même chose. Apprenez d'Escobar, tr. 6, ex. 4, n. 26, ce que c'est que tuer en trahison, et puis vous parlerez : « On ap-
« pelle tuer en trahison, quand on tue celui qui ne
« s'en défie en aucune manière. Et c'est pourquoi ce-
« lui qui tue son ennemi n'est pas dit le tuer en tra-
« hison, quoique ce soit par derrière, ou dans une
« embûche : *Licet per insidias aut à tergo percutiat.* »
Et au même traité, n. 56 : « Celui qui tue son ennemi
« avec lequel il s'était réconcilié, sous promesse de
« ne plus attenter à sa vie, n'est pas absolument dit
« le tuer en trahison, à moins qu'il n'y eût entre eux
« une amitié bien étroite : *arctior amicitia.* »

Vous voyez par là que vous ne savez pas seulement ce que les termes signifient, et cependant vous parlez comme un docteur. J'avoue, lui dis-je, que cela m'est nouveau ; et j'apprends de cette définition qu'on n'a peut-être jamais tué personne en trahison ; car on ne s'avise guère d'assassiner que ses ennemis. Mais, quoi qu'il en soit, on peut donc, selon Sanchez, tuer hardiment, je ne dis plus en trahison, mais seulement par derrière, ou dans une embûche, un calomniateur qui nous poursuit en justice? Oui, dit le père, mais en dirigeant bien l'intention : vous oubliez toujours le principal. Et c'est ce que Molina soutient aussi, t. 4, tr. 3, disp. 12. Et même, selon notre docte Reginaldus, lib. 21, c. 5; n. 57 : « On peut tuer aussi « les faux témoins qu'il suscite contre nous. » Et enfin, selon nos grands et célèbres pères Tannerus et Emmanuel Sa, on peut de même tuer et les faux témoins et le juge, s'il est de leur intelligence. Voici ses mots, tr. 3, disp. 4, q. 8, n. 83 : « Sotus, dit-il, « et Lessius disent qu'il n'est pas permis de tuer les « faux témoins et le juge qui conspirent à faire mou- « rir un innocent; mais Emmanuel Sa et d'autres « auteurs ont raison d'improuver ce sentiment-là, au « moins pour ce qui touche la conscience. » Et il confirme encore, au même lieu, qu'on peut tuer et témoins et juge.

Mon père, lui dis-je, j'entends maintenant assez bien votre principe de la direction d'intention; mais j'en veux bien entendre aussi les conséquences, et tous les cas où cette méthode donne le pouvoir de tuer. Reprenons donc ceux que vous m'avez dit, de peur de méprise; car l'équivoque serait ici dangereuse. Il ne faut tuer que bien à propos et sur bonne opinion probable. Vous m'avez donc assuré qu'en dirigeant bien son intention, on peut, selon vos pères, pour conserver son honneur, et même son bien, accepter un duel, l'offrir quelquefois, tuer en cachette un faux accusateur, et ses témoins avec lui, et encore le juge corrompu qui les favorise; et vous m'avez dit aussi que celui qui a reçu un soufflet peut, sans se venger, le réparer à coups d'épée. Mais, mon père, vous ne m'avez pas dit avec quelle mesure. On ne s'y peut guère tromper, dit le père; car on peut aller jusqu'à le tuer. C'est ce que prouve fort bien notre savant Henriquez, liv. 14, c. 10, n. 3, et d'autres de nos pères rapportés par Escobar, tr. 1, ex. 7, n. 48, en ces mots : « On peut « tuer celui qui a donné un soufflet, quoiqu'il s'en- « fuie, pourvu qu'on évite de le faire par haine ou « par vengeance, et que par là on ne donne pas « lieu à des meurtres excessifs et nuisibles à l'État. « Et la raison en est qu'on peut ainsi courir après « son honneur, comme après du bien dérobé : car en- « core que votre honneur ne soit pas entre les mains « de votre ennemi, comme seraient des hardes qu'il « vous aurait volées, on peut néanmoins le recou- « vrer en la même manière, en donnant des marques « de grandeur et d'autorité, et s'acquérant par là « l'estime des hommes. Et, en effet, n'est-il pas vé- « ritable que celui qui a reçu un soufflet est réputé « sans honneur, jusqu'à ce qu'il ait tué son ennemi? » Cela me parut si horrible, que j'eus peine à me retenir; mais, pour savoir le reste, je le laissai continuer ainsi. Et même, dit-il, on peut, pour prévenir un soufflet, tuer celui qui le veut donner, s'il n'y a que ce moyen de l'éviter. Cela est commun dans nos pères. Par exemple, Azor, *Inst. mor.*, part. 3, p. 105 (c'est encore l'un des vingt-quatre vieillards) : « Est- « il permis à un homme d'honneur de tuer celui qui « lui veut donner un soufflet, ou un coup de bâton ? « Les uns disent que non, et leur raison est que la vie « du prochain est plus précieuse que notre honneur : « outre qu'il y a de la cruauté à tuer un homme pour « éviter seulement un soufflet. Mais les autres disent « que cela est permis; et certainement je le trouve « probable, quand on ne peut l'éviter autrement; car

« sans cela l'honneur des innocents serait sans cesse
« exposé à la malice des insolents. » Notre grand Filiutius, de même, t. 2, tr. 29, c. 3, n. 50; et le père
Héreau, dans ses écrits de l'Homicide; Hurtado de
Mendoza, in 2, disp. 170, sect. 16, § 137; et Bécan,
Som., t. 1, q. 64, *De homicid.*; et nos pères Flahaut et Lecourt, dans leurs écrits que l'université,
dans sa troisième requête, a rapportés tout au long
pour les décrier, mais elle n'y a pas réussi, et Escobar, au même lieu, n. 48, disent tous les mêmes
choses. Enfin cela est si généralement soutenu, que
Lessius le décide comme une chose qui n'est contestée
d'aucun casuiste, l. 2, c. 9, n. 76. Car il en apporte
un grand nombre qui sont de cette opinion, et aucun
qui soit contraire; et même il allègue, n. 77, Pierre
Navarre, qui, parlant généralement des affronts,
dont il n'y en a point de plus sensible qu'un soufflet,
déclare que, selon le consentement de tous les casuistes, *ex sententia omnium licet contumeliosum occidere, si aliter ea injuria arceri nequit.* En voulez-vous davantage?

Je l'en remerciai, car je n'en avais que trop entendu. Mais, pour voir jusqu'où irait une si damnable doctrine, je lui dis : Mais, mon père, ne sera-t-il
point permis de tuer pour un peu moins? Ne saurait-on diriger son intention en sorte qu'on puisse tuer
pour un démenti? Oui, dit le père; et, selon notre
père Baldelle, l. 3, disp. 24, n. 24, rapporté par
Escobar au même lieu, n. 49, « il est permis de tuer
« celui qui vous dit : vous avez menti, si on ne peut
« le réprimer autrement. » Et on peut tuer de la même
sorte pour des médisances, selon nos pères ; car Les-

sius, que le père Héreau entre autres suit mot à mot, dit, au lieu déjà cité : « Si vous tâchez de ruiner ma
« réputation par des calomnies devant des personnes
« d'honneur, et que je ne puisse l'éviter autrement
« qu'en vous tuant, le puis-je faire? Oui, selon des
« auteurs modernes, et même encore que le crime que
« vous publiez soit véritable, si toutefois il est secret,
« en sorte que vous ne puissiez le découvrir selon les
« voies de la justice ; et en voici la preuve. Si vous me
« voulez ravir l'honneur en me donnant un soufflet,
« je puis l'empêcher par la force des armes : donc la
« même défense est permise quand vous me voulez
« faire la même injure avec la langue. De plus, on
« peut empêcher les affronts : donc on peut empêcher
« les médisances. Enfin, l'honneur est plus cher que
« la vie. Or on peut tuer pour défendre sa vie : donc
« on peut tuer pour défendre son honneur. »

Voilà des arguments en forme. Ce n'est pas là discourir, c'est prouver. Et enfin ce grand Lessius montre au même endroit, n. 78, qu'on peut tuer même pour un simple geste, ou un signe de mépris. « On
« peut, dit-il, attaquer et ôter l'honneur en plusieurs
« manières, dans lesquelles la défense paraît bien
« juste; comme si on veut donner un coup de bâton,
« ou un soufflet, ou si on veut nous faire affront par
« des paroles ou par des signes : *sive per signa.* »

O mon père! lui dis-je, voilà tout ce qu'on peut souhaiter pour mettre l'honneur à couvert; mais la vie est bien exposée, si, pour de simples médisances, ou des gestes désobligeants, on peut tuer le monde en conscience. Cela est vrai, me dit-il; mais comme nos pères sont fort circonspects, ils ont trouvé à pro-

pos de défendre de mettre cette doctrine en usage en ces petites occasions. Car ils disent au moins « qu'à
« peine doit-on la pratiquer : *practice vix probari po-*
« *test.* » Et ce n'a pas été sans raison; la voici. Je la
sais bien, lui dis-je; c'est parce que la loi de Dieu défend de tuer. Ils ne le prennent pas par là, me dit le
père : ils le trouvent permis en conscience, et en ne
regardant que la vérité en elle-même. Et pourquoi le
défendent-ils donc? Écoutez-le, dit-il. C'est parce
qu'on dépeuplerait un État en moins de rien, si on
en tuait tous les médisants. Apprenez-le de notre
Reginaldus, l. 21, n. 63, p. 260 : « Encore que cette
« opinion, qu'on peut tuer pour une médisance, ne
« soit pas sans probabilité dans la théorie, il faut sui-
« vre le contraire dans la pratique; car il faut tou-
« jours éviter le dommage de l'État dans la manière
« de se défendre. Or il est visible qu'en tuant le monde
« de cette sorte, il se ferait un trop grand nombre de
« meurtres. » Lessius en parle de même au lieu déjà
cité : « Il faut prendre garde que l'usage de cette
« maxime ne soit nuisible à l'État; car alors il ne faut
« pas le permettre : *tunc enim non est permittendus.* »

Quoi! mon père, ce n'est donc ici qu'une défense
de politique, et non pas de religion? Peu de gens s'y
arrêteront, et surtout dans la colère; car il pourrait
être assez probable qu'on ne fait point de tort à l'État
de le purger d'un méchant homme. Aussi, dit-il,
notre père Filiutius joint à cette raison-là une autre
bien considérable, tr. 29, c. 3, n. 54 : « C'est qu'on
« serait puni en justice, en tuant le monde pour ce
« sujet. » Je vous le disais bien, mon père, que vous
ne feriez jamais rien qui vaille, tant que vous n'au-

riez point les juges de votre côté. Les juges, dit le père, qui ne pénètrent pas dans les consciences, ne jugent que par le dehors de l'action, au lieu que nous regardons principalement à l'intention ; et de là vient que nos maximes sont quelquefois un peu différentes des leurs. Quoi qu'il en soit, mon père, il se conclut fort bien des vôtres qu'en évitant les dommages de l'État, on peut tuer les médisants en sûreté de conscience, pourvu que ce soit en sûreté de sa personne.

Mais, mon père, après avoir si bien pourvu à l'honneur, n'avez-vous rien fait pour le bien ? Je sais qu'il est de moindre considération, mais il n'importe. Il me semble qu'on peut bien diriger son intention à tuer pour le conserver. Oui, dit le père, et je vous en ai touché quelque chose qui vous a pu donner cette ouverture. Tous nos casuistes s'y accordent, et même on le permet, « encore que l'on ne craigne plus au- « cune violence de ceux qui nous ôtent notre bien, « comme quand ils s'enfuient. » Azor, de notre société, le prouve, p. 3, l. 2, c. 1, q. 20.

Mais, mon père, combien faut-il que la chose vaille pour nous porter à cette extrémité ? « Il faut, « selon Reginaldus, l. 21, c. 5, n. 66, et Tannerus, « in 2, 2, disp. 4, q. 8, d. 4, n. 69, que la chose soit « de grand prix au jugement d'un homme prudent. » Et Layman et Filiutius en parlent de même. Ce n'est rien dire, mon père : où ira-t-on chercher un homme prudent, dont la rencontre est si rare, pour faire cette estimation ? Que ne déterminent-ils exactement la somme ? Comment ! dit le père, était-il si facile, à votre avis, de comparer la vie d'un homme et d'un

chrétien à de l'argent? C'est ici où je veux vous faire sentir la nécessité de nos casuistes. Cherchez-moi dans tous les anciens Pères pour combien d'argent il est permis de tuer un homme. Que vous diront-ils, sinon : *Non occides*, « Vous ne tuerez point? » Et qui a donc osé déterminer cette somme? répondis-je. C'est, me dit-il, notre grand et incomparable Molina, la gloire de notre société, qui, par sa prudence inimitable, l'a estimée « à six ou sept ducats, pour les-
« quels il assure qu'il est permis de tuer, encore que
« celui qui les emporte s'enfuie. » C'est en son t. 4,
« tr. 3, disp. 16, d. 6. Et il dit de plus, au même endroit, qu'il « n'oserait condamner d'aucun péché
« un homme qui tue celui qui lui veut ôter une chose
« de la valeur d'un écu, ou moins : *unius aurei, vel*
« *minoris adhuc valoris.* » Ce qui a porté Escobar à établir cette règle générale, n. 44, que « régulière-
« ment on peut tuer un homme pour la valeur d'un
« écu, selon Molina. »

O mon père! d'où Molina a-t-il pu être éclairé pour déterminer une chose de cette importance, sans aucun secours de l'Écriture, des conciles ni des Pères? Je vois bien qu'il a eu des lumières bien particulières, et bien éloignées de saint Augustin, sur l'homicide, aussi bien que sur la grâce. Me voici bien savant sur ce chapitre; et je connais parfaitement qu'il n'y a plus que les gens d'Église qui s'abstiendront de tuer ceux qui leur feront tort en leur honneur, ou en leur bien. Que voulez-vous dire? répliqua le père. Cela serait-il raisonnable, à votre avis, que ceux qu'on doit le plus respecter dans le monde fussent seuls exposés à l'insolence des méchants? Nos pères ont prévenu ce dés-

ordre; car Tannerus, t. 2, d. 4, q. 8, d. 4, n. 76, dit qu'il est « permis aux ecclésiastiques, et aux reli-
« gieux mêmes, de tuer, pour défendre non-seule-
« ment leur vie, mais aussi leur bien, ou celui de leur
« communauté. » Molina, qu'Escobar rapporte, n. 43;
Bécan, in 2, 2, t. 2, q. 7, *De hom.*, concl. 2, n. 5;
Reginaldus, l. 21, c. 5, n. 68; Layman, l. 3, t. 3,
p. 3, c. 3, n. 4; Lessius, l. 2, c. 9, d. 11, n. 72,
et les autres, se servent tous des mêmes paroles.

Et même, selon notre célèbre père Lamy, il est permis aux prêtres et aux religieux de prévenir ceux qui les veulent noircir par des médisances, en les tuant pour les en empêcher. Mais c'est toujours en dirigeant bien l'intention. Voici ses termes, t. 5, disp. 36, n. 118 :
« Il est permis à un ecclésiastique, ou à un religieux,
« de tuer un calomniateur qui menace de publier des
« crimes scandaleux de sa communauté, ou de lui-
« même, quand il n'y a que ce seul moyen de l'en
« empêcher, comme s'il est prêt à répandre ses médi-
« sances si on ne le tue promptement : car, en ce cas,
« comme il serait permis à ce religieux de tuer celui
« qui lui voudrait ôter la vie, il lui est permis aussi
« de tuer celui qui lui veut ôter l'honneur, ou celui
« de sa communauté, de la même sorte qu'aux gens
« du monde. » Je ne savais pas cela, lui dis-je; et j'avais cru simplement le contraire sans y faire de réflexion, sur ce que j'avais ouï dire que l'Église abhorre tellement le sang, qu'elle ne permet pas seulement aux juges ecclésiastiques d'assister aux jugements criminels. Ne vous arrêtez pas à cela, dit-il; notre père Lamy prouve fort bien cette doctrine, quoique, par un trait d'humilité bienséant à ce grand hom-

me, il la soumette aux lecteurs prudents. Et Caramuel, notre illustre défenseur, qui la rapporte dans sa Théologie fondamentale, p. 543, la croit si certaine, qu'il soutient que « le contraire n'est pas probable; » et il en tire des conclusions admirables, comme celle-ci, qu'il appelle « la conclusion des conclusions, con-
« *clusionum conclusio* : Qu'un prêtre non-seulement
« peut, en de certaines rencontres, tuer un calomnia-
« teur, mais encore qu'il y en a où il le doit faire :
« *etiam aliquando debet occidere.* » Il examine plusieurs questions nouvelles sur ce principe; par exemple, celle-ci : *savoir si les jésuites peuvent tuer les jansénistes?* Voilà, mon père, m'écriai-je, un point de théologie bien surprenant! et je tiens les jansénistes déjà morts par la doctrine du père Lamy. Vous voilà attrapé, dit le père : Caramuel conclut le contraire des mêmes principes. Et comment cela, mon père? Parce, me dit-il, qu'ils ne nuisent pas à notre réputation. Voici ses mots, n. 1146 et 1147, p. 547 et 548 : « Les jansénistes appellent les jésuites péla-
« giens; pourra-t-on les tuer pour cela? Non, d'au-
« tant que les jansénistes n'obscurcissent non plus
« l'éclat de la société qu'un hibou celui du soleil; au
« contraire, ils l'ont relevée, quoique contre leur in-
« tention : *occidi non possunt, quia nocere non po-
« tuerunt.* »

Hé quoi! mon père, la vie des jansénistes dépend donc seulement de savoir s'ils nuisent à votre réputation? Je les tiens peu en sûreté, si cela est. Car s'il devient tant soit peu probable qu'ils vous fassent tort, les voilà tuables sans difficulté. Vous en ferez un argument en forme; et il n'en faut pas davantage, avec une direction d'intention, pour expédier un homme en sûreté de conscience. O qu'heureux sont les gens qui ne veulent pas souffrir les injures d'être instruits en cette doctrine! mais que malheureux sont ceux qui les offensent! En vérité, mon père, il vaudrait autant avoir affaire à des gens qui n'ont point de religion, qu'à ceux qui en sont instruits jusqu'à cette direction; car enfin l'intention de celui qui blesse ne soulage point celui qui est blessé : il ne s'aperçoit point de cette direction secrète, et il ne sent que celle du coup qu'on lui porte. Et je ne sais même si on n'aurait pas moins de dépit de se voir tuer brutalement par des gens emportés, que de se sentir poignarder consciencieusement par des gens dévots.

Tout de bon, mon père, je suis un peu surpris de out ceci; et ces questions du père Lamy et de Caramuel ne me plaisent point. Pourquoi? dit le père : êtes-vous janséniste? J'en ai une autre raison, lui dis-je. C'est que j'écris de temps en temps à un de mes amis de la campagne ce que j'apprends des maximes de vos pères. Et quoique je ne fasse que rapporter simplement et citer fidèlement leurs paroles, je ne sais néanmoins s'il ne se pourrait pas rencontrer quelque esprit bizarre qui, s'imaginant que cela vous fait tort, ne tirât (1) de vos principes quelque méchante conclusion. Allez, me dit le père, il ne vous en arrivera point de mal, j'en suis garant. Sachez que ce que nos pères ont imprimé eux-mêmes, et avec l'approbation de nos supérieurs, n'est ni mauvais, ni dangereux à publier.

(1) *Var.* L'édition *princeps* porte *n'en tirât,* et ces petites taches, qui sont es signes de l'édition originale, dit M. Sainte-Beuve, ont disparu dans les suivantes.

Je vous écris donc sur la parole de ce bon père ; mais le papier me manque toujours, et non pas les passages. Car il y en a tant d'autres, et de si forts, qu'il faudrait des volumes pour tout dire. Je suis, etc.

HUITIÈME LETTRE (1).

Maximes corrompues des casuistes touchant les juges, les usuriers, le contrat Mohatra, les banqueroutiers, les restitutions, etc. — Diverses extravagances des mêmes casuistes.

De Paris, ce 28 mai 1656.

Monsieur,

Vous ne pensiez pas que personne eût la curiosité de savoir qui nous sommes : cependant il y a des gens qui essayent de le deviner, mais ils rencontrent mal. Les uns me prennent pour un docteur de Sorbonne ; les autres attribuent mes lettres à quatre ou cinq personnes qui, comme moi, ne sont ni prêtres, ni ecclésiastiques. Tous ces faux soupçons me font connaître que je n'ai pas mal réussi dans le dessein que j'ai eu de n'être connu que de vous et du bon père qui souffre toujours mes visites, et dont je souffre toujours les discours, quoique avec bien de la peine. Mais je suis obligé à me contraindre ; car il ne les continuerait pas s'il s'apercevait que j'en fusse si choqué ; et ainsi je ne pourrais m'acquitter de la parole que je vous ai donnée, de vous faire savoir leur morale. Je vous assure que vous devez compter pour quelque chose la violence que je me fais. Il est bien pénible de voir renverser toute la morale chrétienne par des

(1) Ce fut encore M. Nicole qui revit cette lettre.

égarements si étranges, sans oser y contredire ouvertement. Mais, après avoir tant enduré pour votre satisfaction, je pense qu'à la fin j'éclaterai pour la mienne quand il n'aura plus rien à me dire. Cependant je me retiendrai autant qu'il me sera possible ; car plus je me tais, plus il me dit de choses. Il m'en apprit tant la dernière fois, que j'aurai bien de la peine à tout dire. Vous verrez des principes bien commodes pour ne point restituer. Car, de quelque manière qu'il pallie ses maximes, celles que j'ai à vous dire ne vont en effet qu'à favoriser les juges corrompus, les usuriers, les banqueroutiers, les larrons, les femmes perdues et les sorciers, qui sont tous dispensés assez largement de restituer ce qu'ils gagnent chacun dans leur métier. C'est ce que le bon père m'apprit par ce discours.

Dès le commencement de nos entretiens, me dit-il, je me suis engagé à vous expliquer les maximes de nos auteurs pour toutes sortes de conditions. Vous avez déjà vu celles qui touchent les bénéficiers, les prêtres, les religieux, les domestiques et les gentilshommes : parcourons maintenant les autres, et commençons par les juges.

Je vous dirai d'abord une des plus importantes et des plus avantageuses maximes que nos pères aient enseignées en leur faveur. Elle est de notre savant Castro Palao, l'un de nos vingt-quatre vieillards. Voici ses mots : « Un juge peut-il, dans une question « de droit, juger selon une opinion probable, en quit- « tant l'opinion la plus probable ? Oui, et même contre « son propre sentiment : *Imo contra propriam opi-* « *nionem.* » Et c'est ce que notre père Escobar rap-

porte aussi au tr. 6, ex. 6, n. 45. O mon père, lui dis-je, voilà un beau commencement ! les juges vous sont bien obligés ; et je trouve bien étrange qu'ils s'opposent à vos probabilités, comme nous l'avons remarqué quelquefois, puisqu'elles leur sont si favorables : car vous leur donnez par là le même pouvoir sur la fortune des hommes, que vous vous êtes donné sur les consciences. Vous voyez, me dit-il, que ce n'est pas notre intérêt qui nous fait agir, nous n'avons eu égard qu'au repos de leurs consciences ; et c'est à quoi notre grand Molina a si utilement travaillé sur le sujet des présents qu'on leur fait. Car, pour lever les scrupules qu'ils pourraient avoir d'en prendre en de certaines rencontres, il a pris le soin de faire le dénombrement de tous les cas où ils en peuvent recevoir en conscience, à moins qu'il n'y eût quelque loi particulière qui le leur défendît. C'est en son t. 1, tr. 2, d. 88, n. 6 ; les voici : « Les juges peuvent recevoir des présents des
« parties, quand ils les leur donnent ou par amitié,
« ou par reconnaissance de la justice qu'ils ont ren-
« due, ou pour les porter à la rendre à l'avenir, ou
« pour les obliger à prendre un soin particulier de
« leur affaire, ou pour les engager à les expédier
« promptement. » Notre savant Escobar en parle encore au tr. 6, ex. 6, n. 43, en cette sorte : « S'il y a
« plusieurs personnes qui n'aient pas plus de droit
« d'être expédiées l'une que l'autre, le juge qui pren-
« dra quelque chose de l'une, à condition, *ex pacto*,
« de l'expédier la première, péchera-t-il ? Non certai-
« nement, selon Layman : car il ne fait aucune injure
« aux autres, selon le droit naturel, lorsqu'il accorde
« à l'un, par la considération de son présent, ce qu'il

« pouvait accorder à celui qui lui eût plu : et même,
« étant également obligé envers tous par l'égalité de
« leur droit, il le devient davantage envers celui qui lui
« fait ce don, qui l'engage à le préférer aux autres ; et
« cette préférence semble pouvoir être estimée pour de
« l'argent : *Quæ obligatio videtur pretio œstimabilis.* »

Mon révérend père, lui dis-je, je suis surpris de cette permission, que les premiers magistrats du royaume ne savent pas encore. Car M. le premier président a apporté un ordre dans le parlement pour empêcher que certains greffiers ne prissent de l'argent pour cette sorte de préférence : ce qui témoigne qu'il est bien éloigné de croire que cela soit permis à des juges ; et tout le monde a loué une réformation si utile à toutes les parties. Le bon père, surpris de ce discours, me répondit : Dites-vous vrai ? je ne savais rien de cela. Notre opinion n'est que probable, le contraire est probable aussi. En vérité, mon père, lui dis-je, on trouve que M. le premier président a plus que probablement bien fait, et qu'il a arrêté par là le cours d'une corruption publique, et soufferte durant trop longtemps. J'en juge de la même sorte, dit le père ; mais passons cela, laissons les juges. Vous avez raison, lui dis-je ; aussi bien ne reconnaissent-ils pas assez ce que vous faites pour eux. Ce n'est pas cela, dit le père ; mais c'est qu'il y a tant de choses à dire sur tous, qu'il faut être court sur chacun.

Parlons maintenant des gens d'affaires. Vous savez que la plus grande peine qu'on ait avec eux est de les détourner de l'usure, et c'est aussi à quoi nos pères ont pris un soin particulier ; car ils détestent si fort ce vice, qu'Escobar dit au tr. 3, ex. 5. n. 1, que « de

« dire que l'usure n'est pas péché, ce serait une hé-
« résie. » Et notre père Bauny, dans sa Somme des
péchés, ch. 14, rem lit plusieurs pages des peines
dues aux usuriers. Il les déclare « infâmes durant leur
« vie, et indignes de sépulture après leur mort. » O
mon père ! je ne le croyais pas si sévère. Il l'est quand
il le faut, me dit-il ; mais aussi ce savant casuiste
ayant remarqué qu'on n'est attiré à l'usure que par
le désir du gain, il dit au même lieu : « On n'obli-
« gerait donc pas peu le monde, si, le garantissant
« des mauvais effets de l'usure, et tout ensemble du
« péché qui en est la cause, on lui donnait le moyen
« de tirer autant et plus de profit de son argent, par
« quelque bon et légitime emploi, que l'on en tire des
« usures. » Sans doute, mon père, il n'y aurait plus
d'usuriers après cela. Et c'est pourquoi, dit-il, il en
a fourni une « méthode générale pour toutes sortes
« de personnes, gentilshommes, présidents, conseil-
« lers, etc., » et si facile, qu'elle ne consiste qu'en
l'usage de certaines paroles qu'il faut prononcer en prê-
tant son argent ; ensuite desquelles on peut en prendre
du profit, sans craindre qu'il soit usuraire, comme il
est sans doute qu'il l'aurait été autrement. Et quels
sont donc ces termes mystérieux, mon père ? Les voici,
me dit-il, et en mots propres ; car vous savez qu'il a
fait son livre de la Somme des péchés en français,
pour être entendu de tout le monde, comme il le dit
dans la préface : « Celui à qui on demande de l'ar-
« gent répondra donc en cette sorte : Je n'ai point
« d'argent à prêter, si ai bien à mettre à profit hon-
« nête et licite. Si désirez la somme que demandez
« pour la faire valoir par votre industrie à moitié

« gain, moitié perte, peut-être m'y résoudrai-je. Bien
« est vrai qu'à cause qu'il y a trop de peine à s'ac-
« commoder pour le profit, si vous voulez m'en assu-
« rer un certain, et quant et quant aussi mon sort
« principal, qu'il ne coure fortune, nous tomberions
« bien plus tôt d'accord, et vous ferai toucher argent
« dans cette heure. » N'est-ce pas là un moyen bien
aisé de gagner de l'argent sans pécher? et le père Bauny
n'a-t-il pas raison de dire ces paroles, par lesquelles
il conclut cette méthode : « Voilà, à mon avis, le
« moyen par lequel quantité de personnes dans le
« monde, qui, par leurs usures, extorsions et contrats
« illicites, se provoquent la juste indignation de Dieu,
« se peuvent sauver en faisant de beaux, honnêtes et
« licites profits? »

O mon père, lui dis-je, voilà des paroles bien puissantes! Sans doute elles ont quelque vertu occulte pour chasser l'usure, que je n'entends pas; car j'ai toujours pensé que ce péché consistait à retirer plus d'argent qu'on n'en a prêté. Vous l'entendez bien peu, me dit-il. L'usure ne consiste presque, selon nos pères, qu'en l'intention de prendre ce profit comme usuraire. Et c'est pourquoi notre père Escobar fait éviter l'usure par un simple détour d'intention; c'est au tr. 3, ex. 5, n. 4, 33, 44 : « Ce serait usure, dit-il, de pren-
« dre du profit de ceux à qui on prête, si on l'exigeait
« comme dû par justice : mais si on l'exige comme dû
« par reconnaissance, ce n'est point usure. » Et n. 3 :
« Il n'est pas permis d'avoir l'intention de profiter de
« l'argent prêté immédiatement; mais de le prétendre
« par l'entremise de la bienveillance de celui à qui on
« l'a prêté, MEDIA BENEVOLENTIA, ce n'est point usure.»

Voilà de subtiles méthodes; mais une des meilleures, à mon sens (car nous en avons à choisir). c'est celle du contrat Mohatra. Le contrat Mohatra, mon père! Je vois bien, dit-il, que vous ne savez ce que c'est. Il n'y a que le nom d'étrange. Escobar vous l'expliquera au tr. 3, ex. 3, n. 36 « Le contrat Mohatra « est celui par lequel on achète des étoffes chèrement « et à crédit, pour les revendre au même instant à la « même personne argent comptant et à bon marché. » Voilà ce que c'est que le contrat Mohatra : par où vous voyez qu'on reçoit une certaine somme comptant, en demeurant obligé pour davantage. Mais, mon père, je crois qu'il n'y a jamais eu qu'Escobar qui se soit servi de ce mot-là; y a-t-il d'autres livres qui en parlent? Que vous savez peu les choses! me dit le père. Le dernier livre de théologie morale qui a été imprimé cette année même à Paris, parle du Mohatra, et doctement. Il est intitulé : *Epilogus Summarum*. C'est un abrégé de toutes les Sommes de théologie, pris de nos pères Suarez, Sanchez, Lessius, Fagundez, Hurtado, et d'autres casuistes célèbres, comme le titre le dit. Vous y verrez donc en la p. 54 : « Le Mohatra est quand un homme, qui a affaire de « vingt pistoles, achète d'un marchand des étoffes pour « trente pistoles, payables dans un an, et les lui re- « vend à l'heure même pour vingt pistoles comptant. » Vous voyez bien par là que le Mohatra n'est pas un mot inouï. Eh bien! mon père, ce contrat-là est-il permis? Escobar, répondit le père, dit au même lieu qu'il y a « des lois qui le défendent sous des peines « très-rigoureuses. » Il est donc inutile, mon père ? Point du tout, dit-il : car Escobar en ce même endroit

donne des expédients pour le rendre permis : « encore
« même, dit-il, que celui qui vend et achète ait pour
« intention principale le dessein de profiter; pourvu
« seulement qu'en vendant il n'excède pas le plus haut
« prix des étoffes de cette sorte, et qu'en rachetant
« il n'en passe pas le moindre, et qu'on n'en con-
« vienne pas auparavant en termes exprès ni autre-
« ment. » Mais Lessius, *De just.*, l. 2, c. 21, d. 16,
dit « qu'encore même qu'on eût vendu dans l'inten-
« tion de racheter à moindre prix, on n'est jamais
« obligé à rendre ce profit, si ce n'est peut-être par
« charité, au cas que celui de qui on l'exige fût dans
« l'indigence, et encore pourvu qu'on le pût rendre
« sans s'incommoder : *si commode potest.* » Voilà tout
ce qui se peut dire. En effet, mon père, je crois qu'une
plus grande indulgence serait vicieuse. Nos pères,
dit-il, savent si bien s'arrêter où il faut! Vous voyez
assez par là l'utilité du Mohatra.

J'aurais bien encore d'autres méthodes à vous enseigner; mais celles-là suffisent, et j'ai à vous entretenir de ceux qui sont mal dans leurs affaires. Nos
pères ont pensé à les soulager selon l'état où ils sont;
car, s'ils n'ont pas assez de bien pour subsister honnêtement, et tout ensemble pour payer leurs dettes, on
leur permet d'en mettre une partie à couvert en faisant banqueroute à leurs créanciers. C'est ce que notre
père Lessius a décidé, et qu'Escobar confirme au t. 3,
ex. 2, n. 163 : « Celui qui fait banqueroute peut-il en
« sûreté de conscience retenir de ses biens autant qu'il
« est nécessaire pour faire subsister sa famille avec
« honneur, *ne indecore vivat?* Je soutiens que oui
« avec Lessius; et même encore qu'il les eût gagnés

« par des injustices et des crimes connus de tout le
« monde, *ex injustitia et notorio delicto*, quoique en
« ce cas il n'en puisse pas retenir en une aussi grande
« quantité qu'autrement. » Comment, mon père ! par
quelle étrange charité voulez-vous que ces biens demeurent plutôt à celui qui les a gagnés par ses voleries, pour le faire subsister avec honneur, qu'à ses créanciers, à qui ils appartiennent légitimement ? On ne peut pas, dit le père, contenter tout le monde, et nos pères ont pensé particulièrement à soulager ces misérables. Et c'est encore en faveur des indigents que notre grand Vasquez, cité par Castro Palao, t. 1, tr. 6, d. 6, p. 6, n. 12, dit que « quand on voit un vo-
« leur résolu et prêt à voler une personne pauvre, on
« peut, pour l'en détourner, lui assigner quelque per-
« sonne riche en particulier, pour la voler au lieu de
« l'autre. » Si vous n'avez pas Vasquez ni Castro Palao, vous trouverez la même chose dans votre Escobar ; car, comme vous le savez, il n'a presque rien dit qui ne soit pris de vingt-quatre des plus célèbres de nos pères : c'est au tr. 5, ex. 5, n. 120, dans « la
« Pratique de notre société pour la charité envers le
« prochain. »

Cette charité est véritablement extraordinaire, mon père, de sauver la perte de l'un par le dommage de l'autre. Mais je crois qu'il faudrait la faire entière, et que celui qui a donné ce conseil serait ensuite obligé en conscience de rendre à ce riche le bien qu'il lui aurait fait perdre. Point du tout, me dit-il ; car il ne l'a pas volé lui-même, il n'a fait que le conseiller à un autre. Or écoutez cette sage résolution de notre père Bauny sur un cas qui vous étonnera donc encore bien davantage, et où vous croiriez qu'on serait beaucoup plus obligé de restituer. C'est au ch. 13 de sa Somme. Voici ses propres termes français : « Quelqu'un prie « un soldat de battre son voisin, ou de brûler la grange « d'un homme qui l'a offensé. On demande si, au dé- « faut du soldat, l'autre qui l'a prié de faire tous ces « outrages doit réparer du sien le mal qui en sera « issu. Mon sentiment est non : car à restituer nul « n'est tenu, s'il n'a violé la justice. La viole-t-on « quand on prie autrui d'une faveur ? Quelque de- « mande qu'on lui en fasse, il demeure toujours libre « de l'octroyer ou de la nier. De quelque côté qu'il « incline, c'est sa volonté qui l'y porte; rien ne l'y « oblige que la bonté, que la douceur et la facilité de « son esprit. Si donc ce soldat ne répare le mal qu'il « aura fait, il n'y faudra astreindre celui à la prière « duquel il aura offensé l'innocent. » Ce passage pensa rompre notre entretien : car je fus sur le point d'éclater de rire de la *bonté* et *douceur* d'un brûleur de grange, et de ces étranges raisonnements qui exemptent de restitution le premier et véritable auteur d'un incendie, que les juges n'exempteraient pas de la mort : mais si je ne me fusse retenu, le bon père s'en fût offensé, car il parlait sérieusement, et me dit ensuite du même air :

Vous devriez reconnaître par tant d'épreuves combien vos objections sont vaines ; cependant vous nous faites sortir par là de notre sujet. Revenons donc aux personnes incommodées, pour le soulagement desquelles nos pères, comme entre autres Lessius, l. 2, c. 12, n. 12, assurent qu'il est « permis de dérober « non-seulement dans une extrême nécessité, mais

« encore dans une nécessité grave, quoique non pas
« extrême. » Escobar le rapporte aussi au tr. 1, ex. 9,
n. 29. Cela est surprenant, mon père : il n'y a guère
de gens dans le monde qui ne trouvent leur nécessité
grave, et à qui vous ne donniez par là le pouvoir de
dérober en sûreté de conscience. Et quand vous en ré-
duiriez la permission aux seules personnes qui sont
effectivement en cet état, c'est ouvrir la porte à une
infinité de larcins que les juges puniraient nonobstant cette nécessité grave, et que vous devriez réprimer à bien plus forte raison, vous qui devez maintenir
parmi les hommes non-seulement la justice, mais encore la charité, qui est détruite par ce principe. Car
enfin n'est-ce pas la violer, et faire tort à son prochain, que de lui faire perdre son bien pour en profiter
soi-même ? c'est ce qu'on m'a appris jusqu'ici. Cela
n'est pas toujours véritable, dit le père ; car notre
grand Molina nous a appris, t. 2, tr. 2, d. 328, n. 8,
que « l'ordre de la charité n'exige pas qu'on se prive
« d'un profit, pour sauver par là son prochain d'une
« perte pareille. » C'est ce qu'il dit pour montrer ce
qu'il avait entrepris de prouver en cet endroit-là :
« qu'on est pas obligé en conscience de rendre les
« biens qu'un autre nous aurait donnés, pour en
« frustrer ses créanciers. » Et Lessius, qui soutient
la même opinion, la confirme par ce même principe
1. 2, c. 20, dist. 19, n. 168.

Vous n'avez pas assez de compassion pour ceux
qui sont mal à leur aise ; nos pères ont eu plus de
charité que cela. Ils rendent justice aux pauvres aussi
bien qu'aux riches. Je dis bien davantage, ils la
rendent même aux pécheurs. Car, encore qu'ils soient

fort opposés à ceux qui commettent des crimes, néanmoins ils ne laissent pas d'enseigner que les biens gagnés par des crimes peuvent être légitimement retenus. C'est ce que Lessius enseigne généralement, l. 2, c. 14, d. 8. « On n'est point, dit-il, obligé, ni « par la loi de nature, ni par les lois positives, *c'est-« à-dire par aucune loi*, de rendre ce qu'on a reçu « pour avoir commis une action criminelle, comme « pour un adultère, encore même que cette action soit « contraire à la justice. » Car, comme dit encore Escobar en citant Lessius, tr. 1, ex. 8, n. 59 : « Les « biens qu'une femme acquiert par l'adultère sont vé-« ritablement gagnés par une voie illégitime, mais « néanmoins la possession en est légitime : *Quamvis « mulier illicite acquirat, licite tamen retinet acqui-« sita.* » Et c'est pourquoi les plus célèbres de nos pères décident formellement que ce qu'un juge prend d'une des parties qui a mauvais droit pour rendre en sa faveur un arrêt injuste, et ce qu'un soldat reçoit pour avoir tué un homme, et ce qu'on gagne par les crimes infâmes, peut être légitimement retenu. C'est ce qu'Escobar ramasse de nos auteurs, et qu'il assemble au tr. 3, ex. 1, n. 23, où il fait cette règle générale : « Les biens acquis par des voies honteuses, « comme par un meurtre, une sentence injuste, une « action déshonnête, etc., sont légitimement possé-« dés, et on n'est point obligé à les restituer. » Et encore au tr. 5, ex. 5, n. 53 : « On peut disposer de « ce qu'on reçoit pour des homicides, des sentences « injustes, des péchés infâmes, etc., parce que la pos-« session en est juste, et qu'on acquiert le domaine « et la propriété des choses que l'on y gagne. » O mon père: lui dis-je, je n'avais pas ouï parler de cette voie d'acquérir; et je doute que la justice l'autorise, et qu'elle prenne pour un juste titre l'assassinat, l'injustice et l'adultère. Je ne sais, dit le père, ce que les livres de droit en disent : mais je sais bien que les nôtres, qui sont les veritables règles des consciences, en parlent comme moi. Il est vrai qu'ils en exceptent un cas auquel ils obligent à restituer. C'est « quand « on a reçu de l'argent de ceux qui n'ont pas le pou- « voir de disposer de leur bien, tels que sont les enfants « de famille et les religieux. » Car notre grand Molina les en excepte au t. 1 *de Just.*, tr. 2, d. 94 : *Nisi mulier accepisset ab eo qui alienare non potest, ut a religioso et filio familias;* car alors il faut leur rendre leur argent. Escobar cite ce passage au tr. 1, ex. 8, n. 59, et il confirme la même chose au tr. 3, ex. 1, n. 23.

Mon révérend père, lui dis-je, je vois les religieux mieux traités en cela que les autres. Point du tout, dit le père; n'en fait-on pas autant pour tous les mineurs généralement, au nombre desquels les religieux sont toute leur vie ? Il est juste de les excepter. Mais, à l'égard de tous les autres, on n'est point obligé de leur rendre ce qu'on reçoit d'eux pour une mauvaise action. Et Lessius le prouve amplement au l. 2 *De just.*, c. 14, d. 8. n. 52. « Car, dit-il, une méchante « action peut être estimée pour de l'argent, en con- « sidérant l'avantage qu'en reçoit celui qui la fait « faire, et la peine qu'y prend celui qui l'exécute : « et c'est pourquoi on n'est point obligé à restituer « ce qu'on reçoit pour la faire, de quelque nature « qu'elle soit, homicide, sentence injuste, action sale

« (car ce sont les exemples dont il se sert dans toute
« cette matière), si ce n'est qu'on eût reçu de ceux
« qui n'ont pas le pouvoir de disposer de leur bien.
« Vous direz peut-être que celui qui reçoit de l'argent
« pour un méchant coup pèche, et qu'ainsi il ne peut
« ni le prendre ni le retenir. Mais je réponds qu'après
« que la chose est exécutée, il n'y a plus aucun pé-
« ché ni à payer, ni à en recevoir le payement. »
Notre grand Filiutius entre plus encore dans le détail
de la pratique; car il marque « qu'on est obligé en
« conscience de payer différemment les actions de
« cette sorte, selon les différentes conditions des per-
« sonnes qui les commettent, et que les unes valent
« plus que les autres. » C'est ce qu'il établit sur de solides raisons, au tr. 31, c. 9, n. 234 : *Occultæ for-
nicariæ debetur pretium in conscientia, et multo
majore ratione, quam publicæ. Copia enim quam
occulta facit mulier sui corporis, multo plus valet
quam ea quam publica facit meretrix; nec ulla est
lex positiva quæ reddat eam incapacem pretii. Idem
dicendum de pretio promisso virgini, conjugatæ,
moniali, et cuicumque alii. Est enim omnium ea-
dem ratio.*

Il me fit voir ensuite, dans ses auteurs, des choses
de cette nature si infâmes, que je n'oserais les rapporter, et dont il aurait eu horreur lui-même (car il
est bon homme), sans le respect qu'il a pour ses
pères, qui lui fait recevoir avec vénération tout ce
qui vient de leur part. Je me taisais cependant, moins
par le dessein de l'engager à continuer cette matière,
que par la surprise de voir des livres de religieux
pleins de décisions si horribles, si injustes et si ex-

travagantes tout ensemble. Il poursuivit donc en liberté son discours, dont la conclusion fut ainsi. C'est pour cela, dit-il, que notre illustre Molina (je crois qu'après cela vous serez content) décide ainsi cette question : « Quand on a reçu de l'argent pour faire
« une méchante action, est-on obligé à le rendre? Il
« faut distinguer, dit ce grand homme : si on n'a pas
« fait l'action pour laquelle on a été payé, il faut
« rendre l'argent; mais si on l'a faite, on n'y est
« point obligé : *si non fecit hoc malum, tenetur restituere; secus, si fecit.* » C'est ce qu'Escobar rapporte au tr. 3, ex. 2, n. 138.

Voilà quelques-uns de nos principes touchant la restitution. Vous en avez bien appris aujourd'hui, je veux voir maintenant comment vous en aurez profité. Répondez-moi donc. « Un juge qui a reçu de l'argent
« d'une des parties pour rendre un jugement en sa
« faveur, est-il obligé à le rendre? » Vous venez de me dire que non, mon père. Je m'en doutais bien, dit-il ; vous l'ai-je dit généralement? Je vous ai dit qu'il n'est pas obligé de rendre s'il a fait gagner le procès à celui qui n'a pas bon droit. Mais quand on a droit, voulez-vous qu'on achète encore le gain de sa cause, qui est dû légitimement? Vous n'avez pas de raison. Ne comprenez-vous pas que le juge doit la justice, et qu'ainsi il ne la peut pas vendre; mais qu'il ne doit pas l'injustice, et qu'ainsi il peut en recevoir de l'argent? Aussi tous nos principaux auteurs, comme Molina, disp. 94 et 99; Reginaldus, l. 10, n. 184, 185 et 187; Filiutius, tr. 31, n. 220 et 228; Escobar, tr. 3, ex. 1, n. 21 et 23; Lessius, l. 2, c. 14, d. 8, n. 55, enseignent tous uniformément : « qu'un juge est bien

« obligé de rendre ce qu'il a reçu pour faire justice,
« si ce n'est qu'on le lui eût donné par libéralité ;
« mais qu'il n'est jamais obligé à rendre ce qu'il a
« reçu d'un homme en faveur duquel il a rendu un
« arrêt injuste. »

Je fus tout interdit par cette fantasque décision ; et, pendant que j'en considérais les pernicieuses conséquences, le père me préparait une autre question, et me dit : Répondez donc une autre fois avec plus de circonspection. Je vous demande maintenant : « Un « homme qui se mêle de deviner est-il obligé de rendre « l'argent qu'il a gagné par cet exercice ? » Ce qu'il vous plaira, mon révérend père, lui dis-je. Comment, ce qu'il me plaira ! Vraiment vous êtes admirable ! Il semble, de la façon dont vous parlez, que la vérité dépende de notre volonté. Je vois bien que vous ne trouveriez jamais celle-ci de vous-même. Oyez donc résoudre cette difficulté-là à Sanchez ; mais aussi c'est Sanchez. Premièrement il distingue en sa Somme, liv. 2, c. 38, n. 94, 95 et 96 : « Si ce devin ne s'est « servi que de l'astrologie et des autres moyens na« turels, ou s'il a employé l'art diabolique : » car il dit qu'il « est obligé de restituer en un cas, et non « pas en l'autre. » Diriez-vous bien maintenant auquel ? Il n'y a pas là de difficulté, lui dis-je. Je vois bien, répliqua-t-il, ce que vous voulez dire Vous croyez qu'il doit restituer au cas qu'il se soit servi de l'entremise des démons ? Mais vous n'y entendez rien ; c'est tout au contraire. Voici la résolution de Sanchez, au même lieu : « Si ce devin n'a pris la peine et le « soin de savoir, par le moyen du diable, ce qui ne « se pouvait savoir autrement, *si nullam operam ap-*

« *posuit ut arte diaboli id sciret*, il faut qu'il resti-
« tue ; mais s'il en a pris la peine, il n'y est point
« obligé. » Et d'où vient cela, mon père? Ne l'entendez-vous pas? me dit-il. C'est parce qu'on peut bien deviner par l'art du diable, au lieu que l'astrologie est un moyen faux. Mais, mon père, si le diable ne répond pas la vérité, car il n'est guère plus véritable que l'astrologie, il faudra donc que le devin restitue, par la même raison? Non pas toujours, me dit-il. *Distinguo*, dit Sanchez sur cela : « car si le devin est
« ignorant en l'art diabolique, *si sit artis diabolicæ*
« *ignarus*, il est obligé à restituer : mais s'il est ha-
« bile sorcier, et qu'il ait fait ce qui est en lui pour
» savoir la vérité, il n'y est point obligé ; car alors
« la diligence d'un tel sorcier peut être estimée pour
« de l'argent : *diligentia a mago apposita est pretio*
« *æstimabilis.* » Cela est de bon sens, mon père, lui dis-je ; car voilà le moyen d'engager les sorciers à se rendre savants et experts en leur art, par l'espérance de gagner du bien légitimement, selon vos maximes, en servant fidèlement le public. Je crois que vous raillez, dit le père ; cela n'est pas bien : car si vous parliez ainsi en des lieux où vous ne fussiez pas connu, il pourrait se trouver des gens qui prendraient mal vos discours, et qui vous reprocheraient de tourner les choses de la religion en raillerie. Je me défendrais facilement de ce reproche, mon père ; car je crois que si on prend la peine d'examiner le véritable sens de mes paroles, on n'en trouvera aucune qui ne marque parfaitement le contraire ; et peut-être s'offrira-t-il un jour, dans nos entretiens, l'occasion de le faire amplement paraître. Ho! ho! dit le père, vous ne riez plus.

Je vous confesse, lui dis-je, que ce soupçon que je me voulusse railler des choses saintes me serait bien sensible, comme il serait bien injuste. Je ne le disais pas tout de bon, repartit le père ; mais parlons plus sérieusement. J'y suis tout disposé, si vous le voulez, mon père ; cela dépend de vous. Mais je vous avoue que j'ai été surpris de voir que vos pères ont tellement étendu leurs soins à toutes sortes de conditions, qu'ils ont voulu même régler le gain légitime des sorciers. On ne saurait, dit le père, écrire pour trop de monde, ni particulariser trop les cas, ni répéter trop souvent les mêmes choses en différents livres. Vous le verrez bien par ce passage d'un des plus graves de nos pères. Vous le pouvez juger, puisqu'il est aujourd'hui notre père provincial. C'est le révérend père Cellot, en son liv. 8, De la hiérarchie, c. 16, § 2. « Nous savons,
« dit-il, qu'une personne qui portait une grande
« somme d'argent pour la restituer par ordre de son
« confesseur, s'étant arrêtée en chemin chez un libraire
« et lui ayant demandé s'il n'y avait rien de nouveau,
« *num quid novi?* il lui montra un nouveau livre de
« théologie morale, et que, le feuilletant avec négli-
« gence et sans penser à rien, il tomba sur son cas,
« et y apprit qu'il n'était pas obligé à restituer : de
« sorte que, s'étant déchargé du fardeau de son scru-
« pule, et demeurant toujours chargé du poids de son
« argent, il s'en retourna bien plus léger en sa mai-
« son : *abjecta scrupuli sarcina, retento auri pon-
« dere, levior domum repetiit.* »

Eh bien ! dites-moi, après cela, s'il est utile de savoir nos maximes ! En rirez-vous maintenant, et ne ferez-vous pas plutôt, avec le père Cellot, cette pieuse

réflexion sur le bonheur de cette rencontre : « Les ren-
« contres de cette sorte sont, en Dieu, l'effet de sa
« providence; en l'ange gardien, l'effet de sa conduite;
« et en ceux à qui elles arrivent, l'effet de leur pré-
« destination. Dieu, de toute éternité, a voulu que la
« chaîne d'or de leur salut dépendît d'un tel auteur,
« et non pas de cent autres qui disent la même chose,
« parce qu'il n'arrive pas qu'ils les rencontrent. Si
« celui-là n'avait écrit, celui-ci ne serait pas sauvé.
« Conjurons donc, par les entrailles de Jésus-Christ,
« ceux qui blâment la multitude de nos auteurs, de
« ne pas leur envier les livres que l'élection éternelle
« de Dieu et le sang de Jésus-Christ leur a acquis. »
Voilà de belles paroles, par lesquelles ce savant homme
prouve si solidement cette proposition qu'il avait avancée : « Combien il est utile qu'il y ait un grand nom-
« bre d'auteurs qui écrivent de la théologie morale :
« *quam utile sit de theologia morali multos scribere.* »

Mon père, lui dis-je, je remettrai à une autre fois
à vous déclarer mon sentiment sur ce passage; et je
ne vous dirai présentement autre chose, sinon que,
puisque vos maximes sont si utiles, et qu'il est si important de les publier, vous devez continuer à m'en
instruire, car je vous assure que celui à qui je les envoie les fait voir à bien des gens. Ce n'est pas que
nous ayons autrement l'intention de nous en servir;
mais c'est qu'en effet nous pensons qu'il sera utile
que le monde en soit bien informé. Aussi, me dit-il,
vous voyez que je ne les cache pas; et, pour continuer, je pourrai bien vous parler, la première fois,
des douceurs et des commodités de la vie que nos pères
permettent pour rendre le salut aisé et la dévotion fa-

cile, afin qu'après avoir appris jusqu'ici ce qui touche les conditions particulières, vous appreniez ce qui est général pour toutes, et qu'ainsi il ne vous manque rien pour une parfaite instruction. Après que ce père m'eut parlé de la sorte, il me quitta.

Je suis, etc.

P. S. J'ai toujours oublié à vous dire qu'il y a des *Escobar* de différentes impressions. Si vous en achetez, prenez de ceux de Lyon, où à l'entrée il y a une image d'un agneau qui est sur un livre scellé de sept sceaux, ou de ceux de Bruxelles de 1651. Comme ceux-là sont les derniers, ils sont meilleurs et plus amples que ceux des éditions précédentes de Lyon des années 1644 et 1646.

« Depuis tout ceci on a fait une nouvelle édition à Paris, chez
« Piget, plus exacte que toutes les autres. Mais on peut encore
« bien mieux apprendre les sentiments d'Escobar dans la grande
« *Théologie morale* imprimée à Lyon. » (1)

(1) Ce malin *post-scriptum*, dans son espèce d'inquiétude, et sous son air de bibliographie circonstanciée, ne couronne-t-il pas toutes les vraisemblances, surtout pour ceux qui n'achèteront jamais Escobar, mais qui sont flattés de savoir qu'ils le pourraient certainement acheter ? La huitième Lettre avait besoin de cette malice finale, car elle est un peu surchargée de textes et vraiment lourde entre les autres. On a trouvé dans les papiers de Pascal une phrase ébauchée : « Après ma huitième, je croyais avoir assez répondu. » Il a bien fait de rayer cette phrase-là, il aurait eu tort de s'arrêter sur cette lettre huitième. Sainte-Beuve, *Port-Royal*, tom. III, p 50-51.

NEUVIÈME LETTRE (1).

De la fausse dévotion à la sainte Vierge que les jésuites ont introduite. — Diverses facilités qu'ils ont inventées pour se sauver sans peine et parmi les douceurs et les commodités de la vie. — Leurs maximes sur l'ambition, l'envie, la gourmandise, les équivoques, les restrictions mentales, les libertés qui sont permises aux filles, les habits des femmes, le jeu, le précepte d'entendre la messe.

De Paris, ce 3 juillet 1656.

Monsieur,

Je ne vous ferai pas plus de compliment que le bon père m'en fit la dernière fois que je le vis. Aussitôt qu'il m'aperçut, il vint à moi, et me dit, en regardant dans un livre qu'il tenait à la main : « Qui vous ouvrirait le paradis, ne vous obligerait-il pas parfaitement ? Ne donneriez-vous pas des millions d'or pour en avoir une clef, et entrer dedans quand bon vous semblerait ? Il ne faut point entrer en de si grands frais : en voici une, voire cent à meilleur compte. » Je ne savais si le bon père lisait ou s'il parlait de lui-même. Mais il m'ôta de peine en disant : Ce sont les premières paroles d'un beau livre du père Barry, de notre société ; car je ne dis jamais rien de moi-même. Quel livre, lui dis-je, mon père ? En voici le titre, dit-il : « Le Paradis ouvert à Philagie par cent dévotions à la mère de Dieu, aisées à pratiquer. » Eh quoi ! mon père, chacune de ces dévotions aisées suffit pour ouvrir le ciel ? Oui, dit-il ; voyez-le encore dans la suite des paroles que vous avez ouïes : « Tout

---

(1) Le plan de cette lettre fut fourni à M. Pascal par M. Nicole.

« autant de dévotions à la mère de Dieu que vous trou-
« verez en ce livre, sont autant de clefs du ciel qui
« vous ouvriront le paradis tout entier, pourvu que
« vous les pratiquiez ; » et c'est pourquoi il dit dans
la conclusion, qu'il est « content si on en pratique
« une seule ».

Apprenez-m'en donc quelqu'une des plus faciles,
mon père. Elles le sont toutes, répondit-il : par exemple, « saluer la sainte Vierge au rencontre de ses ima-
« ges ; dire le petit chapelet des dix plaisirs de la Vier-
« ge ; prononcer souvent le nom de Marie ; donner
« commission aux anges de lui faire la révérence de
« notre part ; souhaiter de lui bâtir plus d'églises que
« n'ont fait tous les monarques ensemble ; lui donner
« tous les matins le bonjour, et sur le tard le bonsoir ;
« dire tous les jours l'*Ave Maria* en l'honneur du cœur
« de Marie. » Et il dit que cette dévotion-là assure,
de plus, d'obtenir le cœur de la Vierge. Mais, mon
père, lui dis-je, c'est pourvu qu'on lui donne aussi le
sien ? Cela n'est pas nécessaire, dit-il, quand on est
trop attaché au monde. Écoutez-le : « Cœur pour cœur
« ce serait bien ce qu'il faut ; mais le vôtre est un peu
« trop attaché et tient un peu trop aux créatures : ce
« qui fait que je n'ose vous inviter à offrir aujour-
« d'hui ce petit esclave que vous appelez votre cœur. »
Et ainsi il se contente de l'*Ave Maria* qu'il avait demandé. Ce sont les dévotions des pages 33, 59, 145,
156, 172, 258 et 420 de la première édition. Cela est
tout à fait commode, lui dis-je, et je crois qu'il n'y
aura personne de damné après cela. Hélas ! dit le père,
je vois bien que vous ne savez pas jusqu'où va la dureté du cœur de certaines gens ! Il y en a qui ne s'at-

tacheraient jamais à dire tous les jours ces deux paroles, *bonjour, bonsoir*, parce que cela ne se peut faire sans quelque application de mémoire. Et ainsi il a fallu que le père Barry leur ait fourni des pratiques plus faciles, comme d'avoir « jour et nuit un cha-
« pelet au bras en forme de bracelet, » ou de « porter
« sur soi un rosaire ou bien une image de la Vierge. »
Ce sont là les dévotions des pages 14, 326 et 447. « Et
« puis dites que je ne vous fournis pas des dévotions
« faciles pour acquérir les bonnes grâces de Marie ! »
comme dit le père Barry, p. 106. Voilà, mon père, lui dis-je, l'extrême facilité. Aussi, dit-il, c'est tout ce qu'on a pu faire, et je crois que cela suffira ; car il faudrait être bien misérable pour ne vouloir pas prendre un moment en toute sa vie pour mettre un chapelet à son bras, ou un rosaire dans sa poche, et assurer par là son salut avec tant de certitude, que ceux qui en font l'épreuve n'y ont jamais été trompés, de quelque manière qu'ils aient vécu, quoique nous conseillions de ne laisser pas de bien vivre. Je ne vous en rapporterai que l'exemple de la page 34, d'une femme qui, pratiquant tous les jours la dévotion de saluer les images de la Vierge, vécut toute sa vie en péché mortel, et mourut enfin en cet état, et qui ne laissa pas d'être sauvée par le mérite de cette dévotion. Et comment cela ? m'écriai-je. C'est, dit-il, que Notre-Seigneur la fit ressusciter exprès. Tant il est sûr qu'on ne peut périr quand on pratique quelqu'une de ces dévotions (1).

(1) Qui ne reconnaîtrait aujourd'hui que ces facéties badines, ces jolies gaîtés de la neuvième *Provinciale* sur la dévotion galante des pères Barry et le Moine, et sur les gracieusetés du premier envers la bonne Vierge, s'attaquent bien moins en

En vérité, mon père, je sais que les dévotions à la Vierge sont un puissant moyen pour le salut, et que les moindres sont d'un grand mérite quand elles partent d'un mouvement de foi et de charité, comme dans les saints qui les ont pratiquées. Mais de faire accroire à ceux qui en usent sans changer leur mauvaise vie qu'ils se convertiront à la mort, ou que Dieu les ressuscitera, c'est ce que je trouve bien plus propre à entretenir les pécheurs dans leurs désordres, par la fausse paix que cette confiance téméraire apporte, qu'à les en retirer par une véritable conversion que la grâce seule peut produire. « Qu'importe, dit le père, « par où nous entrions dans le paradis, moyennant « que nous y entrions? » comme dit sur un semblable sujet notre célèbre Binet, qui a été notre provincial, en son excellent livre de la Marque de prédestination, n. 31, p. 130 de la 15ᵉ édition. « Soit de bond ou de « volée, que nous en chaut-il, pourvu que nous pre- « nions la ville de gloire? » comme dit encore ce père au même lieu. J'avoue, lui dis-je, que cela n'importe; mais la question est de savoir si on y entrera. La Vierge, dit-il, en répond. Voyez-le dans les dernières lignes du livre du père Barry : « S'il arrivait qu'à la « mort l'ennemi eût quelque prétention sur vous, et « qu'il y eût du trouble dans la petite république de

---

réalité à la théologie elle-même qu'à un reste de mauvais goût en belle humeur dont le digne évêque de Belley, tout à côté de saint François de Sales, nous a offert maint exemple? Pascal, à ces endroits-là, fait de la critique littéraire sans en avoir l'air. L'historiette de cette femme qui, pratiquant tous les jours la dévotion de saluer les images de la Vierge, vécut toute sa vie en péché mortel et fut pourtant sauvée (car *Notre-Seigneur la fit ressusciter exprès*), loin d'être particulière au pauvre jésuite, n'est qu'une transformation et une transmission dernière de quelque vieux conte dévot du moyen âge, qu'on peut retrouver à sa source chez Barbazan ou chez Le Grand d'Aussy. Sainte-Beuve, *Port-Royal*, t. III, p. 61.— M. Sainte-Beuve indique dans une note le conte auquel il fait ici allusion. C'est celui de *la Sacristine*, dans les *Fabliaux* de Le Grand d'Aussy, édit. de 1829, tom. V, pag. 82.

« vos pensées, vous n'avez qu'à dire que Marie répond pour vous, et que c'est à elle qu'il faut s'adresser. »

Mais, mon père, qui voudrait pousser cela vous embarrasserait ; car enfin qui nous a assuré que la Vierge en répond ? Le père Barry, dit-il, en répond pour elle, p. 465 : « Quant au profit et bonheur qui
« vous en reviendra, je vous en réponds, et me rends
« pleige pour la bonne mère. » Mais, mon père, qui répondra pour le père Barry ? Comment ! dit le père, il est de notre compagnie. Et ne savez-vous pas encore que notre société répond de tous les livres de nos pères ? Il faut vous apprendre cela ; il est bon que vous le sachiez. Il y a un ordre, dans notre société, par lequel il est défendu à toutes sortes de libraires d'imprimer aucun ouvrage de nos pères sans l'approbation des théologiens de notre compagnie, et sans la permission de nos supérieurs. C'est un règlement fait par Henri III le 10 mai 1583, et confirmé par Henri IV le 20 décembre 1603, et par Louis XIII le 14 février 1612 : de sorte que tout notre corps est responsable des livres de chacun de nos pères. Cela est particulier à notre compagnie ; et de là vient qu'il ne sort aucun ouvrage de chez nous qui n'ait l'esprit de la société. Voilà ce qu'il était à propos de vous apprendre. Mon père, lui dis-je, vous m'avez fait plaisir, et je suis fâché seulement de ne l'avoir pas su plus tôt ; car cette connaissance engage à avoir bien plus d'attention pour vos auteurs. Je l'eusse fait, dit-il, si l'occasion s'en fût offerte ; mais profitez-en à l'avenir, et continuons notre sujet.

Je crois vous avoir ouvert des moyens d'assurer son salut assez faciles, assez sûrs et en assez grand nombre : mais nos pères souhaiteraient bien qu'on n'en demeurât pas à ce premier degré, où l'on ne fait que ce qui est exactement nécessaire pour le salut. Comme ils aspirent sans cesse à la plus grande gloire de Dieu, ils voudraient élever les hommes à une vie plus pieuse. Et parce que les gens du monde sont d'ordinaire détournés de la dévotion par l'étrange idée qu'on leur en a donnée, nous avons cru qu'il était d'une extrême importance de détruire ce premier obstacle ; et c'est en quoi le P. le Moine a acquis beaucoup de réputation par le livre de LA DÉVOTION AISÉE, qu'il a fait à ce dessein. C'est là qu'il fait une peinture tout à fait charmante de la dévotion. Jamais personne ne l'a connue comme lui. Apprenez-le par les premières paroles de cet ouvrage : « La vertu ne s'est encore montrée à « personne ; on n'en a point fait de portrait qui lui « ressemble. Il n'y a rien d'étrange qu'il y ait eu si « peu de presse à grimper sur son rocher. On en a « fait une fâcheuse qui n'aime que la solitude ; on lui « a associé la douleur et le travail ; et enfin on l'a « faite ennemie des divertissements et des jeux, qui « sont la fleur de la joie et l'assaisonnement de la « vie. » C'est ce qu'il dit page 92.

Mais, mon père, je sais bien au moins qu'il y a de grands saints dont la vie a été extrêmement austère. Cela est vrai, dit-il ; mais aussi « il s'est toujours vu « des saints polis, et des dévots civilisés, » selon ce père, p. 191 ; et vous verrez, p. 86, que la différence de leurs mœurs vient de celle de leurs humeurs. Écoutez-le. « Je ne nie pas qu'il ne se voie des dévots « qui sont pâles et mélancoliques de leur complexion, « qui aiment le silence et la retraite, et qui n'ont que

« du flegme dans les veines et de la terre sur le vi-
« sage. Mais il s'en voit aussi d'autres qui sont d'une
« complexion plus heureuse, et qui ont abondance
« de cette humeur douce et chaude, et de ce sang bé-
« nin et rectifié qui fait la joie. »

Vous voyez de là que l'amour de la retraite et du silence n'est pas commun à tous les dévots ; et que, comme je vous le disais, c'est l'effet de leur complexion plutôt que de la piété ; au lieu que ces mœurs austères dont vous parlez sont proprement le caractère d'un sauvage et d'un farouche. Aussi vous les verrez placées entre les mœurs ridicules et brutales d'un fou mélancolique, dans la description que le père le Moine en a faite au 7e livre de ses Peintures morales. En voici quelques traits : Il est sans yeux
« pour les beautés de l'art et de la nature. Il croirait
« s'être chargé d'un fardeau incommode, s'il avait
« pris quelque matière de plaisir pour soi. Les jours
« de fête, il se retire parmi les morts. Il s'aime
« mieux dans un tronc d'arbre ou dans une grotte,
« que dans un palais ou sur un trône. Quant aux af-
« fronts et aux injures, il y est aussi insensible que
« s'il avait des yeux et des oreilles de statue. L'hon-
« neur et la gloire sont des idoles qu'il ne connaît
« point, et pour lesquelles il n'a point d'encens à of-
« frir. Une belle personne lui est un spectre. Et ces
« visages impérieux et souverains, ces agréables ty-
« rans qui font partout des esclaves volontaires et
« sans chaînes, ont le même pouvoir sur ses yeux que
« le soleil sur ceux des hiboux, etc. »

Mon révérend père, je vous assure que, si vous ne m'aviez dit que le père le Moine est l'auteur de cette peinture, j'aurais dit que c'eût été quelque impie qui l'aurait faite à dessein de tourner les saints en ridicule. Car, si ce n'est là l'image d'un homme tout à fait détaché des sentiments auxquels l'Évangile oblige de renoncer, je confesse que je n'y entends rien. Voyez donc, dit-il, combien vous vous y connaissez peu, car ce sont là « des traits d'un esprit faible et sauvage, « qui n'a pas les affections honnêtes et naturelles qu'il « devrait avoir, » comme le père le Moine le dit à la fin de cette description. C'est par ce moyen qu'il « en-« seigne la vertu et la philosophie chrétienne, » selon le dessein qu'il en avait dans cet ouvrage, comme il le déclare dans l'avertissement. Et en effet on ne peut nier que cette méthode de traiter de la dévotion n'agrée tout autrement au monde que celle dont on se servait avant nous. Il n'y a point de comparaison, lui dis-je, et je commence à espérer que vous me tiendrez parole. Vous le verrez bien mieux dans la suite, dit-il ; je ne vous ai encore parlé de la piété qu'en général. Mais, pour vous faire voir en détail combien nos pères en ont ôté de peines, n'est-ce pas une chose bien pleine de consolation pour les ambitieux, d'apprendre qu'ils peuvent conserver une véritable dévotion avec un amour désordonné pour les grandeurs? Eh quoi! mon père, avec quelque excès qu'ils les recherchent? Oui, dit-il ; car ce ne serait toujours que péché véniel, à moins qu'on ne désirât les grandeurs pour offenser Dieu ou l'État plus commodément. Or les péchés véniels n'empêchent pas d'être dévot, puisque les plus grands saints n'en sont pas exempts. Écoutez donc Escobar, tr. 2, ex. 2, n. 17 : « L'ambition, qui est un appétit désordonné

« des charges et des grandeurs, est de soi-même un
« péché véniel : mais, quand on désire ces grandeurs
« pour nuire à l'État, ou pour avoir plus de commo-
« dité d'offenser Dieu, ces circonstances extérieures le
« rendent mortel. »

Cela est assez commode, mon père. Et n'est-ce pas encore, continua-t-il, une doctrine bien douce pour les avares, de dire, comme fait Escobar, au tr. 5, ex. 5, n. 154 : « Je sais que les riches ne pèchent
« point mortellement, quand ils ne donnent point l'au-
« mône de leur superflu dans les grandes nécessités
« des pauvres : *Scio in gravi pauperum necessitate*
« *divites non dando superflua, non peccare morta-*
« *liter?* » En vérité, lui dis-je, si cela est, je vois bien que je ne me connais guère en péchés. Pour vous le montrer encore mieux, dit-il, ne pensez-vous pas que la bonne opinion de soi-même, et la complaisance qu'on a pour ses ouvrages, est un péché des plus dangereux? et ne serez-vous pas bien surpris si je vous fais voir qu'encore même que cette bonne opinion soit sans fondement, c'est si peu un péché, que c'est au contraire un don de Dieu? Est-il possible, mon père! Oui, dit-il, et c'est ce que nous a appris notre grand père Garasse, dans son livre français intitulé *Somme des vérités capitales de la religion*, p. 2, p. 419. « C'est un effet, dit-il, de la justice
« commutative, que tout travail honnête soit récom-
« pensé ou de louange, ou de satisfaction... Quand
« les bons esprits font un ouvrage excellent, ils sont
« justement récompensés par les louanges publiques.
« Mais quand un pauvre esprit travaille beaucoup
« pour ne rien faire qui vaille, et qu'il ne peut ainsi

« obtenir des louanges publiques; afin que son tra-
« vail ne demeure pas sans récompense, Dieu lui en
« donne une satisfaction personnelle qu'on ne peut
« lui envier sans une injustice plus que barbare. C'est
« ainsi que Dieu, qui est juste, donne aux grenouilles
« de la satisfaction de leur chant. »

Voilà, lui dis-je, de belles décisions en faveur de la vanité, de l'ambition, et de l'avarice. Et l'envie, mon père, sera-t-elle plus difficile à excuser? Ceci est délicat, dit le père. Il faut user de la distinction du père Bauny, dans sa Somme des péchés. Car son sentiment, c. 7, p. 123, de la cinquième et sixième édition, est que « l'envie du bien spirituel du prochain
« est mortelle, mais que l'envie du bien temporel n'est
« que vénielle. » Et par quelle raison, mon père? Écoutez-la, me dit-il. « Car le bien qui se trouve ès
« choses temporelles est si mince, et de si peu de con-
« séquence pour le ciel, qu'il est de nulle considé-
« ration devant Dieu et ses saints. » Mais, mon père, si ce bien est si *mince* et de si petite considération, comment permettez-vous de tuer les hommes pour le conserver? Vous prenez mal les choses, dit le père : on vous dit que le bien est de nulle considération devant Dieu, mais non pas devant les hommes. Je ne pensais pas à cela, lui dis-je; et j'espère que, par ces distinctions-là, il ne restera plus de péchés mortels au monde. Ne pensez pas cela, dit le père; car il y en a qui sont toujours mortels de leur nature, comme par exemple la paresse.

O mon père! lui dis-je, toutes les commodités de la vie sont donc perdues? Attendez, dit le père; quand vous aurez vu la définition de ce vice, qu'Escobar en donne, tr. 2, ex. 2, n. 81, peut-être en jugerez-vous autrement; écoutez-la : « La paresse est une tristesse « de ce que les choses spirituelles sont spirituelles, « comme serait de s'affliger de ce que les sacrements « sont la source de la grâce; et c'est un péché mor- « tel. » O mon père! lui dis-je, je ne crois pas que personne se soit jamais avisé d'être paresseux en cette sorte. Aussi, dit le père, Escobar dit ensuite, n. 105 : « J'avoue qu'il est bien rare que personne tombe ja- « mais dans le péché de paresse. » Comprenez-vous bien par là combien il importe de bien définir les choses? Oui, mon père, lui dis-je, et je me souviens sur cela de vos autres définitions de l'assassinat, du guet-apens, et des biens superflus. Et d'où vient, mon père, que vous n'étendez pas cette méthode à toutes sortes de cas, pour donner à tous les péchés des défi- nitions de votre façon, afin qu'on ne péchât plus en satisfaisant ses plaisirs?

Il n'est pas toujours nécessaire, me dit-il, de chan- ger pour cela les définitions des choses. Vous l'allez voir sur le sujet de la bonne chère, qui passe pour un des plus grands plaisirs de la vie, et qu'Escobar per- met en cette sorte, n. 102, dans la Pratique selon no- tre société : « Est-il permis de boire et de manger tout « son soûl sans nécessité, et pour la seule volupté? « Oui certainement, selon Sanchez, pourvu que cela « ne nuise point à la santé, parce qu'il est permis à « l'appétit naturel de jouir des actions qui lui sont pro- « pres : *an* COMEDERE *et* BIBERE *usque ad satietatem* « *absque necessitate, ob solam voluptatem, sit pecca-* « *tum? Cum Sanctio negative respondeo, modo non* « *obsit valetudini, quia licite potest appetitus natu-*

« *ralis suis actibus frui.* » O mon père! lui dis-je, voilà le passage le plus complet et le principe le plus achevé de toute votre morale, et dont on peut tirer d'aussi commodes conclusions. Eh quoi! la gourmandise n'est donc pas même un péché véniel? Non pas, dit-il, en la manière que je viens de dire; mais elle serait péché véniel selon Escobar, n. 56, « si, sans
« aucune nécessité, on se gorgeait du boire et du man-
« ger jusqu'à vomir : *si quis se usque ad vomitum in-*
« *gurgitet.* »

Cela suffit sur ce sujet; et je veux maintenant vous parler des facilités que nous avons apportées pour faire éviter les péchés dans les conversations et dans les intrigues du monde. Une chose des plus embarrassantes qui s'y trouve est d'éviter le mensonge, et surtout quand on voudrait bien faire accroire une chose fausse. C'est à quoi sert admirablement notre *doctrine des équivoques*, par laquelle « il est permis
« d'user de termes ambigus, en les faisant entendre
« en un autre sens qu'on ne les entend soi-même, »
comme dit Sanchez, *Op. mor.*, p. 2, l. 3, c. 6, n. 13. Je sais cela, mon père, lui dis-je. Nous l'avons tant publié, continua-t-il, qu'à la fin tout le monde en est instruit. Mais savez-vous bien comment il faut faire quand on ne trouve point de mots équivoques? Non, mon père. Je m'en doutais bien, dit-il; cela est nouveau : c'est la doctrine des *restrictions mentales*. Sanchez la donne au même lieu : « On peut jurer, dit-il,
« qu'on n'a pas fait une chose, quoiqu'on l'ait faite
« effectivement, en entendant en soi-même qu'on ne
« l'a pas faite un certain jour, ou avant qu'on fût né,
« ou en sous-entendant quelque autre circonstance

« pareille, sans que les paroles dont on se sert aient
« aucun sens qui le puisse faire connaître. Et cela est
« fort commode en beaucoup de rencontres, et est tou-
« jours très-juste quand cela est nécessaire ou utile
« pour la santé, l'honneur, ou le bien. »

Comment! mon père, et n'est-ce pas là un mensonge, et même un parjure? Non, dit le père : Sanchez le prouve au même lieu, et notre père Filiutius aussi, tr. 25, ch. 11, n. 331 ; parce, dit-il, que c'est « l'intention qui règle la qualité de l'action. » Et il y donne encore, n. 328, un autre moyen plus sûr d'éviter le mensonge. C'est qu'après avoir dit tout haut, *Je jure que je n'ai point fait cela*, on ajoute tout bas, *aujourd'hui;* ou qu'après avoir dit tout haut, *Je jure*, on dise tout bas, *que je dis;* et que l'on continue ensuite tout haut, *que je n'ai point fait cela.* Vous voyez bien que c'est dire la vérité. Je l'avoue, lui dis-je; mais nous trouverions peut-être que c'est dire la vérité tout bas, et un mensonge tout haut : outre que je craindrais que bien des gens n'eussent pas assez de présence d'esprit pour se servir de ces méthodes. Nos pères, dit-il, ont enseigné au même lieu, en faveur de ceux qui ne sauraient pas user de ces restrictions, qu'il leur suffit pour ne point mentir, de dire simplement qu'*ils n'ont point fait* ce qu'ils ont fait, « pourvu
« qu'ils aient en général l'intention de donner à leurs
« discours le sens qu'un habile homme y donnerait. »

Dites la vérité : il vous est arrivé bien des fois d'être embarrassé, manque de cette connaissance? Quelquefois, lui dis-je. Et n'avouerez-vous pas de même, continua-t-il, qu'il serait souvent bien commode d'être dispensé en conscience de tenir de certaines paroles qu'on donne? Ce serait, lui dis-je, mon père, la plus grande commodité du monde. Écoutez donc Escobar au tr. 3, ex. 3, n. 48, où il donne cette règle générale : « Les promesses n'obligent point, quand on « n'a point intention de s'obliger en les faisant. Or il « n'arrive guère qu'on ait cette intention, à moins que « l'on les confirme par serment ou par contrat, de « sorte que quand on dit simplement : Je le ferai, on « entend qu'on le fera si on ne change de volonté ; car « on ne veut pas se priver par là de sa liberté. » Il en donne d'autres que vous y pouvez voir vous-même ; et il dit à la fin que « tout cela est pris de Molina et de « nos autres auteurs : *Omnia ex Molina et aliis.* » Et ainsi on n'en peut pas douter.

O mon père ! lui dis-je, je ne savais pas que la direction d'intention eût la force de rendre les promesses nulles. Vous voyez, dit le père, que voilà une grande facilité pour le commerce du monde. Mais ce qui nous a donné le plus de peine a été de régler les conversations entre les hommes et les femmes : car nos pères sont plus réservés sur ce qui regarde la chasteté. Ce n'est pas qu'ils ne traitent des questions assez curieuses et assez indulgentes, et principalement pour les personnes mariées ou fiancées. J'appris sur cela les questions les plus extraordinaires qu'on puisse s'imaginer. Il m'en donna de quoi remplir plusieurs lettres : mais je ne veux pas seulement en marquer les citations, parce que vous faites voir mes lettres à toutes sortes de personnes ; et je ne voudrais pas donner l'occasion de cette lecture à ceux qui n'y chercheraient que leur divertissement.

La seule chose que je puisse vous marquer de ce

qu'il me montra dans leurs livres, même français, est ce que vous pouvez voir dans la Somme des péchés du père Bauny, p. 165, de certaines petites privautés qu'il y explique, pourvu qu'on dirige bien son intention, comme à *passer pour galant :* et vous serez surpris d'y trouver, p. 148, un principe de morale touchant le pouvoir qu'il dit que les filles ont de disposer de leur virginité sans leurs parents. Voici ses termes : « Quand cela se fait du consentement de la « fille, quoique le père ait sujet de s'en plaindre, ce « n'est pas néanmoins que ladite fille, ou celui à qui « elle s'est prostituée, lui aient fait aucun tort, ou « violé pour son égard la justice : car la fille est en « possession de sa virginité, aussi bien que de son « corps; elle en peut faire ce que bon lui semble, à « l'exclusion de la mort ou du retranchement de ses « membres. » Jugez par là du reste. Je me souvins, sur cela, d'un passage d'un poëte païen qui a été meilleur casuiste que ces pères, puisqu'il a dit que « la virginité d'une fille ne lui appartient pas tout « entière; qu'une partie appartient au père et l'autre « à la mère, sans lesquels elle n'en peut disposer, « même pour le mariage. » Et je doute qu'il y ait aucun juge qui ne prenne pour une loi le contraire de cette maxime du père Bauny.

Voilà tout ce que je puis dire de tout ce que j'entendis, et qui dura si longtemps, que je fus obligé de prier enfin le père de changer de matière. Il le fit, et m'entretint de leurs règlements pour les habits des femmes, en cette sorte. Nous ne parlerons point, dit-il, de celles qui auraient l'intention impure; mais pour les autres, Escobar dit au tr. 1, ex. 8, n. 5 : « Si on se

« pare sans mauvaise intention, mais seulement pour
« satisfaire l'inclination naturelle qu'on a à la vanité,
« *ob naturalem fastus inclinationem*, ou ce n'est
« qu'un péché véniel, ou ce n'est point péché du
« tout. » Et le père Bauny, en sa Somme des péchés,
c. 46, p. 1094, dit que « bien que la femme eût
« connaissance du mauvais effet que sa diligence à
« se parer opérerait et au corps et en l'âme de ceux
« qui la contempleraient ornée de riches et précieux
« habits, qu'elle ne pécherait néanmoins qu'en s'en
« servant. » Et il cite entre autres notre père Sanchez pour être du même avis.

Mais, mon père, que répondent donc vos auteurs aux passages de l'Écriture qui parlent avec tant de véhémence contre les moindres choses de cette sorte? Lessius, dit le père, y a doctement satisfait, *De just.*, l. 4, c. 4, d. 14, n. 114, en disant que « ces pas-
« sages de l'Écriture n'étaient de précepte qu'à
« l'égard des femmes de ce temps-là, pour donner
« par leur modestie un exemple d'édification aux
« païens. » Et d'où a-t-il pris cela, mon père? Il n'importe pas d'où il l'ait pris; il suffit que les sentiments de ces grands hommes-là sont toujours probables d'eux-mêmes. Mais le père le Moine a apporté une modération à cette permission générale, car il ne le veut point du tout souffrir aux vieilles : c'est dans sa Dévotion aisée, et entre autres p. 127, 157, 163.
« La jeunesse, dit-il, peut être parée de droit natu-
« rel. Il peut être permis de se parer en un âge qui
« est la fleur et la verdure des ans. Mais il en faut
« demeurer là; le contre-temps serait étrange de
« chercher des roses sur la neige. Ce n'est qu'aux

« étoiles qu'il.appartient d'être toujours au bal, parce
« qu'elles ont le don de jeunesse perpétuelle. Le meil-
« leur donc en ce point serait de prendre conseil de
« la raison et d'un bon miroir, de se rendre à la
« bienséance et à la nécessité, et de se retirer quand
« la nuit approche. » Cela est tout à fait judicieux,
lui dis-je. Mais, continua-t-il, afin que vous voyiez
combien nos pères ont eu soin de tout, je vous dirai
que, donnant permission aux femmes de jouer, et
voyant que cette permission leur serait souvent inutile si on ne leur donnait aussi le moyen d'avoir de
quoi jouer, ils ont établi une autre maxime en leur
faveur, qui se voit dans Escobar, au chap. Du larcin, tr. 1, ex. 9, n. 13 : « Une femme, dit-il, peut
« jouer, et prendre pour cela de l'argent à son mari. »

En vérité, mon père, cela est bien achevé. Il y a
bien d'autres choses néanmoins, dit le père : mais il
faut les laisser, pour parler des maximes plus importantes, qui facilitent l'usage des choses saintes, comme,
par exemple, la manière d'assister à la messe. Nos
grands théologiens Gaspard Hurtado, *De sacr.*, t. 2,
d. 5, dist. 2, et Conink, q. 83, a. 6, n. 197, ont enseigné sur ce sujet qu'il « suffit d'être présent à la
« messe de corps, quoiqu'on soit absent d'esprit,
« pourvu qu'on demeure dans une contenance res-
« pectueuse extérieurement. » Et Vasquez passe plus
avant, car il dit « qu'on satisfait au précepte d'ouïr
« la messe, encore même qu'on ait l'intention de n'en
« rien faire. » Tout cela est aussi dans Escobar, t. 1,
ex. 11, n. 74 et 107 ; et encore au tr. 1, ex. 1, n. 116,
où il l'explique par l'exemple de ceux qu'on mène à
la messe par force, et qui ont l'intention expresse de

ne la point entendre. Vraiment, lui dis-je, je ne le croirais jamais, si un autre me le disait. En effet, dit-il, cela a quelque besoin de l'autorité de ces grands hommes ; aussi bien que ce que dit Escobar, au tr. 1, ex. 11, n. 31 : « Qu'une méchante intention, comme
« de regarder des femmes avec un désir impur, jointe
« à celle d'ouïr la messe comme il faut, n'empêche
« pas qu'on n'y satisfasse : *Nec obest alia prava in-*
« *tentio, ut aspiciendi libidinose feminas.* »

Mais on trouve encore une chose commode dans notre savant Turrianus, *Select.*, p. 2, d. 16, dub. 7 :
« Qu'on peut ouïr la moitié d'une messe d'un prêtre,
« et ensuite une autre moitié d'un autre ; et même
« qu'on peut ouïr d'abord la fin de l'une, et ensuite
« le commencement d'une autre. » Et je vous dirai de plus qu'on a « permis encore d'ouïr deux moitiés
« de messe en même temps de deux différents prê-
« tres, lorsque l'un commence la messe quand l'autre
« en est à l'élévation ; parce qu'on peut avoir l'atten-
« tion à ces deux côtés à la fois, et que deux moitiés
« de messe font une messe entière : *Duæ medietates*
« *unam missam constituunt.* » C'est ce qu'ont décidé nos pères Bauny, tr. 6, q. 9, p. 312 ; Hurtado, *De sacr.*, t. 2, *De missa*, d. 5, diff. 4 ; Azorius, p. 1, l. 7, c. 3, q. 3 ; Escobar, tr. 1, ex. 11, n. 73, dans le chapitre de la *Pratique pour ouïr la messe* selon notre société. Et vous verrez les conséquences qu'il en tire, dans ce même livre des éditions de Lyon, des années 1644 et 1646, en ces termes : « De là je conclus que
« vous pouvez ouïr la messe en très-peu de temps,
« si, par exemple, vous rencontrez quatre messes à
« la fois qui soient tellement assorties, que, quand

« l'une commence, l'autre soit à l'Évangile, une autre
« à la consécration, et la dernière à la communion. »
Certainement, mon père, on entendra la messe dans
Notre-Dame en un instant par ce moyen. Vous voyez
donc, dit-il, qu'on ne pouvait pas mieux faire pour
faciliter la manière d'ouïr la messe.

Mais je veux vous faire voir maintenant comment
on a adouci l'usage des sacrements, et surtout de celui de la pénitence : car c'est là où vous verrez la
dernière bénignité de la conduite de nos pères ; et
vous admirerez que la dévotion, qui étonnait tout le
monde, ait pu être traitée par nos pères « avec une
« telle prudence, qu'ayant abattu cet épouvantail que
« les démons avaient mis à sa porte, *ils l'aient rendue*
« plus facile que le vice, et plus aisée que la volupté,
« *en sorte* que le simple vivre est incomparablement
« plus malaisé que le bien vivre, » pour user des termes du père le Moine, p. 244 et 291 de sa Dévotion
aisée. N'est-ce pas là un merveilleux changement ?
En vérité, lui dis-je, mon père, je ne puis m'empêcher de vous dire ma pensée. Je crains que vous ne
preniez mal vos mesures, et que cette indulgence ne
soit capable de choquer plus de monde que d'en attirer. Car la messe, par exemple, est une chose si grande
et si sainte, qu'il suffirait, pour faire perdre à vos auteurs toute créance dans l'esprit de plusieurs personnes,
de leur montrer de quelle manière ils en parlent. Cela
est bien vrai, dit le père, à l'égard de certaines gens :
mais ne savez-vous pas que nous nous accommodons
à toute sorte de personnes ? Il semble que vous ayez
perdu la mémoire de ce que je vous ai dit si souvent
sur ce sujet. Je veux donc vous en entretenir la pre-

mière fois à loisir, en différant pour cela notre entretien des adoucissements de la confession. Je vous le ferai si bien entendre, que vous ne l'oublierez jamais. — Nous nous séparâmes là-dessus ; et ainsi je m'imagine que notre première conversation sera de leur politique. Je suis, etc.

Depuis que j'ai écrit cette lettre, j'ai vu le livre du *Paradis ouvert par cent dévotions aisées à pratiquer*, par le père Barry; et celui de *la Marque de prédestination*, par le père Binet : ce sont des pièces dignes d'être vues.

DIXIÈME LETTRE (1).

Adoucissements que les jésuites ont apportés au sacrement de pénitence par leurs maximes touchant la confession, la satisfaction, l'absolution, les occasions prochaines de pécher, la contrition et l'amour de Dieu.

De Paris, ce 2 août 1656.

MONSIEUR,

Ce n'est pas encore ici la politique de la société, mais c'en est un des plus grands principes. Vous y verrez les adoucissements de la confession, qui sont assurément le meilleur moyen que ces pères aient trouvé pour attirer tout le monde et ne rebuter personne. Il fallait savoir cela avant que de passer outre ; et c'est pourquoi le père trouva à propos de m'en instruire en cette sorte.

Vous avez vu, me dit-il, par tout ce que je vous ai dit jusques ici, avec quel succès nos pères ont travaillé à découvrir, par leurs lumières, qu'il y a un

(1) Cette lettre fut faite de concert avec M. Arnauld.

grand nombre de choses permises qui passaient autrefois pour défendues ; mais parce qu'il reste encore des péchés qu'on n'a pu excuser, et que l'unique remède en est la confession, il a été bien nécessaire d'en adoucir les difficultés par les voies que j'ai maintenant à vous dire. Et ainsi, après vous avoir montré dans toutes nos conversations précédentes comment on a soulagé les scrupules qui troublaient les consciences, en faisant voir que ce qu'on croyait mauvais ne l'est pas, il reste à vous montrer en celle-ci la manière d'expier facilement ce qui est véritablement péché, en rendant la confession aussi aisée qu'elle était difficile autrefois. Et par quel moyen, mon père? C'est, dit-il, par ces subtilités admirables qui sont propres à notre compagnie, et que nos pères de Flandre appellent, dans l'Image de notre premier siècle, l. 3, or. 1, p. 401, et l. 1, c. 2, de « pieuses « et saintes finesses, » et un « saint artifice de dévo- « tion : *piam et religiosam calliditatem, et pietatis* « *solertiam,* » au l. 3, c. 8. C'est par le moyen de ces inventions que « les crimes s'expient aujourd'hui *ala-* « *crius,* avec plus d'allégresse et d'ardeur qu'ils ne « se commettaient autrefois ; en sorte que plusieurs « personnes effacent leurs taches aussi promptement « qu'ils les contractent : *plurimi vix citius maculas* « *contrahunt, quam eluunt,* » comme il est dit au même lieu. Apprenez-moi donc, je vous prie, mon père, *ces finesses* si salutaires. Il y en a plusieurs, me dit-il ; car, comme il se trouve beaucoup de choses pénibles dans la confession, on a apporté des adoucissements à chacune. Et parce que les principales peines qui s'y rencontrent sont la honte de confesser de certains péchés, le soin d'en exprimer les circonstances, la pénitence qu'il en faut faire, la résolution de n'y plus tomber, la fuite des occasions prochaines qui y engagent, et le regret de les avoir commis, j'espère vous montrer aujourd'hui qu'il ne reste presque rien de fâcheux en tout cela, tant on a eu soin d'ôter toute l'amertume et toute l'aigreur d'un remède si nécessaire.

Car, pour commencer par la peine qu'on a de confesser de certains péchés, comme vous n'ignorez pas qu'il est souvent assez important de se conserver dans l'estime de son confesseur, n'est-ce pas une chose bien commode de permettre, comme font nos pères, et entre autres Escobar, qui cite encore Suarez, tr. 7, a. 4, n. 135, d'avoir « deux confesseurs, l'un pour les « péchés mortels, et l'autre pour les véniels, afin « de se maintenir en bonne réputation auprès de « son confesseur ordinaire, *uti bonam famam apud* « *ordinarium tueatur*, pourvu qu'on ne prenne pas « de là occasion de demeurer dans le péché mortel? » Et il donne ensuite un autre subtil moyen pour se confesser d'un péché, même à son confesseur ordinaire, sans qu'on s'aperçoive qu'on l'a commis depuis la dernière confession. « C'est, dit-il, de faire une confession générale, et de confondre ce dernier péché « avec les autres dont on s'accuse en gros. » Il dit encore la même chose, *in Princ.*, ex. 2, n. 73. Et vous avouerez, je m'assure, que cette décision du père Bauny, Théol. mor., tr. 4, q. 15, p. 137, soulage encore bien la honte qu'on a de confesser ses rechutes : « Que, hors de certaines occasions, qui « n'arrivent que rarement, le confesseur n'a pas droit

« de demander si le péché dont on s'accuse est un péché
« d'habitude, » et qu'on « n'est pas obligé de lui répon-
« dre sur cela, parce qu'il n'a point droit de donner à
« son pénitent la honte de déclarer ses rechutes
« fréquentes. »

Comment, mon père! j'aimerais autant dire qu'un médecin n'a pas droit de demander à son malade s'il y a longtemps qu'il a la fièvre. Les péchés ne sont-ils pas tout différents selon ces différentes circonstances? et le dessein d'un véritable pénitent ne doit-il pas être d'exposer tout l'état de sa conscience à son confesseur, avec la même sincérité et la même ouverture de cœur que s'il parlait à Jésus-Christ, dont le prêtre tient la place? Or n'est-on pas bien éloigné de cette disposition quand on cache ses rechutes fréquentes, pour cacher la grandeur de son péché?—Je vis le bon père embarrassé là-dessus : de sorte qu'il pensa à éluder cette difficulté plutôt qu'à la résoudre, en m'apprenant une autre de leurs règles, qui établit seulement un nouveau désordre, sans justifier en aucune sorte cette décision du père Bauny, qui est, à mon sens, une de leurs plus pernicieuses maximes, et des plus propres à entretenir les vicieux dans leurs mauvaises habitudes. Je demeure d'accord, me dit-il, que l'habitude augmente la malice du péché, mais elle n'en change pas la nature : et c'est pourquoi on n'est pas obligé à s'en confesser, selon la règle de nos pères, qu'Escobar rapporte, *in Princ.*, ex. 2, n. 39 : « Qu'on n'est
« obligé de confesser que les circonstances qui chan-
« gent l'espèce du péché, et non pas celles qui l'ag-
« gravent. »

C'est selon cette règle que notre père Granados dit,

DIXIEME LETTRE.

in 5 *part.*, cont. 7, t. 9, d. 9, n. 22, que « si on a
« mangé de la viande en carême, il suffit de s'accuser
« d'avoir rompu le jeûne, sans dire si c'est en man-
« geant de la viande, ou en faisant deux repas mai-
« gres. » Et, selon notre père Reginaldus, tr. 1, l. 6,
c. 4, n. 114, « un devin qui s'est servi de l'art dia-
« bolique n'est pas obligé à déclarer cette circonstance;
« mais il suffit de dire qu'il s'est mêlé de deviner,
« sans exprimer si c'est par la chiromancie, ou par un
« pacte avec le démon. » Et Fagundez, de notre société, p. 2, l. 4, c. 3, n. 17, dit aussi : « Le rapt
« n'est pas une circonstance qu'on soit tenu de dé-
« couvrir, quand la fille y a consenti. » Notre père
Escobar rapporte tout cela au même lieu, n. 41, 61,
62, avec plusieurs autres décisions assez curieuses
des circonstances qu'on n'est pas obligé de confesser.
Vous pouvez les y voir vous-même. Voilà, lui dis-je,
des *artifices de dévotion* bien accommodants.

Tout cela néanmoins, dit-il, ne serait rien, si on
n'avait de plus adouci la pénitence, qui est une des
choses qui éloignaient davantage de la confession. Mais
maintenant les plus délicats ne la sauraient plus appréhender, après ce que nous avons soutenu dans nos
thèses du collége de Clermont : « Que si le confes-
« seur impose une pénitence convenable, *convenien-
« tem*, et qu'on ne veuille pas néanmoins l'accepter,
« on peut se retirer en renonçant à l'absolution et à la
« pénitence imposée. » Et Escobar dit encore, dans
la Pratique de la pénitence, selon notre société, tr. 7,
ex. 4, n. 188 : « Que si le pénitent déclare qu'il veut re-
« mettre à l'autre monde à faire pénitence, et souffrir
« en purgatoire toutes les peines qui lui sont dues, alors

« le confesseur doit lui imposer une pénitence bien
« légère, pour l'intégrité du sacrement, et principale-
« ment s'il reconnaît qu'il n'en accepterait pas une plus
« grande. » Je crois, lui dis-je, que, si cela était,
on ne devrait plus appeler la confession le sacrement
de pénitence. Vous avez tort, dit-il ; car au moins on
en donne toujours quelqu'une pour la forme. Mais,
mon père, jugez-vous qu'un homme soit digne de recevoir l'absolution quand il ne veut rien faire de pénible pour expier ses offenses ? et quand des personnes
sont en cet état, ne devriez-vous pas plutôt leur retenir leurs péchés que de les leur remettre ? Avez-vous
l'idée véritable de l'étendue de votre ministère ? et ne
savez-vous pas que vous y exercez le pouvoir de lier
et de délier ? Croyez-vous qu'il soit permis de donner
l'absolution indifféremment à tous ceux qui la demandent, sans reconnaître auparavant si Jésus-Christ dé-
lie dans le ciel ceux que vous déliez sur la terre ? Eh
quoi ! dit le père, pensez-vous que nous ignorions que
« le confesseur doit se rendre juge de la disposition de
« son pénitent, tant parce qu'il est obligé de ne pas
« dispenser les sacrements à ceux qui en sont indignes,
« Jésus-Christ lui ayant ordonné d'être dispensateur
« fidèle, et de ne pas donner les choses saintes aux
« chiens, que parce qu'il est juge, et que c'est le devoir
« d'un juge de juger justement en déliant ceux qui en
« sont dignes, et liant ceux qui en sont indignes, et
« aussi parce qu'il ne doit pas absoudre ceux que Jé-
« sus-Christ condamne ? » De qui sont ces paroles-là,
mon père ? De notre père Filiutius, répliqua-t-il,
t. 1, tr. 7, n. 354. Vous me surprenez, lui dis-je ; je
les prenais pour être d'un des Pères de l'Église. Mais,

mon père, ce passage doit bien étonner les confesseurs, et les rendre bien circonspects dans la dispensation de ce sacrement, pour reconnaître si le regret de leurs pénitents est suffisant, et si les promesses qu'ils donnent de ne plus pécher à l'avenir sont recevables. Cela n'est point du tout embarrassant, dit le père ; Filiutius n'avait garde de laisser les confesseurs dans cette peine ; et c'est pourquoi, ensuite de ces paroles, il leur donne cette méthode facile pour en sortir : « Le confesseur peut aisément se mettre en repos
« touchant la disposition de son pénitent : car s'il ne
« donne pas des signes suffisants de douleur, le con-
« fesseur n'a qu'à lui demander s'il ne déteste pas le
« péché dans son âme ; et s'il répond que oui, il est
» obligé de l'en croire. Et il faut dire la même chose
« de la résolution pour l'avenir, à moins qu'il y eût
« quelque obligation de restituer, ou de quitter quel-
« que occasion prochaine. » Pour ce passage, mon père, je vois bien qu'il est de Filiutius. Vous vous trompez, dit le père : car il a pris tout cela mot à mot de Suarez, *in 3 part.*, t. 4, disp. 32, sect. 2, n. 2. Mais, mon père, ce dernier passage de Filiutius détruit ce qu'il avait établi dans le premier ; car les confesseurs n'auront plus le pouvoir de se rendre juges de la disposition de leurs pénitents, puisqu'ils sont obligés de les en croire sur leur parole, lors même qu'ils ne donnent aucun signe suffisant de douleur. Est-ce qu'il y a tant de certitude dans ces paroles qu'on donne, que ce seul signe soit convaincant ? Je doute que l'expérience ait fait connaître à vos pères que tous ceux qui leur font ces promesses les tiennent, et je suis trompé s'ils n'éprouvent souvent le contraire.

Cela n'importe, dit le père; on ne laisse pas d'obliger toujours les confesseurs à les croire : car le père Bauny, qui a traité cette question à fond dans sa Somme des péchés, c. 46, p. 1090, 1091 et 1092, conclut que « toutes les fois que ceux qui récidivent souvent,
« sans qu'on y voie aucun amendement, se présen-
« tent au confesseur, et lui disent qu'ils ont regret
« du passé et bon dessein pour l'avenir, il les en doit
« croire sur ce qu'ils le disent, quoiqu'il soit à présu-
« mer telles résolutions ne passer pas le bout des lè-
« vres. Et quoiqu'ils se portent ensuite avec plus de
« liberté et d'excès que jamais dans les mêmes fautes,
« on peut néanmoins leur donner l'absolution selon
« mon opinion. » Voilà, je m'assure, tous vos doutes bien résolus.

Mais, mon père, lui dis-je, je trouve que vous imposez une grande charge aux confesseurs, en les obligeant de croire le contraire de ce qu'ils voient. Vous n'entendez pas cela, dit-il; on veut dire par là qu'ils sont obligés d'agir et d'absoudre, comme s'ils croyaient que cette résolution fût ferme et constante, encore qu'ils ne le croient pas en effet. Et c'est ce que nos pères Suarez et Filiutius expliquent ensuite des passages de tantôt. Car, après avoir dit que « le prêtre est
« obligé de croire son pénitent sur sa parole », ils ajoutent qu'il n'est « pas nécessaire que le confesseur
« se persuade que la résolution de son pénitent s'exé-
« cutera, ni qu'il le juge même probablement; mais
« il suffit qu'il pense qu'il en a à l'heure même le
« dessein en général, quoiqu'il doive retomber en
« bien peu de temps. Et c'est ce qu'enseignent tous
« nos auteurs, *ita docent omnes auctores.* » Douterez-

vous d'une chose que nos auteurs enseignent? Mais, mon père, que deviendra donc ce que le père Pétau a été obligé de reconnaître lui-même dans la préface de la Pén. publ., p. 4; que « les saints Pères, les doc-
« teurs et les conciles sont d'accord, comme d'une vé-
« rité certaine, que la pénitence qui prépare à l'Eu-
« charistie doit être véritable, constante, courageuse,
« et non pas lâche et endormie, ni sujette aux rechutes
« et aux reprises? » Ne voyez-vous pas, dit-il, que le père Pétau parle de l'*ancienne Église?* Mais cela est maintenant si *peu de saison*, pour user des termes de nos pères, que, selon le père Bauny, le contraire est seul véritable; c'est au tr. 4, q. 15, p. 95. « Il y
« a des auteurs qui disent qu'on doit refuser l'absolu-
« tion à ceux qui retombent souvent dans les mêmes
« péchés, et principalement lorsque, après les avoir
« plusieurs fois absous, il n'en paraît aucun amende-
« dement : et d'autres disent que non. Mais la seule
« véritable opinion est qu'il ne faut point leur refuser
« l'absolution : et encore qu'ils ne profitent point de
« tous les avis qu'on leur a souvent donnés, qu'ils
« n'aient pas gardé les promesses qu'ils ont faites de
« changer de vie, qu'ils n'aient pas travaillé à se pu-
« rifier, il n'importe : et, quoi qu'en disent les autres,
« la véritable opinion, et laquelle on doit suivre, est
« que, même en tous ces cas, on les doit absoudre. »
Et tr. 4, q. 22, p. 100, qu'on ne doit « ni refuser ni
« différer l'absolution à ceux qui sont dans des péchés
« d'habitude contre la loi de Dieu, de nature, et de
« l'Église, quoiqu'on n'y voie aucune espérance d'a-
« mendement; *etsi emendationis futuræ nulla spes*
« *appareat.* »

Mais, mon père, lui dis-je, cette assurance d'avoir toujours l'absolution pourrait bien porter les pécheurs... Je vous entends, dit-il en m'interrompant; mais écoutez le père Bauny, q. 15 : « On peut absoudre celui « qui avoue que l'espérance d'être absous l'a porté à « pécher avec plus de facilité qu'il n'eût fait sans cette « espérance. » Et le père Caussin, défendant cette proposition, dit, pag. 211 de sa Rép. à la Théol. mor., que « si elle n'était véritable, l'usage de la confession « serait interdit à la plupart du monde » ; et qu'il n'y aurait « plus d'autre remède aux pécheurs, qu'une « branche d'arbre et une corde. » O mon père ! que ces maximes-là attireront de gens à vos confessionnaux ! Aussi, dit-il, vous ne sauriez croire combien il y en vient : « nous sommes accablés et comme opprimés « sous la foule de nos pénitents, *pœnitentium nu-* « *mero obruimur* », comme il est dit en l'Image de notre premier siècle, l. 3, c. 8. Je sais, lui dis-je, un moyen facile de vous décharger de cette presse. Ce serait seulement, mon père, d'obliger les pécheurs à quitter les occasions prochaines : vous vous soulageriez assez par cette seule invention. Nous ne cherchons pas ce soulagement, dit-il; au contraire : car, comme il est dit dans le même livre, l. 3, c. 7, p. 374, « notre société a pour but de travailler à établir les « vertus, de faire la guerre aux vices, et de servir un « grand nombre d'âmes. » Et comme il y a peu d'âmes qui veuillent quitter les occasions prochaines, on a été obligé de définir ce que c'est qu'occasion prochaine ; comme on voit dans Escobar, en la Pratique de notre société, tr. 7, ex. 4, n. 226 : « On n'appelle « pas occasion prochaine celle où l'on ne pèche que

« rarement, comme de pécher par un transport sou-
« dain avec celle avec qui on demeure, trois ou qua-
« fois par an »; ou, selon le père Bauny, dans son
livre français, une ou deux fois par mois, p. 1082; et
encore p. 1089, où il demande « ce qu'on doit faire
« entre les maîtres et servantes, cousins et cousines
« qui demeurent ensemble, et qui se portent mutuel-
« lement à pécher par cette occasion. » Il les faut séparer, lui dis-je. C'est ce qu'il dit aussi, « si les re-
« chutes sont fréquentes, et presque journalières :
« mais s'ils n'offensent que rarement par ensemble,
« comme serait une ou deux fois le mois, et qu'ils ne
« puissent se séparer sans grande incommodité et dom-
« mage, on pourra les absoudre, selon ces auteurs,
« et entre autres Suarez, pourvu qu'ils promettent
« bien de ne plus pécher, et qu'ils aient un vrai regret
« du passé. » Je l'entendis bien; car il m'avait déjà
appris de quoi le confesseur se doit contenter pour juger de ce regret. Et le père Bauny, continua-t-il,
permet, p. 1083 et 1084, à ceux qui sont engagés
dans les occasions prochaines, d'y « demeurer, quand
« ils ne les pourraient quitter sans bailler sujet au
« monde de parler, ou sans en recevoir de l'incom-
« modité. » Et il dit de même en sa Théologie morale,
tr. 4, *De pœnit.*, q. 13, p. 93, et q. 14, p. 94,
« qu'on peut et qu'on doit absoudre une femme qui a
« chez elle un homme avec qui elle pèche souvent, si
« elle ne le peut faire sortir honnêtement, ou qu'elle
« ait quelque cause de le retenir, *si non potest ho-*
« *neste ejicere, aut habeat aliquam causam retinendi,*
« pourvu qu'elle se propose bien de ne plus pécher
« avec lui. »

O mon père! lui dis-je, l'obligation de quitter les occasions est bien adoucie, si on en est dispensé aussitôt qu'on en recevrait de l'incommodité : mais je crois au moins qu'on y est obligé, selon vos pères, quand il n'y a point de peine? Oui, dit le père, quoique toutefois cela ne soit pas sans exception. Car le père Bauny dit au même lieu : « Il est permis à toutes « sortes de personnes d'entrer dans des lieux de dé- « bauche pour y convertir des femmes perdues, quoi- « qu'il soit bien vraisemblable qu'on y péchera ; comme « si on a déjà éprouvé souvent qu'on s'est laissé aller « au péché par la vue et les cajoleries de ces femmes. « Et encore qu'il y ait des docteurs qui n'approu- « vent pas cette opinion, et qui croient qu'il n'est pas « permis de mettre volontairement son salut en danger « pour secourir son prochain, je ne laisse pas d'em- « brasser très-volontiers cette opinion qu'ils combat- « tent. » Voilà, mon père, une nouvelle sorte de prédicateurs. Mais sur quoi se fonde le père Bauny pour leur donner cette mission? C'est, me dit-il, sur un de ses principes qu'il donne au même lieu après Basile Ponce. Je vous en ai parlé autrefois, et je crois que vous vous en souvenez. C'est qu'on peut rechercher « une occasion directement et par elle-même, *primo* « *et per se*, pour le bien temporel ou spirituel de soi « ou du prochain. » Ces passages me firent tant d'horreur, que je pensai rompre là-dessus : mais je me retins, afin de le laisser aller jusqu'au bout, et me contentai de lui dire : Quel rapport y a-t-il, mon père, de cette doctrine à celle de l'Évangile, qui « oblige à « s'arracher les yeux, et à retrancher les choses les « plus nécessaires quand elles nuisent au salut? » Et comment pouvez-vous concevoir qu'un homme qui demeure volontairement dans les occasions du péché les déteste sincèrement? N'est-il pas visible, au contraire, qu'il n'en est point touché comme il faut, et qu'il n'est pas encore arrivé à cette véritable conversion de cœur, qui fait autant aimer Dieu qu'on a aimé les créatures?

Comment! dit-il, ce serait là une véritable contrition! Il semble que vous ne sachiez pas que, comme dit le père Pintereau en la seconde partie de l'abbé de Boisic, p. 50 : « Tous nos pères enseignent, d'un com« mun accord, que c'est une erreur, et presque une « hérésie, de dire que la contrition soit nécessaire, et « que l'attrition toute seule, et même conçue par le « seul motif des peines de l'enfer, qui exclut la volonté « d'offenser, ne suffit pas avec le sacrement. » Quoi; mon père! c'est presque un article de foi, que l'attrition conçue par la seule crainte des peines suffit avec le sacrement? Je crois que cela est particulier à vos pères; car les autres, qui croient que l'attrition suffit avec le sacrement, veulent au moins qu'elle soit mêlée de quelque amour de Dieu. Et, de plus, il me semble que vos auteurs mêmes ne tenaient point autrefois que cette doctrine fût si certaine ; car votre père Suarez en parle de cette sorte, *De pœn.*, q. 90, art. 4, dis. 15, sect. 4, n. 17 : « Encore, dit-il, que ce soit une « opinion probable que l'attrition suffit avec le sacre« ment, toutefois elle n'est pas certaine, et elle peut « être fausse : *Non est certa, et potest esse falsa.* Et « si elle est fausse, l'attrition ne suffit pas pour sau« ver un homme. Donc celui qui meurt sciemment en « cet état s'expose volontairement au péril moral de

« la damnation éternelle ; car cette opinion n'est ni
« fort ancienne, ni fort commune, *nec valde antiqua,*
« *nec multum communis.* » Sanchez ne trouvait pas
non plus qu'elle fût si assurée, puisqu'il dit en sa
Somme, l. 1, c. 9, n. 34, que « le malade et son con-
« fesseur qui se contenteraient à la mort de l'attrition
« avec le sacrement, pécheraient mortellement, à
« cause du grand péril de damnation où le pénitent
« s'exposerait si l'opinion qui assure que l'attrition
« suffit avec le sacrement ne se trouvait pas vérita-
« ble ; » ni Comitolus aussi, quand il dit, *Resp. mor.*,
l. 1, q. 32, n. 7, 8, qu'il n'est « pas trop sûr que l'at-
« trition suffise avec le sacrement. »

Le bon père m'arrêta là-dessus. Eh quoi ! dit-il, vous lisez donc nos auteurs ? Vous faites bien ; mais vous feriez encore mieux de ne les lire qu'avec quelqu'un de nous. Ne voyez-vous pas que, pour les avoir lus tout seul, vous en avez conclu que ces passages font tort à ceux qui soutiennent maintenant notre doctrine de l'attrition ? au lieu qu'on vous aurait montré qu'il n'y a rien qui les relève davantage. Car quelle gloire est-ce à nos pères d'aujourd'hui d'avoir en moins de rien répandu si généralement leur opinion partout, que, hors les théologiens, il n'y a presque personne qui ne s'imagine que ce que nous tenons maintenant de l'attrition n'ait été de tout temps l'unique créance des fidèles ! Et ainsi, quand vous montrez, par nos pères mêmes, qu'il y a peu d'années *que cette opinion n'était pas certaine*, que faites-vous autre chose sinon donner à nos derniers auteurs tout l'honneur de cet établissement ?

Aussi Diana, notre ami intime, a cru nous faire

plaisir de marquer par quels degrés on y est arrivé. C'est ce qu'il fait, p. 5, tr. 13, où il dit « qu'autrefois
« les anciens scolastiques soutenaient que la contri-
« tion était nécessaire aussitôt qu'on avait fait un pé-
« ché mortel; mais que depuis on a cru qu'on n'y était
« obligé que les jours de fête, et ensuite que quand
« quelque grande calamité menaçait tout le peuple ;
« que selon d'autres, on était obligé à ne la pas dif-
« férer longtemps quand on approche de la mort; mais
« que nos pères Hurtado et Vasquez ont réfuté excel-
« lemment toutes ces opinions-là, et établi qu'on n'y
« était obligé que quand on ne pouvait être absous
« par une autre voie, ou à l'article de la mort. » Mais, pour continuer le merveilleux progrès de cette doctrine, j'ajouterai que nos pères Fagundez, præc. 2, t. 2, c. 4, n. 13 ; Granados, *in 3 part.*, contr. 7, d. 3. sec. 4, n. 17 ; et Escobar, tr. 7, ex. 4, n. 88, dans la Pratique selon notre société, ont décidé que « la con-
« trition n'est pas nécessaire même à la mort, parce,
« disent-ils, que si l'attrition avec le sacrement ne
« suffisait pas à la mort, il s'ensuivrait que l'attrition
« ne serait pas suffisante avec le sacrement. » Et notre savant Hurtado, *De sacr.*, d. 6, cité par Diana, part. 5, tr. 4, Miscell., r. 193, et par Escobar, tr. 7, ex. 4, n. 91, va encore plus loin ; écoutez-le : « Le regret d'a-
« voir péché, qu'on ne conçoit qu'à cause du seul mal
« temporel qui en arrive, comme d'avoir perdu la santé
« ou son argent, est-il suffisant? Il faut distinguer. Si
« on ne pense pas que ce mal soit envoyé de la main
« de Dieu, ce regret ne suffit pas ; mais si on croit que
« ce mal est envoyé de Dieu, comme en effet tout mal,
« dit Diana, excepté le péché, vient de lui, ce regret

« est suffisant. » C'est ce que dit Escobar en la Pratique de notre société. Notre père François Lamy soutient aussi la même chose, tr. 8, disp. 3, n. 13.

Vous me surprenez, mon père; car je ne vois rien en toute cette attrition-là que de naturel; et ainsi un pécheur se pourrait rendre digne de l'absolution sans aucune grâce surnaturelle. Or il n'y a personne qui ne sache que c'est une hérésie condamnée par le concile. Je l'aurais pensé comme vous, dit-il, et cependant il faut bien que cela ne soit pas; car nos pères du collége de Clermont ont soutenu dans leurs thèses du 23 mai et du 6 juin 1644, col. 4, n. 1, « qu'une at-
« trition peut être sainte et suffisante pour le sacre-
« ment, quoiqu'elle ne soit pas surnaturelle; » et dans celle du mois d'août 1643, « qu'une attrition qui
« n'est que naturelle suffit pour le sacrement, pourvu
« qu'elle soit honnête : *Ad sacramentum sufficit at-*
« *tritio naturalis, modo honesta.* » Voilà tout ce qui se peut dire, si ce n'est qu'on veuille ajouter une conséquence qui se tire aisément de ces principes : qui est que la contrition est si peu nécessaire au sacrement, qu'elle y serait au contraire nuisible, en ce qu'effaçant les péchés par elle-même, elle ne laisserait rien à faire au sacrement. C'est ce que dit notre père Valentia, ce célèbre jésuite, t. 4, disp. 7, q. 8, p. 4 : « La contrition n'est point du tout
« nécessaire pour obtenir l'effet principal du sacre-
« ment; mais, au contraire, elle y est plutôt un ob-
« stacle : *imo obstat potius quominus effectus sequa-*
« *tur.* » On ne peut rien désirer de plus à l'avantage de l'attrition. Je le crois, mon père; mais souffrez que je vous en dise mon sentiment, et que je vous fasse

voir à quel excès cette doctrine conduit. Lorsque vous dites que *l'attrition conçue par la seule crainte des peines* suffit avec le sacrement pour justifier les pécheurs, ne s'ensuit-il pas de là qu'on pourra toute sa vie expier ses péchés de cette sorte, et ainsi être sauvé sans avoir jamais aimé Dieu en sa vie ? Or vos pères oseraient-ils soutenir cela ?

Je vois bien, répondit le père, par ce que vous me dites, que vous avez besoin de savoir la doctrine de nos pères touchant l'amour de Dieu. C'est le dernier trait de leur morale, et le plus important de tous. Vous deviez l'avoir compris par les passages que je vous ai cités de la contrition. Mais en voici d'autres plus précis sur l'amour de Dieu ; ne m'interrompez donc pas, car la suite même en est considérable. Écoutez Escobar, qui rapporte les opinions différentes de nos auteurs sur ce sujet, dans la Pratique de l'amour de Dieu selon notre société, au tr. 1, ex. 2, n. 21, et tr. 5, ex. 4, n. 8, sur cette question : « Quand est-on
« obligé d'avoir affection actuellement pour Dieu ?
« Suarez dit que c'est assez si on l'aime avant l'article
« de la mort, sans déterminer aucun temps ; Vasquez,
« qu'il suffit encore à l'article de la mort ; d'autres,
« quand on reçoit le baptême ; d'autres, quand on est
« obligé d'être contrit ; d'autres, les jours de fête.
« Mais notre père Castro Palao combat toutes ces opi-
« nions-là, et avec raison, *merito*. Hurtado de Men-
« doza prétend qu'on y est obligé tous les ans, et qu'on
« nous traite bien favorablement encore de ne nous y
« obliger pas plus souvent. Mais notre père Coninck
« croit qu'on y est obligé en trois ou quatre ans ; Hen-
« riquez, tous les cinq ans ; et Filiutius dit qu'il est

« probable qu'on n'y est pas obligé à la rigueur tous
« les cinq ans. Et quand donc? Il le remet au juge-
« ment des sages. » Je laissai passer tout ce badinage,
où l'esprit de l'homme se joue si insolemment de l'a-
mour de Dieu. Mais, poursuivit-il, notre père Antoine
Sirmond, qui triomphe sur cette matière dans son admirable livre de la Défense de la vertu, *où il parle
français en France*, comme il dit au lecteur, discourt
ainsi au 2ᵉ tr., sect. 1, p. 12, 13, 14, etc. : « Saint
« Thomas dit qu'on est obligé à aimer Dieu aussitôt
« après l'usage de raison : c'est un peu bientôt. Sco-
« tus, chaque dimanche : sur quoi fondé? D'autres,
« quand on est grièvement tenté : oui, en cas qu'il n'y
« eût que cette voie de fuir la tentation. Sotus, quand
« on reçoit un bienfait de Dieu : bon pour l'en remer-
« cier. D'autres, à la mort : c'est bien tard. Je ne crois
« pas non plus que ce soit à chaque réception de quel-
« que sacrement : l'attrition y suffit avec la confession,
« si on en a la commodité. Suarez dit qu'on y est obligé
« en un temps : mais en quel temps? Il vous en fait
« juge, et il n'en sait rien. Or ce que ce docteur n'a
« pas su, je ne sais qui le sait. » Et il conclut enfin
qu'on n'est obligé à autre chose, à la rigueur, qu'à
observer les autres commandements, sans aucune affection pour Dieu, et sans que notre cœur soit à lui,
pourvu qu'on ne le haïsse pas. C'est ce qu'il prouve en
tout son second traité. Vous le verrez à chaque page,
et entre autres, pages 16, 19, 24, 28, où il dit ces mots :
« Dieu, en nous commandant de l'aimer, se contente
« que nous lui obéissions en ses autres commande-
« ments. Si Dieu eût dit : Je vous perdrai, quelque
« obéissance que vous me rendiez, si de plus votre

« cœur n'est à moi, ce motif, à votre avis, eût-il été
« bien proportionné à la fin que Dieu a dû et a pu
« avoir? Il est donc dit que nous aimerons Dieu en
« faisant sa volonté, comme si nous l'aimions d'affec-
« tion, comme si le motif de la charité nous y portait.
« Si cela arrive réellement, encore mieux : sinon, nous
« ne laisserons pas pourtant d'obéir en rigueur au
« commandement d'amour, en ayant les œuvres, de
« façon que (voyez la bonté de Dieu!) il ne nous est
« pas tant commandé de l'aimer que de ne le point haïr. »

C'est ainsi que nos pères ont déchargé les hommes de l'obligation *pénible* d'aimer Dieu actuellement. Et cette doctrine est si avantageuse, que nos pères Annat, Pintereau, le Moine, et A. Sirmond même, l'ont défendue vigoureusement quand on a voulu la combattre. Vous n'avez qu'à le voir dans leurs Réponses à la Théologie morale; et celle du père Pintereau en la 2e partie de l'abbé de Boisic, p. 53, vous fera juger de la valeur de cette dispense par le prix qu'il dit qu'elle a coûté, qui est le sang de Jésus-Christ. C'est le couronnement de cette doctrine. Vous y verrez donc que cette dispense de l'obligation *fâcheuse* d'aimer Dieu est le privilége de la loi évangélique par-dessus la judaïque.

« Il a été raisonnable, dit-il, que, dans la loi de
« grâce du Nouveau Testament, Dieu levât l'obliga-
« tion fâcheuse et difficile, qui était en la loi de ri-
« gueur, d'exercer un acte de parfaite contrition pour
« être justifié; et qu'il instituât des sacrements pour
« suppléer à son défaut, à l'aide d'une disposition plus
« facile. Autrement, certes, les chrétiens, qui sont les
« enfants, n'auraient pas maintenant plus de facilité
« à se remettre aux bonnes grâces de leur père, que

« les Juifs, qui étaient les esclaves, pour obtenir mi-
« séricorde de leur Seigneur. »

O mon père! lui dis-je, il n'y a point de patience
que vous ne mettiez à bout, et on ne peut ouïr sans
horreur les choses que je viens d'entendre. Ce n'est
pas de moi-même, dit-il. Je le sais bien, mon père,
mais vous n'en avez point d'aversion; et, bien loin de
détester les auteurs de ces maximes, vous avez de l'estime pour eux. Ne craignez-vous pas que votre consentement ne vous rende participant de leur crime? et
pouvez-vous ignorer que saint Paul juge « dignes de
« mort non-seulement les auteurs des maux, mais
« aussi ceux qui y consentent? » Ne suffisait-il pas
d'avoir permis aux hommes tant de choses défendues,
par les palliations que vous y avez apportées? fallait-il
encore leur donner l'occasion de commettre les crimes
mêmes que vous n'avez pu excuser, par la facilité et
l'assurance de l'absolution que vous leur en offrez, en
détruisant à ce dessein la puissance des prêtres, et les
obligeant d'absoudre, plutôt en esclaves qu'en juges,
les pécheurs les plus envieillis, sans changement de
vie, sans aucun signe de regret, que des promesses
cent fois violées; sans pénitence, *s'ils n'en veulent
point accepter :* et sans quitter les occasions des vices,
s'ils en reçoivent de l'incommodité?

Mais on passe encore au delà, et la licence qu'on a
prise d'ébranler les règles les plus saintes de la conduite chrétienne se porte jusqu'au renversement entier
de la loi de Dieu. On viole *le grand commandement,
qui comprend la loi et les prophètes ;* on attaque la
piété dans le cœur; on en ôte l'esprit qui donne la vie:
on dit que l'amour de Dieu n'est pas nécessaire au sa-

lut; et on va même jusqu'à prétendre que *cette dispense d'aimer Dieu est l'avantage que Jésus-Christ a apporté au monde*. C'est le comble de l'impiété. Le prix du sang de Jésus-Christ sera de nous obtenir la dispense de l'aimer! Avant l'incarnation, on était obligé d'aimer Dieu; mais depuis que *Dieu a tant aimé le monde, qu'il lui a donné son Fils unique*, le monde, racheté par lui, sera déchargé de l'aimer! Étrange théologie de nos jours! on ose lever l'*anathème* que saint Paul prononce *contre ceux qui n'aiment pas le Seigneur Jésus!* on ruine ce que dit saint Jean, que *qui n'aime point demeure en la mort*, et ce que dit Jésus-Christ même, que *qui ne l'aime point ne garde point ses préceptes!* Ainsi on rend dignes de jouir de Dieu dans l'éternité ceux qui n'ont jamais aimé Dieu en toute leur vie! Voilà le mystère d'iniquité accompli. Ouvrez enfin les yeux, mon père; et si vous n'avez point été touché par les autres égarements de vos casuistes, que ces derniers vous en retirent par leurs excès. Je le souhaite de tout mon cœur pour vous et pour tous vos pères; et je prie Dieu qu'il daigne leur faire connaître combien est fausse la lumière qui les a conduits jusqu'à de tels précipices, et qu'il remplisse de son amour ceux qui en osent dispenser les hommes.

Après quelques discours de cette sorte, je quittai le père, et je ne vois guère d'apparence d'y retourner. Mais n'y ayez pas de regret; car, s'il était nécessaire de vous entretenir encore de leurs maximes, j'ai assez lu leurs livres pour pouvoir vous en dire à peu près autant de leur morale, et peut-être plus de leur politique, qu'il n'eût fait lui-même. Je suis, etc.

ONZIÈME LETTRE (1)
ÉCRITE AUX RÉVÉRENDS PÈRES JÉSUITES.

Qu'on peut réfuter par des railleries les erreurs ridicules. — Précautions avec lesquelles on le doit faire ; qu'elles ont été observées par Montalte, et qu'elles ne l'ont point été par les jésuites. — Bouffonneries impies du père le Moine et du père Garasse.

Du 18 août 1656.

Mes révérends pères,

J'ai vu les lettres que vous débitez contre celles que j'ai écrites à un de mes amis sur le sujet de votre morale, où l'un des principaux points de votre défense est que je n'ai point parlé assez sérieusement de vos maximes : c'est ce que vous répétez dans tous vos écrits, et que vous poussez jusqu'à dire que « j'ai tourné les « choses saintes en raillerie. »

Ce reproche, mes pères, est bien surprenant et bien injuste ; car en quel lieu trouvez-vous que je tourne les choses saintes en raillerie ? Vous marquez en particulier le contrat Mohatra et l'histoire de Jean d'Alba. Mais est-ce cela que vous appelez des choses saintes ? Vous semble-t-il que le Mohatra soit une chose si vénérable, que ce soit un blasphème de n'en pas parler avec respect ? Et les leçons du père Bauny pour le lar-

---

(1) Cette onzième Lettre a pour objet de justifier la raillerie en matière sérieuse. C'est « le même sujet qu'Arnauld a traité dans sa *Réponse à la Lettre d'une personne de condition*, dans laquelle il défendait les *enluminures*; c'est le même mot de Tertulien commenté : *Rien n'est plus dû à la vanité que la risée;* ce sont les mêmes matériaux qu'Arnauld aura fournis à Pascal. Mais quelle mise en œuvre incomparable ! quelle raison supérieure que celle qui maintient et démontre l'enjouement sans l'écraser, et le pousse encore au même moment et le fait jouer devant elle ! On peut mesurer au juste, en lisant la lettre d'Arnauld et celle de Pascal, en quel sens il est vrai que le grand docteur a contribué et aidé aux *Provinciales*. Cette onzième Lettre pourrait servir de préface justificative au *Tartufe*. » Sainte-Beuve, *Port-Royal*, t. III, pag. 72.

cin, qui portèrent Jean d'Alba à le pratiquer contre vous-mêmes, sont-elles si sacrées que vous ayez droit de traiter d'impies ceux qui s'en moquent?

Quoi! mes pères, les imaginations de vos auteurs passeront pour les vérités de la foi, et on ne pourra se moquer des passages d'Escobar et des décisions si fantasques et si peu chrétiennes de vos autres auteurs, sans qu'on soit accusé de rire de la religion? Est-il possible que vous ayez osé redire si souvent une chose si peu raisonnable? et ne craignez-vous point, en me blâmant de m'être moqué de vos égarements, de me donner un nouveau sujet de me moquer de ce reproche, et de le faire retomber sur vous-mêmes, en montrant que je n'ai pris sujet de rire que de ce qu'il y a de ridicule dans vos livres; et qu'ainsi, en me moquant de votre morale, j'ai été aussi éloigné de me moquer des choses saintes, que la doctrine de vos casuistes est éloignée de la doctrine sainte de l'Évangile?

En vérité, mes pères, il y a bien de la différence entre rire de la religion, et rire de ceux qui la profanent par leurs opinions extravagantes. Ce serait une impiété de manquer de respect pour les vérités que l'esprit de Dieu a révélées; mais ce serait une autre impiété de manquer de mépris pour les faussetés que l'esprit de l'homme leur oppose.

Car, mes pères, puisque vous m'obligez d'entrer en ce discours, je vous prie de considérer que, comme les vérités chrétiennes sont dignes d'amour et de respect, les erreurs qui leur sont contraires sont dignes de mépris et de haine; parce qu'il y a deux choses dans les vérités de notre religion : une beauté divine qui les rend aimables, et une sainte majesté qui les rend vénérables; et qu'il y a aussi deux choses dans les erreurs : l'impiété qui les rend horribles, et l'impertinence qui les rend ridicules. C'est pourquoi, comme les saints ont toujours pour la vérité ces deux sentiments d'amour et de crainte, et que leur sagesse est toute comprise entre la crainte qui en est le principe, et l'amour qui en est la fin, les saints ont aussi pour l'erreur ces deux sentiments de haine et de mépris, et leur zèle s'emploie également à repousser avec force la malice des impies, et à confondre avec risée leur égarement et leur folie.

Ne prétendez donc pas, mes pères, de faire accroire au monde que ce soit une chose indigne d'un chrétien de traiter les erreurs avec moquerie, puisqu'il est aisé de faire connaître à ceux qui ne le sauraient pas que cette pratique est juste, qu'elle est commune aux Pères de l'Église, et qu'elle est autorisée par l'Écriture, par l'exemple des plus grands saints, et par celui de Dieu même.

Car ne voyons-nous pas que Dieu hait et méprise les pécheurs tout ensemble, jusque-là même qu'à l'heure de leur mort, qui est le temps où leur état est le plus déplorable et le plus triste, la sagesse divine joindra la moquerie et la risée à la vengeance et à la fureur qui les condamnera à des supplices éternels? *In interitu vestro ridebo et subsannabo.* Et les saints, agissant par le même esprit, en useront de même, puisque, selon David, quand ils verront la punition des méchants, « ils en trembleront et en riront « en même temps: *Videbunt justi et timebunt, et super* « *eum ridebunt.* » Et Job en parle de même : *Innocens subsannabit eos.*

Mais c'est une chose bien remarquable sur ce sujet, que, dans les premières paroles que Dieu a dites à l'homme depuis sa chute, on trouve un discours de moquerie, et *une ironie piquante*, selon les Pères. Car, après qu'Adam eut désobéi, dans l'espérance que le démon lui avait donnée d'être fait semblable à Dieu, il paraît par l'Écriture que Dieu, en punition, le rendit sujet à la mort; et qu'après l'avoir réduit à cette misérable condition qui était due à son péché, il se moqua de lui en cet état par ces paroles de risée : « Voilà l'homme qui est devenu comme l'un de nous : *Ecce Adam quasi unus ex nobis :* » ce qui est *une ironie sanglante et sensible* dont Dieu le *piquait vivement*, selon saint Chrysostôme et les interprètes. « *Adam*, dit Rupert, méritait d'être *raillé* par cette
« ironie, et on lui faisait sentir sa folie bien plus vi-
« vement par cette expression ironique que par une
« expression sérieuse. » Et Hugues de Saint-Victor, ayant dit la même chose, ajoute que « cette ironie
« était due à sa sotte crédulité; » et que « cette es-
« pèce de raillerie est une action de justice, lorsque
« celui envers qui on en use l'a méritée. »

Vous voyez donc, mes pères, que la moquerie est quelquefois plus propre à faire revenir les hommes de leurs égarements, et qu'elle est alors une action de justice; parce que, comme dit Jérémie, « les ac-
« tions de ceux qui errent sont dignes de risée à cause
« de leur vanité : *vana sunt, et risu digna.* » Et c'est si peu une impiété de s'en rire, que c'est l'effet d'une sagesse divine, selon cette parole de saint Augustin : « Les sages rient des insensés, parce qu'ils sont sa-
« ges, non pas de leur propre sagesse, mais de cette

« sagesse divine qui rira de la mort des méchants. »

Aussi les prophètes remplis de l'esprit de Dieu ont usé de ces moqueries, comme nous voyons par les exemples de Daniel et d'Élie. Enfin il s'en trouve des exemples dans les discours de Jésus-Christ même ; et saint Augustin remarque que, quand il voulut humilier Nicodème, qui se croyait habile dans l'intelligence de la loi, « comme il le voyait enflé d'orgueil
« par sa qualité de docteur des Juifs, il exerce et
« étonne sa présomption par la hauteur de ses deman-
« des ; et, l'ayant réduit à l'impuissance de répon-
« dre : Quoi ! lui dit-il, vous êtes maître en Israël,
« et vous ignorez ces choses ? Ce qui est le même que
« s'il eût dit : Prince superbe, reconnaissez que vous
« ne savez rien. » Et saint Chrysostôme et saint Cyrille disent sur cela qu'il méritait d'être joué de cette sorte.

Vous voyez donc, mes pères, que, s'il arrivait aujourd'hui que des personnes qui feraient les maîtres envers les chrétiens, comme Nicodème et les pharisiens envers les Juifs, ignorassent les principes de la religion, et soutinssent, par exemple, qu'on peut être « sauvé sans avoir jamais aimé Dieu en toute sa
« vie, » on suivrait en cela l'exemple de Jésus-Christ, en se jouant de leur vanité et de leur ignorance.

Je m'assure, mes pères, que ces exemples sacrés suffisent pour vous faire entendre que ce n'est pas une conduite contraire à celle des saints, de rire des erreurs et des égarements des hommes : autrement il faudrait blâmer celle des plus grands docteurs de l'Église qui l'ont pratiquée, comme saint Jérôme dans ses lettres et dans ses écrits contre Jovinien, Vigilance, et les pélagiens; Tertullien, dans son Apologétique contre les folies des idolâtres; saint Augustin, contre les religieux d'Afrique, qu'il appelle les *chevelus*; saint Irénée, contre les gnostiques; saint Bernard et les autres Pères de l'Église, qui, ayant été les imitateurs des apôtres, doivent être imités par les fidèles dans toute la suite des temps, puisqu'ils sont proposés, quoi qu'on en dise, comme le véritable modèle des chrétiens, même d'aujourd'hui.

Je n'ai donc pas cru faillir en les suivant. Et, comme je pense l'avoir assez montré, je ne dirai plus sur ce sujet que ces excellentes paroles de Tertullien, qui rendent raison de tout mon procédé : « Ce que j'ai « fait n'est qu'un jeu avant un véritable combat. J'ai « plutôt montré les blessures qu'on vous peut faire « que je ne vous en ai fait. Que s'il se trouve des en- « droits où l'on soit excité à rire, c'est parce que les « sujets mêmes y portaient. Il y a beaucoup de choses « qui méritent d'être moquées et jouées de la sorte, « de peur de leur donner du poids en les combattant « sérieusement. Rien n'est plus dû à la vanité que la « risée; et c'est proprement à la vérité qu'il appar- « tient de rire, parce qu'elle est gaie, et de se jouer « de ses ennemis, parce qu'elle est assurée de la vic- « toire. Il est vrai qu'il faut prendre garde que les « railleries ne soient pas basses et indignes de la vé- « rité. Mais, à cela près, quand on pourra s'en ser- « vir avec adresse, c'est un devoir que d'en user. » Ne trouvez-vous pas, mes pères, que ce passage est bien juste à notre sujet? « Les lettres que j'ai faites « jusqu'ici ne sont qu'un jeu avant un véritable com- « bat. » Je n'ai fait encore que me jouer, « et vous

« montrer plutôt les blessures qu'on vous peut faire que
« je ne vous en ai fait. » J'ai exposé simplement vos
passages sans y faire presque de réflexion. « Que si
« on y a été excité à rire, c'est parce que les sujets y
« portaient d'eux-mêmes. » Car qu'y a-t-il de plus
propre à exciter à rire, que de voir une chose aussi
grave que la morale chrétienne remplie d'imaginations aussi grotesques que les vôtres? On conçoit une
si haute attente de ces maximes, « qu'on dit que Jé-
« sus-Christ a lui-même révélées à des pères de la
« société, » que quand on y trouve « qu'un prêtre
« qui a reçu de l'argent pour dire une messe peut,
« outre cela, en prendre d'autres personnes, en leur
« cédant toute la part qu'il a au sacrifice; qu'un reli-
« gieux n'est pas excommunié pour quitter son habit
« lorsque c'est pour danser, pour filouter, ou pour al-
« ler incognito en des lieux de débauche; et qu'on sa-
« tisfait au précepte d'ouïr la messe en entendant qua-
« tre quarts de messe à la fois de différents prêtres; »
lors, dis-je, qu'on entend ces décisions et autres semblables, il est impossible que cette surprise ne fasse
rire, parce que rien n'y porte davantage qu'une disproportion surprenante entre ce qu'on attend et ce
qu'on voit. Et comment aurait-on pu traiter autrement la plupart de ces matières, puisque ce serait
« les autoriser que de les traiter sérieusement, » selon
Tertullien?

Quoi! faut-il employer la force de l'Écriture et de
la tradition, pour montrer que c'est tuer son ennemi
en trahison, que de lui donner des coups d'épée par
derrière, et dans une embûche; et que c'est acheter un bénéfice que de donner de l'argent comme un

motif pour se le faire résigner? Il y a donc des matières qu'il faut mépriser, et « qui méritent d'être jouées « et moquées. » Enfin, ce que dit cet ancien auteur, que « rien n'est plus dû à la vanité que la risée, » et le reste de ces paroles s'applique ici avec tant de justesse et avec une force si convaincante, qu'on ne saurait plus douter qu'on peut bien rire des erreurs sans blesser la bienséance.

Et je vous dirai aussi, mes pères, qu'on en peut rire sans blesser la charité, quoique ce soit une des choses que vous me reprochez encore dans vos écrits. Car « la charité oblige quelquefois à rire des erreurs « des hommes, pour les porter eux-mêmes à en rire et « à les fuir, selon cette parole de saint Augustin : « *Hæc tu misericorditer irride, ut eis ridenda ac* « *fugienda commendes.* » Et la même charité oblige aussi quelquefois à les repousser avec colère, selon cette autre parole de saint Grégoire de Nazianze : « L'es- « prit de charité et de douceur a ses émotions et ses « colères. » En effet, comme dit saint Augustin, « qui « oserait dire que la vérité doit demeurer désarmée « contre le mensonge, et qu'il sera permis aux enne- « mis de la foi d'effrayer les fidèles par des paroles « fortes, et de les réjouir par des rencontres d'esprit « agréables; mais que les catholiques ne doivent écrire « qu'avec une froideur de style qui endorme les lec- « teurs? »

Ne voit-on pas que, selon cette conduite, on laisserait introduire dans l'Église les erreurs les plus extravagantes et les plus pernicieuses, sans qu'il fût permis de s'en moquer avec mépris, de peur d'être accusé de blesser la bienséance, ni de les confondre avec véhémence, de peur d'être accusé de manquer de charité?

Quoi! mes pères, il vous sera permis de dire qu'on peut « tuer pour éviter un soufflet et une injure, » et il ne sera pas permis de réfuter publiquement une erreur publique d'une telle conséquence? Vous aurez la liberté de dire qu'un juge « peut en conscience retenir « ce qu'il a reçu pour faire une injustice, » sans qu'on ait la liberté de vous contredire? Vous imprimerez, avec privilége et approbation de vos docteurs, qu'on peut être « sauvé sans avoir jamais aimé Dieu, » et vous fermerez la bouche à ceux qui défendront la vérité de la foi, en leur disant qu'ils blesseraient la charité de frères en vous attaquant, et la modestie de chrétiens en riant de vos maximes? Je doute, mes pères, qu'il y ait des personnes à qui vous ayez pu le faire accroire; mais néanmoins, s'il s'en trouvait qui en fussent persuadés, et qui crussent que j'aurais blessé la charité que je vous dois en décriant votre morale, je voudrais bien qu'ils examinassent avec attention d'où naît en eux ce sentiment. Car, encore qu'ils s'imaginassent qu'il part de leur zèle, qui n'a pu souffrir sans scandale de voir accuser leur prochain, je les prierais de considérer qu'il n'est pas impossible qu'il vienne d'ailleurs; et qu'il est même assez vraisemblable qu'il vient du déplaisir secret, et souvent caché à nous-mêmes, que le malheureux fonds qui est en nous ne manque jamais d'exciter contre ceux qui s'opposent au relâchement des mœurs. Et, pour leur donner une règle qui leur en fasse reconnaître le véritable principe, je leur demanderai si, en même temps qu'ils se plaignent de ce qu'on a traité de la sorte des religieux, ils se plaignent encore davantage de ce que des religieux ont traité la vérité de la sorte. Que s'ils sont irrités non-seulement contre les Lettres, mais encore plus contre les maximes qui y sont rapportées, j'avouerai qu'il se peut faire que leur ressentiment parte de quelque zèle, mais peu éclairé; et alors les passages qui sont ici suffiront pour les éclaircir. Mais s'ils s'emportent seulement contre les répréhensions, et non pas contre les choses qu'on a reprises, en vérité, mes pères, je ne m'empêcherai jamais de leur dire qu'ils sont grossièrement abusés, et que leur zèle est bien aveugle.

Étrange zèle qui s'irrite contre ceux qui accusent des fautes publiques, et non pas contre ceux qui les commettent! Quelle nouvelle charité qui s'offense de voir confondre des erreurs manifestes, et qui ne s'offense point de voir renverser la morale par ces erreurs! Si ces personnes étaient en danger d'être assassinées, s'offenseraient-elles de ce qu'on les avertirait de l'embûche qu'on leur dresse; et, au lieu de se détourner de leur chemin pour l'éviter, s'amuseraient-elles à se plaindre du peu de charité qu'on aurait eu de découvrir le dessein criminel de ces assassins? S'irritent-ils lorsqu'on leur dit de ne manger pas d'une viande, parce qu'elle est empoisonnée; ou de n'aller pas dans une ville, parce qu'il y a de la peste?

D'où vient donc qu'ils trouvent qu'on manque de charité quand on découvre des maximes nuisibles à la religion, et qu'ils croient au contraire qu'on manquerait de charité si on ne leur découvrait pas les choses nuisibles à leur santé et à leur vie, sinon parce que l'amour qu'ils ont pour la vie leur fait recevoir favorablement tout ce qui contribue à la conserver, et que l'indifférence qu'ils ont pour la vérité fait que non-seulement ils ne prennent aucune part à sa défense, mais qu'ils voient même avec peine qu'on s'efforce de détruire le mensonge ?

Qu'ils considèrent donc devant Dieu combien la morale que vos casuistes répandent de toutes parts est honteuse, et pernicieuse à l'Église ; combien la licence qu'ils introduisent dans les mœurs est scandaleuse et démesurée ; combien la hardiesse avec laquelle vous les soutenez est opiniâtre et violente. Et s'ils ne jugent qu'il est temps de s'élever contre de tels désordres, leur aveuglement sera aussi à plaindre que le vôtre, mes pères, puisque et vous et eux avez un pareil sujet de craindre cette parole de saint Augustin sur celle de Jésus-Christ dans l'Évangile : « Malheur aux aveugles qui conduisent ! malheur aux « aveugles qui sont conduits ! *Væ cæcis ducentibus !* « *væ cæcis sequentibus !* »

Mais, afin que vous n'ayez plus lieu de donner ces impressions aux autres, ni de les prendre vous-mêmes, je vous dirai, mes pères (et je suis honteux de ce que vous m'engagez à vous dire ce que je devrais apprendre de vous), je vous dirai donc quelles marques les Pères de l'Église nous ont données pour juger si les répréhensions partent d'un esprit de piété et de charité, ou d'un esprit d'impiété et de haine.

La première de ces règles est que l'esprit de piété porte toujours à parler avec vérité et sincérité, au lieu que l'envie et la haine emploient le mensonge et la calomnie : *Splendentia et vehementia, sed rebus veris*, dit saint Augustin. Quiconque se sert du mensonge agit par l'esprit du diable. Il n'y a point de direction d'intention qui puisse rectifier la calomnie; et quand il s'agirait de convertir toute la terre, il ne serait pas permis de noircir des personnes innocentes; parce qu'on ne doit pas faire le moindre mal pour faire réussir le plus grand bien, et que « la vérité de Dieu « n'a pas besoin de notre mensonge », selon l'Écriture. « Il est du devoir des défenseurs de la vérité, « dit saint Hilaire, de n'avancer que des choses vraies. » Aussi, mes pères, je puis dire devant Dieu qu'il n'y a rien que je déteste davantage que de blesser tant soit peu la vérité; et que j'ai toujours pris un soin très-particulier non-seulement de ne pas falsifier, ce qui serait horrible, mais de ne pas altérer ou détourner le moins du monde le sens d'un passage. De sorte que si j'osais me servir, en cette rencontre, des paroles du même saint Hilaire, je pourrais bien vous dire avec lui : « Si nous disons des choses fausses, que nos « discours soient tenus pour infâmes : mais si nous « montrons que celles que nous produisons sont publi- « ques et manifestes, ce n'est point sortir de la mo- « destie et de la liberté apostolique de les reprocher. »

Mais ce n'est pas assez, mes pères, de ne dire que des choses vraies, il faut encore ne pas dire toutes celles qui sont vraies; parce qu'on ne doit rapporter que les choses qu'il est utile de découvrir, et non pas celles qui ne pourraient que blesser, sans apporter aucun fruit. Et ainsi, comme la première règle est de parler avec vérité, la seconde est de parler avec discrétion. « Les méchants, dit saint Augustin, persécu- « tent les bons en suivant l'aveuglement de la passion « qui les anime, au lieu que les bons persécutent « les méchants avec une sage discrétion : de même

« que les chirurgiens considèrent ce qu'ils coupent,
« au lieu que les meurtriers ne regardent point où ils
« frappent. » Vous savez bien, mes pères, que je n'ai
pas rapporté des maximes de vos auteurs celles qui
vous auraient été les plus sensibles, quoique j'eusse
pu le faire, et même sans pécher contre la discrétion,
non plus que de savants hommes et très-catholiques,
mes pères, qui l'ont fait autrefois. Et tous ceux qui
ont lu vos auteurs savent aussi bien que vous combien
en cela je vous ai épargnés : outre que je n'ai parlé
en aucune sorte contre ce qui vous regarde chacun en
particulier; et je serais fâché d'avoir rien dit des fautes secrètes et personnelles, quelque preuve que j'en
eusse. Car je sais que c'est le propre de la haine et de
l'animosité, et qu'on ne doit jamais le faire, à moins
qu'il n'y en ait une nécessité bien pressante pour le
bien de l'Église. Il est donc visible que je n'ai manqué en aucune sorte à la discrétion dans ce que j'ai été
obligé de dire touchant les maximes de votre morale,
et que vous avez plus de sujet de vous louer de ma retenue que de vous plaindre de mon indiscrétion.

La troisième règle, mes pères, est que, quand on
est obligé d'user de quelques railleries, l'esprit de
piété porte à ne les employer que contre les erreurs,
et non pas contre les choses saintes; au lieu que l'esprit de bouffonnerie, d'impiété et d'hérésie, se rit de
ce qu'il y a de plus sacré. Je me suis déjà justifié sur
ce point; et on est bien éloigné d'être exposé à ce
vice, quand on n'a qu'à parler des opinions que j'ai
rapportées de vos auteurs.

Enfin, mes pères, pour abréger ces règles, je ne
vous dirai plus que celle-ci, qui est le principe et la

fin de toutes les autres : c'est que l'esprit de charité porte à avoir dans le cœur le désir du salut de ceux contre qui on parle, et à adresser ses prières à Dieu en même temps qu'on adresse ses reproches aux hommes. « On doit toujours, dit saint Augustin, conserver « la charité dans le cœur, lors même qu'on est obligé « de faire au dehors des choses qui paraissent rudes « aux hommes, et de les frapper avec une âpreté « dure, mais bienfaisante ; leur utilité devant être « préférée à leur satisfaction. » Je crois, mes pères, qu'il n'y a rien dans mes lettres qui témoigne que je n'aie pas eu ce désir pour vous ; et ainsi la charité vous oblige à croire que je l'ai eu en effet, lorsque vous n'y voyez rien de contraire. Il paraît donc par là que vous ne pouvez montrer que j'aie péché contre cette règle, ni contre aucune de celles que la charité oblige de suivre ; et c'est pourquoi vous n'avez aucun droit de dire que je l'aie blessée en ce que j'ai fait.

Mais si vous voulez, mes pères, avoir maintenant le plaisir de voir en peu de mots une conduite qui pèche contre chacune de ces règles, et qui porte véritablement le caractère de l'esprit de bouffonnerie, d'envie et de haine, je vous en donnerai des exemples ; et, afin qu'ils vous soient plus connus et plus familiers, je les prendrai de vos écrits mêmes.

Car, pour commencer par la manière indigne dont vos auteurs parlent des choses saintes, soit dans leurs railleries, soit dans leurs galanteries, soit dans leurs discours sérieux, trouvez-vous que tant de contes ridicules de votre père Binet, dans sa *Consolation des malades*, soient fort propres au dessein qu'il avait pris de consoler chrétiennement ceux que Dieu afflige ?

Direz-vous que la manière si profane et si coquette dont votre père le Moine a parlé de la piété, dans sa *Dévotio° aisée*, soit plus propre à donner du respect que du mépris pour l'idée qu'il forme de la vertu chrétienne? Tout son livre des *Peintures morales* respire-t-il autre chose, et dans sa prose et dans ses vers, qu'un esprit plein de la vanité et des folies du monde? Est-ce une pièce digne d'un prêtre que cette ode du VIIe livre, intitulée : *Éloge de la pudeur*, où il est montré que toutes les belles choses sont rouges, ou sujettes à rougir? C'est ce qu'il fit pour consoler une dame qu'il appelle Delphine, de ce qu'elle rougissait souvent. Il dit donc, à chaque stance, que quelques-unes des choses les plus estimées sont rouges, comme les roses, les grenades, la bouche, la langue; et c'est parmi ces galanteries, honteuses à un religieux, qu'il ose mêler insolemment ces esprits bienheureux qui assistent devant Dieu, et dont les chrétiens ne doivent parler qu'avec vénération.

>Les chérubins, ces glorieux
>Composés de tête et de plume,
>Que Dieu de son esprit allume,
>Et qu'il éclaire de ses yeux ;
>Ces illustres faces volantes
>Sont toujours rouges et brûlantes,
>Soit du feu de Dieu, soit du leur,
>Et dans leurs flammes mutuelles
>Font du mouvement de leurs ailes
>Un éventail à leur chaleur.
>
>Mais la rougeur éclate en toi,
>   DELPHINE, avec plus d'avantage,
>Quand l'honneur est sur ton visage
>Vêtu de pourpre comme un roi, etc.

Qu'en dites-vous, mes pères! cette préférence de la rougeur de Delphine à l'ardeur de ces esprits qui n'en ont point d'autre que la charité; et la comparaison d'un éventail avec ces ailes mystérieuses, vous paraît-elle fort chrétienne dans une bouche qui consacre le corps adorable de Jésus-Christ? Je sais qu'il ne l'a dit que pour faire le galant et pour rire; mais c'est cela qu'on appelle rire des choses saintes. Et n'est-il pas vrai que, si on lui faisait justice, il ne se garantirait pas d'une censure, quoique, pour s'en défendre, il se servît de cette raison, qui n'est pas elle-même moins censurable, qu'il rapporte au livre 1er : que « la Sorbonne n'a point de juridiction sur le Par-« nasse, et que les erreurs de ce pays-là ne sont su-« jettes ni aux censures, ni à l'inquisition, » comme s'il n'était défendu d'être blasphémateur et impie qu'en prose? Mais au moins on n'en garantirait pas par là cet autre endroit de l'avant-propos du même livre : que « l'eau de la rivière au bord de laquelle il a com-« posé ses vers est si propre à faire des poëtes, que, « quand on en ferait de l'eau bénite, elle ne chasse-« rait pas le démon de la poésie; » non plus que celui-ci de votre père Garasse dans sa *Somme des vérités capitales de la religion*, page 649, où il joint le blasphème à l'hérésie, en parlant du mystère sacré de l'incarnation en cette sorte : « La personnalité hu-« maine a été comme entée ou mise à cheval sur la « personnalité du Verbe; » et cet autre endroit du même auteur, page 510, sans en rapporter beaucoup d'autres, où il dit sur le sujet du nom de Jésus, figuré ordinairement ainsi, IHS, que « quelques-uns en « ont ôté la croix pour prendre les seuls caractères

« en cette sorte, IHS, qui est un Jésus dévalisé. »

C'est ainsi que vous traitez indignement les vérités de la religion, contre la règle inviolable qui oblige à n'en parler qu'avec révérence. Mais vous ne péchez pas moins contre celle qui oblige à ne parler qu'avec vérité et discrétion. Qu'y a-t-il de plus ordinaire dans vos écrits que la calomnie? Ceux du père Brisacier sont-ils sincères? Et parle-t-il avec vérité quand il dit, 4ᵉ part., pag. 24 et 25, que les religieuses de Port-Royal ne prient pas les saints, et qu'elles n'ont point d'images dans leur église? Ne sont-ce pas des faussetés bien hardies, puisque le contraire paraît à la vue de tout Paris? Et parle-t-il avec discrétion, quand il déchire l'innocence de ces filles, dont la vie est si pure et si austère, quand il les appelle des « filles impénitentes, asacramentaires, in-
« communiantes, » des « vierges folles, fantastiques,
« calaganes, désespérées, et tout ce qu'il vous plaira; »
et qu'il les noircit par tant d'autres médisances, qui ont mérité la censure de feu M. l'archevêque de Paris; quand il calomnie des prêtres dont les mœurs sont irréprochables, jusqu'à dire, part. 1, p. 22, qu'ils « pratiquent des nouveautés dans les confessions pour « attraper les belles et les innocentes; » et qu'il aurait « horreur de rapporter les crimes abominables « qu'ils commettent! » N'est-ce pas une témérité insupportable d'avancer des impostures si noires, non-seulement sans preuve, mais sans la moindre ombre et sans la moindre apparence? Je ne m'étendrai pas davantage sur ce sujet, et je remets à vous en parler plus au long une autre fois : car j'ai à vous entretenir sur cette matière, et ce que j'ai dit suffit pour faire voir

combien vous péchez contre la vérité et la discrétion tout ensemble.

Mais on dira peut-être que vous ne péchez pas au moins contre la dernière règle, qui oblige d'avoir le désir du salut de ceux qu'on décrie, et qu'on ne saurait vous en accuser sans violer le secret de votre cœur, qui n'est connu que de Dieu seul. C'est une chose étrange, mes pères, qu'on ait néanmoins de quoi vous en convaincre; que, votre haine contre vos adversaires ayant été jusqu'à souhaiter leur perte éternelle, votre aveuglement ait été jusqu'à découvrir un souhait si abominable; que, bien loin de former en secret des désirs de leur salut, vous ayez fait en public des vœux pour leur damnation; et qu'après avoir produit ce malheureux souhait dans la ville de Caen avec le scandale de toute l'Église, vous ayez osé depuis soutenir encore à Paris, dans vos livres imprimés, une action si diabolique. Il ne se peut rien ajouter à ces excès contre la piété : railler et parler indignement des choses les plus sacrées; calomnier les vierges et les prêtres faussement et scandaleusement; et enfin former des désirs et des vœux pour leur damnation. Je ne sais, mes pères, si vous n'êtes point confus; et comment vous avez pu avoir la pensée de m'accuser d'avoir manqué de charité, moi qui n'ai parlé qu'avec tant de vérité et de retenue, sans faire de réflexion sur les horribles violements de la charité, que vous faites vous-mêmes par de si déplorables emportements.

Enfin, mes pères, pour conclure par un autre reproche que vous me faites de ce qu'entre un si grand nombre de vos maximes que je rapporte, il y en a quelques-unes qu'on vous avait déjà objectées, sur quoi vous vous plaignez de ce que « je redis contre vous « ce qui avait été dit, » je réponds que c'est au contraire parce que vous n'avez pas profité de ce qu'on vous l'a déjà dit, que je vous le redis encore. Car quel fruit a-t-il paru de ce que de savants docteurs et l'université entière vous ont repris par tant de livres? Qu'ont fait vos pères Annat, Caussin, Pintereau et le Moine, dans les réponses qu'ils y ont faites, sinon de couvrir d'injures ceux qui leur avaient donné ces avis salutaires? Avez-vous supprimé les livres où ces méchantes maximes sont enseignées? En avez-vous réprimé les auteurs? En êtes-vous devenus plus circonspects? Et n'est-ce pas depuis ce temps-là qu'Escobar a tant été imprimé de fois en France et aux Pays-Bas, et que vos pères Cellot, Bajot, Bauny, Lamy, le Moine et les autres, ne cessent de publier tous les jours les mêmes choses, et de nouvelles encore aussi licencieuses que jamais? Ne vous plaignez donc plus, mes pères, ni de ce que je vous ai reproché des maximes que vous n'avez point quittées, ni de ce que je vous en ai objecté de nouvelles, ni de ce que j'ai ri de toutes. Vous n'avez qu'à les considérer, pour y trouver votre confusion et ma défense. Qui pourra voir, sans rire, la décision du père Bauny pour celui qui fait brûler une grange; celle du père Cellot, pour la restitution; le règlement de Sanchez en faveur des sorciers; la manière dont Hurtado fait éviter le péché du duel en se promenant dans un champ et y attendant un homme; les compliments du père Bauny pour éviter l'usure; le manière d'éviter la simonie par un détour d'intention; et celle d'éviter le mensonge, en parlant tantôt haut, tantôt bas; et le reste des opinions de vos docteurs les plus graves? En faut-il davantage, mes pères, pour me justifier? Et y a-t-il rien de mieux « dû à la vanité et à la fai-« blesse de ces opinions que la risée? » selon Tertullien. Mais, mes pères, la corruption des mœurs que vos maximes apportent est digne d'une autre considération; et nous pouvons bien faire cette demande avec le même Tertullien : « Faut-il rire de leur folie, « ou déplorer leur aveuglement? *Rideam vanitatem,* « *an exprobrem cœcitatem?* » Je crois, mes pères, qu'on peut en rire et en pleurer à son choix : « *Hec* « *tolerabilius vel ridentur, vel flentur,* » dit saint Augustin. Reconnaissez donc « qu'il y a un temps de « rire et un temps de pleurer » selon l'Écriture; et je souhaite, mes pères, que je n'éprouve pas en vous la vérité de ces paroles des Proverbes : « Qu'il y a « des personnes si peu raisonnables, qu'on n'en peut « avoir de satisfaction, de quelque manière qu'on « agisse avec eux, soit qu'on rie, soit qu'on se mette « en colère. »

P. S. En achevant cette lettre, j'ai vu un écrit que vous avez publié, où vous m'accusez d'imposture sur le sujet de six de vos maximes que j'ai rapportées, et d'intelligence avec les hérétiques : j'espère que vous y verrez une réponse exacte, et dans peu de temps, mes pères, ensuite de laquelle je crois que vous n'aurez pas envie de continuer cette sorte d'accusation.

DOUZIÈME LETTRE.

Réfutation des chicanes des jésuites sur l'aumône et sur la simonie.

Du 9 septembre 1656.

Mes révérends pères,

J'étais prêt à vous écrire sur le sujet des injures que vous me dites depuis si longtemps dans vos écrits, où vous m'appelez « impie, bouffon, ignorant, far-« ceur, imposteur, calomniateur, fourbe, hérétique, « calviniste déguisé, disciple de Dumoulin, possédé « d'une légion de diables, » et tout ce qu'il vous plaît. Je voulais faire entendre au monde pourquoi vous me traitez de la sorte, car je serais fâché qu'on crût tout cela de moi; et j'avais résolu de me plaindre de vos calomnies et de vos impostures, lorsque j'ai vu vos réponses, où vous m'en accusez moi-même. Vous m'avez obligé par là de changer mon dessein; et néanmoins je ne laisserai pas de le continuer en quelque sorte, puisque j'espère, en me défendant, vous convaincre de plus d'impostures véritables que vous ne m'en avez imputé de fausses. En vérité, mes pères, vous en êtes plus suspects que moi; car il n'est pas vraisemblable qu'étant seul comme je suis, sans force et sans aucun appui humain contre un si grand corps, et n'étant soutenu que par la vérité et la sincérité, je me sois exposé à tout perdre, en m'exposant à être convaincu d'imposture. Il est trop aisé de découvrir les faussetés dans les questions de fait comme celle-ci. Je ne manquerais pas de gens pour m'en accuser, et la justice ne leur en serait pas refusée. Pour vous, mes pères, vous n'êtes pas en ces termes; et vous pouvez dire contre moi ce que vous voulez, sans que je trouve à qui m'en plaindre. Dans cette différence de nos conditions, je ne dois pas être peu retenu, quand d'autres considérations ne m'y engageraient pas. Cependant vous me traitez comme un imposteur insigne, et ainsi vous me forcez à repartir : mais vous savez que cela ne se peut faire sans exposer de nouveau, et même sans découvrir plus à fond les points de votre morale; en quoi je doute que vous soyez bons politiques. La guerre se fait chez vous et à vos dépens; et, quoique vous ayez pensé qu'en embrouillant les questions par des termes d'école, les réponses en seraient si longues, si obscures et si épineuses, qu'on en perdrait le goût, cela ne sera peut-être pas tout à fait ainsi; car j'essayerai de vous ennuyer le moins qu'il se peut en ce genre d'écrire. Vos maximes ont je ne sais quoi de divertissant qui réjouit toujours le monde. Souvenez-vous au moins que c'est vous qui m'engagez d'entrer dans cet éclaircissement, et voyons qui se défendra le mieux.

La première de vos impostures est « sur l'opinion « de Vasquez touchant l'aumône. » Souffrez donc que je l'explique nettement, pour ôter toute obscurité de nos disputes. C'est une chose assez connue, mes pères, que, selon l'esprit de l'Église il y a deux préceptes touchant l'aumône : « l'un, de donner de son « superflu dans les nécessités ordinaires des pauvres; « l'autre, de donner même de ce qui est nécessaire, « selon sa condition, dans les nécessités extrêmes. » C'est ce que dit Cajetan, après saint Thomas : de sorte que, pour faire voir l'esprit de Vasquez touchant l'aumône, il faut montrer comment il a réglé tant celle qu'on doit faire du superflu, que celle qu'on doit faire du nécessaire.

Celle du superflu, qui est le plus ordinaire secours des pauvres, est entièrement abolie par cette seule maxime, *De el.*, c. 4, n. 14, que j'ai rapportée dans mes lettres : « Ce que les gens du monde gardent « pour relever leur condition et celle de leurs pa- « rents n'est pas appelé le superflu; et ainsi à peine « trouvera-t-on qu'il y ait jamais de superflu dans les « gens du monde, et non pas même dans les rois. » Vous voyez bien, mes pères, que, par cette définition, tous ceux qui auront de l'ambition n'auront point de superflu; et qu'ainsi l'aumône en est anéantie à l'égard de la plupart du monde. Mais quand il arriverait même qu'on en aurait, on serait encore dispensé d'en donner dans les nécessités communes, selon Vasquez, qui s'oppose à ceux qui veulent y obliger les riches. Voici ses termes, ch. 1, d. 4, n. 32 : « Corduba, dit- « il, enseigne que, lorsqu'on a du superflu, on est « obligé d'en donner à ceux qui sont dans une nécessité « ordinaire, au moins une partie, afin d'accomplir le « précepte en quelque chose; MAIS CELA NE ME PLAÎT « PAS, *sed hoc non placet :* CAR NOUS AVONS MONTRÉ LE « CONTRAIRE contre Cajetan et Navarre. » Ainsi, mes pères, l'obligation de cette aumône est absolument ruinée, selon ce qu'il plaît à Vasquez.

Pour celle du nécessaire, qu'on est obligé de faire dans les nécessités extrêmes et pressantes, vous verrez, par les conditions qu'il apporte pour former cette obligation, que les plus riches de Paris peuvent n'y être pas engagés une seule fois en leur vie. Je n'en rapporterai que deux. L'une, « que l'on SACHE que le « pauvre ne sera secouru d'aucun autre : *Hæc intel-* « *ligo et cætera omnia, quandò* SCIO *nullum alium* « *opem laturum*, » cap. 1, n. 28. Qu'en dites-vous, mes pères? Arrivera-t-il souvent que dans Paris, où il y a tant de gens charitables, on puisse savoir qu'il ne se trouvera personne pour secourir un pauvre qui s'offre à nous? Et cependant, si on n'a pas cette connaissance, on pourra le renvoyer sans secours, selon Vasquez. L'autre condition est que la nécessité de ce pauvre soit telle, « qu'il soit menacé de quelque « accident mortel, ou de perdre sa réputation, » n. 24 et 26, ce qui est bien peu commun. Mais ce qui en marque encore la rareté, c'est qu'il dit, n. 45, que le pauvre qui est en cet état où il dit qu'on est obligé à lui donner l'aumône, « peut voler le riche en con- « science. » Et ainsi il faut que cela soit bien extraordinaire, si ce n'est qu'il veuille qu'il soit ordinairement permis de voler. De sorte qu'après avoir détruit l'obligation de donner l'aumône du superflu, qui est la plus grande source des charités, il n'oblige les riches d'assister les pauvres de leur nécessaire que lorsqu'il permet aux pauvres de voler les riches. Voilà la doctrine de Vasquez, où vous renvoyez les lecteurs pour leur édification.

Je viens maintenant à vos impostures. Vous vous étendez d'abord sur l'obligation que Vasquez impose aux ecclésiastiques de faire l'aumône; mais je n'en ai point parlé, et j'en parlerai quand il vous plaira. Il n'en est donc pas question ici. Pour les laïques, desquels seuls il s'agit, il semble que vous vouliez faire entendre que Vasquez ne parle, en l'endroit que j'ai cité, que selon le sens de Cajetan, et non pas selon le sien propre. Mais comme il n'y a rien de plus faux, et que vous ne l'avez pas dit nettement, je veux croire pour votre honneur que vous ne l'avez pas voulu dire.

Vous vous plaignez ensuite hautement de ce qu'après avoir rapporté cette maxime de Vasquez : « A « peine se trouvera-t-il que les gens du monde, et « même les rois, aient jamais de superflu, *j'en ai* « *conclu* que les riches sont donc à peine obligés de « donner l'aumône de leur superflu. » Mais que voulez-vous dire, mes pères? S'il est vrai que les riches n'ont presque jamais de superflu, n'est-il pas certain qu'ils ne seront presque jamais obligés de donner l'aumône de leur superflu? Je vous en ferais un argument en forme, si Diana, qui estime tant Vasquez, qu'il l'appelle *le phénix des esprits*, n'avait tiré la même conséquence du même principe; car, après avoir rapporté cette maxime de Vasquez, il en conclut que « dans la question, savoir si les riches sont « obligés de donner l'aumône de leur superflu, quoi- « que l'opinion qui les y oblige fût véritable, il n'ar- « riverait jamais, ou presque jamais, qu'elle obligeât « dans la pratique. » Je n'ai fait que suivre mot à mot tout ce discours. Que veut donc dire ceci, mes pères? Quand Diana rapporte avec éloge les sentiments de Vasquez, quand il les trouve probables, *et très-commodes pour les riches*, comme il le dit au même lieu, il n'est ni calomniateur, ni faussaire, et vous ne vous plaignez point qu'il lui impose : au lieu que, quand je représente ces mêmes sentiments de

Vasquez, mais sans le traiter de *phénix*, je suis un imposteur, un faussaire, et un corrupteur de ses maximes. Certainement, mes pères, vous avez sujet de craindre que la différence de vos traitements envers ceux qui ne diffèrent pas dans le rapport, mais seulement dans l'estime qu'ils font de votre doctrine, ne découvre le fond de votre cœur, et ne fasse juger que vous avez pour principal objet de maintenir le crédit et la gloire de votre compagnie; puisque, tandis que votre théologie accommodante passe pour une sage condescendance, vous ne désavouez point ceux qui la publient, et au contraire vous les louez comme contribuant à votre dessein. Mais quand on la fait passer pour un relâchement pernicieux, alors le même intérêt de votre société vous engage à désavouer des maximes qui vous font tort dans le monde; et ainsi vous les reconnaissez ou les renoncez, non pas selon la vérité qui ne change jamais, mais selon les divers changements des temps, suivant cette parole d'un ancien : *Omnia pro tempore, nihil pro veritate*. Prenez-y garde, mes pères; et, afin que vous ne puissiez plus m'accuser d'avoir tiré du principe de Vasquez une conséquence qu'il eût désavouée, sachez qu'il l'a tirée lui-même, c. 1, n. 27. « A peine est-on
« obligé de donner l'aumône, quand on n'est obligé à
« la donner que de son superflu, selon l'opinion de
« Cajetan ET SELON LA MIENNE, *et secundum nostram*. »
Confessez donc, mes pères, par le propre témoignage de Vasquez, que j'ai suivi exactement sa pensée; et considérez avec quelle conscience vous avez osé dire que, « si l'on allait à la source, on verrait avec éton-
« nement qu'il y enseigne tout le contraire. »

Enfin, vous faites valoir, par-dessus tout ce que vous dites, que si Vasquez n'oblige pas les riches de donner l'aumône de leur superflu, il les oblige en récompense de la donner de leur nécessaire. Mais vous avez oublié de marquer l'assemblage des conditions qu'il déclare être nécessaires pour former cette obligation, lesquelles j'ai rapportées, et qui la restreignent si fort, qu'elles l'anéantissent presque entièrement : et, au lieu d'expliquer ainsi sincèrement sa doctrine, vous dites généralement qu'il oblige les riches à donner même ce qui est nécessaire à leur condition. C'est en dire trop, mes pères : la règle de l'Évangile ne va pas si avant : ce serait une autre erreur, dont Vasquez est bien éloigné. Pour couvrir son relâchement, vous lui attribuez un excès de sévérité qui le rendrait répréhensible, et par là vous vous ôtez la créance de l'avoir rapporté fidèlement. Mais il n'est pas digne de ce reproche, après avoir établi, comme je l'ai fait voir, que les riches ne sont pas obligés, ni par justice ni par charité, de donner de leur superflu, et encore moins du nécessaire, dans tous les besoins ordinaires des pauvres ; et qu'ils ne sont obligés de donner du nécessaire qu'en des rencontres si rares, qu'elles n'arrivent presque jamais.

Vous ne m'objectez rien davantage ; de sorte qu'il ne me reste qu'à faire voir combien est faux ce que vous prétendez, que Vasquez est plus sévère que Cajetan. Et cela sera bien facile, puisque ce cardinal enseigne qu'on est « obligé par justice de donner l'aumône de
« son superflu, même dans les communes nécessités
« des pauvres : parce que, selon les saints Pères, les
« riches sont seulement dispensateurs de leur super-

« flu, pour le donner à qui ils veulent d'entre ceux
« qui en ont besoin. » Et ainsi, au lieu que Diana dit
des maximes de Vasquez qu'elles seront « bien com-
« modes et bien agréables aux riches et à leurs confes-
« seurs », ce cardinal, qui n'a pas une pareille consolation à leur donner, déclare, *De elcem.*, c. 6, qu'il
n'a « rien à dire aux riches que ces paroles de Jésus-
« Christ : Qu'il est plus facile qu'un chameau passe
« par le trou d'une aiguille, que non pas qu'un riche
« entre dans le ciel » ; et à leurs confesseurs : « Si un
« aveugle en conduit un autre, ils tomberont tous deux
« dans le précipice » ; tant il a trouvé cette obligation
indispensable ! Aussi c'est ce que les Pères et tous les
saints ont établi comme une vérité constante. « Il y a
« deux cas, dit saint Thomas, 2, 2, q. 118, art. 4,
« ad. 2, où l'on est obligé de donner l'aumône par un
« devoir de justice, *ex debito legali* : l'un, quand les
« pauvres sont en danger ; l'autre, quand nous pos-
« sédons des biens superflus. » Et q. 87, a. 1, ad. 4 :
« Les troisièmes décimes que les Juifs devaient man-
« ger avec les pauvres ont été augmentées dans la loi
« nouvelle, parce que JÉSUS-CHRIST veut que nous
« donnions aux pauvres, non-seulement la dixième
« partie, mais tout notre superflu. » Et cependant il
ne plaît pas à Vasquez qu'on soit obligé d'en donner
une partie seulement, tant il a de complaisance pour
les riches, de dureté pour les pauvres, d'opposition à
ces sentiments de charité qui font trouver douce la vérité de ces paroles de saint Grégoire, laquelle paraît
si rude aux riches du monde : « Quand nous donnons
« aux pauvres ce qui leur est nécessaire, nous ne leur
« donnons pas tant ce qui est à nous que nous leur

« rendons ce qui est à eux ; et c'est un devoir de jus-
« tice plutôt qu'une œuvre de miséricorde. »

C'est de cette sorte que les saints recommandent aux riches de partager avec les pauvres les biens de la terre, s'ils veulent posséder avec eux les biens du ciel. Et au lieu que vous travaillez à entretenir dans les hommes l'ambition, qui fait qu'on n'a jamais de superflu, et l'avarice, qui refuse d'en donner quand on en aurait; les saints ont travaillé au contraire à porter les hommes à donner leur superflu, et à leur faire connaître qu'ils en auront beaucoup, s'ils le mesurent, non par la cupidité, qui ne souffre point de bornes, mais par la piété, qui est ingénieuse à se retrancher, pour avoir de quoi se répandre dans l'exercice de la charité. « Nous aurons beaucoup de super-
« flu, dit saint Augustin, si nous ne gardons que le
« nécessaire; mais si nous recherchons les choses
« vaines, rien ne nous suffira. Recherchez, mes frè-
« res, ce qui suffit à l'ouvrage de Dieu », c'est-à-dire à la nature; « et non pas ce qui suffit à votre cupi-
« dité », qui est l'ouvrage du démon : « et souvenez-
« vous que le superflu des riches est le nécessaire des
« pauvres. »

Je voudrais bien, mes pères, que ce que je vous dis servît non-seulement à me justifier, ce serait peu, mais encore à vous faire sentir et abhorrer ce qu'il y a de corrompu dans les maximes de vos casuistes, afin de nous unir sincèrement dans les saintes règles de l'Évangile, selon lesquelles nous devons tous être jugés.

Pour le second point, qui regarde la simonie, avant que de répondre aux reproches que vous me faites, je commencerai par l'éclaircissement de votre doctrine sur ce sujet. Comme vous vous êtes trouvés embarrassés entre les canons de l'Église, qui imposent d'horribles peines aux simoniaques, et l'avarice de tant de personnes qui recherchent cet infâme trafic, vous avez suivi votre méthode ordinaire, qui est d'accorder aux hommes ce qu'ils désirent, et de donner à Dieu des paroles et des apparences. Car qu'est-ce que demandent les simoniaques, sinon d'avoir de l'argent en donnant leurs bénéfices? Et c'est cela que vous avez exempté de simonie! Mais parce qu'il faut que le nom de simonie demeure, et qu'il y ait un sujet où il soit attaché, vous avez choisi pour cela une idée imaginaire, qui ne vient jamais dans l'esprit des simoniaques, et qui leur serait inutile, qui est d'estimer l'argent considéré en lui-même, autant que le bien spirituel considéré en lui-même. Car qui s'aviserait de comparer des choses si disproportionnées et d'un genre si différent? Et cependant, pourvu qu'on ne fasse pas cette comparaison métaphysique, on peut donner son bénéfice à un autre, et en recevoir de l'argent sans simonie selon vos auteurs.

C'est ainsi que vous vous jouez de la religion pour suivre la passion des hommes; et voyez néanmoins avec quelle gravité votre père Valentia débite ses songes à l'endroit cité dans mes lettres, t. 3, disp. 6, q. 16, part. 3, p. 2044 : « On peut, dit-il, donner
« un bien temporel pour un spirituel en deux maniè-
« res : l'une en prisant davantage le temporel que le
« spirituel, et ce serait simonie; l'autre en prenant
« le temporel comme le motif et la fin qui porte à
« donner le spirituel, sans que néanmoins on prise le
« temporel plus que le spirituel, et alors ce n'est point

« simonie. Et la raison en est, que la simonie con-
« siste à recevoir un temporel comme le juste prix
« d'un spirituel. Donc, si on demande le temporel,
« *si petatur temporale*, non pas comme le prix, mais
« comme le motif qui détermine à le conférer, ce n'est
« point du tout simonie, encore qu'on ait pour fin et
« attente principale la possession du temporel : *mi-*
« *nime erit simonia, etiamsi temporale principaliter*
« *intendatur et expectetur.* » Et votre grand Sanchez n'a-t-il pas eu une pareille révélation, au rapport
d'Escobar, tr. 6, ex. 2, n. 40 ? Voici ses mots : « Si
« on donne un bien temporel pour un bien spirituel,
« non pas comme PRIX, mais comme un MOTIF qui
« porte le collateur à le donner, ou comme une re-
« connaissance, si on l'a déjà reçu, est-ce simonie?
« Sanchez assure que non. » Vos thèses de Caen, de
1644 : « C'est une opinion probable, enseignée par
« plusieurs catholiques, que ce n'est pas simonie de
« donner un bien temporel pour un spirituel, quand
« on ne le donne pas comme prix. » Et quant à Tannerus, voici sa doctrine, pareille à celle de Valentia,
qui fera voir combien vous avez tort de vous plaindre
de ce que j'ai dit qu'elle n'est pas conforme à celle de
saint Thomas, puisque lui-même l'avoue au lieu cité
dans ma lettre, t. 3, disp. 5, p. 1519 : « Il n'y a
« point, dit-il, proprement et véritablement de simo-
« nie, sinon à prendre un bien temporel comme le
« prix d'un spirituel : mais quand on le prend comme
« un motif qui porte à donner le spirituel, ou comme
« en reconnaissance de ce qu'on l'a donné, ce n'est
« point simonie, au moins en conscience. » Et un peu
après : « Il faut dire la même chose, encore qu'on re-

« garde le temporel comme sa fin principale, et qu'on
« le préfère même au spirituel ; quoique saint Thomas
« et d'autres semblent dire le contraire, en ce qu'ils
« assurent que c'est absolument simonie de donner un
« bien spirituel pour un temporel, lorsque le temporel
« en est la fin. »

Voilà, mes pères, votre doctrine de la simonie enseignée par vos meilleurs auteurs, qui se suivent en cela bien exactement. Il ne me reste donc qu'à répondre à vos impostures. Vous n'avez rien dit sur l'opinion de Valentia, et ainsi sa doctrine subsiste après votre réponse. Mais vous vous arrêtez sur celle de Tannerus, et vous dites qu'il a seulement décidé que ce n'était pas une simonie de droit divin ; et vous voulez faire croire que j'ai supprimé de ce passage ces paroles, *de droit divin*, sur quoi vous n'êtes pas raisonnables, mes pères : car ces termes, *de droit divin*, ne furent jamais dans ce passage. Vous ajoutez ensuite que Tannerus déclare que c'est une simonie *de droit positif*. Vous vous trompez, mes pères : il n'a pas dit cela généralement, mais sur des cas particuliers, *in casibus a jure expressis*, comme il le dit en cet endroit. En quoi il fait une exception de ce qu'il avait établi en général dans ce passage, que « ce
« n'est pas simonie en conscience ; » ce qui enferme que ce n'en est pas aussi une de droit positif, si vous ne voulez faire Tannerus assez impie pour soutenir qu'une simonie de droit positif n'est pas simonie en conscience. Mais vous recherchez à dessein ces mots de « droit divin, droit positif, droit naturel,
« tribunal intérieur et extérieur, cas exprimés dans le
« droit, présomption externe, » et les autres qui sont

peu connus, afin d'échapper sous cette obscurité, et de faire perdre la vue de vos égarements. Vous n'échapperez pas néanmoins, mes pères, par ces vaines subtilités : car je vous ferai des questions si simples, qu'elles ne seront point sujettes au *Distinguo*.

Je vous demande donc, sans parler de *droit positif*, ni de *présomption externe*, ni de *tribunal extérieur*, si un bénéficier sera simoniaque, selon vos auteurs, en donnant un bénéfice de quatre mille livres de rente, et recevant dix mille francs argent comptant, non pas comme prix du bénéfice, mais comme un motif qui le porte à le donner. Répondez-moi nettement, mes pères : que faut-il conclure sur ce cas, selon vos auteurs? Tannerus ne dira-t-il pas formellement que « ce n'est point simonie en « conscience, puisque le temporel n'est pas le prix du « bénéfice, mais seulement le motif qui le fait don-« ner? » Valentia, vos thèses de Caen, Sanchez et Escobar, ne décideront-ils pas de même « que ce n'est « pas simonie, » par la même raison? En faut-il davantage pour excuser ce bénéficier de simonie? et oseriez-vous le traiter de simoniaque dans vos confessionnaux, quelque sentiment que vous en ayez par vous-mêmes, puisqu'il aurait droit de vous fermer la bouche, ayant agi selon l'avis de tant de docteurs graves? Confessez donc qu'un tel bénéficier est excusé de simonie, selon vous ; et défendez maintenant cette doctrine, si vous le pouvez.

Voilà, mes pères, comment il faut traiter les questions pour les démêler, au lieu de les embrouiller, ou par des termes d'école, ou en changeant l'état de la question, comme vous faites dans votre dernier reproche en cette sorte. Tannerus, dites-vous, déclare au moins qu'un tel échange est un grand péché; et vous me reprochez d'avoir supprimé malicieusement cette circonstance *qui le justifie entièrement,* à ce que vous prétendez. Mais vous avez tort, et en plusieurs manières. Car, quand ce que vous dites serait vrai, il ne s'agissait pas, au lieu où j'en parlais, de savoir s'il y avait en cela du péché, mais seulement s'il y avait de la simonie. Or ce sont deux questions fort séparées; les péchés n'obligent qu'à se confesser, selon vos maximes; la simonie oblige à restituer : et il y a des personnes à qui cela paraîtrait assez différent. Car vous avez bien trouvé des expédients pour rendre la confession douce, mais vous n'en avez point trouvé pour rendre la restitution agréable. J'ai à vous dire de plus que le cas que Tannerus accuse de péché n'est pas simplement celui où l'on donne un bien spirituel pour un temporel, qui en est le motif même principal; mais il ajoute : « encore que l'on prise le temporel « plus que le spirituel, » ce qui est ce cas imaginaire dont nous avons parlé. Et il ne fait pas de mal de charger celui-là de péché, puisqu'il faudrait être bien méchant, ou bien stupide, pour ne vouloir pas éviter un péché par un moyen aussi facile qu'est celui de s'abstenir de comparer les prix de ces deux choses, lorsqu'il est permis de donner l'une pour l'autre. Outre que Valentia, examinant, au lieu déjà cité, s'il y a du péché à donner un bien spirituel pour un temporel, qui en est le motif principal, rapporte les raisons de ceux qui disent que oui, en ajoutant : *Sed hoc non videtur mihi satis certum :* cela ne me paraît pas assez certain.

Mais, depuis, votre père Érade Bille, professeur des cas de conscience à Caen, a décidé qu'il n'y a en cela aucun péché ; car les opinions probables vont toujours en mûrissant. C'est ce qu'il déclare dans ses écrits de 1644, contre lesquels M. Dupré, docteur et professeur à Caen, fit cette belle harangue imprimée, qui est assez connue. Car, quoique ce père Érade Bille reconnaisse que la doctrine de Valentia, suivie par le père Milhard, et condamnée en Sorbonne, soit « contraire au sentiment commun, suspecte de simo-« nie en plusieurs choses, et punie en justice, quand « la pratique en est découverte, » il ne laisse pas de dire que c'est une opinion probable, et par conséquent sûre en conscience, et qu'il n'y a en cela ni simonie, ni péché. « C'est, dit-il, une opinion pro-« bable et enseignée par beaucoup de docteurs catho-« liques, qu'il n'y a aucune simonie NI AUCUN PÉCHÉ « à donner de l'argent, ou une autre chose tempo-« relle, pour un bénéfice, soit par forme de recon-« naissance, soit comme un motif sans lequel on « ne le donnerait pas, pourvu qu'on ne le donne pas « comme un prix égal au bénéfice. » C'est là tout ce qu'on peut désirer. Et, selon toutes ces maximes, vous voyez, mes pères, que la simonie sera si rare, qu'on en aurait exempté Simon même le magicien, qui voulait acheter le Saint-Esprit, en quoi il est l'image des simoniaques qui achètent ; et Giezi, qui reçut de l'argent pour un miracle, en quoi il est la figure des simoniaques qui vendent. Car il est sans doute que quand Simon, dans les Actes, *offrit de l'argent aux apôtres pour avoir leur puissance*, il ne se servit ni des termes d'acheter, ni de vendre, ni de prix, et qu'il ne fit autre chose que d'offrir de l'argent, comme un motif pour se faire donner ce bien spirituel. Ce qui étant exempt de simonie, selon vos auteurs, il se fût bien garanti de l'anathème de saint Pierre, s'il eût été instruit de vos maximes. Et cette ignorance fit aussi grand tort à Giezi, quand il fut frappé de la lèpre par Élisée; car, n'ayant reçu l'argent de ce prince guéri miraculeusement que comme une reconnaissance, et non pas comme un prix égal à la vertu divine qui avait opéré ce miracle, il eût obligé Élisée à le guérir, sur peine de péché mortel, puisqu'il aurait agi selon tant de docteurs graves, et qu'en pareils cas vos confesseurs sont obligés d'absoudre leurs pénitents, et de les laver de la lèpre spirituelle, dont la corporelle n'est que la figure.

Tout de bon, mes pères, il serait aisé de vous tourner là-dessus en ridicule; je ne sais pourquoi vous vous y exposez. Car je n'aurais qu'à rapporter vos autres maximes, comme celle-ci d'Escobar dans la *Pratique de la simonie selon la société de Jésus*, tr. 6, ex. 2; n. 44 : « Est-ce simonie, lorsque deux reli« gieux s'engagent l'un à l'autre en cette sorte : Don« nez-moi votre voix pour me faire élire provincial, et « je vous donnerai la mienne pour vous faire prieur? « Nullement. » Et cette autre, tr. 6, n. 14 : « Ce « n'est pas simonie de se faire donner un bénéfice « en promettant de l'argent, quand on n'a pas dessein « de payer en effet; parce que ce n'est qu'une simo« nie feinte, qui n'est non plus vraie que du faux or « n'est pas du vrai or. » C'est par cette subtilité de conscience qu'il a trouvé le moyen, en ajoutant la fourbe à la simonie, de faire avoir des bénéfices sans argent et sans simonie. Mais je n'ai pas le loisir d'en dire davantage ; car il faut que je pense à me défendre contre votre troisième calomnie sur le sujet des banqueroutiers.

Pour celle-ci, mes pères, il n'y a rien de plus grossier. Vous me traitez d'imposteur sur le sujet d'un sentiment de Lessius que je n'ai point cité de moi-même, mais qui se trouve allégué par Escobar, dans un passage que j'en rapporte : et ainsi, quand il serait vrai que Lessius ne serait pas de l'avis qu'Escobar lui attribue, qu'y a-t-il de plus injuste que de s'en prendre à moi ? Quand je cite Lessius et vos autres auteurs de moi-même, je consens d'en répondre : mais comme Escobar a ramassé les opinions de vingt-quatre de vos pères, je vous demande si je dois être garant d'autre chose que de ce que je cite de lui ; et s'il faut, outre cela, que je réponde des citations qu'il fait lui-même dans les passages que j'en ai pris ? Cela ne serait pas raisonnable. Or c'est de quoi il s'agit en cet endroit. J'ai rapporté dans ma lettre ce passage d'Escobar traduit fort fidèlement, et sur lequel aussi vous ne dites rien : « Celui qui fait banqueroute peut-il en sûreté de conscience retenir de ses biens autant qu'il est nécessaire pour vivre avec honneur, *ne indecore vivat ?* Je réponds que oui avec Lessius, *cum Lessio assero posse*, etc. » Sur cela vous me dites que Lessius n'est pas de ce sentiment. Mais pensez un peu où vous vous engagez. Car s'il est vrai qu'il en est, on vous appellera imposteurs, d'avoir assuré le contraire ; et s'il n'en est pas, Escobar sera l'imposteur : de sorte qu'il faut maintenant, par nécessité, que quelqu'un de la société soit convaincu d'imposture. Voyez un peu quel scandale! Aussi, vous ne savez prévoir la suite des choses. Il vous semble qu'il n'y a qu'à dire des injures aux personnes, sans penser sur qui elles retombent. Que ne faisiez-vous savoir votre difficulté à Escobar (1), avant de la publier? il vous eût satisfaits. Il n'est pas si malaisé d'avoir des nouvelles de Valladolid, où il est en parfaite santé, et où il achève sa grande Théologie morale en six volumes, sur les premiers desquels je vous pourrai dire un jour quelque chose. On lui a envoyé les dix premières Lettres; vous pouviez aussi lui envoyer votre objection, et je m'assure qu'il eût bien répondu : car il a vu sans doute dans Lessius ce passage, d'où il a pris le *ne indecore vivat*. Lisez-le bien, mes pères, et vous l'y trouverez comme moi, lib. 2, c. 16, n. 45 : *Idem colligitur aperte ex juribus citatis, maxime quoad ea bona quæ post cessionem acquirit, de quibus is qui debitor est etiam ex delicto, potest retinere quantum necessarium est, ut pro sua conditione* NON INDECORE VIVAT. *Petes an leges id permittant de bonis quæ tempore instantis cessionis habebat? Ita videtur colligi ex DD.*

Je ne m'arrêterai pas à vous montrer que Lessius, pour autoriser cette maxime, abuse de la loi, qui n'accorde que le simple vivre aux banqueroutiers, et non pas de quoi subsister avec honneur. Il suffit d'avoir justifié Escobar contre une telle accusation, c'est

---

(1) Par tout ce qu'Alegambe rapporte du père Antoine Escobar, il paraît que c'était un bon homme, laborieux, et dévot à sa façon. On assure que quand il apprit combien il était cité dans les *Lettres Provinciales*, il en conçut une joie extrême; il s'en estimait beaucoup plus, et croyait valoir plus qu'auparavant. Nous avons son portrait, qui est singulier, et qui le représente comme un homme qui ne doutait de rien, tant il avait l'air résolu et décisif. Il mourut à Valladolid en Espagne, le 4 juillet 1669, âgé de quatre-vingt-un ans.

plus que je ne devais faire. Mais vous, mes pères, vous ne faites pas ce que vous devez : car il est question de répondre au passage d'Escobar, dont les décisions sont commodes, en ce qu'étant indépendantes du devant et de la suite, et toutes renfermées en de petits articles, elles ne sont pas sujettes à vos distinctions. Je vous ai cité son passage entier, qui permet à ceux qui font cession de « retenir de leurs biens, « quoique acquis injustement, pour faire subsister « leur famille avec honneur. » Sur quoi je me suis écrié dans mes Lettres : « Comment ! mes pères, par quelle « étrange charité voulez-vous que les biens appartien- « nent plutôt à ceux qui les ont mal acquis qu'aux « créanciers légitimes ? » C'est à quoi il faut répondre : mais c'est ce qui vous met dans un fâcheux embarras, que vous essayez en vain d'éluder en détournant la question, et citant d'autres passages de Lessius, desquels il ne s'agit point. Je vous demande donc si cette maxime d'Escobar peut être suivie en conscience par ceux qui font banqueroute ? Et prenez garde à ce que vous direz. Car si vous répondez que non, que deviendra votre docteur, et votre doctrine de la probabilité ? Et si vous dites que oui, je vous renvoie au parlement.

Je vous laisse dans cette peine, mes pères ; car je n'ai plus ici de place pour entreprendre l'imposture suivante sur le passage de Lessius touchant l'homicide ; ce sera pour la première fois, et le reste ensuite.

Je ne vous dirai rien cependant sur les avertissements pleins de faussetés scandaleuses par où vous finissez chaque imposture : je repartirai à tout cela dans la lettre où j'espère montrer la source de vos calomnies. Je vous plains, mes pères, d'avoir recours à de tels remèdes. Les injures que vous me dites n'éclairciront pas nos différends, et les menaces que vous me faites en tant de façons ne m'empêcheront pas de me défendre. Vous croyez avoir la force et l'impunité, mais je crois avoir la vérité et l'innocence. C'est une étrange et longue guerre que celle où la violence essaye d'opprimer la vérité. Tous les efforts de la violence ne peuvent affaiblir la vérité, et ne servent qu'à la relever davantage. Toutes les lumières de la vérité ne peuvent rien pour arrêter la violence, et ne font que l'irriter encore plus. Quand la force combat la force, la plus puissante détruit la moindre : quand on oppose les discours aux discours, ceux qui sont véritables et convaincants confondent et dissipent ceux qui n'ont que la vanité et le mensonge : mais la violence et la vérité ne peuvent rien l'une sur l'autre. Qu'on ne prétende pas de là néanmoins que les choses soient égales; car il y a cette extrême différence, que la violence n'a qu'un cours borné par l'ordre de Dieu, qui en conduit les effets à la gloire de la vérité qu'elle attaque; au lieu que la vérité subsiste éternellement, et triomphe enfin de ses ennemis, parce qu'elle est éternelle et puissante comme Dieu même (1).

---

(1) .... Vous avez lu cent fois le passage où Pascal, après avoir décrit avec une admirable énergie la longue et étrange guerre de la violence et de la vérité, deux puissances, dit-il, qui ne peuvent rien l'une sur l'autre, prédit cependant le triomphe de la vérité, parce qu'elle est éternelle et puissante comme Dieu même. Démosthènes, Chrysostôme ou Bossuet, inspirés par la tribune, ont-ils rien de plus fort et de plus sublime que ces paroles jetées à la fin d'une lettre polémique ? Cette grande éloquence est le ton naturel des dernières *Provinciales*. Tout y est amer, véhément, passionné. Villemain, *Mélanges historiques et littéraires*. Paris, 1830; in-8°, tom. 1, pag. 363.

TREIZIÈME LETTRE.

Que la doctrine de Lessius sur l'homicide est la même que celle de Victoria. — Combien il est facile de passer de la spéculation à la pratique. — Pourquoi les jésuites se sont servis de cette vaine distinction, et combien elle est inutile pour les justifier.

Du 30 septembre 1656.

Mes révérends pères,

Je viens de voir votre dernier écrit, où vous continuez vos impostures jusqu'à la vingtième, en déclarant que vous finissez par là cette sorte d'accusation, qui faisait votre première partie, pour en venir à la seconde, où vous devez prendre une nouvelle manière de vous défendre, en montrant qu'il y a bien d'autres casuistes que les vôtres qui sont dans le relâchement, aussi bien que vous. Je vois donc maintenant, mes pères, à combien d'impostures j'ai à répondre; et, puisque la quatrième où nous en sommes demeurés est sur le sujet de l'homicide, il sera à propos, en y répondant, de satisfaire en même temps aux 11, 13, 14, 15, 16, 17 et 18e, qui sont sur le même sujet.

Je justifierai donc dans cette lettre la vérité de mes citations contre les faussetés que vous m'imposez. Mais parce que vous avez osé avancer dans vos écrits « que « les sentiments de vos auteurs sur le meurtre sont « conformes aux décisions des papes et des lois ecclé- « siastiques, » vous m'obligerez à détruire, dans ma lettre suivante, une proposition si téméraire et si injurieuse à l'Église. Il importe de faire voir qu'elle est exempte de vos corruptions, afin que les hérétiques ne puissent pas se prévaloir de vos égarements pour en tirer des conséquences qui la déshonorent. Et ainsi, en voyant d'une part vos pernicieuses maximes, et de l'autre les canons de l'Église qui les ont toujours condamnées, on trouvera tout ensemble, et ce qu'on doit éviter, et ce qu'on doit suivre.

Votre quatrième imposture est sur une maxime touchant le meurtre, que vous prétendez que j'ai faussement attribuée à Lessius. C'est celle-ci : « Celui qui « a reçu un soufflet peut poursuivre à l'heure même « son ennemi, et même à coups d'épée, non pas pour « se venger, mais pour réparer son honneur. » Sur quoi vous dites que cette opinion-là est du casuiste Victoria. Et ce n'est pas encore là le sujet de la dispute : car il n'y a point de répugnance à dire qu'elle soit tout ensemble de Victoria et de Lessius, puisque Lessius dit lui-même qu'elle est aussi de Navarre et de votre père Henriquez, qui enseignent « que celui « qui a reçu un soufflet peut à l'heure même poursui- « vre son homme, et lui donner autant de coups qu'il « jugera nécessaire pour réparer son honneur. » Il est donc seulement question de savoir si Lessius est du sentiment de ces auteurs, aussi bien que son confrère. Et c'est pourquoi vous ajoutez que « Lessius ne rap- « porte cette opinion que pour la réfuter ; et qu'ainsi « je lui attribue un sentiment qu'il n'allègue que pour « le combattre, qui est l'action du monde la plus lâche « et la plus honteuse à un écrivain. » Or je soutiens, mes pères, qu'il ne la rapporte que pour la suivre. C'est une question de fait qu'il sera bien facile de décider. Voyons donc comment vous prouvez ce que vous dites, et vous verrez ensuite comment je prouve ce que je dis.

Pour montrer que Lessius n'est pas de ce sentiment, vous dites qu'il en condamne la pratique. Et, pour prouver cela, vous rapportez un de ses passages, liv. 2, c. 9, n. 82, où il dit ces mots : « J'en condamne la pra-
« tique. » Je demeure d'accord que, si on cherche ces paroles dans Lessius, au nombre 82, où vous les citez, on les y trouvera. Mais que dira-t-on, mes pères, quand on verra en même temps qu'il traite en cet endroit d'une question toute différente de celle dont nous parlons, et que l'opinion, dont il dit en ce lieu-là qu'il en condamne la pratique, n'est en aucune sorte celle dont il s'agit ici, mais une autre toute séparée? Cependant il ne faut, pour en être éclairci, qu'ouvrir le livre même où vous renvoyez ; car on y trouvera toute la suite de son discours en cette manière.

Il traite la question, « savoir si on peut tuer pour un
« soufflet, » au n. 79, et il la finit au n. 80, sans qu'il y ait en tout cela un seul mot de condamnation. Cette question étant terminée, il en commence une nouvelle en l'art. 81, « savoir si on peut tuer pour des médi-
« sances. » Et c'est sur celle-là qu'il dit, au n. 82, ces paroles que vous avez citées : « J'en condamne la
« pratique. »

N'est-ce donc pas une chose honteuse, mes pères, que vous osiez produire ces paroles, pour faire croire que Lessius condamne l'opinion qu'on peut tuer pour un soufflet, et que, n'en ayant rapporté en tout que cette seule preuve, vous triomphiez là-dessus, en disant, comme vous faites : « Plusieurs personnes d'hon-
« neur dans Paris ont déjà reconnu cette insigne faus-
« seté par la lecture de Lessius, et ont appris par là
« quelle créance on doit avoir à ce calomniateur? »

Quoi! mes pères, est-ce ainsi que vous abusez de la créance que ces personnes d'honneur ont en vous? Pour leur faire entendre que Lessius n'est pas d'un sentiment, vous leur ouvrez son livre en un endroit où il en condamne un autre. Et comme ces personnes n'entrent pas en défiance de votre bonne foi, et ne pensent pas à examiner s'il s'agit en ce lieu-là de la question contestée, vous trompez ainsi leur crédulité. Je m'assure, mes pères, que, pour vous garantir d'un si honteux mensonge, vous avez eu recours à votre doctrine des équivoques, et que, lisant ce passage *tout haut*, vous disiez *tout bas* qu'il s'y agissait d'une autre matière. Mais je ne sais si cette raison, qui suffit bien pour satisfaire votre conscience, suffira pour satisfaire la juste plainte que vous feront ces gens d'honneur quand ils verront que vous les avez joués de cette sorte.

Empêchez-les donc bien, mes pères, de voir mes lettres, puisque c'est le seul moyen qui vous reste pour conserver encore quelque temps votre crédit. Je n'en use pas ainsi des vôtres : j'en envoie à tous mes amis; je souhaite que tout le monde les voie; et je crois que nous avons tous raison. Car enfin, après avoir publié cette quatrième imposture avec tant d'éclat, vous voilà décriés, si on vient à savoir que vous y avez supposé un passage pour un autre. On jugera facilement que, si vous eussiez trouvé ce que vous demandiez au lieu même où Lessius traite cette matière, vous ne l'eussiez pas été chercher ailleurs; et que vous n'y avez eu recours que parce que vous n'y voyiez rien qui fût favorable à votre dessein. Vous vouliez faire trouver dans Lessius ce que vous dites dans votre imposture, pag. 10, lig. 12 : « Qu'il

« n'accorde pas que cette opinion soit probable dans
« la spéculation ; » et Lessius dit expressément en sa
conclusion, n. 80 : « Cette opinion, qu'on peut tuer
« pour un soufflet reçu, est probable dans la spécula-
« tion. » N'est-ce pas là mot à mot le contraire de votre
discours ? Et qui peut assez admirer avec quelle hardiesse vous produisez en propres termes le contraire
d'une vérité de fait ; de sorte qu'au lieu que vous con-
cluiez, de votre passage supposé, que Lessius n'était
pas de ce sentiment, il se conclut fort bien, de son
véritable passage, qu'il est de ce même sentiment ?

Vous vouliez encore faire dire à Lessius qu'il en
« condamne la pratique ; » et, comme je l'ai déjà dit,
il ne se trouve pas une seule parole de condamnation
en ce lieu-là ; mais il parle ainsi : « Il semble qu'on
« n'en doit pas FACILEMENT permettre la pratique : *in
« praxi non videtur* FACILE PERMITTENDA. » Est-ce là,
mes pères, le langage d'un homme qui *condamne* une
maxime ? Diriez-vous qu'il ne faut pas *permettre facilement*, dans la pratique, les adultères ou les in-
cestes ? Ne doit-on pas conclure au contraire que,
puisque Lessius ne dit autre chose, sinon que la pratique n'en doit pas être facilement permise, son sentiment est que cette pratique peut être quelquefois
permise, quoique rarement ? Et, comme s'il eût voulu
apprendre à tout le monde quand on la doit permettre,
et ôter aux personnes offensées les scrupules qui les
pourraient troubler mal à propos, ne sachant en quelles
occasions il leur est permis de tuer dans la pratique,
il a eu soin de leur marquer ce qu'ils doivent éviter
pour pratiquer cette doctrine en conscience. Écoutez-
le, mes pères. « Il semble, dit-il, qu'on ne doit pas le

« permettre facilement, A CAUSE du danger qu'il y a
« qu'on agisse en cela par haine ou par vengeance,
« ou avec excès, ou que cela ne causât trop de meur-
« tres. » De sorte qu'il est clair que ce meurtre restera tout à fait permis dans la pratique, selon Lessius,
si on évite ces inconvénients, c'est-à-dire si l'on peut
agir sans haine, sans vengeance, et dans des circonstances qui n'attirent pas beaucoup de meurtres. En
voulez-vous un exemple, mes pères? en voici un assez
nouveau : c'est celui du soufflet de Compiègne. Car
vous avouerez que celui qui l'a reçu a témoigné, par
la manière dont il s'est conduit, qu'il était assez maître
de ses mouvements de haine et de vengeance. Il ne
lui restait donc qu'à éviter un trop grand nombre de
meurtres : et vous savez, mes pères, qu'il est si rare
que des jésuites donnent des soufflets aux officiers de
la maison du roi, qu'il n'y avait pas à craindre qu'un
meurtre en cette occasion en eût tiré beaucoup d'autres
en conséquence. Et ainsi vous ne sauriez nier que ce
jésuite ne fût tuable en sûreté de conscience, et que
l'offensé ne pût en cette rencontre pratiquer envers lui
la doctrine de Lessius. Et peut-être, mes pères, qu'il
l'eût fait s'il eût été instruit dans votre école, et s'il
eût appris d'Escobar « qu'un homme qui a reçu un
« soufflet est réputé sans honneur jusqu'à ce qu'il ait
« tué celui qui le lui a donné. » Mais vous avez sujet
de croire que les instructions fort contraires qu'il a re-
çues d'un curé que vous n'aimez pas trop, n'ont pas peu
contribué en cette occasion à sauver la vie à un jésuite.

Ne nous parlez donc plus de ces inconvénients qu'on
peut éviter en tant de rencontres, et hors lesquels le
meurtre est permis, selon Lessius, dans la pratique

même. C'est ce qu'ont bien reconnu vos auteurs, cités par Escobar dans la *Pratique de l'homicide selon votre société.* « Est-il permis, dit-il, de tuer celui qui « a donné un soufflet ? Lessius dit que cela est permis « dans la spéculation, mais qu'on ne le doit pas con- « seiller dans la pratique, *non consulendum in praxi,* « à cause du danger de la haine ou des meurtres nui- « sibles à l'État qui en pourraient arriver. MAIS LES « AUTRES ONT JUGÉ QU'EN ÉVITANT CES INCONVÉNIENTS, « CELA EST PERMIS ET SÛR DANS LA PRATIQUE : *in praxi* « *probabilem et tutam judicarunt Henriquez, etc.* » Voilà comment les opinions s'élèvent peu à peu jusqu'au comble de la probabilité ; car vous y avez porté celle-ci, en la permettant enfin sans aucune distinction de spéculation ni de pratique, en ces termes : « Il « est permis, lorsqu'on a reçu un soufflet, de donner « incontinent un coup d'épée, non pas pour se ven- « ger, mais pour conserver son honneur. » C'est ce qu'ont enseigné vos pères à Caen, en 1644, dans leurs écrits publics, que l'université produisit au parlement, lorsqu'elle y présenta sa troisième requête contre votre doctrine de l'homicide, comme il se voit en la page 339 du livre qu'elle en fit alors imprimer.

Remarquez donc, mes pères, que vos propres auteurs ruinent d'eux-mêmes cette vaine distinction de spéculation et de pratique, que l'université avait traitée de ridicule, et dont l'invention est un secret de votre politique qu'il est bon de faire entendre. Car, outre que l'intelligence en est nécessaire pour les quinze, seize, dix-sept et dix-huitième impostures, il est toujours à propos de découvrir peu à peu les principes de cette politique mystérieuse.

Quand vous avez entrepris de décider les cas de conscience d'une manière favorable et accommodante, vous en avez trouvé où la religion seule était intéressée, comme les questions de la contrition, de la pénitence, de l'amour de Dieu, et de toutes celles qui ne touchent que l'intérieur des consciences. Mais vous en avez trouvé d'autres où l'État a intérêt aussi bien que la religion, comme sont celles de l'usure, des banqueroutes, de l'homicide, et autres semblables. Et c'est une chose bien sensible à ceux qui ont un véritable amour pour l'Église, de voir qu'en une infinité d'occasions où vous n'avez eu que la religion à combattre, vous en avez renversé les lois sans réserve, sans distinction et sans crainte, comme il se voit dans vos opinions si hardies contre la pénitence et l'amour de Dieu ; parce que vous saviez que ce n'est pas ici le lieu où Dieu exerce visiblement sa justice. Mais dans celles où l'État est intéressé aussi bien que la religion, l'appréhension que vous avez eue de la justice des hommes vous a fait partager vos décisions et former deux questions sur ces matières : l'une que vous appelez *de spéculation*, dans laquelle, en considérant ces crimes en eux-mêmes, sans regarder à l'intérêt de l'État, mais seulement à la loi de Dieu qui les défend, vous les avez permis sans hésiter, en renversant ainsi la loi de Dieu qui les condamne ; l'autre que vous appelez *de pratique*, dans laquelle, en considérant le dommage que l'État en recevrait, et la présence des magistrats qui maintiennent la sûreté publique, vous n'approuvez pas toujours dans la pratique ces meurtres et ces crimes que vous trouvez permis dans la spéculation, afin de vous mettre par là à couvert du côté des juges. C'est ainsi, par exemple, que, sur cette question, « s'il « est permis de tuer pour des médisances, » vos auteurs, Filiutius, tr. 29, c. 3, n. 52 ; Reginaldus, l. 21, c. 5, n. 63, et les autres répondent : « Cela est « permis dans la spéculation, *ex probabili opinione* « *licet;* mais je n'en approuve pas la pratique, à cause « du grand nombre de meurtres qui en arriveraient « et feraient tort à l'État si on tuait tous les médi- « sants ; et qu'aussi on serait puni en justice en tuant « pour ce sujet. » Voilà de quelle sorte vos opinions commencent à paraître sous cette distinction, par le moyen de laquelle vous ne ruinez que la religion sans blesser encore sensiblement l'État. Par là vous croyez être en assurance ; car vous vous imaginez que le crédit que vous avez dans l'Église empêchera qu'on ne punisse vos attentats contre la vérité, et que les précautions que vous apportez pour ne mettre pas facilement ces permissions en pratique vous mettront à couvert de la part des magistrats qui, n'étant pas juges des cas de conscience, n'ont proprement intérêt qu'à la pratique extérieure. Ainsi une opinion qui serait condamnée sous le nom de pratique, se produit en sûreté sous le nom de spéculation. Mais, cette base étant affermie, il n'est pas difficile d'y élever le reste de vos maximes. Il y avait une distance infinie entre la défense que Dieu a faite de tuer, et la permission spéculative que vos auteurs en ont donnée. Mais la distance est bien petite de cette permission à la pratique. Il ne reste seulement qu'à montrer que ce qui est permis dans la spéculation l'est bien aussi dans la pratique. On ne manquera pas de raisons pour cela. Vous en avez bien trouvé en des cas plus difficiles. Voulez-vous voir, mes pères, par où l'on y arrive? suivez ce raisonnement d'Escobar, qui l'a décidé nettement dans le premier des six tomes de sa grande Théologie morale, dont je vous ai parlé, où il est tout autrement éclairé que dans ce recueil qu'il avait fait de vos vingt-quatre vieillards : car, au lieu qu'il avait pensé en ce temps-là qu'il pouvait y avoir des opinions probables dans la spéculation qui ne fussent pas sûres dans la pratique, il a connu le contraire depuis, et l'a fort bien établi dans ce dernier ouvrage : tant la doctrine de la probabilité en général reçoit d'accroissement par le temps, aussi bien que chaque opinion probable en particulier. Écoutez-le donc *in præloq.*, c. 3, n. 15. « Je ne vois pas, dit-il, comment il se pourrait faire « que ce qui paraît permis dans la spéculation ne le « fût pas dans la pratique ; puisque ce que l'on peut « faire dans la pratique dépend de ce qu'on trouve « permis dans la spéculation, et que ces choses ne « diffèrent l'une de l'autre que comme l'effet de la « cause : car la spéculation est ce qui détermine à « l'action. D'où IL S'ENSUIT QU'ON PEUT EN SÛRETÉ DE « CONSCIENCE SUIVRE DANS LA PRATIQUE LES OPINIONS « PROBABLES DANS LA SPÉCULATION, et même avec plus « de sûreté que celles qu'on n'a pas si bien examinées « spéculativement. »

En vérité, mes pères, votre Escobar raisonne assez bien quelquefois. Et, en effet, il y a tant de liaison entre la spéculation et la pratique, que, quand l'une a pris racine, vous ne faites plus difficulté de permettre l'autre **sans déguisement**. C'est ce qu'on a vu dans la permission de tuer pour un soufflet, qui, de la sim ple spéculation, a été portée hardiment par Lessius à une pratique *qu'on ne doit pas facilement accorder*, et de là, par Escobar, *à une pratique facile;* d'où vos pères de Caen l'ont conduite à une permission pleine, sans distinction de théorie et de pratique, comme vous l'avez déjà vu.

C'est ainsi que vous faites croître peu à peu vos opinions. Si elles paraissaient tout à coup dans leur dernier excès, elles causeraient de l'horreur; mais ce progrès lent et insensible y accoutume doucement les hommes, et en ôte le scandale. Et par ce moyen la permission de tuer, si odieuse à l'État et à l'Église, s'introduit premièrement dans l'Église, et ensuite de l'Église dans l'État.

On a vu un semblable succès de l'opinion de tuer pour des médisances ; car elle est aujourd'hui arrivée à une permission pareille sans aucune distinction. Je ne m'arrêterais pas à vous en rapporter les passages de vos pères, si cela n'était nécessaire pour confondre l'assurance que vous avez eue de dire deux fois dans votre quinzième imposture, p. 26 et 30, qu'il n'y a « pas un jésuite qui permette de tuer pour des médi- « sances. » Quand vous dites cela, mes pères, vous devriez empêcher que je ne le visse, puisqu'il m'est si facile d'y répondre. Car, outre que vos pères Reginaldus, Filiutius, etc., l'ont permis dans la spéculation, comme je l'ai déjà dit, et que de là le principe d'Escobar nous mène sûrement à la pratique, j'ai à vous dire de plus que vous avez plusieurs auteurs qui l'ont permis en mots propres, et entre autres le père Hereau dans ses leçons publiques, ensuite desquelles le roi le fit mettre en arrêt en votre maison, pour avoir enseigné, outre plusieurs erreurs, que, « quand celui « qui nous décrie devant des gens d'honneur continue « après l'avoir averti de cesser, il nous est permis de « le tuer, non pas véritablement en public, de peur « de scandale, mais en cachette, SED CLAM. »

Je vous ai déjà parlé du père Lamy, et vous n'ignorez pas que sa doctrine sur ce sujet a été censurée en 1649 par l'université de Louvain. Et néanmoins il n'y a pas encore deux mois que votre père Des Bois a soutenu à Rouen cette doctrine censurée du père Lamy, et a enseigné qu'il est « permis à un « religieux de défendre l'honneur qu'il a acquis par sa « vertu, MÊME EN TUANT celui qui attaque sa réputa- « tion, ETIAM CUM MORTE INVASORIS. » Ce qui a causé un tel scandale en cette ville-là, que tous les curés se sont unis pour lui faire imposer silence, et l'obliger à rétracter sa doctrine par les voies canoniques. L'affaire en est à l'officialité.

Que voulez-vous donc dire, mes pères? Comment entreprenez-vous de soutenir après cela « qu'aucun « jésuite n'est d'avis qu'on puisse tuer pour des médi- « sances? » Et fallait-il autre chose pour vous en convaincre que les opinions mêmes de vos pères que vous rapportez, puisqu'ils ne défendent pas spéculativement de tuer, mais seulement dans la pratique, « à cause « du mal qui en arriverait à l'État? » Car je vous demande sur cela, mes pères, s'il s'agit dans nos disputes d'autre chose, sinon d'examiner si vous avez renversé la loi de Dieu qui défend l'homicide. Il n'est pas question de savoir si vous avez blessé l'État, mais la religion. A quoi sert-il donc, dans ce genre de dispute, de montrer que vous avez épargné l'État, quand vous faites voir en même temps que vous avez détruit la religion, en disant, comme vous faites, p. 28, l. 3, que « le sens de Reginaldus sur la question de tuer « pour des médisances, est qu'un particulier a droit « d'user de cette sorte de défense, la considérant sim- « plement en elle-même? » Je n'en veux pas davan- tage que cet aveu pour vous confondre. « Un particu- « lier, dites-vous, a droit d'user de cette défense, » c'est-à-dire de tuer pour des médisances, « en consi- « dérant la chose en elle-même; » et par conséquent, mes pères, la loi de Dieu qui défend de tuer est ruinée par cette décision.

Et il ne sert de rien de dire ensuite, comme vous faites, « que cela est illégitime et criminel, même se- « lon la loi de Dieu, à raison des meurtres et des dé- « sordres qui en arriveraient dans l'État, parce qu'on « est obligé, selon Dieu, d'avoir égard au bien de l'É- « tat. » C'est sortir de la question. Car, mes pères, il y a deux lois à observer : l'une qui défend de tuer, l'autre qui défend de nuire à l'État. Reginaldus n'a peut-être pas violé la loi qui défend de nuire à l'État, mais il a violé certainement celle qui défend de tuer. Or il ne s'agit ici que de celle-là seule. Outre que vos autres pères, qui ont permis ces meurtres dans la pra- tique, ont ruiné l'une aussi bien que l'autre. Mais al- lons plus avant, mes pères. Nous voyons bien que vous défendez quelquefois de nuire à l'État, et vous dites que votre dessein en cela est d'observer la loi de Dieu qui oblige à le maintenir. Cela peut être véritable, quoiqu'il ne soit pas certain ; puisque vous pourriez faire la même chose par la seule crainte des juges. Examinons donc, je vous prie, de quel principe part ce mouvement.

N'est-il pas vrai, mes pères, que, si vous regardiez véritablement Dieu, et que l'observation de sa loi fût le premier et principal objet de votre pensée, ce respect régnerait uniformément dans toutes vos décisions importantes, et vous engagerait à prendre dans toutes ces occasions l'intérêt de la religion? Mais si l'on voit au contraire que vous violez en tant de rencontres les ordres les plus saints que Dieu ait imposés aux hommes, quand il n'y a que sa loi à combattre; et que, dans les occasions mêmes dont il s'agit, vous anéantissez la loi de Dieu, qui défend ces actions comme criminelles en elles-mêmes, et ne témoignez craindre de les approuver dans la pratique que par la crainte des juges, ne nous donnez-vous pas sujet de juger que ce n'est point Dieu que vous considérez dans cette crainte; et que, si en apparence vous maintenez sa loi en ce qui regarde l'obligation de ne pas nuire à l'État, ce n'est pas pour sa loi même, mais pour arriver à vos fins, comme ont toujours fait les moins religieux politiques?

Quoi! mes pères; vous nous direz qu'en ne regardant que la loi de Dieu, qui défend l'homicide, on a droit de tuer pour des médisances, et après avoir ainsi violé la loi éternelle de Dieu, vous croirez lever le scandale que vous avez causé, et nous persuader de votre respect envers lui, en ajoutant que vous en défendez la pratique pour des considérations d'État, et par la crainte des juges! N'est-ce pas au contraire exciter un scandale nouveau? non pas par le respect que vous témoignez en cela pour les juges : car ce n'est pas cela que je vous reproche; et vous vous jouez ridiculement là-dessus, pag. 29. Je ne vous reproche pas de craindre les juges, mais de ne craindre que les juges. C'est cela que je blâme, parce que c'est faire Dieu moins ennemi des crimes que les hommes. Si vous disiez qu'on peut tuer un médisant selon les hommes, mais non pas selon Dieu, cela serait moins insupportable : mais quand vous prétendez que ce qui est trop criminel pour être souffert par les hommes soit innocent et juste aux yeux de Dieu qui est la justice même, que faites-vous autre chose, sinon montrer à tout le monde que, par cet horrible renversement si contraire à l'esprit des saints, vous êtes hardis contre Dieu et timides envers les hommes? Si vous aviez voulu condamner sincèrement ces homicides, vous auriez laissé subsister l'ordre de Dieu qui les défend; et si vous aviez osé permettre d'abord ces homicides, vous les auriez permis ouvertement, malgré les lois de Dieu et des hommes. Mais comme vous avez voulu les permettre insensiblement, et surprendre les magistrats qui veillent à la sûreté publique, vous avez agi finement en séparant vos maximes, et proposant d'un côté qu'il est « permis « dans la spéculative de tuer pour des médisances » (car on vous laisse examiner les choses dans la spéculation), et produisant d'un autre côté cette maxime détachée, que « ce qui est permis dans la « spéculation l'est bien aussi dans la pratique. » Car quel intérêt l'État semble-t-il avoir dans cette proposition générale et métaphysique? Et ainsi, ces deux principes peu suspects étant reçus séparément, la vigilance des magistrats est trompée; puisqu'il ne faut plus que rassembler ces maximes pour en tirer cette conclusion où vous tendez, qu'on peut donc tuer dans la pratique pour de simples médisances.

Car c'est encore ici, mes pères, une des plus subtiles adresses de votre politique, de séparer dans vos écrits les maximes que vous assemblez dans vos avis. C'est ainsi que vous avez établi à part votre doctrine de la probabilité, que j'ai souvent expliquée. Et, ce principe général étant affermi, vous avancez séparément des choses qui, pouvant être innocentes d'elles-mêmes, deviennent horribles étant jointes à ce pernicieux principe. J'en donnerai pour exemple ce que vous avez dit p. 11, dans vos impostures, et à quoi il faut que je réponde : « Que plusieurs théologiens célèbres sont d'avis qu'on peut tuer pour un soufflet reçu. » Il est certain, mes pères, que si une personne qui ne tient point à la probabilité avait dit cela, il n'y aurait rien à reprendre, puisqu'on ne ferait alors qu'un simple récit qui n'aurait aucune conséquence. Mais vous, mes pères, et tous ceux qui tiennent cette dangereuse doctrine, que « tout ce qu'approuvent des auteurs célèbres est probable et sûr en conscience; » quand vous ajoutez à cela que « plusieurs auteurs célèbres sont d'avis qu'on peut tuer pour un soufflet », qu'est-ce faire autre chose, sinon de mettre à tous les chrétiens le poignard à la main pour tuer ceux qui les auront offensés, en leur déclarant qu'ils le peuvent faire en sûreté de conscience, parce qu'ils suivront en cela l'avis de tant d'auteurs graves?

Quel horrible langage qui, en disant que des auteurs tiennent une opinion damnable, est en même temps une décision en faveur de cette opinion damnable, et qui autorise en conscience tout ce qu'il ne fait que rapporter! On l'entend, mes pères, ce langage de votre école. Et c'est une chose étonnante que vous ayez le front de le parler si haut, puisqu'il marque votre sentiment si à découvert, et vous convainc de tenir pour sûre en conscience cette opinion, qu'on peut « tuer pour un soufflet », aussitôt que vous nous avez dit que plusieurs auteurs célèbres la soutiennent.

Vous ne pouvez vous en défendre, mes pères, non plus que vous prévaloir des passages de Vasquez et de Suarez que vous m'opposez, où ils condamnent ces meurtres que leurs confrères approuvent. Ces témoignages, séparés du reste de votre doctrine, pourraient éblouir ceux qui ne l'entendent pas assez. Mais il faut joindre ensemble vos principes et vos maximes. Vous dites donc ici que Vasquez ne souffre point les meurtres. Mais que dites-vous d'un autre côté, mes pères? « que la probabilité d'un sentiment n'empêche pas la « probabilité du sentiment contraire. » Et, en un autre lieu, qu'il est « permis de suivre l'opinion la moins « probable et la moins sûre en quittant l'opinion la « plus probable et la plus sûre? » Que s'ensuit-il de tout cela ensemble, sinon que nous avons une entière liberté de conscience pour suivre celui qui nous plaira de tous ces avis opposés? Que devient donc, mes pères, le fruit que vous espériez de toutes ces citations? Il disparaît, puisqu'il ne faut pour votre condamnation que rassembler ces maximes que vous séparez pour votre justification. Pourquoi produisez-vous donc ces passages de vos auteurs que je n'ai point cités, pour excuser ceux que j'ai cités, puisqu'ils n'ont rien de commun? Quel droit cela vous donne-t-il de m'appeler *imposteur?* Ai-je dit que tous vos pères sont dans un même déréglement? Et n'ai-je pas fait voir au contraire que votre principal intérêt est d'en avoir de tous avis pour servir à tous vos besoins? A ceux qui voudront tuer on présentera Lessius, à ceux qui ne voudront pas tuer on produira Vasquez, afin que personne ne sorte malcontent, et sans avoir pour soi un auteur grave. Lessius parlera en païen de l'homicide, et peut-être en chrétien de l'aumône. Vasquez parlera en païen de l'aumône, et en chrétien de l'homicide. Mais par le moyen de la probabilité que Vasquez et Lessius tiennent, et qui rend toutes vos opinions communes, ils se prêteront leurs sentiments les uns aux autres, et seront obligés d'absoudre ceux qui auront agi selon les opinions que chacun d'eux condamne. C'est donc cette variété qui vous confond davantage. L'uniformité serait plus supportable : et il n'y a rien de plus contraire aux ordres exprès de saint Ignace et de vos premiers généraux, que ce mélange confus de toutes sortes d'opinions. Je vous en parlerai peut-être quelque jour, mes pères; et on sera surpris de voir combien vous êtes déchus du premier esprit de votre institut (1), et que vos propres généraux ont prévu

---

(1) Ce membre de phrase « On sera surpris de voir combien vous êtes déchus du « premier esprit de votre institut », semble indiquer, comme le remarque M. Sainte-Beuve, que Pascal croyait à une décadence assez récente du véritable esprit chrétien dans l'ordre des jésuites. C'est une occasion, pour M. Sainte-Beuve, de chercher si réellement il y a eu décadence, et la question posée, l'auteur de *Port-Royal* l'examine sous toutes ses faces, lui fait rendre tout ce qu'elle peut donner, et établit : 1° que la société de Jésus s'est montrée dès son début fidèle aux trois principes qui sont comme les bases mêmes de sa constitution : obéissance absolue, ambition absolue, foi à l'aveugle ; 2° que si l'esprit vraiment chrétien a, individuellement et à toutes les époques animé un grand nombre de ses membres, ce qu'on appelle l'esprit jésuitique a toujours animé l'ordre tout entier. Voir pour cette piquante et très-curieuse appréciation : *Port-Royal,* t. III, p. 69 et suiv.

que le déréglement de votre doctrine dans la morale pourrait être funeste non-seulement à votre société, mais encore à l'Église universelle.

Je vous dirai cependant que vous ne pouvez tirer aucun avantage de l'opinion de Vasquez. Ce serait une chose étrange, si, entre tant de jésuites qui ont écrit, il n'y en avait pas un ou deux qui eussent dit ce que tous les chrétiens confessent. Il n'y a point de gloire à soutenir qu'on ne peut pas tuer pour un soufflet, selon l'Évangile ; mais il y a une horrible honte à le nier. De sorte que cela vous justifie si peu qu'il n'y a rien qui vous accable davantage ; puisque, ayant eu parmi vous des docteurs qui vous ont dit la vérité, vous n'êtes pas demeurés dans la vérité, et que vous avez mieux aimé les ténèbres que la lumière. Car vous avez appris de Vasquez, « que c'est une opinion païenne, et « non pas chrétienne, de dire qu'on puisse donner un « coup de bâton à celui qui a donné un soufflet » ; que « c'est ruiner le Décalogue et l'Évangile, de dire qu'on « puisse tuer pour ce sujet », et que « les plus scélé- « rats d'entre les hommes le reconnaissent. » Et cependant vous avez souffert que, contre ces vérités connues, Lessius, Escobar et les autres, aient décidé que toutes les défenses que Dieu a faites de l'homicide n'empêchent point qu'on ne puisse tuer pour un soufflet. A quoi sert-il donc maintenant de produire ce passage de Vasquez contre le sentiment de Lessius, sinon pour montrer que Lessius est *un païen et un scélérat*, selon Vasquez ? et c'est ce que je n'osais dire. Qu'en peut-on conclure, si ce n'est que Lessius *ruine le Décalogue et l'Évangile;* qu'au dernier jour Vasquez condamnera Lessius sur ce point, comme Lessius condamnera Vasquez sur un autre, et que tous vos auteurs s'élèveront en jugement les uns contre les autres pour se condamner réciproquement dans leurs effroyables excès contre la loi de Jésus-Christ?

Concluons donc, mes pères, que puisque votre probabilité rend les bons sentiments de quelques-uns de vos auteurs inutiles à l'Église, et utiles seulement à votre politique, ils ne servent qu'à nous montrer, par leur contrariété, la duplicité de votre cœur, que vous nous avez parfaitement découverte, en nous déclarant, d'une part, que Vasquez et Suarez sont contraires à l'homicide, et de l'autre que plusieurs auteurs célèbres sont pour l'homicide : afin d'offrir deux chemins aux hommes en détruisant la simplicité de l'esprit de Dieu, qui maudit ceux qui sont doubles de cœur, et qui se préparent deux voies : *Væ duplici corde, et ingredienti duabus viis!*

QUATORZIÈME LETTRE.

On réfute par les saints Pères les maximes des jésuites sur l'homicide. — On répond en passant à quelques-unes de leurs calomnies, et on compare leur doctrine avec la forme qui s'observe dans les jugements criminels.

Du 23 octobre 1656.

Mes révérends pères,

Si je n'avais qu'à répondre aux trois impostures qui restent sur l'homicide, je n'aurais pas besoin d'un long discours, et vous les verriez ici réfutées en peu de mots; mais comme je trouve bien plus important de donner au monde de l'horreur de vos opinions sur ce sujet, que de justifier la fidélité de mes citations, je serai obligé d'employer la plus grande partie de cette lettre à la réfutation de vos maximes, pour vous représenter combien vous êtes éloignés des sentiments de l'Église, et même de la nature. Les permissions de tuer, que vous accordez en tant de rencontres, font paraître qu'en cette matière vous avez tellement oublié la loi de Dieu, et tellement éteint les lumières naturelles, que vous avez besoin qu'on vous remette dans les principes les plus simples de la religion et du sens commun; car qu'y a-t-il de plus naturel que ce sentiment : qu'un particulier n'a pas droit sur la vie d'un autre? « Nous en sommes tellement instruits « de nous-mêmes, dit saint Chrysostôme, que quand « Dieu a établi le précepte de ne point tuer, il n'a pas « ajouté que c'est à cause que l'homicide est un mal; « parce que, dit ce Père, que la loi suppose qu'on a « déjà appris cette vérité de la nature. »

Aussi ce commandement a été imposé aux hommes dans tous les temps. L'Évangile a confirmé celui de la loi, et le Décalogue n'a fait que renouveler celui que les hommes avaient reçu de Dieu, avant la loi, en la personne de Noé, dont tous les hommes devaient naître; car, dans ce renouvellement du monde, Dieu dit à ce patriarche : « Je demanderai compte aux hom- « mes de la vie des hommes, et au frère de la vie de « son frère. Quiconque versera le sang humain, son « sang sera répandu; parce que l'homme est créé à « l'image de Dieu. »

Cette défense générale ôte aux hommes tout pouvoir sur la vie des hommes; et Dieu se l'est tellement réservé à lui seul, que, selon la vérité chrétienne, op-

posée en cela aux fausses maximes du paganisme, l'homme n'a pas même pouvoir sur sa propre vie. Mais parce qu'il a plu à sa providence de conserver les sociétés des hommes, et de punir les méchants qui les troublent, il a établi lui-même des lois pour ôter la vie aux criminels ; et ainsi ces meurtres, qui seraient des attentats punissables sans son ordre, deviennent des punitions louables par son ordre, hors duquel il n'y a rien que d'injuste. C'est ce que saint Augustin a représenté admirablement au liv. 1 de *la Cité de Dieu*, c. 21 : « Dieu, dit-il, a fait lui-même quelques excep-
« tions à cette défense générale de tuer, soit par les
« lois qu'il a établies pour faire mourir les criminels,
« soit par les ordres particuliers qu'il a donnés quel-
« quefois pour faire mourir quelques personnes. Et
« quand on tue en ces cas-là, ce n'est pas l'homme qui
« tue, mais Dieu, dont l'homme n'est que l'instru-
« ment, comme une épée entre les mains de celui qui
« s'en sert. Mais si on excepte ces cas, quiconque tue
« se rend coupable d'homicide. »

Il est donc certain, mes pères, que Dieu seul a le droit d'ôter la vie, et que, néanmoins, ayant établi des lois pour faire mourir les criminels, il a rendu les rois ou les républiques dépositaires de ce pouvoir. Et c'est ce que saint Paul nous apprend, lorsque, parlant du droit que les souverains ont de faire mourir les hommes, il le fait descendre du ciel, en disant que « ce n'est pas en vain qu'ils portent l'épée, parce
« qu'ils sont ministres de Dieu pour exécuter ses ven-
« geances contre les coupables. »

Mais comme c'est Dieu qui leur a donné ce droit, il les oblige à l'exercer ainsi qu'il le ferait lui-même, c'est-à-dire avec justice, selon cette parole de saint Paul au même lieu : « Les princes ne sont pas éta« blis pour se rendre terribles aux bons, mais aux « méchants. Qui veut n'avoir point sujet de redouter « leur puissance n'a qu'à bien faire; car ils sont mi« nistres de Dieu pour le bien. » Et cette restriction rabaisse si peu leur puissance, qu'elle la relève au contraire beaucoup davantage; parce que c'est la rendre semblable à celle de Dieu, qui est impuissant pour faire le mal, et tout-puissant pour faire le bien; et que c'est la distinguer de celle des démons, qui sont impuissants pour le bien, et n'ont de puissance que pour le mal. Il y a seulement cette différence entre Dieu et les souverains, que, Dieu étant la justice et la sagesse même, il peut faire mourir sur-le-champ qui il lui plaît, quand il lui plaît, et en la manière qu'il lui plaît; car, outre qu'il est le maître souverain de la vie des hommes, il est sans doute qu'il ne la leur ôte jamais ni sans cause, ni sans connaissance, puisqu'il est aussi incapable d'injustice que d'erreur. Mais les princes ne peuvent pas agir de la sorte; parce qu'ils sont tellement ministres de Dieu qu'ils sont hommes néanmoins, et non pas dieux. Les mauvaises impressions les pourraient surprendre, les faux soupçons les pourraient aigrir, la passion les pourrait emporter; et c'est ce qui les a engagés eux-mêmes à descendre dans les moyens humains, et à établir dans leurs États des juges auxquels ils ont communiqué ce pouvoir, afin que cette autorité que Dieu leur a donnée ne soit employée que pour la fin pour laquelle ils l'ont reçue.

Concevez donc, mes pères, que pour être exempt

d'homicide, il faut agir tout ensemble et par l'autorité de Dieu, et selon la justice de Dieu; et que, si ces deux conditions ne sont jointes, on pèche, soit en tuant avec son autorité, mais sans justice; soit en tuant avec justice, mais sans son autorité. De la nécessité de cette union, il arrive, selon saint Augustin, que « celui
« qui sans autorité tue un criminel se rend criminel
« lui-même, par cette raison principale qu'il usurpe
« une autorité que Dieu ne lui a pas donnée; » et les juges au contraire, qui ont cette autorité, sont néanmoins homicides, s'ils font mourir un innocent contre les lois qu'ils doivent suivre.

Voilà, mes pères, les principes du repos et de la sûreté publique qui ont été reçus dans tous les temps et dans tous les lieux, et sur lesquels tous les législateurs du monde, sacrés et profanes, ont établi leurs lois, sans que jamais les païens mêmes aient apporté d'exception à cette règle, sinon lorsqu'on ne peut autrement éviter la perte de la pudicité ou de la vie; parce qu'ils ont pensé qu'alors, comme dit Cicéron, « les lois mêmes semblent offrir leurs armes à ceux
« qui sont dans une telle nécessité. »

Mais que, hors cette occasion, dont je ne parle point ici, il y ait jamais eu de loi qui ait permis aux particuliers de tuer, et qui l'ait souffert, comme vous faites, pour se garantir d'un affront, et pour éviter la perte de l'honneur ou du bien, quand on n'est point en même temps en péril de la vie, c'est, mes pères, ce que je soutiens que jamais les infidèles mêmes n'ont fait. Ils l'ont, au contraire, défendu expressément; car la loi des Douze Tables de Rome portait qu'il n'est
« pas permis de tuer un voleur de jour qui ne se dé-

« fend point avec des armes. » Ce qui avait déjà été défendu dans l'Exode, c. 22. Et la loi *Furem, ad legem Corneliam*, qui est prise d'Ulpien, « défend de « tuer même les voleurs de nuit qui ne nous mettent « pas en péril de mort. » Voyez-le dans Cujas, *in tit. Dig. De justit. et jure, ad leg*. 3.

Dites-nous donc, mes pères, par quelle autorité vous permettez ce que les lois divines et humaines défendent; et par quel droit Lessius a pu dire, l. 2, c. 9, n. 66 et 72 : « L'Exode défend de tuer les voleurs « de jour qui ne se défendent pas avec des armes, et « on punit en justice ceux qui tueraient de cette sorte. « Mais néanmoins on n'en serait pas coupable en con- « science, lorsqu'on n'est pas certain de pouvoir re- « couvrer ce qu'on nous dérobe, et qu'on est en doute, « comme dit Scotus, parce qu'on n'est pas obligé de « s'exposer au péril de perdre quelque chose pour sau- « ver un voleur. Et tout cela est encore permis aux « ecclésiastiques mêmes. » Quelle étrange hardiesse ! La loi de Moïse punit ceux qui tuent les voleurs, lorsqu'ils n'attaquent pas notre vie, et la loi de l'Évangile, selon vous, les absoudra ! Quoi ! mes pères, JÉSUS-CHRIST est-il venu pour détruire la loi, et non pas pour l'accomplir ? « Les juges puniraient, dit Lessius, « ceux qui tueraient en cette occasion ; mais on n'en « serait pas coupable en conscience. » Est-ce donc que la morale de JÉSUS-CHRIST est plus cruelle et moins ennemie du meurtre que celle des païens, dont les juges ont pris ces lois civiles qui le condamnent ? Les chrétiens font-ils plus d'état des biens de la terre, ou font-ils moins d'état de la vie des hommes, que n'en ont fait les idolâtres et les infidèles ? Sur quoi vous fondez-vous, mes pères? Ce n'est sur aucune loi expresse ni de Dieu, ni des hommes, mais seulement sur ce raisonnement étrange : « Les lois, dites-vous, « permettent de se défendre contre les voleurs, et de « repousser la force par la force. Or, la défense étant « permise, le meurtre est aussi réputé permis ; sans « quoi la défense serait souvent impossible. »

Cela est faux, mes pères, que la défense étant permise, le meurtre soit aussi permis. C'est cette cruelle manière de se défendre qui est la source de toutes vos erreurs, et qui est appelée, par la faculté de Louvain, UNE DÉFENSE MEURTRIÈRE, *defensio occisiva*, dans leur censure de la doctrine de votre père Lamy sur l'homicide. Je vous soutiens donc qu'il y a tant de différence, selon les lois, entre tuer et se défendre, que, dans les mêmes occasions où la défense est permise, le meurtre est défendu quand on n'est point en péril de mort. Écoutez-le, mes pères, dans Cujas, au même lieu : « Il est permis de repousser celui qui vient pour « s'emparer de notre possession, MAIS IL N'EST PAS « PERMIS DE LE TUER. » Et encore : « Si quelqu'un vient « pour nous frapper, et non pas pour nous tuer, il est « bien permis de le repousser, MAIS IL N'EST PAS PERMIS « DE LE TUER. »

Qui vous a donc donné le pouvoir de dire, comme font Molina, Reginaldus, Filiutius, Escobar, Lessius, et les autres : « Il est permis de tuer celui qui vient « pour nous frapper? » Et ailleurs : « Il est permis de « tuer celui qui veut vous faire un affront, selon l'avis « de tous les casuistes, *ex sententia omnium*, » comme dit Lessius, n. 74? Par quelle autorité, vous, qui n'êtes que des particuliers, donnez-vous ce pouvoir de tuer aux particuliers et aux religieux mêmes? Et comment osez-vous usurper ce droit de vie et de mort qui n'appartient essentiellement qu'à Dieu, et qui est la plus glorieuse marque de la puissance souveraine? C'est sur cela qu'il fallait répondre; et vous pensez y avoir satisfait en disant simplement, dans votre treizième imposture, « que la valeur pour la« quelle Molina permet de tuer un voleur qui s'enfuit « sans nous faire aucune violence, n'est pas aussi pe« tite » que j'ai dit, et qu'il « faut qu'elle soit plus « grande que six ducats. » Que cela est faible, mes pères! Où voulez-vous la déterminer? à quinze ou seize ducats? Je ne vous en ferai pas moins de reproches. Au moins vous ne sauriez dire qu'elle passe la valeur d'un cheval; car Lessius, l. 2, c. 9, n. 74, décide nettement qu'il est « permis de tuer un voleur qui s'enfuit avec notre cheval; » mais je vous dis de plus que, selon Molina, cette valeur est déterminée à six ducats, comme je l'ai rapporté, et, si vous n'en voulez pas demeurer d'accord, prenons un arbitre que vous ne puissiez refuser. Je choisis donc pour cela votre père Reginaldus, qui, expliquant ce même lieu de Molina, l. 21, n. 68, déclare que « Molina y DÉTERMINE la va« leur pour laquelle il n'est pas permis de tuer, à trois, « ou quatre, ou cinq ducats. » et ainsi, mes pères, je n'aurai pas seulement Molina, mais encore Reginaldus.

Il ne me sera pas moins facile de réfuter votre quatorzième imposture, touchant la permission « de tuer « un voleur qui nous veut ôter un écu, » selon Molina. Cela est si constant, qu'Escobar vous le témoignera, tr. 1, ex. 7, n. 44, où il dit que « Molina détermine

« régulièrement la valeur pour laquelle on peut tuer,
« à un écu. » Aussi vous me reprochez seulement,
dans la quatorzième imposture, que j'ai supprimé les
dernières paroles de ce passage : que « l'on doit gar-
« der en cela la modération d'une juste défense. » Que
ne vous plaignez-vous donc aussi de ce qu'Escobar
ne les a point exprimées? Mais que vous êtes peu fins!
Vous croyez qu'on n'entend pas ce que c'est, selon
vous, que se défendre. Ne savons-nous pas que c'est
user d'une *défense meurtrière?* Vous voudriez faire
entendre que Molina a voulu dire par là que, quand
on se trouve en péril de la vie en gardant son écu,
alors on peut tuer, puisque c'est pour défendre sa vie.
Si cela était vrai, mes pères, pourquoi Molina dirait-il
au même lieu, qu'il est *contraire en cela à Carrerus
et à Bald*, qui permettent de tuer pour sauver sa vie?
Je vous déclare donc qu'il entend simplement que, si
l'on peut sauver son écu sans tuer le voleur, on ne
doit pas le tuer ; mais que, si l'on ne peut le sauver
qu'en tuant, encore même qu'on ne coure nul risque
de la vie, comme si le voleur n'a point d'armes, qu'il
est permis d'en prendre et de le tuer pour sauver son
écu ; et qu'en cela on ne sort point, selon lui, de la
modération d'une juste défense. Et, pour vous le montrer, laissez-le s'expliquer lui-même, t. 4, tr. 3, d. 44,
n. 5 : « On ne laisse pas de demeurer dans la modé-
« ration d'une juste défense, quoiqu'on prenne des
« armes contre ceux qui n'en ont point, ou qu'on en
« prenne de plus avantageuses qu'eux. Je sais qu'il
« y en a qui sont d'un sentiment contraire ; mais je
« n'approuve point leur opinion, même dans le tri-
« bunal extérieur. »

Aussi, mes pères, il est constant que vos auteurs permettent de tuer pour la défense de son bien et de son honneur, sans qu'on soit en aucun péril de sa vie. Et c'est par ce même principe qu'ils autorisent les duels, comme je l'ai fait voir par tant de passages sur lesquels vous n'avez rien répondu. Vous n'attaquez dans vos écrits qu'un seul passage de votre père Layman, qui le permet, « lorsque autrement on serait « en péril de perdre sa fortune ou son honneur ; » et vous dites que j'ai supprimé ce qu'il ajoute, que *ce cas-là est fort rare*. Je vous admire, mes pères ; voilà de plaisantes impostures que vous me reprochez. Il est bien question de savoir si ce cas-là est rare ! il s'agit de savoir si le duel y est permis. Ce sont deux questions séparées. Layman, en qualité de casuiste, doit juger si le duel y est permis, et il déclare que oui. Nous jugerons bien sans lui si ce cas-là est rare, et nous lui déclarerons qu'il est fort ordinaire. Et si vous aimez mieux en croire votre bon ami Diana, il vous dira qu'*il est fort commun*, part. 5, tract. 14, *misc.* 2, *resol.* 99. Mais qu'il soit rare ou non, et que Layman suive en cela Navarre, comme vous le faites tant valoir, n'est-ce pas une chose abominable qu'il consente à cette opinion : que, pour conserver un faux honneur, il soit permis en conscience d'accepter un duel, contre les édits des États chrétiens, et contre tous les canons de l'Église, sans que vous ayez encore ici, pour autoriser toutes ces maximes diaboliques, ni lois, ni canons, ni autorités de l'Écriture ou des Pères, ni exemple d'aucun saint, mais seulement ce raisonnement impie : « L'honneur est plus cher que la vie. Or il est « permis de tuer pour défendre sa vie. Donc il est per-

« mis de tuer pour défendre son honneur. » Quoi! mes pères, parce que le déréglement des hommes leur a fait aimer ce faux honneur plus que la vie que Dieu leur a donnée pour le servir, il leur sera permis de tuer pour le conserver! C'est cela même qui est un mal horrible, d'aimer cet honneur-là plus que la vie. Et cependant cette attache vicieuse, qui serait capable de souiller les actions les plus saintes, si on les rapportait à cette fin, sera capable de justifier les plus criminelles, parce qu'on les rapporte à cette fin.

Quel renversement, mes pères! et qui ne voit à quels excès il peut conduire? Car enfin il est visible qu'il portera jusqu'à tuer pour les moindres choses, quand on mettra son honneur à les conserver; je dis même jusqu'à tuer *pour une pomme!* Vous vous plaindriez de moi, mes pères, et vous diriez que je tire de votre doctrine des conséquences malicieuses, si je n'étais appuyé sur l'autorité du grave Lessius, qui parle ainsi, n. 68 : « Il n'est pas permis de tuer pour con-
« server une chose de petite valeur, comme pour un
« écu, OU POUR UNE POMME, *aut pro pomo*, si ce n'est
« qu'il nous fût honteux de la perdre. Car alors on
« peut la reprendre, et même tuer, s'il est nécessaire,
« pour la ravoir : *et si opus est, occidere;* parce que
« ce n'est pas tant défendre son bien que son hon-
« neur. » Cela est net, mes pères. Et, pour finir votre doctrine par une maxime qui comprend toutes les autres, écoutez celle-ci de votre père Hereau, qui l'avait prise de Lessius : « Le droit de se défendre s'étend à
« tout ce qui est nécessaire pour nous garder de toute
« injure. »

Que d'étranges suites sont renfermées dans ce principe inhumain ! et combien tout le monde est-il obligé de s'y opposer, et surtout les personnes publiques ! Ce n'est pas seulement l'intérêt général qui les y engage, mais encore le leur propre, puisque vos casuistes cités dans mes lettres étendent leurs permissions de tuer jusqu'à eux. Et ainsi les factieux qui craindront la punition de leurs attentats, lesquels ne leur paraissent jamais injustes, se persuadant aisément qu'on les opprime par violence, croiront en même temps que « le droit de se défendre s'étend à tout ce qui *leur* est « nécessaire pour *se* garder de toute injure. » Ils n'auront plus à vaincre les remords de la conscience, qui arrêtent la plupart des crimes dans leur naissance, et ils ne penseront plus qu'à surmonter les obstacles du dehors.

Je n'en parlerai point ici, mes pères, non plus que des autres meurtres que vous avez permis, qui sont encore plus abominables et plus importants aux États que tous ceux-ci, dont Lessius traite si ouvertement dans les Doutes quatre et dix, aussi bien que tant d'autres de vos auteurs. Il serait à désirer que ces horribles maximes ne fussent jamais sorties de l'enfer, et que le diable, qui en est le premier auteur, n'eût jamais trouvé des hommes assez dévoués à ses ordres pour les publier parmi les chrétiens.

Il est aisé de juger par tout ce que j'ai dit jusqu'ici combien le relâchement de vos opinions est contraire à la sévérité des lois civiles, et même païennes. Que sera-ce donc si on les compare avec les lois ecclésiastiques, qui doivent être incomparablement plus saintes, puisqu'il n'y a que l'Église qui connaisse et qui possède la véritable sainteté? Aussi cette chaste épouse du Fils de Dieu, qui, à l'imitation de son époux, sait bien répandre son sang pour les autres, mais non pas répandre pour elle celui des autres, a pour le meurtre une horreur toute particulière, et proportionnée aux lumières particulières que Dieu lui a communiquées. Elle considère les hommes non-seulement comme hommes, mais comme images du Dieu qu'elle adore. Elle a pour chacun d'eux un saint respect qui les lui rend tous vénérables, comme rachetés d'un prix infini, pour être faits les temples du Dieu vivant. Et ainsi elle croit que la mort d'un homme que l'on tue sans l'ordre de son Dieu n'est pas seulement un homicide, mais un sacrilége qui la prive d'un de ses membres : puisque, soit qu'il soit fidèle, soit qu'il ne le soit pas, elle le considère toujours, ou comme étant l'un de ses enfants, ou comme étant capable de l'être.

Ce sont, mes pères, ces raisons toutes saintes qui, depuis que Dieu s'est fait homme pour le salut des hommes, ont rendu leur condition si considérable à l'Église, qu'elle a toujours puni l'homicide qui les détruit, comme un des plus grands attentats qu'on puisse commettre contre Dieu. Je vous en rapporterai quelques exemples, non pas dans la pensée que toutes ces sévérités doivent être gardées (je sais que l'Église peut disposer diversement de cette discipline extérieure), mais pour faire entendre quel est son esprit immuable sur ce sujet. Car les pénitences qu'elle ordonne pour le meurtre peuvent être différentes selon la diversité des temps ; mais l'horreur qu'elle a pour le meurtre ne peut jamais changer par le changement des temps.

L'Église a été longtemps à ne réconcilier qu'à la

mort ceux qui étaient coupables d'un homicide volontaire, tels que sont ceux que vous permettez. Le célèbre concile d'Ancyre les soumet à la pénitence durant toute leur vie; et l'Église a cru depuis être assez indulgente envers eux en réduisant ce temps à un très-grand nombre d'années. Mais, pour détourner encore davantage les chrétiens des homicides volontaires, elle a puni très-sévèrement ceux mêmes qui étaient arrivés par imprudence, comme on peut voir dans saint Basile, dans saint Grégoire de Nysse, dans les décrets du pape Zacharie et d'Alexandre II. Les canons rapportés par Isaac, évêque de Langres, tr. 2, c. 13, ordonnent « sept ans de pénitence pour avoir « tué en se défendant. » Et on voit que saint Hildebert, évêque du Mans, répondit à Yves de Chartres : qu'il a « eu raison d'interdire un prêtre pour toute « sa vie, qui, pour se défendre, avait tué un voleur « d'un coup de pierre. »

N'ayez donc plus la hardiesse de dire que vos décisions sont conformes à l'esprit et aux canons de l'Église. On vous défie d'en montrer aucun qui permette de tuer pour défendre son bien seulement ; car je ne parle pas des occasions où l'on aurait à défendre aussi sa vie, *se suaque liberando :* vos propres auteurs confessent qu'il n'y en a point, comme entre autres votre père Lamy, tr. 5, disp. 36, num. 136 : « Il n'y a, dit-il, aucun droit divin ni humain « qui permette expressément de tuer un voleur qui ne « se défend pas. » Et c'est néanmoins ce que vous permettez expressément. On vous défie d'en montrer aucun qui permette de tuer pour l'honneur, pour un soufflet, pour une injure et une médisance. On vous défie d'en montrer aucun qui permette de tuer les témoins, les juges et les magistrats, quelque injustice qu'on en appréhende. L'esprit de l'Église est entièrement éloigné de ces maximes séditieuses qui ouvrent la porte aux soulèvements auxquels les peuples sont si naturellement portés. Elle a toujours enseigné à ses enfants qu'on ne doit point rendre le mal pour le mal ; qu'il faut céder à la colère ; ne point résister à la violence ; rendre à chacun ce qu'on lui doit, honneur, tribut, soumission ; obéir aux magistrats et aux supérieurs, même injustes ; parce qu'on doit toujours respecter en eux la puissance de Dieu, qui les a établis sur nous. Elle leur défend encore plus fortement que les lois civiles de se faire justice à eux-mêmes ; et c'est par son esprit que les rois chrétiens ne se la font pas dans les crimes mêmes de lèse-majesté au premier chef, et qu'ils remettent les criminels entre les mains des juges pour les faire punir selon les lois et dans les formes de la justice, qui sont si contraires à votre conduite, que l'opposition qui s'y trouve vous fera rougir. Car, puisque ce discours m'y porte, je vous prie de suivre cette comparaison entre la manière dont on peut tuer ses ennemis, selon vous, et celle dont les juges font mourir les criminels.

Tout le monde sait, mes pères, qu'il n'est jamais permis aux particuliers de demander la mort de personne ; et que quand un homme nous aurait ruinés, estropiés, brûlé nos maisons, tué notre père, et qu'il se disposerait encore à nous assassiner et à nous perdre d'honneur, on n'écouterait point en justice la demande que nous ferions de sa mort : de sorte qu'il a fallu établir des personnes publiques qui la demandent de la part du roi, ou plutôt de la part de Dieu. A votre avis, mes pères, est-ce par grimace et par feinte que les juges chrétiens ont établi ce règlement? et ne l'ont-ils pas fait pour proportionner les lois civiles à celles de l'Évangile, de peur que la pratique extérieure de la justice ne fût contraire aux sentiments intérieurs que des chrétiens doivent avoir? On voit assez combien ce commencement des voies de la justice vous confond; mais le reste vous accablera.

Supposez donc, mes pères, que ces personnes publiques demandent la mort de celui qui a commis tous ces crimes; que fera-t-on là-dessus? Lui portera-t-on incontinent le poignard dans le sein? Non, mes pères; la vie des hommes est trop importante; on y agit avec plus de respect : les lois ne l'ont pas soumise à toutes sortes de personnes, mais seulement aux juges dont on a examiné la probité et la naissance. Et croyez-vous qu'un seul suffise pour condamner un homme à mort? Il en faut sept pour le moins, mes pères. Il faut que de ces sept il n'y en ait aucun qui ait été offensé par le criminel, de peur que la passion n'altère ou ne corrompe son jugement. Et vous savez, mes pères, qu'afin que leur esprit soit aussi plus pur, on observe encore de donner les heures du matin à ces fonctions : tant on apporte de soin pour les préparer à une action si grande, où ils tiennent la place de Dieu, dont ils sont les ministres, pour ne condamner que ceux qu'il condamne lui-même.

Et c'est pourquoi, afin d'y agir comme fidèles dispensateurs de cette puissance divine, d'ôter la vie aux hommes, ils n'ont la liberté de juger que selon les dépositions des témoins, et selon toutes les autres formes qui leur sont prescrites ; ensuite desquelles ils ne peuvent en conscience prononcer que selon les lois, ni juger dignes de mort que ceux que les lois y condamnent. Et alors, mes pères, si l'ordre de Dieu les oblige d'abandonner au supplice le corps de ces misérables, le même ordre de Dieu les oblige de prendre soin de leurs âmes criminelles ; et c'est même parce qu'elles sont criminelles qu'ils sont plus obligés à en prendre soin ; de sorte qu'on ne les envoie à la mort qu'après leur avoir donné moyen de pourvoir à leur conscience. Tout cela est bien pur et bien innocent ; et néanmoins l'Église abhorre tellement le sang, qu'elle juge encore incapables du ministère de ses autels ceux qui auraient assisté à un arrêt de mort, quoique accompagné de toutes ces circonstances si religieuses : par où il est aisé de concevoir quelle idée l'Église a de l'homicide.

Voilà, mes pères, de quelle sorte, dans l'ordre de la justice, on dispose de la vie des hommes : voyons maintenant comment vous en disposez. Dans vos nouvelles lois il n'y a qu'un juge, et ce juge est celui-là même qui est offensé. Il est tout ensemble le juge, la partie et le bourreau. Il se demande à lui-même la mort de son ennemi, il l'ordonne, il l'exécute sur-le-champ ; et, sans respect ni du corps ni de l'âme de son frère, il tue et damne celui pour qui Jésus-Christ est mort, et tout cela pour éviter un soufflet, ou une médisance, ou une parole outrageuse, ou d'autres offenses semblables, pour lesquelles un juge, qui a l'autorité légitime, serait criminel d'avoir condamné à la mort ceux qui les auraient commises, parce que les lois sont très-éloignées de les y condamner. Et enfin, pour comble de ces excès, on ne contracte ni péché, ni irrégularité, en tuant de cette sorte sans autorité et contre les lois, quoiqu'on soit religieux, et même prêtre. Où en sommes-nous, mes pères? Sont-ce des religieux et des prêtres qui parlent de cette sorte? Sont-ce des chrétiens? Sont-ce des Turcs? Sont-ce des hommes? Sont-ce des démons? Et sont-ce là des *mystères révélés par l'Agneau à ceux de sa société*, ou des abominations suggérées par le Dragon à ceux qui suivent son parti?

Car enfin, mes pères, pour qui voulez-vous qu'on vous prenne? pour des enfants de l'Évangile, ou pour des ennemis de l'Évangile? On ne peut être que d'un parti ou de l'autre, il n'y a point de milieu. « Qui n'est « point avec Jésus-Christ est contre lui. » Ces deux genres d'hommes partagent tous les hommes. Il y a deux peuples et deux mondes répandus sur toute la terre, selon saint Augustin : le monde des enfants de Dieu, qui forme un corps, dont Jésus-Christ est le chef et le roi; et le monde ennemi de Dieu, dont le diable est le chef et le roi. Et c'est pourquoi Jésus-Christ est appelé le roi et le dieu du monde, parce qu'il a partout des sujets et des adorateurs, et que le diable est aussi appelé dans l'Écriture le prince du monde et le dieu de ce siècle, parce qu'il a partout des suppôts et des esclaves. Jésus-Christ a mis dans l'Église, qui est son empire, les lois qu'il lui a plu, selon sa sagesse éternelle; et le diable a mis dans le monde, qui est son royaume, les lois qu'il a voulu y établir. Jésus-Christ a mis l'honneur à souffrir; le diable à ne point souffrir. Jésus-Christ a dit à ceux qui reçoivent un soufflet de tendre l'autre joue; et le diable a dit à ceux à qui on veut donner un soufflet de tuer ceux qui voudront leur faire cette injure. Jésus-Christ déclare heureux ceux qui participent à son ignominie, et le diable déclare malheureux ceux qui sont dans l'ignominie. Jésus-Christ dit : Malheur à vous quand les hommes diront du bien de vous! et le diable dit : Malheur à ceux dont le monde ne parle pas avec estime!

Voyez donc maintenant, mes pères, duquel de ces deux royaumes vous êtes. Vous avez ouï le langage de la ville de paix, qui s'appelle la Jérusalem mystique, et vous avez ouï le langage de la ville de trouble, que l'Écriture appelle *la spirituelle Sodome* : lequel de ces deux langages entendez-vous? lequel parlez-vous? Ceux qui sont à Jésus-Christ ont les mêmes sentiments que Jésus-Christ, selon saint Paul; et ceux qui sont enfants du diable, *ex patre diabolo*, qui a été homicide dès le commencement du monde, suivent les maximes du diable, selon la parole de Jésus-Christ. Écoutons donc le langage de votre école, et demandons à vos auteurs : Quand on nous donne un soufflet, doit-on l'endurer plutôt que de tuer celui qui le veut donner? ou bien est-il permis de tuer pour éviter cet affront? *Il est permis*, disent Lessius, Molina, Escobar, Reginaldus, Filiutius, Baldellus et autres jésuites, *de tuer celui qui veut nous donner un soufflet*. Est-ce là le langage de Jésus-Christ? Répondez-nous encore. Serait-on sans honneur en souffrant un soufflet, sans tuer celui qui l'a donné? « N'est-il pas véritable, dit Escobar, que, tandis qu'un homme laisse vivre celui qui lui a donné un soufflet, il demeure sans honneur?.» Oui, mes pères, *sans cet honneur* que le diable a transmis de son esprit superbe en celui de ses superbes enfants. C'est cet honneur qui a toujours été l'idole des hommes possédés par l'esprit du monde. C'est pour se conserver cette gloire, dont le démon est le véritable distributeur, qu'ils lui sacrifient leur vie par la fureur des duels à laquelle ils s'abandonnent, leur honneur par l'ignominie des supplices auxquels ils s'exposent, et leur salut par le péril de la damnation auquel ils s'engagent, et qui les a fait priver de la sépulture même par les canons ecclésiastiques. Mais on doit louer Dieu de ce qu'il a éclairé l'esprit du roi par des lumières plus pures que celles de votre théologie. Ses édits si sévères sur ce sujet n'ont pas fait que le duel fût un crime; ils n'ont fait que punir le crime qui est inséparable du duel. Il a arrêté, par la crainte de la rigueur de sa justice, ceux qui n'étaient pas arrêtés par la crainte de la justice de Dieu; et sa piété lui a fait connaître que l'honneur des chrétiens consiste dans l'observation des ordres de Dieu et des règles du christianisme, et non pas dans ce fantôme d'honneur que vous prétendez, tout vain qu'il soit, être une excuse légitime pour les meurtres. Ainsi vos décisions meurtrières sont maintenant en aversion à tout le monde, et vous seriez mieux conseillés de changer de sentiments, si ce n'est par principe de religion, au moins par maxime de politique. Prévenez, mes pères, par une condamnation volontaire de ces opinions inhumaines, les mauvais effets qui en pourraient naître, et dont vous seriez responsables. Et pour concevoir plus d'horreur de l'homicide, souvenez-vous que le premier crime des hommes corrompus a été un homicide en la personne du premier juste; que leur plus grand crime a été un homicide en la personne du chef de tous les justes; et que l'homicide est le seul crime qui détruit tout ensemble l'État, l'Église, la nature et la piété.

P. S. Je viens de voir la réponse de votre apologiste à ma treizième lettre. Mais s'il ne répond pas mieux à celle-ci, qui satisfait à la plupart de ses difficultés, il ne méritera pas de réplique. Je le plains de le voir sortir à toute heure hors du sujet, pour s'étendre en des calomnies et des injures contre les vivants et contre les morts. Mais, pour donner créance aux mémoires que vous lui fournissez, vous ne deviez pas lui faire désavouer publiquement une chose aussi publique qu'est le soufflet de Compiègne. Il est constant, mes pères, par l'aveu de l'offensé, qu'il a reçu sur sa joue un coup de la main d'un jésuite; et tout ce qu'ont pu faire vos amis a été de mettre en doute s'il l'a reçu de l'avant-main ou de l'arrière-main, et d'agiter la question si un coup de revers de la main sur la joue doit être appelé soufflet ou non. Je ne sais à qui il appartient d'en décider; mais je croirais cependant que c'est au moins un soufflet probable. Cela me met en sûreté de conscience.

QUINZIÈME LETTRE.

Que les jésuites ôtent la calomnie du nombre des crimes, et qu'ils ne font point de scrupule de s'en servir pour décrier leurs ennemis.

Du 25 novembre 1656.

MES RÉVÉRENDS PÈRES,

Puisque vos impostures croissent tous les jours, et que vous vous en servez pour outrager si cruellement toutes les personnes de piété qui sont contraires à vos erreurs, je me sens obligé, pour leur intérêt et pour celui de l'Église, de découvrir un mystère de votre conduite, que j'ai promis il y a longtemps, afin qu'on puisse reconnaître par vos propres maximes quelle foi l'on doit ajouter à vos accusations et à vos injures.

Je sais que ceux qui ne vous connaissent pas assez ont peine à se déterminer sur ce sujet, parce qu'ils se trouvent dans la nécessité ou de croire les crimes incroyables dont vous accusez vos ennemis, ou de vous tenir pour des imposteurs, ce qui leur paraît aussi incroyable. Quoi! disent-ils, si ces choses-là n'étaient, des religieux les publieraient-ils, et voudraient-ils renoncer à leur conscience, et se damner par ces calomnies (1)? Voilà la manière dont ils raisonnent : et ainsi les preuves visibles par lesquelles on ruine vos faussetés rencontrant l'opinion qu'ils ont de votre sincérité, leur esprit demeure en suspens entre l'évidence et la vérité qu'ils ne peuvent démentir, et le devoir de la charité qu'ils appréhendent de blesser. De sorte que comme la seule chose qui les empêche de rejeter vos médisances est l'estime qu'ils ont de vous, si on leur fait entendre que vous n'avez pas de la calomnie l'idée qu'ils s'imaginent que vous en avez, et que vous croyez pouvoir faire votre salut en calom-

---

(1) Ces odieuses doctrines sur l'homicide, que Pascal avait presque ménagées, en ne les couvrant que de mépris, il les attaque corps à corps avec toute la puissance d'une dialectique inexorable, comme un crime contre *l'État, l'Église, la nature et la piété*. Sa véhémence semble s'accroître, en poursuivant un autre délit trop commun dans les temps de division et de partis, la calomnie, cet assassinat moral, dont ses adversaires avaient fait et un fréquent usage et une naïve apologie, deux choses qui se corrigent l'une l'autre, mais ne se rachètent pas. Villemain, *Mélanges historiques et littéraires*. Paris, 1830, t. Ier, p. 304.

niant vos ennemis, il est sans doute que le poids de la vérité les déterminera incontinent à ne plus croire vos impostures. Ce sera donc, mes pères, le sujet de cette lettre.

Je ne ferai pas voir seulement que vos écrits sont remplis de calomnies, je veux passer plus avant. On peut bien dire des choses fausses en les croyant véritables, mais la qualité de menteur enferme l'intention de mentir. Je ferai donc voir, mes pères, que votre intention est de mentir et de calomnier, et que c'est avec connaissance et avec dessein que vous imposez à vos ennemis des crimes dont vous savez qu'ils sont innocents, parce que vous croyez le pouvoir faire sans déchoir de l'état de grâce. Et quoique vous sachiez aussi bien que moi ce point de votre morale, je ne laisserai pas de vous le dire, mes pères, afin que personne n'en puisse douter, en voyant que je m'adresse à vous pour vous le soutenir à vous-mêmes, sans que vous puissiez avoir l'assurance de le nier, qu'en confirmant par ce désaveu même le reproche que je vous en fais. Car c'est une doctrine si commune dans vos écoles, que vous l'avez soutenue non-seulement dans vos livres, mais encore dans vos thèses publiques, ce qui est de la dernière hardiesse; comme entre autres dans vos thèses de Louvain de l'année 1645, en ces termes : « Ce n'est qu'un péché véniel de « calomnier et d'imposer de faux crimes pour ruiner de « créance ceux qui parlent mal de nous. *Quidni non* « *nisi veniale sit, detrahentis auctoritatem magnam,* « *tibi noxiam, falso crimine elidere ?* » Et cette doctrine est si constante parmi vous, que quiconque l'ose attaquer, vous le traitez d'ignorant et de téméraire.

C'est ce qu'a éprouvé depuis peu le père Quiroga, capucin allemand, lorsqu'il voulut s'y opposer. Car votre père Dicastillus l'entreprit incontinent, et il parle de cette dispute en ces termes, *De just.*, l. 2, tr. 2, disp. 12, n. 404 : « Un certain religieux grave,
« pieds nus et encapuchonné, *cucullatus gymnopo-
« da*, que je ne nomme point, eut la témérité de dé-
« crier cette opinion parmi des femmes et des igno-
« rants, et de dire qu'elle était pernicieuse et scan-
« daleuse contre les bonnes mœurs, contre la paix
« des États et des sociétés, et enfin contraire non-
« seulement à tous les docteurs catholiques, mais à
« tous ceux qui peuvent être catholiques. Mais je lui
« ai soutenu, comme je le soutiens encore, que la ca-
« lomnie, lorsqu'on en use contre un calomniateur,
« quoiqu'elle soit un mensonge, n'est point néanmoins
« un péché mortel, ni contre la justice, ni contre la
« charité; et, pour le prouver, je lui ai fourni en foule
« nos pères et les universités entières qui en sont
« composées, que j'ai tous consultés, et, entre au-
« tres, le révérend père Jean Gans, confesseur de
« l'empereur; le révérend père Daniel Bastèle, con-
« fesseur de l'archiduc Léopold; le père Henri, qui
« a été précepteur de ces deux princes; tous les pro-
« fesseurs publics et ordinaires de l'université de
« Vienne (toute composée de jésuites); tous les pro-
« fesseurs de l'université de Gratz (toute de jésuites);
« tous les professeurs de l'université de Prague (dont
« les jésuites sont les maîtres) : de tous lesquels j'ai
« en main les approbations de mon opinion, écrites
« et signées de leur main : outre que j'ai encore pour
« moi le père de Pennalossa, jésuite, prédicateur de

« l'empereur et du roi d'Espagne ; le père Pillicerolli,
« jésuite, et bien d'autres qui avaient tous jugé cette
« opinion probable avant notre dispute. » Vous voyez
bien, mes pères, qu'il y a peu d'opinions que vous
ayez pris si à tâche d'établir, comme il y en avait peu
dont vous eussiez tant de besoin. Et c'est pourquoi
vous l'avez tellement autorisée, que les casuistes s'en
servent comme d'un principe indubitable. « Il est con-
« stant, dit Caramuel, n. 1151, que c'est une opinion
« probable qu'il n'y a point de péché mortel à calom-
« nier faussement pour conserver son honneur ; car
« elle est soutenue par plus de vingt docteurs graves,
« par Gaspard Hurtado et Dicastillus, jésuites, etc. ;
« de sorte que, si cette doctrine n'était probable, à
« peine y en aurait-il aucune qui le fût en toute la
« théologie. »

O théologie abominable et si corrompue en tous
ses chefs, que si, selon ses maximes, il n'était probable et sûr en conscience qu'on peut calomnier sans
crime pour conserver son honneur, à peine y aurait-
il aucune de ces décisions qui fût sûre ! Qu'il est vraisemblable, mes pères, que ceux qui tiennent ce principe le mettent quelquefois en pratique ! L'inclination
corrompue des hommes s'y porte d'elle-même avec
tant d'impétuosité, qu'il est incroyable qu'en levant
l'obstacle de la conscience, elle ne se répande avec
toute sa véhémence naturelle. En voulez-vous un
exemple? Caramuel vous le donnera au même lieu.
« Cette maxime, dit-il, du père Dicastillus, jésuite,
« touchant la calomnie, ayant été enseignée par une
« comtesse d'Allemagne aux filles de l'impératrice,
« la créance qu'elles eurent de ne pécher au plus que

« véniellement par des calomnies en fit tant naître en
« peu de jours, et tant de médisances, et tant de faux
« rapports, que cela mit toute la cour en combustion et
« en alarmes; car il est aisé de s'imaginer l'usage qu'el-
« les en surent faire : de sorte que, pour apaiser ce tu-
« multe, on fut obligé d'appeler un bon père capucin
« d'une vie exemplaire, nommé le père Quiroga (et
« ce fut sur quoi le père Dicastillus le querella tant),
« qui vint leur déclarer que cette maxime était très-
« pernicieuse, principalement parmi les femmes; et
« il eut un soin particulier de faire que l'impératrice
« en abolît tout à fait l'usage. » On ne doit pas être
surpris des mauvais effets que causa cette doctrine.
Il faudrait admirer au contraire qu'elle ne produisît
pas cette licence. L'amour-propre nous persuade toujours assez que c'est avec injustice qu'on nous attaque;
et à vous principalement, mes pères, que la vanité
aveugle de telle sorte, que vous voulez faire croire
en tous vos écrits que c'est blesser l'honneur de l'É-
glise que de blesser celui de votre société. Et ainsi,
mes pères, il y aurait lieu de trouver étrange que vous
ne missiez pas cette maxime en pratique. Car il ne faut
plus dire de vous comme font ceux qui ne vous connaissent pas : Comment ces bons pères voudraient-ils
calomnier leurs ennemis, puisqu'ils ne le pourraient
faire que par la perte de leur salut? Mais il faut dire
au contraire : Comment ces bons pères voudraient-ils
perdre l'avantage de décrier leurs ennemis, puisqu'ils
le peuvent faire sans hasarder leur salut? Qu'on ne
s'étonne donc plus de voir les jésuites calomniateurs :
ils le sont en sûreté de conscience, et rien ne les en
peut empêcher; puisque, par le crédit qu'ils ont dans

le monde, ils peuvent calomnier sans craindre la justice des hommes, et que, par celui qu'ils se sont donné sur les cas de conscience, ils ont établi des maximes pour le pouvoir faire sans craindre la justice de Dieu.

Voilà, mes pères, la source d'où naissent tant de noires impostures. Voilà ce qui en a fait répandre à votre père Brisacier, jusqu'à s'attirer la censure de feu M. l'archevêque de Paris. Voilà ce qui a porté votre père d'Anjou à décrier en pleine chaire, dans l'église de Saint-Benoît, à Paris, le 8 mars 1655, les personnes de qualité qui recevaient les aumônes pour les pauvres de Picardie et de Champagne, auxquelles ils contribuaient tant eux-mêmes; et à dire, par un mensonge horrible et capable de faire tarir ces charités, si on eût eu quelque créance en vos impostures, « qu'il savait de science certaine que ces per« sonnes avaient détourné cet argent pour l'employer « contre l'Église et contre l'État : » ce qui obligea le curé de cette paroisse, qui est un docteur de Sorbonne, de monter le lendemain en chaire pour démentir ces calomnies. C'est par ce même principe que votre père Crasset a tant prêché d'impostures dans Orléans, qu'il a fallu que M. l'évêque d'Orléans l'ait interdit comme un imposteur public, par son mandement du 9 septembre dernier, où il déclare « qu'il défend à frère Jean Crasset, prêtre de la com« pagnie de Jésus, de prêcher dans son diocèse ; et à « tout son peuple de l'ouïr, sous peine de se rendre « coupable d'une désobéissance mortelle, sur ce qu'il « a appris que ledit Crasset avait fait un discours en « chaire rempli de faussetés et de calomnies contre

« les ecclésiastiques de cette ville, leur imposant faus-
« sement et malicieusement qu'ils soutenaient ces pro-
« positions hérétiques et impies : Que les commande-
« ments de Dieu sont impossibles ; que jamais on ne
« résiste à la grâce intérieure ; et que JÉSUS-CHRIST
« n'est pas mort pour tous les hommes ; et autres
« semblables, condamnées par Innocent X. » Car
c'est là, mes pères, votre imposture ordinaire, et la
première que vous reprochez à tous ceux qu'il vous
est important de décrier. Et, quoiqu'il vous soit aussi
impossible de le prouver de qui que ce soit, qu'à votre
père Crasset de ces ecclésiastiques d'Orléans, votre
conscience néanmoins demeure en repos, parce que
vous croyez que « cette manière de calomnier ceux
« qui vous attaquent est si certainement permise, »
que vous ne craignez point de le déclarer publiquement et à la vue de toute une ville.

En voici un insigne témoignage dans le démêlé que
vous eûtes avec M. Puys, curé de Saint-Nizier, à Lyon :
et comme cette histoire marque parfaitement votre
esprit, j'en rapporterai les principales circonstances.

Vous savez, mes pères, qu'en 1649, M. Puys traduisit
en français un excellent livre d'un autre père capucin,
touchant « le devoir des chrétiens à leur paroisse
« contre ceux qui les en détournent, » sans user d'aucune invective, et sans désigner aucun religieux ni
aucun ordre en particulier. Vos pères néanmoins pri-
rent cela pour eux ; et, sans avoir aucun respect pour
un ancien pasteur, juge en la primatie de France et
honoré de toute la ville, votre père Alby fit un livre
sanglant contre lui, que vous vendîtes vous-mêmes
dans votre propre église le jour de l'Assomption, où

il l'accusait de plusieurs choses, et entre autres de
« s'être rendu scandaleux par ses galanteries, et
« d'être suspect d'impiété, d'être hérétique, excom-
« munié, et enfin digne du feu. » A cela M. Puys répondit, et le père Alby soutint, par un second livre,
ses premières accusations. N'est-il donc pas vrai, mes
pères, ou que vous étiez des calomniateurs, ou que
vous croyiez tout cela de ce bon prêtre; et qu'ainsi il
fallait que vous le vissiez hors de ses erreurs pour le
juger digne de votre amitié? Écoutez donc ce qui se
passa dans l'accommodement qui fut fait en présence
d'un grand nombre des premières personnes de la
ville, dont les noms sont au bas de cette page (1),
comme ils sont marqués dans l'acte qui en fut dressé
le 25 septembre 1650. Ce fut en présence de tout ce
monde que M. Puys ne fit autre chose que « déclarer
« que ce qu'il avait écrit ne s'adressait point aux pères
« jésuites : qu'il avait parlé en général contre ceux
« qui éloignent les fidèles des paroisses, sans avoir
« pensé en cela attaquer la société, et qu'au contraire
« il l'honorait avec amour. » Par ces seules paroles,
il revint de son apostasie, de ses scandales et de son
excommunication, sans rétractation et sans absolution; et le père Alby lui dit ensuite ces paroles :
« Monsieur, la créance que j'ai eue que vous atta-

---

(1) M. de Ville, vicaire général de M. le cardinal de Lyon; M. Scarron, chanoine et curé de Saint-Paul; M. Margat, chantre; MM. Bouvaud, Sève, Aubert et Dervieu, chanoines de Saint-Nizier; M. du Gué, président des trésoriers de France; M. Gros-lier, prévôt des marchands; M. de Fléchère, président et lieutenant général ; MM. de Boissat, de Saint-Romain et de Bartoly, gentilshommes; M Bourgeois, premier avocat du roi au bureau des trésoriers de France ; MM. de Cotton père et fils ; M. Boniel; qui ont tous signé à l'original de la déclaration, avec M. Puys et le père Alby.

« quiez la compagnie dont j'ai l'honneur d'être, m'a
« fait prendre la plume pour y répondre; et j'ai cru
« que la manière dont j'ai usé m'était permise. Mais,
« connaissant mieux votre intention, je viens vous
« déclarer qu'il n'y a plus rien qui me puisse empê-
« cher de vous tenir pour un homme d'esprit, très-
« éclairé, de doctrine profonde et orthodoxe, de mœurs
« irrépréhensibles, et, en un mot, pour digne pasteur
« de votre Église. C'est une déclaration que je fais avec
« joie, et je prie ces messieurs de s'en souvenir. »

Ils s'en sont souvenus, mes pères; et on fut plus scandalisé de la réconciliation que de la querelle. Car qui n'admirerait ce discours du père Alby! Il ne dit pas qu'il vient se rétracter, parce qu'il a appris le changement des mœurs et de la doctrine de M. Puys; mais seulement parce que, « connaissant que son intention « n'a pas été d'attaquer votre compagnie, il n'y a plus « rien qui l'empêche de le tenir pour catholique. » Il ne croyait donc pas qu'il fût hérétique en effet : et néanmoins, après l'en avoir accusé contre sa connaissance, il ne déclare pas qu'il a failli; mais il ose dire, au contraire, qu'il croit que « la manière dont il en a « usé lui était permise. »

A quoi songez-vous, mes pères, de témoigner ainsi publiquement que vous ne mesurez la foi et la vertu des hommes que par les sentiments qu'ils ont pour votre société? comment n'avez-vous point appréhendé de vous faire passer vous-mêmes, et par votre propre aveu, pour des imposteurs et des calomniateurs? Quoi, mes pères, un même homme, sans qu'il se passe aucun changement en lui, selon que vous croyez qu'il honore ou qu'il attaque votre compagnie, sera « pieux

« *ou* impie, irrépréhensible *ou* excommunié, digne
« pasteur de l'Église *ou* digne d'être mis au feu, et
« enfin catholique *ou* hérétique? » C'est donc une
même chose, dans votre langage, d'attaquer votre
société, et d'être hérétique? Voilà une plaisante hérésie, mes pères; et ainsi, quand on voit dans vos
écrits que tant de personnes catholiques y sont appelées hérétiques, cela ne veut dire autre chose, sinon
que « vous croyez qu'ils vous attaquent. » Il est
bon, mes pères, qu'on entende cet étrange langage,
selon lequel il est sans doute que je suis un grand hérétique. Aussi c'est en ce sens que vous me donnez si
souvent ce nom. Vous ne me retranchez de l'Église que
parce que vous croyez que mes lettres vous font tort :
et ainsi il ne me reste, pour devenir catholique, ou
que d'approuver les excès de votre morale, ce que je
ne pourrais faire sans renoncer à tout sentiment de
piété, ou de vous persuader que je ne recherche en
cela que votre véritable bien; et il faudrait que vous
fussiez bien revenus de vos égarements pour le reconnaître. De sorte que je me trouve étrangement engagé
dans l'hérésie, puisque, la pureté de ma foi étant inutile pour me retirer de cette sorte d'erreur, je n'en
puis sortir, ou qu'en trahissant ma conscience, ou
qu'en réformant la vôtre. Jusque-là je serai toujours
un méchant et un imposteur; et, quelque fidèle que
j'aie été à rapporter vos passages, vous irez crier partout qu'il faut être « organe du démon pour vous im-
« puter *des choses* dont il n'y a ni marque ni vestige
« dans vos livres; » et vous ne ferez rien en cela que
de conforme à votre maxime et à votre pratique ordinaire, tant le privilège que vous avez de mentir a d'é-

tendue. Souffrez que je vous en donne un exemple que je choisis à dessein, parce que je répondrai en même temps à la neuvième de vos impostures ; aussi bien elles ne méritent d'être réfutées qu'en passant.

Il y a dix à douze ans qu'on vous reprocha cette maxime du père Bauny : Qu'il est « permis de recher-
« cher directement, PRIMO ET PER SE, une occasion
« prochaine de pécher pour le bien spirituel ou tem-
« porel de nous ou de notre prochain, » tr. 4, q. 14, dont il apporte pour exemple : Qu'il est « permis à cha-
« cun d'aller en des lieux publics pour convertir des
« femmes perdues, encore qu'il soit vraisemblable
« qu'on y péchera, pour avoir déjà expérimenté sou-
« vent qu'on est accoutumé de se laisser aller au péché
« par les caresses de ces femmes. » Que répondit à cela votre père Caussin, en 1644, dans son Apologie pour la compagnie de Jésus, p. 128 ? « Qu'on voie
« l'endroit du père Bauny, qu'on lise la page, les mar-
« ges, les avant-propos, les suites, tout le reste, et
« même tout le livre, on n'y trouvera pas un seul ves-
« tige de cette sentence, qui ne pourrait tomber que
« dans l'âme d'un homme extrêmement perdu de con-
« science, et qui semble ne pouvoir être supposée que
« par l'organe du démon ! » Et votre père Pintereau, en même style, première partie, p. 23 : « Il faut être
« bien perdu de conscience pour enseigner une si dé-
« testable doctrine ; mais il faut être pire qu'un dé-
« mon pour l'attribuer au père Bauny. Lecteur, il n'y
« en a ni marque ni vestige dans tout son livre. » Qui ne croirait que des gens qui parlent de ce ton-là eussent sujet de se plaindre, et qu'on aurait en effet imposé au père Bauny ? Avez-vous rien assuré contre

moi en de plus forts termes? Et comment oserait-on s'imaginer qu'un passage fût en mots propres au lieu même où l'on le cite, quand on dit qu'il n'y en a ni marque ni vestige dans tout le livre?

En vérité, mes pères, voilà le moyen de vous faire croire jusqu'à ce qu'on vous réponde; mais c'est aussi le moyen de faire qu'on ne vous croie jamais plus, après qu'on vous aura répondu. Car il est si vrai que vous mentiez alors, que vous ne faites aujourd'hui aucune difficulté de reconnaître, dans vos réponses, que cette maxime est dans le père Bauny, au lieu même qu'on avait cité : et, ce qui est admirable, c'est qu'au lieu qu'elle était *détestable* il y a douze ans, elle est maintenant si innocente, que, dans votre neuvième imposture, p. 10, vous m'accusez « d'ignorance et de « malice, de quereller le père Bauny sur une opinion « qui n'est point rejetée dans l'école. » Qu'il est avantageux, mes pères, d'avoir affaire à ces gens qui disent le pour et le contre! Je n'ai besoin que de vous-mêmes pour vous confondre. Car je n'ai à montrer que deux choses : l'une que cette maxime ne vaut rien ; l'autre, qu'elle est du père Bauny; et je prouverai l'une et l'autre par votre propre confession. En 1644, vous avez reconnu qu'elle est *détestable*, et, en 1656, vous avouez qu'elle est du père Bauny : cette double reconnaissance me justifie assez, mes pères; mais elle fait plus, elle découvre l'esprit de votre politique. Car, dites-moi, je vous prie, quel est le but que vous vous proposez dans vos écrits? Est-ce de parler avec sincérité? Non, mes pères, puisque vos réponses s'entre-détruisent. Est-ce de suivre la vérité de la foi? Aussi peu, puisque vous autorisez une maxime qui est *détestable* selon vous-mêmes. Mais considérons que, quand vous avez dit que cette maxime est *détestable*, vous avez nié en même temps qu'elle fût du père Bauny; et ainsi il était innocent; et quand vous avouez qu'elle est de lui, vous soutenez en même temps qu'elle est bonne, et ainsi il est innocent encore. De sorte que, l'innocence de ce père étant la seule chose commune à vos deux réponses, il est visible que c'est aussi la seule chose que vous y recherchez, et que vous n'avez pour objet que la défense de vos pères, en disant d'une même maxime qu'elle est dans vos livres et qu'elle n'y est pas; qu'elle est bonne et qu'elle est mauvaise; non pas selon la vérité, qui ne change jamais, mais selon votre intérêt, qui change à toute heure. Que ne pourrais-je vous dire là-dessus? car vous voyez bien que cela est convaincant. Cependant rien ne vous est plus ordinaire, et, pour en omettre une infinité d'exemples, je crois que vous vous contenterez que je vous en rapporte encore un.

On vous a reproché en divers temps une autre proposition du même père Bauny, tr. 4, quest. 22, p. 100 : « On ne doit dénier ni différer l'absolution à ceux qui « sont dans les habitudes de crimes contre la loi de « Dieu, de nature et de l'Église, encore qu'on n'y « voie aucune espérance d'amendement : *etsi emenda-* « *tionis futuræ spes nulla appareat.* » Je vous prie sur cela, mes pères, de me dire lequel y a le mieux répondu, selon votre goût, ou de votre père Pintereau, ou de votre père Brisacier, qui défendent le père Bauny en vos deux manières : l'un en condamnant cette proposition, mais en désavouant aussi qu'elle soit du père Bauny; l'autre, en avouant qu'elle est du père

Bauny, mais en la justifiant en même temps. Écoutez-les donc discourir. Voici le père Pintereau, p. 18 : « Qu'appelle-t-on franchir les bornes de toute pudeur, « et passer au delà de toute impudence, sinon d'im- « poser au père Bauny, comme une chose avérée, une « si damnable doctrine? Jugez, lecteur, de l'indignité « de cette calomnie, et voyez à qui les jésuites ont « affaire, et si l'auteur d'une si noire supposition ne « doit pas passer désormais pour le truchement du « père des mensonges? » Et voici maintenant votre père Brisacier, 4e part., pag. 24 : « En effet, le père « Bauny dit ce que vous rapportez. (C'est démentir le père Pintereau bien nettement.) « Mais » ajoute-t-il pour justifier le père Bauny, « vous qui reprenez « cela, attendez quand un pénitent sera à vos pieds, « que son ange gardien hypothèque tous les droits « qu'il a au ciel pour être sa caution : attendez que « Dieu le père jure par son chef que David a menti, « quand il a dit, par le Saint-Esprit, que tout homme « est menteur, trompeur et fragile; et que ce péni- « tent ne soit plus menteur, fragile, changeant ni pé- « cheur comme les autres; et vous n'appliquerez le « sang de Jésus-Christ sur personne. »

Que vous semble-t-il, mes pères, de ces expressions extravagantes et impies, que, s'il fallait attendre *qu'il y eût quelque espérance d'amendement* dans les pécheurs pour les absoudre, il faudrait attendre *que Dieu le père jurât par son chef* qu'ils ne tomberaient jamais plus? Quoi! mes pères, n'y a-t-il point de différence entre *l'espérance* et la *certitude?* Quelle injure est-ce faire à la grâce de Jésus-Christ de dire qu'il est si peu possible que les chrétiens sortent jamais des crimes contre la loi de Dieu, de nature et de l'Église, qu'on ne pourrait l'espérer *sans que le Saint-Esprit eût menti :* de sorte que, selon vous, si on ne donnait l'absolution à ceux *dont on n'espère aucun amendement*, le sang de Jésus-Christ demeurerait inutile, et on ne *l'appliquerait jamais sur personne!* A quel état, mes pères, vous réduit le désir immodéré de conserver la gloire de vos auteurs, puisque vous ne trouvez que deux voies pour les justifier, l'imposture ou l'impiété ; et qu'ainsi la plus innocente manière de vous défendre est de désavouer hardiment les choses les plus évidentes.

De là vient que vous en usez si souvent. Mais ce n'est pas encore là tout ce que vous savez faire. Vous forgez des écrits pour rendre vos ennemis odieux, comme la *Lettre d'un ministre à M. Arnauld*, que vous débitâtes dans tout Paris, pour faire croire que le livre de la Fréquente communion, approuvé par tant d'évêques et tant de docteurs, mais qui, à la vérité, vous était un peu contraire, avait été fait par une intelligence secrète avec les ministres de Charenton. Vous attribuez d'autres fois à vos adversaires des écrits pleins d'impiété, comme la *Lettre circulaire des jansénistes*, dont le style impertinent rend cette fourbe trop grossière, et découvre trop clairement la malice ridicule de votre père Meynier, qui ose s'en servir, pag. 28, pour appuyer ses plus noires impostures. Vous citez quelquefois des livres qui ne furent jamais au monde, comme *les Constitutions du saint sacrement*, d'où vous rapportez des passages que vous fabriquez à plaisir et qui font dresser les cheveux à la tête des simples, qui ne savent pas quelle est votre hardiesse à inventer et publier les mensonges : car il n'y a sorte ee calomnie que vous n'ayez mise en usage. Jamais la maxime qui l'excuse ne pouvait être en meilleure main.

Mais celles-là sont trop aisées à détruire; et c'est pourquoi vous en avez de plus subtiles, où vous ne particularisez rien, afin d'ôter toute prise et tout moyen d'y répondre; comme quand le père Brisacier dit « que ses ennemis commettent des crimes abomina-
« bles, mais qu'il ne les veut pas rapporter. » Ne semble-t-il pas qu'on ne peut convaincre d'imposture un reproche si indéterminé? Un habile homme néanmoins en a trouvé le secret, et c'est encore un capucin, mes pères. Vous êtes aujourd'hui malheureux en capucins, et je prévois qu'une autre fois vous le pourriez bien être en bénédictins. Ce capucin s'appelle le père Valérien, de la maison des comtes de Magnis. Vous apprendrez par cette petite histoire comment il répondit à vos calomnies. Il avait heureusement réussi à la conversion du prince Ernest, landgrave de Hesse-Rheinsfelt (1). Mais vos pères, comme s'ils eussent eu quelque peine de voir convertir un prince souverain sans les y appeler, firent incontinent un livre contre lui (car vous persécutez les gens de bien partout), où, falsifiant un de ses passages, ils lui imputent une doctrine *hérétique*. Ils firent aussi courir une lettre contre lui, où ils lui disaient : « Oh! que nous avons de
« choses à découvrir, *sans dire quoi*, dont vous serez

---

(1) Il y avait, dans les premières éditions, du *landgrave de Darmstadt;* mais c'est une faute. Il faut le *landgrave de Hesse-Rheinsfelt;* car le prince Ernest, landgrave de Hesse, de la conversion duquel il s'agit ici, n'était pas de la maison de Hesse-Darmstadt, mais fils du prince Maurice, landgrave de Hesse.

« bien affligé ! Car, si vous n'y donnez ordre, nous se-
« rons obligés d'en avertir le pape et les cardinaux. »
Cela n'est pas maladroit ; et je ne doute point, mes
pères, que vous ne leur parliez ainsi de moi : mais
prenez garde de quelle sorte il y répond dans son livre imprimé à Prague l'année dernière, pag. 112 et
suiv. « Que ferai-je, dit-il, contre ces injures vagues
« et indéterminées ? Comment convaincrai-je des re-
« proches qu'on n'explique point ? En voici néanmoins
« le moyen. C'est que je déclare hautement et publi-
« quement à ceux qui me menacent, que ce sont des
« imposteurs insignes, et de très-habiles et très-im-
« pudents menteurs, s'ils ne découvrent ces crimes à
« toute la terre. Paraissez donc, mes accusateurs, et
« publiez ces choses sur les toits, au lieu que vous les
« avez dites à l'oreille, et que vous avez menti en as-
« surance en les disant à l'oreille. Il y en a qui s'ima-
« ginent que ces disputes sont scandaleuses. Il est vrai
« que c'est exciter un scandale horrible que de m'im-
« puter un crime tel que l'hérésie et de me rendre
« suspect de plusieurs autres. Mais je ne fais que remé-
« dier à ce scandale en soutenant mon innocence. »

En vérité, mes pères, vous voilà malmenés, et jamais homme n'a été mieux justifié. Car il a fallu que
les moindres apparences de crime vous aient manqué
contre lui, puisque vous n'avez point répondu à un
tel défi. Vous avez quelquefois de fâcheuses rencontres à essuyer, mais cela ne vous rend pas plus sages.
Car, quelque temps après, vous l'attaquâtes encore
de la même sorte sur un autre sujet, et il se défendit
aussi de même, pag. 151, en ces termes : « Ce genre
« d'hommes, qui se rend insupportable à toute la

« chrétienté, aspire, sous le prétexte des bonnes œu-
« vres, aux grandeurs et à la domination, en détour-
« nant à leurs fins presque toutes les lois divines, hu-
« maines, positives et naturelles. Ils attirent, ou par
« leur doctrine, ou par crainte, ou par espérance,
« tous les grands de la terre, de l'autorité desquels
« ils abusent pour faire réussir leurs détestables intri-
« gues. Mais leurs attentats, quoique si criminels, ne
« sont ni punis ni arrêtés : ils sont récompensés au
« contraire, et ils les commettent avec la même har-
« diesse que s'ils rendaient un service à Dieu. Tout le
« monde le reconnaît, tout le monde en parle avec
« exécration ; mais il y en a peu qui soient capables
« de s'opposer à une si puissante tyrannie. C'est ce
« que j'ai fait néanmoins. J'ai arrêté leur impudence,
« et je l'arrêterai encore par le même moyen. Je dé-
« clare donc qu'ils ont menti très-impudemment,
« MENTIRIS IMPUDENTISSIME. Si les choses qu'ils m'ont
« reprochées sont véritables, qu'ils les prouvent, ou
« qu'ils passent pour convaincus d'un mensonge plein
« d'impudence. Leur procédé sur cela découvrira qui
« a raison. Je prie tout le monde de l'observer, et de
« remarquer cependant que ce genre d'hommes, qui
« ne souffrent pas la moindre des injures qu'ils peu-
« vent repousser, font semblant de souffrir très-pa-
« tiemment celles dont ils ne se peuvent défendre, et
« couvrent d'une fausse vertu leur véritable impuis-
« sance. C'est pourquoi j'ai voulu irriter plus vivement
« leur pudeur, afin que les plus grossiers reconnais-
« sent que, s'ils se taisent, leur patience ne sera pas
« un effet de leur douceur, mais du trouble de leur
« conscience. »

Voilà ce qu'il dit, mes pères, et il finit ainsi : « Ces « gens-là, dont on sait les histoires par tout le monde, « sont si évidemment injustes et si insolents dans leur « impunité, qu'il faudrait que j'eusse renoncé à Jésus-« Christ et à son Église, si je ne détestais leur conduite, « et même publiquement, autant pour me justifier que « pour empêcher les simples d'en être séduits. »

Mes révérends pères, il n'y a plus moyen de reculer (1). Il faut passer pour des calomniateurs convaincus, et recourir à votre maxime, que cette sorte de calomnie n'est pas un crime. Ce père a trouvé le secret de vous fermer la bouche : c'est ainsi qu'il faut faire toutes les fois que vous accusez les gens sans preuves. On n'a qu'à répondre à chacun de vous comme le père capucin, *Mentiris impudentissime*. Car que répondrait-on autre chose, quand votre père Brisacier dit, par exemple, que ceux contre qui il écrit « sont des portes d'enfer, des pontifes du diable, « des gens déchus de la foi, de l'espérance et de la « charité, qui bâtissent le trésor de l'Antechrist? Ce « que je ne dis pas, ajoute-t-il, par forme d'injure, « mais par la force de la vérité. » S'amuserait-on à

---

(1) On conçoit que sous le coup de cette moquerie sanglante, de cet enjouement appuyé du glaive, un auteur jésuite (Pirot), qui voulut alors répondre à Pascal (*Apologie pour les casuistes...*), se soit échappé à cet aveu ingénu, à cette grimace irrésistible de la douleur : « Les plus cruels supplices ne sont pas toujours ceux que l'on endure dans les bannissements, sur les gibets et sur les roues. Le supplice qu'on a fait souffrir à des martyrs que l'on frottait de miel pour après les exposer aux piqûres des guêpes et des bourdons, a été plus cruel que beaucoup d'autres qui semblent plus horribles et qui font plus de compassion. La persécution qu'ont soufferte les jésuites par les bouffonneries de Port-Royal a quelque chose de semblable; leurs tyrans ont fait l'instrument de leur supplice des douceurs empoisonnées d'un enjouement cruel, et on les a abandonnés et laissés exposés aux piqûres sanglantes de la calomnie. » Sainte-Beuve, *Port-Royal*, t. III, p. 81, note 2.

prouver qu'on n'est pas « porte d'enfer, et qu'on ne « bâtit pas le trésor de l'Antechrist? »

Que doit-on répondre de même à tous les discours vagues de cette sorte, qui sont dans vos livres et dans vos avertissements sur mes Lettres? par exemple: « Qu'on s'applique les restitutions, en réduisant les « créanciers dans la pauvreté; qu'on a offert des sacs « d'argent à de savants religieux, qui les ont refusés; « qu'on donne des bénéfices pour faire semer des hé- « résies contre la foi; qu'on a des pensionnaires parmi « les plus illustres ecclésiastiques et dans les cours « souveraines; que je suis aussi pensionnaire de Port- « Royal, et que je faisais des romans avant mes Let- « tres », moi qui n'en ai jamais lu aucun, et qui ne sais pas seulement le nom de ceux qu'a faits votre apologiste! Qu'y a-t-il à dire à tout cela, mes pères, sinon : *Mentiris impudentissime*, si vous ne marquez toutes ces personnes, leurs paroles, le temps, le lieu? Car il faut se taire ou rapporter et prouver toutes les circonstances, comme je fais quand je vous conte les histoires du père Alby et de Jean d'Alba. Autrement, vous ne ferez que vous nuire à vous-mêmes. Toutes vos fables pouvaient peut-être vous servir avant qu'on sût vos principes; mais à présent que tout est découvert, quand vous penserez dire à l'oreille « qu'un « homme d'honneur, qui désire cacher son nom, vous « a appris de terribles choses de ces gens-là », on vous fera souvenir incontinent du *Mentiris impudentissime* du bon père capucin. Il n'y a que trop longtemps que vous trompez le monde, et que vous abusez de la créance qu'on avait en vos impostures. Il est temps de rendre la réputation à tant de personnes calomniées. Car quelle innocence peut être si généralement reconnue, qu'elle ne souffre quelque atteinte par les impostures si hardies d'une compagnie répandue par toute la terre, et qui, sous des habits religieux, couvre des âmes si irréligieuses, qu'ils commettent des crimes tels que la calomnie, non pas contre leurs maximes, mais selon leurs propres maximes? Ainsi l'on ne me blâmera point d'avoir détruit la créance qu'on pourrait avoir en vous, puisqu'il est bien plus juste de conserver à tant de personnes que vous avez décriées la réputation de piété qu'ils ne méritent pas de perdre, que de vous laisser la réputation de sincérité que vous ne méritez pas d'avoir. Et comme l'un ne se pouvait faire sans l'autre, combien était-il important de faire entendre qui vous êtes! C'est ce que j'ai commencé de faire ici; mais il faut bien du temps pour achever. On le verra, mes pères, et toute votre politique ne vous en peut garantir, puisque les efforts que vous pourriez faire pour l'empêcher ne serviraient qu'à faire connaître aux moins clairvoyants que vous avez eu peur, et que, votre conscience vous reprochant ce que j'avais à vous dire, vous avez tout mis en usage pour le prévenir.

SEIZIÈME LETTRE.

Calomnies horribles des jésuites contre de pieux ecclésiastiques et de saintes religieuses.

Du 4 décembre 1656.

MES RÉVÉRENDS PÈRES,

Voici la suite de vos calomnies, où je répondrai d'abord à celles qui restent de vos *Avertissements*. Mais comme tous vos autres livres en sont également remplis, ils me fourniront assez de matière pour vous entretenir sur ce sujet autant que je le jugerai nécessaire. Je vous dirai donc en un mot, sur cette fable que vous avez semée dans tous vos écrits contre M. d'Ypres, que vous abusez malicieusement de quelques paroles ambiguës d'une de ses lettres, qui, étant capables d'un bon sens, doivent être prises en bonne part, selon l'esprit de l'Église, et ne peuvent être prises autrement que selon l'esprit de votre société. Car pourquoi voulez-vous qu'en disant à son ami : « Ne vous « mettez pas tant en peine de votre neveu ; je lui four- « nirai ce qui est nécessaire de l'argent qui est entre « mes mains », il ait voulu dire par là qu'il prenait cet argent pour ne le point rendre, et non pas qu'il l'avançait seulement pour le remplacer? Mais ne faut-il pas que vous soyez bien imprudents d'avoir fourni vous-mêmes la conviction de votre mensonge par les autres lettres de M. d'Ypres que vous avez imprimées, qui marquent visiblement que ce n'était en effet que des *avances* qu'il devait remplacer! C'est ce qui paraît dans celle que vous rapportez, du 30 juillet 1619, en ces termes qui vous confondent : « Ne vous souciez « pas DES AVANCES ; il ne lui manquera rien tant qu'il « sera ici. » Et par celle du 6 janvier 1620, où il dit : « Vous avez trop de hâte ; et quand il serait question « de rendre compte, le peu de crédit que j'ai ici me « ferait trouver de l'argent au besoin. »

Vous êtes donc des imposteurs, mes pères, aussi bien sur ce sujet que sur votre conte ridicule du tronc de Saint-Merri. Car quel avantage pouvez-vous tirer de l'accusation qu'un de vos bons amis suscita à cet ecclésiastique que vous voulez déchirer? Doit-on conclure qu'un homme est coupable parce qu'il est accusé? Non, mes pères : des gens de piété comme lui pourront toujours être accusés tant qu'il y aura au monde des calomniateurs comme vous. Ce n'est donc pas par l'accusation, mais par l'arrêt, qu'il en faut juger. Or l'arrêt qui en fut rendu, le 23 février 1656, le justifie pleinement; outre que celui qui s'était engagé témérairement dans cette injuste procédure fut désavoué par ses collègues, et forcé lui-même à la rétracter. Et quant à ce que vous dites au même lieu de ce « fameux directeur qui se fit riche en un moment « de neuf cent mille livres », il suffit de vous renvoyer à MM. les curés de Saint-Roch et de Saint-Paul, qui rendront témoignage à tout Paris de son parfait désintéressement dans cette affaire, et de votre malice inexcusable dans cette imposture.

En voilà assez pour des faussetés si vaines. Ce ne sont là que les coups d'essai de vos novices, et non pas les coups d'importance de vos grands profès. J'y viens donc, mes pères ; je viens à cette calomnie, l'une des plus noires qui soient sorties de votre esprit. Je parle de cette audace insupportable avec laquelle vous avez osé imputer à de saintes religieuses et à leurs directeurs « de ne pas croire le mystère de « la transsubstantiation, ni la présence réelle de « Jésus-Christ dans l'eucharistie. » Voilà, mes pères, une imposture digne de vous; voilà un crime que Dieu seul est capable de punir, comme vous seuls êtes capables de le commettre. Il faut être aussi humble que ces humbles calomniées, pour le souffrir avec patience ; et il faut être aussi méchants que de si méchants calomniateurs pour le croire. Je n'entreprends donc pas de les en justifier; elles n'en sont point suspectes. Si elles avaient besoin de défenseurs, elles en auraient de meilleurs que moi. Ce que j'en dirai ici ne sera pas pour montrer leur innocence, mais pour montrer votre malice. Je veux seulement vous en faire horreur à vous-mêmes, et faire entendre à tout le monde qu'après cela il n'y a rien dont vous ne soyez capables.

Vous ne manquerez pas néanmoins de dire que je suis de Port-Royal; car c'est la première chose que vous dites à quiconque combat vos excès : comme si on ne trouvait qu'à Port-Royal des gens qui eussent assez de zèle pour défendre contre vous la pureté de la morale chrétienne. Je sais, mes pères, le mérite de ces pieux solitaires qui s'y étaient retirés, et combien l'Église est redevable à leurs ouvrages si édifiants et si solides. Je sais combien ils ont de piété et de lumières ; car encore que je n'aie jamais eu d'établissement avec eux, comme vous le voulez faire croire sans que vous sachiez qui je suis, je ne laisse pas d'en connaître quelques-uns, et d'honorer la vertu de tous. Mais Dieu n'a pas renfermé dans ce nombre seul tous ceux qu'il veut opposer à vos désordres. J'espère avec son secours, mes pères, de vous le faire sentir ; et, s'il me fait la grâce de me soutenir dans le dessein qu'il me donne d'employer pour lui tout ce que j'ai reçu de lui, je vous parlerai de telle sorte que je vous ferai peut-être regretter de n'avoir pas affaire à un homme de Port-Royal. Et pour vous le témoigner, mes pères, c'est qu'au lieu que ceux que vous outragez par cette insigne calomnie se contentent d'offrir à Dieu leurs gémissements pour vous en obtenir pardon, je me sens obligé, moi, qui n'ai point de part à cette injure, de vous en faire rougir à la face de toute l'Église, pour vous procurer cette confusion salutaire dont parle l'Écriture, qui est presque l'unique remède d'un endurcissement tel que le vôtre : *Imple facies eorum ignominia, et quærent nomen tuum, Domine.*

Il faut arrêter cette insolence, qui n'épargne point les lieux les plus saints. Car qui pourra être en sûreté après une calomnie de cette nature? Quoi! mes pères, afficher vous-mêmes dans Paris un livre si scandaleux, avec le nom de votre père Meynier à la tête, et sous cet infâme titre : « Le Port-Royal et Genève « d'intelligence contre le très-saint sacrement de l'au-« tel, » où vous accusez de cette apostasie non-seulement M. l'abbé de Saint-Cyran et M. Arnauld, mais aussi la mère Agnès sa sœur, et toutes les religieuses de ce monastère, dont vous dites, p. 96, « que leur « foi est aussi suspecte touchant l'eucharistie, que « celle de M. Arnauld, » lequel vous soutenez, p. 4, être « effectivement calviniste! » Je demande là-dessus à tout le monde s'il y a dans l'Église des personnes sur qui vous puissiez faire tomber un si abominable reproche avec moins de vraisemblance. Car, dites-moi, mes pères, si ces religieuses et leurs directeurs étaient « d'intelligence avec Genève contre le très-« saint sacrement de l'autel » (ce qui est horrible à penser), pourquoi auraient-elles pris pour le principal objet de leur piété ce sacrement qu'elles auraient en abomination? Pourquoi auraient-elles joint à leur règle l'institution du Saint-Sacrement? Pourquoi auraient-elles pris l'habit du Saint-Sacrement, pris l nom de filles du Saint-Sacrement, appelé leur église l'Église du Saint-Sacrement? Pourquoi auraient-elles demandé et obtenu de Rome la confirmation de cette institution, et le pouvoir de dire tous les jeudis l'office du saint sacrement, où la foi de l'Église est si parfaitement exprimée, si elles avaient conjuré avec Genève d'abolir cette foi de l'Église? Pourquoi se seraient-elles obligées, par une dévotion particulière, approuvée aussi par le pape, d'avoir sans cesse, nuit et jour, des religieuses en présence de cette sainte hostie, pour réparer, par leurs adorations perpétuelles envers ce sacrifice perpétuel, l'impiété de l'hérésie qui l'a voulu anéantir? Dites-moi donc, mes pères, si vous le pouvez, pourquoi de tous les mystères de notre religion elles auraient laissé ceux qu'elles croient, pour choisir celui qu'elles ne croient pas ; et pourquoi elles se seraient dévouées d'une manière si pleine et si entière à ce mystère de notre foi, si elles le prenaient, comme les hérétiques, pour le mystère d'iniquité? Que répondrez-vous, mes pères, à des témoignages si évidents, non pas seulement de paroles, mais d'actions ; et non pas de quelques actions particulières, mais de toute la suite d'une vie entièrement consacrée à l'adoration de Jésus-Christ résidant sur nos autels? Que répondrez-vous de même aux livres que vous appelez *de Port-Royal*, qui sont tous remplis des termes les plus précis dont les Pères et les conciles se soient servis pour marquer l'essence de ce mystère? C'est une chose ridicule, mais horrible, de vous y voir répondre dans tout votre libelle en cette sorte ; M. Arnauld, dites-vous, parle bien de *transsubstantiation*, mais il entend peut-être *une transsub-*

stantiation significative. Il témoigne bien croire la *présence réelle;* mais qui nous a dit qu'il ne l'entend pas d'une *figure vraie et réelle?* Où en sommes-nous, mes pères? et qui ne ferez-vous point passer pour calviniste quand il vous plaira, si on vous laisse la licence de corrompre les expressions les plus canoniques et les plus saintes par les malicieuses subtilités de vos nouvelles équivoques? Car qui s'est jamais servi d'autres termes que de ceux-là, et surtout dans de simples discours de piété, où il ne s'agit point de controverses? Et cependant l'amour et le respect qu'ils ont pour ce saint mystère leur en a tellement fait remplir tous leurs écrits, que je vous défie, mes pères, quelque artificieux que vous soyez, d'y trouver ni la moindre apparence d'ambiguïté, ni la moindre convenance avec les sentiments de Genève.

Tout le monde sait, mes pères, que l'hérésie de Genève consiste essentiellement, comme vous le rapportez vous-mêmes, à croire que JÉSUS-CHRIST n'est point enfermé dans ce sacrement; qu'il est impossible qu'il soit en plusieurs lieux; qu'il n'est vraiment que dans le ciel, et que ce n'est que là où on le doit adorer, et non pas sur l'autel; que la substance du pain demeure; que le corps de JÉSUS-CHRIST n'entre point dans la bouche ni dans la poitrine; qu'il n'est mangé que par la foi, et qu'ainsi les méchants ne le mangent point; et que la messe n'est point un sacrifice, mais une abomination. Écoutez donc, mes pères, de quelle manière « Port-Royal est d'intelligence avec Genève « dans leurs livres. » On y lit, à votre confusion, que « la chair et le sang de JÉSUS-CHRIST sont conte- « nus sous les espèces du pain et du vin, » 2ᵉ *Lettre* de M. Arnauld, p. 259; que « le saint des saints est

« présent dans le sanctuaire, et qu'on l'y doit ado-
« rer; » *ibid.*, p. 243; que « JÉSUS-CHRIST habite
« dans les pécheurs qui communient, par la présence
« réelle et véritable de son corps dans leur poitrine,
« quoique non par la présence de son esprit dans
« leur cœur, » *Fréq. comm.*, 3ᵉ part., c. 16; que
« les cendres mortes des corps des saints tirent leur
« principale dignité de cette semence de vie qui leur
« reste de l'attouchement de la chair immortelle et
« vivifiante de JÉSUS-CHRIST, » 1ʳᵉ part., c. 40; que
« ce n'est par aucune puissance naturelle, mais par
« la toute-puissance de Dieu, à laquelle rien n'est
« impossible, que le corps de JÉSUS-CHRIST est en-
« fermé sous l'hostie, et sous la moindre partie de cha-
« que hostie, » *Théolog. fam.*, leç. 15; que « la vertu
« divine est présente pour produire l'effet que les pa-
« roles de la consécration signifient, » *ibid.*; que
« JÉSUS-CHRIST, qui est rabaissé et couché sur l'autel,
« est en même temps élevé dans sa gloire; qu'il est, par
« lui-même et par sa puissance ordinaire, en divers
« lieux en même temps, au milieu de l'Église triom-
« phante, et au milieu de l'Église militante et voya-
« gère, » *De la suspension*, rais. 21; que « les espèces
« sacramentales demeurent suspendues, et subsis-
« tent extraordinairement sans être appuyées d'aucun
« sujet; et que le corps de JÉSUS-CHRIST est aussi
« suspendu sous les espèces; qu'il ne dépend point
« d'elles, comme les substances dépendent des acci-
« dents, » *ibid.*, 23; que « la substance du pain se
« change en laissant les accidents immuables, » *Heures*, dans la prose du Saint-Sacrement; que « Jésus-
« CHRIST repose dans l'eucharistie avec la même gloire

« qu'il a dans le ciel, » *Lettres* de M. de Saint-Cyran, tr. 1, let. 93; que « son humanité glorieuse réside « dans les tabernacles de l'Église, sous les espèces « du pain qui le couvrent visiblement; et que, sa- « chant que nous sommes grossiers, il nous conduit « ainsi à l'adoration de sa divinité présente en tous « lieux, par celle de son humanité présente en un lieu « particulier, » *ibid.;* que « nous recevons le corps « de Jésus-Christ sur la langue, et qu'il la sanctifie « par son divin attouchement, » *Lettre* 32; « qu'il « entre dans la bouche du prêtre, » *Lettre* 72; que, « quoique Jésus-Christ se soit rendu accessible dans « le saint sacrement, par un effet de son amour et « de sa clémence, il ne laisse pas d'y conserver son « inaccessibilité comme une condition inséparable de « sa nature divine; parce que, encore que le seul corps « et le seul sang y soit par la vertu des paroles, *vi ver-* « *borum*, comme parle l'école, cela n'empêche pas que « toute sa divinité, aussi bien que toute son humanité, « n'y soit par une conjonction nécessaire, » *Défense du chapelet du saint sacrement*, p. 217; et enfin que « l'eucharistie est tout ensemble sacrement et sacri- « fice, » *Théol. fam.*, leç. 15; « et qu'encore que ce « sacrifice soit une commémoration de celui de la croix, « toutefois il y a cette différence que celui de la messe « n'est offert que pour l'Église seule, et pour les fi- « dèles qui sont dans sa communion; au lieu que celui « de la croix a été offert pour tout le monde, comme « l'Écriture parle, » *ibid.*, p. 153. Cela suffit, mes pères, pour faire voir clairement qu'il n'y eut peut-être jamais une plus grande impudence que la vôtre. Mais je veux encore vous faire prononcer cet arrêt à vous-mêmes contre vous-mêmes. Car que demandez-vous, afin d'ôter toute apparence qu'un homme soit d'intelligence avec Genève? « Si M. Arnauld, dit votre père « Meynier, p. 83, eût dit qu'en cet adorable mystère « il n'y a aucune subtance du pain sous les espèces, « mais seulement la chair et le sang de Jésus-Christ, « j'eusse avoué qu'il se serait déclaré entièrement « contre Genève. » Avouez-le donc, imposteurs, et faites-lui une réparation publique de cette injure publique. Combien de fois l'avez-vous vu dans les passages que je viens de citer! Mais, de plus, la *Théologie familière* de M. de Saint-Cyran étant approuvée par M. Arnauld, elle contient les sentiments de l'un et de l'autre. Lisez donc toute la leçon 15, et surtout l'article second, et vous y trouverez les paroles que vous demandez, encore plus formellement que vous-mêmes ne les exprimez. « Y a-t-il du pain dans l'hos-« tie, et du vin dans le calice? Non; car toute la sub-« stance du pain et celle du vin sont ôtées pour faire « place à celle du corps et du sang de Jésus-Christ, » laquelle y demeure seule couverte des qualités et « des espèces du pain et du vin. »

Eh bien! mes pères, direz-vous encore que le Port-Royal n'enseigne rien *que Genève ne reçoive*, et que M. Arnauld n'a rien dit, dans sa seconde lettre, *qui ne pût être dit par un ministre* de Charenton? Faites donc parler Mestrezat comme parle M. Arnauld dans cette lettre, p. 237 et suiv.; faites-lui dire « que c'est « un mensonge infâme de l'accuser de nier la trans-« substantiation; qu'il prend pour fondement de ses « livres la vérité de la présence réelle du Fils de Dieu, « opposée à l'hérésie des calvinistes; qu'il se tient

« heureux d'être en un lieu où l'on adore continuelle-
« ment le saint des saints présent dans le sanctuaire : »
ce qui est beaucoup plus contraire à la créance des
calvinistes que la présence réelle même, puisque,
comme dit le cardinal de Richelieu dans ses Controverses, p. 365 : « Les nouveaux ministres de France
« s'étant unis avec les luthériens, qui croient la pré-
« sence réelle de Jésus-Christ dans l'eucharistie, ils
« ont déclaré qu'ils ne demeurent séparés de l'Église,
« touchant ce mystère, qu'à cause de l'adoration que
« les catholiques rendent à l'eucharistie. » Faites signer à Genève tous les passages que je vous ai rapportés des livres de Port-Royal, et non pas seulement
les passages, mais les traités entiers touchant ce
mystère, comme le livre de la Fréquente commu-
munion, l'Explication des cérémonies de la messe,
l'Exercice durant la messe, les Raisons de la suspension du saint sacrement, la Traduction des hymnes
dans les Heures de Port-Royal, etc. Et enfin faites
établir à Charenton cette institution sainte d'adorer
sans cesse Jésus-Christ enfermé dans l'eucharistie,
comme on fait à Port-Royal, et ce sera le plus si-
gnalé service que vous puissiez rendre à l'Église,
puisqu'alors le Port-Royal ne sera pas *d'intelligence
avec Genève*, mais Genève d'intelligence avec le Port-
Royal et toute l'Église.

En vérité, mes pères, vous ne pouviez plus mal
choisir que d'accuser le Port-Royal de ne pas croire
l'eucharistie; mais je veux faire voir ce qui vous y a
engagés. Vous savez que j'entends un peu votre politique. Vous l'avez bien suivie en cette rencontre. Si
M. l'abbé de Saint-Cyran et M. Arnauld n'avaient fait

que dire ce qu'on doit croire touchant ce mystère, et non pas ce qu'on doit faire pour s'y préparer, ils auraient été les meilleurs catholiques du monde, et il ne se serait point trouvé d'équivoques dans leurs termes de *présence réelle et de transsubstantiation.* Mais, parce qu'il faut que tous ceux qui combattent vos relâchements soient hérétiques, et dans le point même où ils les combattent, comment M. Arnauld ne le serait-il pas sur l'eucharistie, après avoir fait un livre exprès contre les profanations que vous faites de ce sacrement? Quoi! mes pères, il aurait dit impunément « qu'on ne doit point donner le corps de Jésus-
« Christ à ceux qui retombent toujours dans les mê-
« mes crimes, et auxquels on ne voit aucune espé-
« rance d'amendement; et qu'on doit les séparer quel-
« que temps de l'autel, pour se purifier par une péni-
« tence sincère, afin de s'en approcher ensuite avec
« fruit? » Ne souffrez pas qu'on parle ainsi, mes pères; vous n'auriez pas tant de gens dans vos confessionnaux. Car votre père Brisacier dit que, « si vous sui-
« viez cette méthode, vous n'appliqueriez le sang de
« Jésus-Christ sur personne. » Il vaut bien mieux pour vous qu'on suive la pratique de votre société, que votre père Mascarenhas rapporte dans un livre approuvé par vos docteurs, et même par votre révérend père général, qui est : « que toute sorte de per-
« sonnes, et même les prêtres, peuvent recevoir le
« corps de Jésus-Christ le jour même qu'ils se sont
« souillés par des péchés abominables; que bien loin
« qu'il y ait de l'irrévérence en ces communions, on
« est louable au contraire d'en user de la sorte; que
« les confesseurs ne les en doivent point détourner, et

« qu'ils doivent au contraire conseiller à ceux qui
« viennent de commettre ces crimes, de communier à
« l'heure même; parce que, encore que l'Église l'ait
« défendu, cette défense est abolie par la pratique uni-
« verselle de toute la terre. » Mascar., tr. 4, disp. 5,
n. 284.

Voilà ce que c'est, mes pères, d'avoir des jésuites par toute la terre; voilà la pratique universelle que vous y avez introduite et que vous y voulez maintenir. Il n'importe que les tables de Jésus-Christ soient remplies d'abominations, pourvu que vos églises soient pleines de monde. Rendez donc ceux qui s'y opposent hérétiques sur le saint sacrement : il le faut, à quelque prix que ce soit. Mais comment le pourrez-vous faire, après tant de témoignages invincibles qu'ils ont donnés de leur foi? N'avez-vous point de peur que je rapporte les quatre grandes preuves que vous donnez de leur hérésie? Vous le devriez, mes pères, et je ne dois point vous en épargner la honte. Examinons donc la première.

« M. de Saint-Cyran, dit le père Meynier, en con-
« solant un de ses amis sur la mort de sa mère, t. 1,
« lett. 14, dit que le plus agréable sacrifice qu'on
« puisse offrir à Dieu dans ces rencontres est celui de
« la patience : donc il est calviniste. » Cela est bien
« subtil, mes pères, et je ne sais si personne en voit
la raison. Apprenons-la donc de lui : « Parce, dit ce
« grand controversiste, qu'il ne croit donc pas le
« sacrifice de la messe; car c'est celui-là qui est le
« plus agréable à Dieu, de tous. » Que l'on dise maintenant que les jésuites ne savent pas raisonner. Ils le savent de telle sorte, qu'ils rendront hérétique tout ce

qu'ils voudront, et même l'Écriture sainte (1); car ne serait-ce pas une hérésie de dire, comme fait l'Ecclésiastique : « Il n'y a rien de pire que d'aimer l'argent, *nihil est iniquius quam amare pecuniam;* » comme si les adultères, les homicides et l'idolâtrie n'étaient pas de plus grands crimes? Et à qui n'arrive-t-il point de dire à toute heure des choses semblables; et que, par exemple, le sacrifice d'un cœur contrit et humilié est le plus agréable aux yeux de Dieu; parce qu'en ces discours on ne pense qu'à comparer quelques vertus intérieures les unes aux autres, et non pas au sacrifice de la messe, qui est d'un ordre tout différent et infiniment plus relevé? N'êtes-vous donc pas ridicules, mes pères? et faut-il, pour achever de vous confondre, que je vous représente les termes de cette même lettre où M. de Saint-Cyran parle du sacrifice de la messe comme du *plus excellent de tous*, en disant « qu'on « offre à Dieu tous les jours et en tous lieux le sacri-

---

(1) Pascal avait en vue, sans doute, le père Théophile Raynauld, jésuite savoyard, qui s'avisa de faire une censure du symbole des apôtres, par laquelle il prétend prouver que cette première confession de foi du christianisme est hérétique dans tous les chefs. Elle parut pour la première fois dans le livre latin de ce jésuite, intitulé *Erothemata de bonis ac malis libris;* in-4°, *Lugduni*, 1653, et réimprimé depuis comme une impiété en plusieurs ouvrages. Je sais bien que c'est une raillerie du père Théophile Raynauld pour se moquer des censures de la Sorbonne. Mais pouvait-il se permettre la raillerie sur un des actes les plus essentiels du christianisme? Voici le premier article de cette singulière censure : *Erothemata,* p. 294, in-4° : « Credo in Deum Patrem omnipotentem creatorem cœli et terræ. Pri« mus iste articulus, si intelligatur, quasi solus pater sit Deus, et omnipotens et « creator; Filius autem et Spiritus Sanctus solum creaturæ sint. Ideoque nec Filius « vere ac substantialiter dici possit Deus, et omnipotens et creator : similiterque « Spiritus Sanctus, propositio et blasphema, individuæ Trinitatis destructiva, et pri« dem in sacro et œcumenico Niceno concilio trecentorum decem et octo episcopo« rum, adversus Arii impietatem, damnata. Quatenus autem soli Patri creationem « attribuit, nova est, temeraria, erronea, contra communem Ecclesiæ Patrum ac « theologorum omnium sensum, contra communem Ecclesiæ Patrum ac theologo« rum omnium sensum probata; cum hactenus receptum sit tanquam inviolabile « decretum, omnes Trinitatis actiones a dextra esse indivisibiliter toti Trinitati com« munes. » Le reste de la pièce est sur le même ton. (*Note de l'édit. de* 1812.)

« fice du corps de son Fils, qui n'a point trouvé DE
« PLUS EXCELLENT MOYEN que celui-là pour honorer son
« père? » Et ensuite : « que JÉSUS-CHRIST nous a obli-
« gés de prendre en mourant son corps sacrifié, pour
« rendre plus agréable à Dieu le sacrifice du nôtre, et
« pour se joindre à nous lorsque nous mourons, afin
« de nous fortifier, en sanctifiant par sa présence le
« dernier sacrifice que nous faisons à Dieu de notre
« vie et de notre corps. » Dissimulez tout cela, mes
pères, et ne laissez pas de dire qu'il détournait de
communier à la mort, comme vous faites, page 33, et
qu'il ne croyait pas le sacrifice de la messe ; car rien
n'est trop hardi pour des calomniateurs de profession.

Votre seconde preuve en est un grand témoignage.
Pour rendre calviniste feu M. de Saint-Cyran, à qui
vous attribuez le livre de *Petrus Aurelius*, vous vous
servez d'un passage où Aurelius explique, pag. 89, de
quelle manière l'Église se conduit à l'égard des prêtres, et même des évêques qu'elle veut déposer ou dé-
grader : « L'Église, dit-il, ne pouvant pas leur ôter la
« puissance de l'ordre, parce que le caractère est
« ineffaçable, elle fait ce qui est en elle ; elle ôte de
« sa mémoire ce caractère qu'elle ne peut ôter de l'âme
« de ceux qui l'ont reçu : elle les considère comme
« s'ils n'étaient plus prêtres ou évêques ; de sorte que,
« selon le langage ordinaire de l'Église, on peut dire
« qu'ils ne le sont plus, quoiqu'ils le soient toujours
« quant au caractère : *Ob indelebilitatem characte-*
« *ris.* » Vous voyez, mes pères, que cet auteur, approuvé par trois assemblées générales du clergé de
France, dit clairement que le caractère de la prêtrise
est ineffaçable, et cependant vous lui faites dire tout

au contraire, en ce lieu même, que « le caractère de « la prêtrise n'est pas ineffaçable. » Voilà une insigne calomnie, c'est-à-dire, selon vous, un petit péché véniel. Car ce livre vous avait fait tort, ayant réfuté les hérésies de vos confrères d'Angleterre touchant l'autorité épiscopale. Mais voici une insigne extravagance : c'est qu'ayant faussement supposé que M. de Saint-Cyran tient que ce caractère est effaçable, vous en concluez qu'il ne croit donc pas la présence réelle de JÉSUS-CHRIST dans l'eucharistie.

N'attendez pas que je vous réponde là-dessus, mes pères. Si vous n'avez point de sens commun, je ne puis pas vous en donner. Tous ceux qui en ont se moqueront assez de vous, aussi bien que de votre troisième preuve, qui est fondée sur ces paroles de la *Fréq. comm.*, 3ᵉ part., ch. 11 : « Que Dieu nous donne dans « l'eucharistie LA MÊME VIANDE qu'aux saints dans le « ciel, sans qu'il y ait d'autre différence, sinon qu'ici « il nous en ôte la vue et le goût sensible, réservant « l'un et l'autre pour le ciel. » En vérité, mes pères, ces paroles expriment si naïvement le sens de l'Église, que j'oublie à toute heure par où vous vous y prenez pour en abuser. Car je n'y vois autre chose, sinon que le concile de Trente enseigne, sess. 13, c. 8, qu'il n'y a point d'autre différence entre JÉSUS-CHRIST dans l'eucharistie et JÉSUS-CHRIST dans le ciel, sinon qu'il est ici voilé, et non pas là. M. Arnauld ne dit pas qu'il n'y a point d'autre différence en la manière de recevoir JÉSUS-CHRIST, mais seulement qu'il n'y en a point d'autre en JÉSUS-CHRIST que l'on reçoit. Et cependant vous voulez, contre toute raison, lui faire dire par ce passage qu'on ne mange non plus ici JÉSUS-CHRIST de bouche que dans le ciel : d'où vous concluez son hérésie.

Vous me faites pitié, mes pères. Faut-il vous expliquer cela davantage? Pourquoi confondez-vous cette nourriture divine avec la manière de la recevoir? Il n'y a qu'une seule différence, comme je le viens de dire, dans cette nourriture sur la terre et dans le ciel, qui est qu'elle est ici cachée sous des voiles qui nous en ôtent la vue et le goût sensible : mais il y a plusieurs différences dans la manière de la recevoir ici et là, dont la principale est que, comme dit M. Arnauld, 3ᵉ part., c. 16, « il entre ici dans la bouche et dans la « poitrine et des bons et des méchants; » ce qui n'est pas dans le ciel.

Et si vous ignorez la raison de cette diversité, je vous dirai, mes pères, que la cause pour laquelle Dieu a établi ces différentes manières de recevoir une même viande, est la différence qui se trouve entre l'état des chrétiens en cette vie, et celui des bienheureux dans le ciel. L'état des chrétiens, comme dit le cardinal Du Perron après les Pères, tient le milieu entre l'état des bienheureux et l'état des juifs. Les bienheureux possèdent Jésus-Christ réellement, sans figure et sans voile : les juifs n'ont possédé de Jésus-Christ que les figures et les voiles, comme était la manne et l'agneau pascal. Et les chrétiens possèdent Jésus-Christ dans l'eucharistie véritablement et réellement, mais encore couvert de voiles. « Dieu, dit « saint Eucher, s'est fait trois tabernacles : la syna- « gogue, qui n'a eu que les ombres sans vérité; l'É- « glise, qui a la vérité et les ombres; et le ciel, où il « n'y a point d'ombres, mais la seule vérité. » Nous sortirions de l'état où nous sommes, qui est l'état de la foi, que saint Paul oppose tant à la loi qu'à la claire vision, si nous ne possédions que les figures sans Jésus-Christ, parce que c'est le propre de la loi de n'avoir que l'ombre, et non la substance des choses. Et nous en sortirions encore, si nous le possédions visiblement, parce que la foi, comme dit le même apôtre, n'est point des choses qui se voient. Et ainsi l'eucharistie est parfaitement proportionnée à notre état de foi, parce qu'elle enferme véritablement Jésus-Christ, mais voilé. De sorte que cet état serait détruit, si Jésus-Christ n'était pas réellement sous les espèces du pain et du vin, comme le prétendent les hérétiques; et il serait détruit encore, si nous le recevions à découvert comme dans le ciel, puisque ce serait confondre notre état, ou avec l'état du judaïsme, ou avec celui de la gloire.

Voilà, mes pères, la raison mystérieuse et divine de ce mystère tout divin; voilà ce qui nous fait abhorrer les calvinistes, comme nous réduisant à la condition des juifs; et ce qui nous fait aspirer à la gloire des bienheureux, qui nous donnera la pleine et éternelle jouissance de Jésus-Christ. Par où vous voyez qu'il y a plusieurs différences entre la manière dont il se communique aux chrétiens et aux bienheureux, et qu'entre autres on le reçoit ici de bouche, et non dans le ciel; mais qu'elles dépendent toutes de la seule différence qui est entre l'état de la foi où nous sommes, et l'état de la claire vision où ils sont. Et c'est, mes pères, ce que M. Arnauld a dit si clairement en ces termes : « Qu'il faut qu'il n'y ait point
« d'autre différence entre la pureté de ceux qui re-
« çoivent Jésus-Christ dans l'eucharistie et celle des
« bienheureux, qu'autant qu'il y en a entre la foi et

« la claire vision de Dieu, de laquelle seule dépend
« la différente manière dont on le mange sur la terre
« et dans le ciel. » Vous devriez, mes pères, avoir
révéré dans ces paroles ces saintes vérités, au lieu de
les corrompre pour y trouver une hérésie qui n'y fut
jamais, et qui n'y saurait être : qui est qu'on ne
mange Jésus-Christ que par la foi, et non par la bouche, comme le disent malicieusement vos pères Annat
et Meynier, qui en font le capital de leur accusation.

Vous voilà donc bien mal en preuves, mes pères ;
et c'est pourquoi vous avez eu recours à un nouvel
artifice, qui a été de falsifier le concile de Trente, afin
de faire que M. Arnauld n'y fût pas conforme, tant
vous avez de moyens de rendre le monde hérétique.
C'est ce que fait le père Meynier en cinquante endroits de son livre, et huit ou dix fois en la seule pag.
54, où il prétend que, pour s'exprimer en catholique,
ce n'est pas assez de dire : Je crois que Jésus-Christ est
présent réellement dans l'eucharistie ; mais qu'il faut
dire : « Je crois, AVEC LE CONCILE, qu'il y est présent
« d'une vraie PRÉSENCE LOCALE, ou localement. » Et
sur cela il cite le concile, sess. 13, can. 3, can. 4,
can. 6. Qui ne croirait, en voyant le mot de *présence
locale* cité de trois canons d'un concile universel,
qu'il y serait effectivement ? Cela vous a pu servir
avant ma quinzième Lettre ; mais à présent, mes
pères, on ne s'y prend plus. On va voir le concile,
et on trouve que vous êtes des imposteurs ; car ces
termes de *présence locale, localement, localité*, n'y
furent jamais. Et je vous déclare de plus, mes pères,
qu'ils ne sont dans aucun autre lieu de ce concile, ni
dans aucun autre concile précédent, ni dans aucun

Père de l'Église. Je vous prie donc sur cela, mes pères, de dire si vous prétendez rendre suspects de calvinisme tous ceux qui n'ont point usé de ce terme. Si cela est, le concile de Trente en est suspect, et tous les saints Pères sans exception. N'avez-vous point d'autre voie pour rendre M. Arnauld hérétique, sans offenser tant de gens qui ne vous ont point fait de mal, et entre autres saint Thomas, qui est un des plus grands défenseurs de l'eucharistie, et qui s'est si peu servi de ce terme, qu'il l'a rejeté au contraire, 3 *p. quæst.* 76, a. 5, où il dit : *Nullo modo corpus Christi est in hoc sacramento localiter ?* Qui êtes-vous donc, mes pères, pour imposer, de votre autorité, de nouveaux termes, dont vous ordonnez de se servir pour bien exprimer sa foi, comme si la profession de foi dressée par les papes, selon l'ordre du concile, où ce terme ne se trouve point, était défectueuse, et laissait une ambiguïté dans la créance des fidèles, que vous seuls eussiez découverte? Quelle témérité de prescrire ces termes aux docteurs mêmes! quelle fausseté de les imposer à des conciles généraux! et quelle ignorance de ne savoir pas les difficultés que les saints les plus éclairés ont faites de les recevoir ! *Rougissez*, mes pères, *de vos impostures ignorantes*, comme dit l'Écriture aux imposteurs ignorants comme vous : *De mendacio ineruditionis tuæ confundere.*

N'entreprenez donc plus de faire les maîtres ; vous n'avez ni le caractère ni la suffisance pour cela. Mais si vous voulez faire vos propositions plus modestement, on pourra les écouter. Car encore que ce mot de *présence locale* ait été rejeté par saint Thomas, comme vous avez vu, à cause que le corps de Jésus-

Christ n'est pas en l'eucharistie dans l'étendue ordinaire des corps en leur lieu, néanmoins ce terme a été reçu par quelques nouveaux auteurs de controverse, parce qu'ils entendent seulement par là que le corps de Jésus-Christ est vraiment sous les espèces, lesquelles étant en un lieu particulier, le corps de Jésus-Christ y est aussi. Et en ce sens M. Arnauld ne fera point de difficulté de l'admettre, puisque M. de Saint-Cyran et lui ont déclaré tant de fois que Jésus-Christ, dans l'eucharistie, est véritablement en un lieu particulier, et miraculeusement en plusieurs lieux à la fois. Ainsi tous vos raffinements tombent par terre, et vous n'avez pu donner la moindre apparence à une accusation qu'il n'eût été permis d'avancer qu'avec des preuves invincibles.

Mais à quoi sert, mes pères, d'opposer leur innocence à vos calomnies? Vous ne leur attribuez pas ces erreurs dans la créance qu'ils les soutiennent, mais dans la créance qu'ils vous nuisent. C'en est assez, selon votre théologie, pour les calomnier sans crime, et vous pouvez, sans confession ni pénitence, dire la messe en même temps que vous imputez à des prêtres qui la disent tous les jours de croire que c'est une pure idolâtrie : ce qui serait un si horrible sacrilége, que vous-mêmes avez fait pendre en effigie votre propre père Jarrige (1), sur ce qu'il avait dit la messe *au temps où il était d'intelligence avec Genève.*

---

(1) Jésuite fameux qui se fit huguenot, et qui publia dans son apostasie un livre intitulé *Le jésuite sur l'échafaud*, où il reproche aux jésuites les faits les plus odieux.

Je m'étonne donc, non pas de ce que vous leur imposez avec si peu de scrupule des crimes si grands et si faux, mais de ce que vous leur imposez avec si peu de prudence des crimes si peu vraisemblables. Car vous disposez bien des péchés à votre gré; mais pensez-vous disposer de même de la créance des hommes? En vérité, mes pères, s'il fallait que le soupçon de calvinisme tombât sur eux ou vous, je vous trouverais en mauvais termes. Leurs discours sont aussi catholiques que les vôtres; mais leur conduite confirme leur foi, et la vôtre la dément. Car si vous croyez aussi bien qu'eux que ce pain est réellement changé au corps de Jésus-Christ, pourquoi ne demandez-vous pas comme eux que le cœur de pierre et de glace de ceux à qui vous conseillez de s'en approcher soit sincèrement changé en un cœur de chair et d'amour? Si vous croyez que Jésus-Christ y est dans un état de mort, pour apprendre à ceux qui s'en approchent à mourir au monde, au péché et à eux-mêmes, pourquoi portez-vous à en approcher ceux en qui les vices et les passions criminelles sont encore toutes vivantes? Et comment jugez-vous dignes de manger le pain du ciel ceux qui ne le seraient pas de manger celui de la terre?

O grands vénérateurs de ce saint mystère, dont le zèle s'emploie à persécuter ceux qui l'honorent par tant de communions saintes, et à flatter ceux qui le déshonorent par tant de communions sacriléges! Qu'il est digne de ces défenseurs d'un si pur et si adorable sacrifice de faire environner la table de Jésus-Christ de pécheurs envieillis tout sortant de leurs infamies, et de placer au milieu d'eux un prêtre que son confesseur même envoie de ses impudicités à l'autel, pour y offrir, en la place de Jésus-Christ, cette victime toute sainte au Dieu de sainteté, et la porter de ses mains souillées en ces bouches toutes souillées! Ne sied-il pas bien à ceux qui pratiquent cette conduite *par toute la terre*, selon des maximes approuvées de leur propre général, d'imputer à l'auteur de la *Fréquente communion* et aux filles du Saint-Sacrement de ne pas croire le saint sacrement?

Cependant cela ne leur suffit pas encore. Il faut, pour satisfaire leur passion, qu'ils les accusent enfin d'avoir renoncé à Jésus-Christ et à leur baptême. Ce ne sont pas là, mes pères, des contes en l'air comme les vôtres; ce sont les funestes emportements par où vous avez comblé la mesure de vos calomnies. Une si insigne fausseté n'eût pas été en des mains dignes de la soutenir, en demeurant en celles de votre bon ami Filleau, par qui vous l'avez fait naître : votre société se l'est attribuée ouvertement; et votre père Meynier vient de soutenir *comme une vérité certaine*, que Port-Royal forme une cabale secrète depuis trente-cinq ans, dont M. de Saint-Cyran et M. d'Ypres ont été les chefs « pour ruiner le mystère de l'Incarnation, faire
« passer l'Évangile pour une histoire apocryphe, ex-
« terminer la religion chrétienne, et élever le déisme
« sur les ruines du christianisme. » Est-ce là tout, mes pères? Serez-vous satisfaits si l'on croit tout cela de ceux que vous haïssez? Votre animosité serait-elle enfin assouvie, si vous les aviez mis en horreur, non-seulement à tous ceux qui sont dans l'Église, par *l'intelligence avec Genève*, dont vous les accusez, mais encore à tous ceux qui croient en Jésus-Christ, quoi-

que hors l'Église par le *déisme* que vous leur imputez?

Mais à qui prétendez-vous persuader, sur votre seule parole, sans la moindre apparence de preuve, et avec toutes les contradictions imaginables, que des prêtres qui ne prêchent que la grâce de Jésus-Christ, la pureté de l'Évangile et les obligations du baptême ont renoncé à leur baptême, à l'Évangile et à Jésus-Christ? Qui le croira, mes pères? Le croyez-vous vous-mêmes, misérables que vous êtes? Et à quelle extrémité êtes-vous réduits, puisqu'il faut nécessairement ou que vous prouviez qu'ils ne croient pas en Jésus-Christ, ou que vous passiez pour les plus abandonnés calomniateurs qui furent jamais! Prouvez-le donc, mes pères. Nommez *cet ecclésiastique de mérite*, que vous dites avoir assisté à cette assemblée de Bourg-Fontaine en 1621, et avoir découvert à votre Filleau le dessein qui y fut pris de détruire la religion chrétienne. Nommez ces six personnes que vous dites y avoir formé cette conspiration. Nommez *celui qui est désigné par ces lettres A. A.*, que vous dites, pag. 15, *n'être pas Antoine Arnauld*, parce qu'il vous a convaincus qu'il n'avait alors que neuf ans, « mais un « autre que vous dites être encore en vie, et trop bon « ami de M. Arnauld pour lui être inconnu. » Vous le connaissez donc, mes pères; et par conséquent, si vous n'êtes vous-mêmes sans religion, vous êtes obligés de déférer cet impie au roi et au parlement, pour le faire punir comme il le mériterait. Il faut parler, mes pères : il faut le nommer, ou souffrir la confusion de n'être plus regardés que comme des menteurs indignes d'être jamais crus. C'est en cette manière que le bon père Valérien nous a appris qu'il fallait *mettre à la gêne* et pousser à bout de tels imposteurs. Votre silence là-dessus sera une pleine et entière conviction de cette calomnie diabolique. Les plus aveugles de vos amis seront contraints d'avouer que « ce ne sera point « un effet de votre vertu, mais de votre impuissance »; et d'admirer que vous ayez été si méchants que de l'étendre jusqu'aux religieuses de Port-Royal; et de dire, comme vous faites, pag. 14, que *le Chapelet secret du saint sacrement*, composé par l'une d'elles, a été le premier fruit de cette conspiration contre Jésus-Christ; et dans la page 95, qu'on « leur a inspiré « toutes les détestables maximes de cet écrit, » qui est, selon vous, une instruction *de déisme*. On a déjà ruiné invinciblement vos impostures sur cet écrit, dans la défense de la censure de feu M⁺ l'archevêque de Paris contre votre père Brisacier. Vous n'avez rien à y repartir, et vous ne laissez pas d'en abuser encore d'une manière plus honteuse que jamais, pour attribuer à des filles d'une piété connue de tout le monde le comble de l'impiété. Cruels et lâches persécuteurs, faut-il donc que les cloîtres les plus retirés ne soient pas des asiles contre vos calomnies! Pendant que ces saintes vierges adorent nuit et jour Jésus-Christ au saint sacrement, selon leur institution, vous ne cessez nuit et jour de publier qu'elles ne croient pas qu'il soit ni dans l'eucharistie, ni même à la droite de son Père, et vous les retranchez publiquement de l'Église, pendant qu'elles prient dans le secret pour vous et pour toute l'Église. Vous calomniez celles qui n'ont point d'oreilles pour vous ouïr, ni de bouche pour vous répondre. Mais Jésus-Christ, en qui elles sont cachées pour ne paraître qu'un jour avec lui, vous

SEIZIÈME LETTRE.

écoute et répond pour elles. On l'entend aujourd'hui cette voix sainte et terrible, qui étonne la nature et qui console l'Église (1). Et je crains, mes pères, que ceux qui endurcissent leurs cœurs, et qui refusent avec opiniâtreté de l'ouïr quand il parle en Dieu, ne soient forcés de l'ouïr avec effroi quand il leur parlera en juge.

Car enfin, mes pères, quel compte lui pourrez-vous rendre de tant de calomnies, lorsqu'il les examinera,

---

(1) Cette *voix sainte et terrible*, qui en ce moment *étonne la nature et console l'Église*, qu'est-ce autre chose que le miracle dont Port-Royal était alors témoin et sujet, le miracle de la *sainte épine* auquel Pascal croyait, auquel une très-grande partie du public croyait autour de lui, et qu'il nous faut admettre absolument en idée, sous peine de manquer l'à-propos et l'énergie foudroyante du trait. Sainte-Beuve, *Port-Royal*, t. III, p. 84. — La *sainte épine*, qui provenait, dit-on, de la couronne que le Christ portait sur le Calvaire, avait été donnée à Port-Royal par M. Leroi de la Poterie, prêtre. Le miracle dont il s'agit eut lieu le vendredi de la Samaritaine de l'année 1656, le jour où l'on chante à la messe ces paroles du psaume 85, *Fac mecum signum in bonum*, faites un miracle en ma faveur. Voici comment la mère Angélique raconte le fait, Lettre, t. III, p. 228-232 : « Nos sœurs de Paris la reçurent (la sainte épine) avec grande révérence, et, l'ayant mise au milieu du chœur, l'adorèrent l'une après l'autre? Comme ce vint aux pensionnaires, leur maîtresse, qui les conduisait, prit le reliquaire, de peur qu'elles ne le fissent tomber; et comme une petite de dix ans s'approcha, qui avoit un ulcère lacrymal si grand qu'il lui avoit pourri l'os du nez..., il vint à cette religieuse (la maîtresse) une pensée de dire à cette enfant : « Ma fille, priez pour votre œil »; et faisant toucher la relique au même moment, elle fut guérie. *A quoi on ne pensa point pour tout à l'heure*, chacune n'étant attentive qu'à la dévotion de la relique. Après (la cérémonie), cette enfant dit à une de ses petites sœurs : « *Je pense que je suis guérie* », ce qui se trouva si vrai, qu'on ne pouvait reconnaître auquel de ses yeux avait été le mal. » Ce miracle, attesté par un grand nombre de personnes considérables, authentiqué par l'autorité ecclésiastique, accepté par la cour, fut le grand événement de l'année 1656. Les jésuites eux-mêmes, dit M. Sainte-Beuve, pensèrent à l'interpréter plutôt qu'à le nier, et ils en furent quittes, en définitive, pour dire que c'était le démon qui l'avait fait. En 1728, le pape Benoît XIII le laissa citer sous ses yeux, dans ses propres OEuvres (dans la continuation de ses homélies sur l'Exode), pour prouver que les miracles n'ont point cessé dans l'Église. Quant à Pascal, tout nous atteste l'impression profonde et vraiment souveraine que produisit sur lui l'événement à la fois solennel et domestique. On a dit spirituellement qu'il ne put s'empêcher de le considérer comme une *attention* de Dieu pour lui. Ce fut seulement alors, et non pas auparavant comme je l'avais cru, qu'il changea son cachet, et y mit pour *armes* non pas un *ciel* (on s'y est trompé), mais, ce qui est un peu moins beau, un *œil* au milieu d'une couronne d'épines. Voir sur toute cette affaire, Sainte-Beuve, *Port-Royal*, t. III, p. 105 à 119.

non sur les fantaisies de vos pères Dicastillus, Gans et Pennalossa, qui les excusent, mais sur les règles de sa vérité éternelle et sur les saintes ordonnances de son Église, qui, bien loin d'excuser ce crime, l'abhorre tellement, qu'elle l'a puni de même qu'un homicide volontaire? Car elle a différé aux calomniateurs, aussi bien qu'aux meurtriers, la communion jusqu'à la mort, par le premier et le second concile d'Arles. Le concile de Latran a jugé indignes de l'état ecclésiastique ceux qui en ont été convaincus, quoiqu'ils s'en fussent corrigés. Les papes ont même menacé ceux qui auraient calomnié des évêques, des prêtres, ou des diacres, de ne leur point donner la communion à la mort. Et les auteurs d'un écrit diffamatoire, qui ne peuvent prouver ce qu'ils ont avancé, sont condamnés par le pape Adrien *à être fouettés*, mes révérends pères, *flagellentur* : tant l'Église a toujours été éloignée des erreurs de votre société, si corrompue qu'elle excuse d'aussi grands crimes que la calomnie, pour les commettre elle-même avec plus de liberté.

Certainement, mes pères, vous seriez capables de produire par là beaucoup de maux, si Dieu n'avait permis que vous ayez fourni vous-mêmes les moyens de les empêcher, et de rendre toutes vos impostures sans effet. Car il ne faut que publier cette étrange maxime qui les exempte de crimes, pour vous ôter toute créance. La calomnie est inutile, si elle n'est jointe à une grande réputation de sincérité. Un médisant ne peut réussir, s'il n'est en estime d'abhorrer la médisance, comme un crime dont il est incapable. Et ainsi, mes pères, votre propre principe vous trahit.

Vous l'avez établi pour assurer votre conscience. Car vous vouliez médire sans être damnés, et être *de ces saints* et *pieux calomniateurs* dont parle saint Athanase. Vous avez donc embrassé, pour vous sauver de l'enfer, cette maxime qui vous en sauve sur la foi de vos docteurs : mais cette maxime même, qui vous garantit, selon eux, des maux que vous craignez en l'autre vie, vous ôte en celle-ci l'utilité que vous en espériez : de sorte qu'en pensant éviter le vice de la médisance, vous en avez perdu le fruit : tant le mal est contraire à soi-même, et tant il s'embarrasse et se détruit par sa propre malice.

Vous calomnieriez donc plus utilement pour vous, en faisant profession de dire avec saint Paul que les simples médisants, *maledici*, sont indignes de voir Dieu, puisqu'au moins vos médisances en seraient plutôt crues ; quoiqu'à la vérité vous vous condamneriez vous-mêmes. Mais en disant, comme vous faites, que la calomnie contre vos ennemis n'est pas un crime, vos médisances ne seront point crues, et vous ne laisserez pas de vous damner. Car il est certain, mes pères, et que vos auteurs graves n'anéantiront pas la justice de Dieu, et que vous ne pouviez donner une preuve plus certaine que vous n'êtes pas dans la vérité, qu'en recourant au mensonge. Si la vérité était pour vous, elle combattrait pour vous, elle vaincrait pour vous ; et, quelques ennemis que vous eussiez, *la vérité vous en délivrerait*, selon sa promesse. Vous n'avez recours au mensonge que pour soutenir les erreurs dont vous flattez les pécheurs du monde, et pour appuyer les calomnies dont vous opprimez les personnes de piété qui s'y opposent. La vérité étant contraire à vos fins, il a fallu mettre *votre confiance au mensonge*, comme dit un prophète. Vous avez dit : « Les « malheurs qui affligent les hommes ne viendront pas « jusqu'à nous ; car nous avons espéré au mensonge, « et le mensonge nous protégera. » Mais que leur répond le prophète ? « D'autant, dit-il, que vous avez « mis votre espérance en la calomnie et au tumulte, « *sperastis in calumnia et in tumultu*, cette iniquité « vous sera imputée, et votre ruine sera semblable » à celle d'une haute muraille qui tombe d'une chute « imprévue, et à celle d'un vaisseau de terre qu'on « brise et qu'on écrase en toutes ses parties, par un « effort si puissant et si universel, qu'il n'en restera « pas un têt avec lequel on puisse puiser un peu d'eau, « ou porter un peu de feu ; parce que (comme dit un « autre prophète) vous avez affligé le cœur du juste, « que je n'ai point affligé moi-même ; et vous avez « flatté et fortifié la malice des impies. Je retirerai « donc mon peuple de vos mains, et je ferai connaître « que je suis leur Seigneur et le vôtre. »

Oui, mes pères, il faut espérer que, si vous ne changez d'esprit, Dieu retirera de vos mains ceux que vous trompez depuis si longtemps, soit en les laissant dans leurs désordres par votre mauvaise conduite, soit en les empoisonnant par vos médisances. Il fera concevoir aux uns que les fausses règles de vos casuistes ne les mettront point à couvert de sa colère ; et il imprimera dans l'esprit des autres la juste crainte de se perdre en vous écoutant, et en ajoutant foi à vos impostures ; comme vous vous perdez vous-mêmes en les inventant et en les semant dans le monde. Car il ne s'y faut pas tromper : on ne se moque point de Dieu,

et on ne viole point impunément le commandement qu'il nous a fait dans l'Évangile, de ne point condamner notre prochain sans être bien assuré qu'il est coupable. Et ainsi, quelque profession de piété que fassent ceux qui se rendent faciles à recevoir vos mensonges, et sous quelque prétexte de dévotion qu'ils le fassent, ils doivent appréhender d'être exclus du royaume de Dieu pour ce seul crime, d'avoir imputé d'aussi grands crimes que l'hérésie et le schisme à des prêtres catholiques et à de saintes religieuses, sans autres preuves que des impostures aussi grossières que les vôtres. « Le démon, dit M. de Genève (1),
« est sur la langue de celui qui médit, et dans l'oreille
« de celui qui l'écoute. Et la médisance, dit saint
« Bernard, *Serm. 24 in cant.*, est un poison qui éteint
« la charité en l'un et en l'autre. De sorte qu'une seule
« calomnie peut être mortelle à une infinité d'âmes,
« puisqu'elle tue non-seulement ceux qui la publient,
« mais encore tous ceux qui ne la rejettent pas. »

Mes révérends pères, mes lettres n'avaient pas accoutumé de se suivre de si près, ni d'être si étendues. Le peu de temps que j'ai eu a été cause de l'un et de l'autre. Je n'ai fait celle-ci plus longue que parce que je n'ai pas eu le loisir de la faire plus courte. La raison qui m'a obligé de me hâter vous est mieux connue qu'à moi. Vos réponses vous réussissaient mal. Vous avez bien fait de changer de méthode ; mais je ne sais si vous avez bien choisi, et si le monde ne dira pas que vous avez eu peur des bénédictins.

---

(1) Saint François de Sales.

Je viens d'apprendre que celui que tout le monde faisait auteur de vos apologies les désavoue, et se fâche qu'on les lui attribue. Il a raison, et j'ai eu tort de l'en avoir soupçonné; car, quelque assurance qu'on m'en eût donnée, je devais penser qu'il avait trop de jugement pour croire vos impostures, et trop d'honneur pour les publier sans les croire. Il y a peu de gens du monde capables de ces excès qui vous sont propres, et qui marquent trop votre caractère, pour me rendre excusable de ne vous y avoir pas reconnus. Le bruit commun m'avait emporté. Mais cette excuse, qui serait trop bonne pour vous, n'est pas suffisante pour moi, qui fais profession de ne rien dire sans preuve certaine, et qui n'en ai dit aucune que celle-là. Je m'en repens, je la désavoue, et je souhaite que vous profitiez de mon exemple.

DIX-SEPTIÈME LETTRE (1),

ÉCRITE AU RÉVÉREND P. ANNAT, JÉSUITE.

On fait voir, en levant l'équivoque du sens de Jansénius, qu'il n'y a aucune hérésie dans l'Église. — On montre, par le consentement unanime de tous les théologiens, et principalement des jésuites, que l'autorité des papes et des conciles œcuméniques n'est point infaillible dans les questions de fait.

Du 23 janvier 1657.

MON RÉVÉREND PÈRE,

Votre procédé m'avait fait croire que vous désiriez que nous demeurassions en repos de part et d'autre,

---

(1) Pendant que Pascal poursuivait la série de ses représailles sur la morale

et je m'y étais disposé. Mais vous avez depuis produit tant d'écrits en peu de temps, qu'il paraît bien qu'une paix n'est guère assurée quand elle dépend du silence des jésuites. Je ne sais si cette rupture vous sera fort avantageuse; mais, pour moi, je ne suis pas fâché qu'elle me donne le moyen de détruire ce reproche ordinaire d'hérésie dont vous remplissez tous vos livres.

Il est temps que j'arrête, une fois pour toutes, cette hardiesse que vous prenez de me traiter d'hérétique, qui s'augmente tous les jours. Vous le faites dans ce livre que vous venez de publier d'une manière qui ne se peut plus souffrir, et qui me rendrait enfin suspect, si je ne vous y répondais comme le mérite un reproche de cette nature. J'avais méprisé cette injure dans les écrits de vos confrères, aussi bien qu'une infinité d'autres qu'ils y mêlent indifféremment. Ma quinzième Lettre y avait assez répondu : mais vous en parlez maintenant d'un autre air; vous en faites sérieusement le capital de votre défense, c'est presque la seule chose que vous y employez. Car vous dites que, « pour « toute réponse à mes quinze Lettres, il suffit de « dire quinze fois que je suis hérétique; et qu'étant dé- « claré tel, je ne mérite aucune créance. » Enfin vous ne mettez pas mon apostasie en question, et vous la

---

des jésuites, il y eut des tentatives de réponse de la part de ceux-ci ; le père Annat avait fait, entre autres, un petit écrit intitulé *la Bonne foi des jansénistes*, où, en rétablissant et en discutant quelques-uns des textes incriminés par le terrible railleur, il renouvelait plus formellement contre le parti en masse l'imputation d'hérésie. Ce fut donc à lui nommément que Pascal adressa ses dix-septième et dix-huitième Provinciales ; elles sont, l'une du 23 janvier 1657, et l'autre du 24 mars, c'est-à-dire d'un an après le début et l'entrée en lice. Sainte-Beuve, *Port-Royal*, t. III, pag. 40. — Voir, sur le père Annat, *id., ibid.* pag. 190.

supposez comme un principe ferme, sur lequel vous bâtissez hardiment. C'est donc tout de bon, mon père, que vous me traitez d'hérétique; et c'est aussi tout de bon que je vous y vais répondre.

Vous savez bien, mon père, que cette accusation est si importante, que c'est une témérité insupportable de l'avancer, si on n'a pas de quoi la prouver. Je vous demande quelles preuves vous en avez. Quand m'a-t-on vu à Charenton? Quand ai-je manqué à la messe et aux devoirs des chrétiens à leur paroisse? Quand ai-je fait quelque action d'union avec les hérétiques, ou de schisme avec l'Église? Quel concile ai-je contredit? Quelle constitution de pape ai-je violée? Il faut répondre, mon père, ou..... Vous m'entendez bien. Et que répondez-vous? Je prie tout le monde de l'observer. Vous supposez premièrement que « ce-« lui qui écrit les Lettres est de Port-Royal. » Vous dites ensuite que « le Port-Royal est déclaré héréti-« que; » d'où vous concluez que « celui qui écrit les « Lettres est déclaré hérétique. » Ce n'est donc pas sur moi, mon père, que tombe le fort de cette accusation, mais sur le Port-Royal; et vous ne m'en chargez que parce que vous supposez que j'en suis. Ainsi je n'aurai pas grand'peine à m'en défendre, puisque je n'ai qu'à vous dire que je n'en suis pas, et à vous renvoyer à mes Lettres, où j'ai dit « que je suis seul, » et, en propres termes, que « je ne suis point de Port-Royal, » comme j'ai fait dans la seizième, qui a précédé votre livre.

Prouvez donc d'une autre manière que je suis hérétique, ou tout le monde reconnaîtra votre impuissance. Prouvez par mes écrits que je ne reçois pas la constitution. Ils ne sont pas en si grand nombre; il n'y a que seize Lettres à examiner, où je vous défie, et vous, et toute la terre, d'en produire la moindre marque. Mais je vous y ferai bien voir le contraire. Car, quand j'ai dit, par exemple, dans la quatorzième, « qu'en « tuant, selon vos maximes, ses frères en péché mor- « tel, on damne ceux pour qui Jésus-Christ est mort, » n'ai-je pas visiblement reconnu que Jésus-Christ est mort pour ces damnés, et « qu'ainsi il est faux qu'il « ne soit mort que pour les seuls prédestinés, » ce qui est condamné dans la cinquième proposition? Il est donc sûr, mon père, que je n'ai rien dit pour soutenir ces propositions impies, que je déteste de tout mon cœur. Et quand le Port-Royal les tiendrait, je vous déclare que vous n'en pouvez rien conclure contre moi, parce que, grâces à Dieu, je n'ai d'attache sur la terre qu'à la seule Église catholique, apostolique et romaine, dans laquelle je veux vivre et mourir, et dans la communion avec le pape son souverain chef, hors de laquelle je suis très-persuadé qu'il n'y a point de salut (1).

Que ferez-vous à une personne qui parle de cette sorte, et par où m'attaquerez-vous, puisque ni mes

---

(1) Dans le chapitre IX, *De l'Église gallicane*, le comte de Maistre cite ce passage comme la profession de foi de Pascal; il dit, après voir cité : « Voilà Pascal « catholique et jouissant parfaitement de sa raison. » Puis il ajoute : « Écoutons « maintenant le sectaire, » et il rapporte immédiatement quelques passages empruntés aux *Pensées*, pour mettre Pascal en contradiction avec lui-même, et montrer que sous l'humble apparence du chrétien, il cachait tout l'orgueil de l'hérétique. Il est curieux de conférer cette XVIIe Lettre avec le chapitre IX du livre 1er de *l'Église gallicane*, et le chapitre XIV du livre III de *Port-Royal*. On a de la sorte Pascal aux prises avec les jésuites, de Maistre aux prises avec Pascal, et M. Sainte-Beuve aux prises avec de Maistre. Un duel entre de si vigoureux champions vaut bien que l'on s'y arrête.

discours, ni mes écrits ne donnent aucun prétexte à vos accusations d'hérésie, et que je trouve ma sûreté contre vos menaces dans l'obscurité qui me couvre? Vous vous sentez frappé par une main invisible, qui rend vos égarements visibles à toute la terre; et vous essayez en vain de m'attaquer en la personne de ceux auxquels vous me croyez uni. Je ne vous crains ni pour moi ni pour aucun autre, n'étant attaché ni à quelque communauté ni à quelque particulier que ce soit. Tout le crédit que vous pouvez avoir est inutile à mon égard. Je n'espère rien du monde, je n'en appréhende rien, je n'en veux rien; je n'ai besoin, par la grâce de Dieu, ni du bien ni de l'autorité de personne. Ainsi, mon père, j'échappe à toutes vos prises. Vous ne me sauriez prendre, de quelque côté que vous le tentiez. Vous pouvez bien toucher le Port-Royal, mais non pas moi. On a bien délogé des gens de Sorbonne; mais cela ne me déloge pas de chez moi. Vous pouvez bien préparer des violences contre des prêtres et des docteurs, mais non pas contre moi, qui n'ai point ces qualités. Et ainsi peut-être n'eûtes-vous jamais affaire à une personne qui fût si hors de vos atteintes et si propre à combattre vos erreurs, étant libre, sans engagement, sans attachement, sans liaison, sans relation, sans affaires; assez instruit de vos maximes, et bien résolu de les pousser autant que je croirai que Dieu m'y engagera, sans qu'aucune considération humaine puisse arrêter ni ralentir mes poursuites.

A quoi vous sert-il donc, mon père, lorsque vous ne pouvez rien contre moi, de publier tant de calomnies contre des personnes qui ne sont point mêlées dans nos différends, comme font tous vos pères? Vous n'échapperez pas par ces fuites, vous sentirez la force de la vérité que je vous oppose. Je vous dis que vous anéantissez la morale chrétienne en la séparant de l'amour de Dieu, dont vous dispensez les hommes; et vous me parlez de *la mort du père Mester*, que je n'ai vu de ma vie. Je vous dis que vos auteurs permettent de tuer pour une pomme, quand il est honteux de la laisser perdre; et vous me dites qu'on « a ouvert un « tronc à Saint-Merri. » Que voulez-vous dire de même, de me prendre tous les jours à partie sur le livre *De la sainte virginité*, fait par un père de l'Oratoire que je ne vis jamais, non plus que son livre? Je vous admire, mon père, de considérer ainsi tous ceux qui vous sont contraires comme une seule personne. Votre haine les embrasse tous ensemble, et en forme comme un corps de réprouvés, dont vous voulez que chacun réponde pour tous les autres.

Il y a bien de la différence entre les jésuites et ceux qui les combattent. Vous composez véritablement un corps uni sous un seul chef; et vos règles, comme je l'ai fait voir, vous défendent de rien imprimer sans l'aveu de vos supérieurs, qui sont rendus responsables des erreurs de tous les particuliers, « sans qu'ils « puissent s'excuser en disant qu'ils n'ont pas remar- « qué les erreurs qui y sont enseignées, parce qu'ils « les doivent remarquer, » selon vos ordonnances, et selon les lettres de vos généraux Aquaviva, Vitelleschi, etc. C'est donc avec raison qu'on vous reproche les égarements de vos confrères, qui se trouvent dans leurs ouvrages approuvés par vos supérieurs et par les théologiens de votre compagnie. Mais quant à moi, mon père, il en faut juger autrement. Je n'ai pas souscrit le livre *De la sainte virginité* (1). On ouvrirait tous les troncs de Paris sans que j'en fusse moins catholique. Et enfin je vous déclare hautement et nettement que personne ne répond de mes lettres que moi, et que je ne réponds de rien que de mes lettres.

Je pourrais en demeurer là, mon père, sans parler de ces autres personnes que vous traitez d'hérétiques pour me comprendre dans cette accusation. Mais comme j'en suis l'occasion, je me trouve engagé en quelque sorte à me servir de cette même occasion pour en tirer trois avantages; car c'en est un bien considérable de faire paraître l'innocence de tant de personnes calomniées. C'en est un autre, et bien propre à mon sujet, de montrer toujours les artifices de votre politique dans cette accusation. Mais celui que j'estime le plus est que j'apprendrai par là à tout le monde la fausseté de ce bruit scandaleux que vous semez de tous côtés, que « l'Église est divisée par une nouvelle hé-« résie. » Et comme vous abusez d'une infinité de personnes en leur faisant accroire que les points sur lesquels vous essayez d'exciter un si grand orage sont essentiels à la foi, je trouve d'une extrême importance de détruire ces fausses impressions, et d'expliquer ici nettement en quoi ils consistent, pour montrer qu'en effet il n'y a point d'hérétiques dans l'Église.

Car n'est-il pas vrai que, si l'on demande en quoi

---

(1) Ce livre *De la sainte virginité* est une traduction que le père Seguenot, prêtre de l'Oratoire, avait faite d'un livre de saint Augustin. Jusque-là il n'y avait rien à reprendre : mais ce père y joignit quelques remarques bizarres et singulières qui ont mérité une juste censure ; et comme ce livre venait d'un père de l'Oratoire, dont la congrégation a toujours été attachée à la doctrine de saint Augustin, on chercha à en faire retomber le blâme sur les jansénistes. (*Note de l'édit. de* 1812.)

consiste l'hérésie de ceux que vous appelez jansénistes, on répondra incontinent que c'est en ce que ces gens-là disent que « les commandements de Dieu sont im-
« possibles ; qu'on n'a pas la liberté de faire le bien
« et le mal ; que Jésus-Christ n'est pas mort pour tous
« les hommes, mais seulement pour les prédestinés ;
« et enfin qu'ils soutiennent les cinq propositions con-
« damnées par le pape? » Ne faites-vous pas entendre que c'est pour ce sujet que vous persécutez vos adversaires? N'est-ce pas ce que vous dites dans vos livres, dans vos entretiens, dans vos catéchismes, comme vous fîtes encore les fêtes de Noël à Saint-Louis, en demandant à une de vos petites bergères : « Pour qui
« est venu Jésus-Christ, ma fille? — Pour tous les
« hommes, mon père. — Eh quoi! ma fille, vous n'ê-
« tes donc pas de ces nouveaux hérétiques qui disent
« qu'il n'est venu que pour les prédestinés? » Les enfants vous croient là-dessus, et plusieurs autres aussi ; car vous les entretenez de ces mêmes fables dans vos sermons, comme votre père Crasset à Orléans, qui en a été interdit. Et je vous avoue que je vous ai cru aussi autrefois. Vous m'aviez donné cette même idée de toutes ces personnes-là. De sorte que, lorsque vous les pressiez sur ces propositions, j'observais avec attention quelle serait leur réponse ; et j'étais fort disposé à ne les voir jamais, s'ils n'eussent déclaré qu'ils y renonçaient comme à des impiétés visibles. Mais ils le firent bien hautement. Car M. de Sainte-Beuve, professeur du roi en Sorbonne, censura dans ses écrits publics ces cinq propositions longtemps avant le pape ; et ces docteurs firent paraître plusieurs écrits, et entre autres celui *De la grâce victorieuse* qu'ils produisirent

en même temps, où ils rejettent ces propositions, et comme hérétiques, et comme étrangères. Car ils disent, dans la préface, que « ce sont des propositions « hérétiques et luthériennes, fabriquées et forgées à « plaisir, qui ne se trouvent ni dans Jansénius ni dans « ses défenseurs ; » ce sont leurs termes. Ils se plaignent de ce qu'on les leur attribue, et vous adressent pour cela ces paroles de saint Prosper, le premier disciple de saint Augustin leur maître, à qui les semi-pélagiens de France en imputèrent de pareilles pour le rendre odieux. « Il y a, dit ce saint, des personnes « qui ont une passion si aveugle de nous décrier, qu'ils « en ont pris un moyen qui ruine leur propre réputa-« tion. Car ils ont fabriqué à dessein de certaines « propositions pleines d'impiétés et de blasphèmes, « qu'ils envoient de tous côtés pour faire croire que « nous les soutenons au même sens qu'ils ont exprimé « par leur écrit. Mais on verra, par cette réponse, « et notre innocence et la malice de ceux qui nous « ont imputé ces impiétés, dont ils sont les uniques « inventeurs. »

En vérité, mon père, lorsque je les ouïs parler de la sorte avant la constitution ; quand je vis qu'ils la reçurent ensuite avec tout ce qui se peut de respect, qu'ils offrirent de la souscrire, et que M. Arnauld eut déclaré tout cela, plus fortement que je ne le puis rapporter, dans toute sa seconde lettre, j'eusse cru pécher de douter de leur foi. Et en effet, ceux qui avaient voulu refuser l'absolution à leurs amis avant la lettre de M. Arnauld ont déclaré depuis qu'après qu'il avait si nettement condamné ces erreurs qu'on lui imputait, il n'y avait aucune raison de le retrancher ni lui, ni ses amis, de l'Église. Mais vous n'en avez pas usé de même ; et c'est sur quoi je commençai à me défier que vous agissiez avec passion. Car, au lieu que vous les aviez menacés de leur faire signer cette constitution quand vous pensiez qu'ils y résisteraient, lorsque vous vîtes qu'ils s'y portaient d'eux-mêmes, vous n'en parlâtes plus. Et quoiqu'il semblât que vous dussiez après cela être satisfait de leur conduite, vous ne laissâtes pas de les traiter encore d'hérétiques, « parce, disiez-« vous, que leur cœur démentait leur main, et qu'ils « étaient catholiques extérieurement et hérétiques in-« térieurement, comme vous-même l'avez dit dans « votre *Rép. à quelques demandes*, p. 27 et 47. »

Que ce procédé me parut étrange, mon père ! Car de qui n'en peut-on pas dire autant ? Et quel trouble n'exciterait-on point par ce prétexte ! « Si l'on refuse, « dit saint Grégoire pape, de croire la confession de « foi de ceux qui la donnent conforme aux sentiments « de l'Église, on remet en doute la foi de toutes les « personnes catholiques. » *Regist.*, *l*, 5, *ep.* 15. Je craignis donc, mon père, que « votre dessein ne fût « de rendre ces personnes hérétiques sans qu'elles le « fussent, » comme parle le même pape sur une dispute pareille de son temps ; « parce, dit-il, que ce « n'est pas s'opposer aux hérésies, mais c'est faire « une hérésie, que de refuser de croire ceux qui par « leur confession témoignent d'être dans la véritable « foi : *Hoc non est hæresim purgare, sed facere.* « *Ep.* 16. » Mais je connus en vérité qu'il n'y avait point en effet d'hérétiques dans l'Église, quand je vis qu'ils s'étaient si bien justifiés de toutes ces hérésies, que vous ne pûtes plus les accuser d'aucune erreur contre la foi, et que vous fûtes réduit à les entreprendre seulement sur des questions de fait touchant Jansénius, qui ne pouvaient être matière d'hérésie. Car vous les voulûtes obliger à « reconnaître que ces « propositions étaient dans Jansénius, mot à mot, « toutes, et en propres termes, » comme vous l'écrivîtes encore vous-même : *Singulares, individuæ, totidem verbis apud Jansenium contentæ*, dans vos *Cavilli*, p. 39.

Dès lors votre dispute commença à me devenir indifférente. Quand je croyais que vous disputiez de la vérité ou de la fausseté des propositions, je vous écoutais avec attention, car cela touchait la foi : mais quand je vis que vous ne disputiez plus que pour savoir si elles étaient *mot à mot* dans Jansénius ou non, comme la religion n'y était plus intéressée, je ne m'y intéressai plus aussi. Ce n'est pas qu'il n'y eût bien de l'apparence que vous disiez vrai : car de dire que des paroles sont *mot à mot* dans un auteur, c'est à quoi l'on ne peut se méprendre. Aussi je ne m'étonne pas que tant de personnes, et en France et à Rome, aient cru, sur une expression si peu suspecte, que Jansénius les avait enseignées en effet. Et c'est pourquoi je ne fus pas peu surpris d'apprendre que ce même point de fait, que vous aviez proposé comme si certain et si important, était faux, et qu'on vous défia de citer les pages de Jansénius où vous aviez trouvé ces propositions *mot à mot*, sans que vous l'ayez jamais pu faire.

Je rapporte toute cette suite, parce qu'il me semble que cela découvre assez l'esprit de votre société en toute cette affaire, et qu'on admirera de voir que, malgré tout ce que je viens de dire, vous n'ayez pas cessé de publier qu'ils étaient toujours hérétiques. Mais vous avez seulement changé leur hérésie selon le temps ; car, à mesure qu'ils se justifiaient de l'une, vos pères en substituaient une autre, afin qu'ils n'en fussent jamais exempts. Ainsi, en 1653, leur hérésie était sur la qualité des propositions. Ensuite elle fut sur le *mot à mot*. Depuis, vous la mîtes dans le cœur. Mais aujourd'hui on ne parle plus de tout cela ; et l'on veut qu'ils soient hérétiques, s'ils ne signent que « le « sens de la doctrine de Jansénius se trouve dans le « sens de ces cinq propositions. »

Voilà le sujet de votre dispute présente. Il ne vous suffit pas qu'ils condamnent les cinq propositions, et encore tout ce qu'il y aurait dans Jansénius qui pourrait y être conforme et contraire à saint Augustin ; car ils font tout cela. De sorte qu'il n'est pas question de savoir, par exemple, si « Jésus-Christ n'est mort que « pour les prédestinés ; » ils condamnent cela aussi bien que vous, mais si Jansénius est de ce sentiment-là ou non. Et c'est sur quoi je vous déclare plus que jamais que votre dispute me touche peu, comme elle touche peu l'Église. Car, encore que je ne sois pas docteur non plus que vous, mon père, je vois bien néanmoins qu'il n'y va point de la foi, puisqu'il n'est question que de savoir quel est le sens de Jansénius. S'ils croyaient que sa doctrine fût conforme au sens propre et littéral de ces propositions, ils la condamneraient ; et ils ne refusent de le faire que parce qu'ils sont persuadés qu'elle en est bien différente : ainsi quand ils l'entendraient mal, ils ne seraient pas hérétiques, puisqu'ils ne l'entendent qu'en un sens catholique.

Et, pour expliquer cela par un exemple, je prendrai la diversité de sentiments qui fut entre saint Basile et saint Athanase, touchant les écrits de saint Denis d'Alexandrie, dans lesquels saint Basile croyant trouver le sens d'Arius contre l'égalité du père et du fils, il les condamna comme hérétiques; mais saint Athanase, au contraire, y croyant trouver le véritable sens de l'Église, il les soutint comme catholiques. Pensez-vous donc, mon père, que saint Basile, qui tenait ces écrits pour ariens, eût droit de traiter saint Athanase d'hérétique, parce qu'il les défendait? Et quel sujet en eût-il eu, puisque ce n'était pas l'arianisme qu'Athanase défendait, mais la vérité de la foi qu'il pensait y être? Si ces deux saints fussent convenus du véritable sens de ces écrits, et qu'ils y eussent tous deux reconnu cette hérésie, sans doute saint Athanase n'eût pu les approuver sans hérésie; mais, comme ils étaient en différend touchant ce sens, saint Athanase était catholique en les soutenant, quand même il les eût mal entendus; puisque ce n'eût été qu'une erreur de fait, et qu'il ne défendait, dans cette doctrine, que la foi catholique qu'il y supposait.

Je vous en dis de même, mon père. Si vous conveniez du sens de Jansénius, et que vos adversaires fussent d'accord avec vous; qu'il tient, par exemple, *qu'on ne peut résister à la grâce*, ceux qui refuseraient de le condamner seraient hérétiques. Mais lorsque vous disputez de son sens, et qu'ils croient que, selon sa doctrine, *on peut résister à la grâce*, vous n'avez aucun sujet de les traiter d'hérétiques, quelque hérésie que vous lui attribuiez vous-même, puisqu'ils condamnent le sens que vous y supposez, et que vous n'oseriez condamner le sens qu'ils y supposent. Si vous voulez donc les convaincre, montrez que le sens qu'ils attribuent à Jansénius est hérétique ; car alors ils le seront eux-mêmes. Mais comment le pourriez-vous faire, puisqu'il est constant, selon votre propre aveu, que celui qu'ils lui donnent n'est point condamné?

Pour vous le montrer clairement, je prendrai pour principe ce que vous reconnaissez vous-mêmes, que « la doctrine de la grâce efficace n'a point été condam- « née, et que le pape n'y a point touché par sa cons- « titution. » Et, en effet, quand il voulut juger des cinq propositions, le point de la grâce efficace fut mis à couvert de toute censure. C'est ce qui paraît parfaitement par les avis des consulteurs auxquels le pape les donna à examiner. J'ai ces avis entre mes mains, aussi bien que plusieurs personnes dans Paris, et entre autres M. l'évêque de Montpellier, qui les apporta de Rome. On y voit que leurs opinions furent partagées, et que les principaux d'entre eux, comme le maître du sacré palais, le commissaire du saint office, le général des augustins, et d'autres, croyant que ces propositions pouvaient être prises au sens de la grâce efficace, furent d'avis qu'elles ne devaient point être censurées : au lieu que les autres, demeurant d'accord qu'elles n'eussent pas dû être condamnées si elles eussent eu ce sens, estimèrent qu'elles le devaient être ; parce que, selon ce qu'ils déclarent, leur sens propre et naturel en était très-éloigné. Et c'est pourquoi le pape les condamna, et tout le monde s'est rendu à son jugement.

Il est donc sûr, mon père, que la grâce efficace n'a point été condamnée. Aussi est-elle si puissamment soutenue par saint Augustin, par saint Thomas et toute son école, par tant de papes et de conciles, et par toute la tradition, que ce serait une impiété de la taxer d'hérésie. Or tous ceux que vous traitez d'hérétiques déclarent qu'ils ne trouvent autre chose dans Jansénius que cette doctrine de la grâce efficace. Et c'est la seule chose qu'ils ont soutenue dans Rome. Vous-même l'avez reconnu, *Cavilli*, pag. 35, où vous avez déclaré qu'en parlant devant le pape, « ils ne dirent « aucun mot des propositions, *ne verbum quidem*, et « qu'ils employèrent tout le temps à parler de la grâce « efficace. » Et ainsi, soit qu'ils se trompent ou non dans cette supposition, il est au moins sans doute que le sens qu'ils supposent n'est point hérétique, et que par conséquent ils ne le sont point. Car, pour dire la chose en deux mots, ou Jansénius n'a enseigné que la grâce efficace, et en ce cas il n'a point d'erreur; où il a enseigné autre chose, et en ce cas il n'a point de défenseurs. Toute la question est donc de savoir si Jansénius a enseigné en effet autre chose que la grâce efficace; et, si l'on trouve que oui, vous aurez la gloire de l'avoir mieux entendu; mais ils n'auront point le malheur d'avoir erré dans la foi.

Il faut donc louer Dieu, mon père, de ce qu'il n'y a point en effet d'hérésie dans l'Église, puisqu'il ne s'agit en cela que d'un point de fait qui n'en peut former. Car l'Église décide les points de foi avec une autorité divine, et elle retranche de son corps tous ceux qui refusent de les recevoir. Mais elle n'en use pas de même pour les choses de fait. Et la raison en est que notre salut est attaché à la foi qui nous a été révélée, et qui se conserve dans l'Église par la tradition, mais qu'il ne dépend point des autres faits particuliers qui n'ont point été révélés de Dieu. Ainsi on est obligé de croire que les commandements de Dieu ne sont pas impossibles; mais on n'est pas obligé de savoir ce que Jansénius a enseigné sur ce sujet. C'est pourquoi Dieu conduit l'Église dans la détermination des points de la foi, par l'assistance de son esprit, qui ne peut errer; au lieu que, dans les choses de fait, il la laisse agir par les sens et par la raison, qui en sont naturellement les juges. Car il n'y a que Dieu qui ait pu instruire l'Église de la foi : mais il n'y a qu'à lire Jansénius pour savoir si des propositions sont dans son livre; et de là vient que c'est une hérésie de résister aux décisions de la foi, parce que c'est opposer son esprit propre à l'esprit de Dieu. Mais ce n'est pas une hérésie, quoique ce puisse être une témérité, que de ne pas croire certains faits particuliers, parce que ce n'est qu'opposer la raison, qui peut être claire, à une autorité qui est grande, mais qui en cela n'est pas infaillible.

C'est ce que tous les théologiens reconnaissent, comme il paraît par cette maxime du cardinal Bellarmin, de votre société : « Les conciles généraux et lé-
« gitimes ne peuvent errer en définissant les dogmes
« de foi; mais ils peuvent errer en des questions de
« fait. » Et ailleurs : « Le pape, comme pape, et même
« à la tête d'un concile universel, peut errer dans les
« controverses particulières de fait, qui dépendent
« principalement de l'information et du témoignage
« des hommes. » Et le cardinal Baronius de même :
« Il faut se soumettre entièrement aux décisions des
« conciles dans les points de foi ; mais pour ce qui con-
« cerne les personnes et leurs écrits, les censures qui

« en ont été faites ne se trouvent pas avoir été gardées
« avec tant de rigueur, parce qu'il n'y a personne à
« qui il ne puisse arriver d'y être trompé. » C'est aussi
pour cette raison que M. l'archevêque de Toulouse a
tiré cette règle des lettres de deux grands papes, saint
Léon et Pélage II : « Que le propre objet des conciles
« est la foi, et que tout ce qui s'y résout hors de la foi
« peut être revu et examiné de nouveau ; au lieu qu'on
« ne doit plus examiner ce qui a été décidé en matière
« de foi ; parce que, comme dit Tertulien, la règle de
« la foi est seule immobile et irrétractable. »

De là vient qu'au lieu qu'on n'a jamais vu les conciles généraux et légitimes contraires les uns aux autres dans les points de foi, « parce que, comme
« dit M. de Toulouse, il n'est pas seulement permis
« d'examiner de nouveau ce qui a été déjà décidé en
« matière de foi ; » on a vu quelquefois ces mêmes conciles opposés sur des points de fait, où il s'agissait de l'intelligence du sens d'un auteur, « parce
« que, « comme dit encore M. de Toulouse, après les
papes qu'il cite, « tout ce qui se résout dans les con-
« ciles hors de la foi peut être revu et examiné de
« nouveau. » C'est ainsi que le quatrième et le cinquième concile paraissent contraires l'un à l'autre, en l'interprétation des mêmes auteurs ; et la même chose arriva entre deux papes, sur une proposition de certains moines de Scythie. Car, après que le pape Hormisdas l'eut condamnée en l'entendant en un mauvais sens, le pape Jean II, son successeur, l'examinant de nouveau, et l'entendant en un bon sens, l'approuva, et la déclara catholique. Diriez-vous, pour cela, qu'un de ces papes fut hérétique ? Et ne faut-il

donc pas avouer que, pourvu que l'on condamne le sens hérétique qu'un pape aurait supposé dans un écrit, on n'est pas hérétique pour ne pas condamner cet écrit, en le prenant en un sens qu'il est certain que le pape n'a pas condamné, puisque autrement l'un de ces deux papes serait tombé dans l'erreur?

J'ai voulu, mon père, vous accoutumer à ces contrariétés qui arrivent entre les catholiques sur des questions de fait touchant l'intelligence du sens d'un auteur, en vous montrant sur cela un Père de l'Église contre un autre, un pape contre un pape, et un concile contre un concile, pour vous mener de là à d'autres exemples d'une pareille opposition, mais plus disproportionnée. Car vous y verrez des conciles et des papes d'un côté, et des jésuites de l'autre, qui s'opposeront à leurs décisions touchant le sens d'un auteur, sans que vous accusiez vos confrères, je ne dis pas d'hérésie, mais non pas même de témérité.

Vous savez bien, mon père, que les écrits d'Origène furent condamnés par plusieurs conciles et par plusieurs papes, et même par le cinquième concile général, comme contenant des hérésies, et entre autres celle « de la réconciliation des démons au jour du ju- « gement. » Croyez-vous sur cela qu'il soit d'une nécessité absolue, pour être catholique, de confesser qu'Origène a tenu en effet ces erreurs, et qu'il ne suffise pas de les condamner sans les lui attribuer? Si cela était, que deviendrait votre père Halloix, qui a soutenu la pureté de la foi d'Origène, aussi bien que plusieurs autres catholiques qui ont entrepris la même chose, comme Pic de la Mirande, et Genebrard, docteur de Sorbonne? Et n'est-il pas certain encore que ce même cinquième concile général condamna les écrits de Théodoret contre saint Cyrille, « comme im-« pies, contraires à la vraie foi, et contenant l'hérésie « nestorienne? » Et cependant le père Sirmond, jésuite, n'a pas laissé de le défendre, et de dire dans la vie de ce Père « que ces mêmes écrits sont exempts « de cette hérésie nestorienne... »

Vous voyez donc, mon père, que quand l'Église condamne des écrits, elle y suppose une erreur qu'elle y condamne, et alors il est de foi que cette erreur est condamnée ; mais qu'il n'est pas de foi que ces écrits contiennent en effet l'erreur que l'Église y suppose. Je crois que cela est assez prouvé ; et ainsi je finirai ces exemples par celui du pape Honorius, dont l'histoire est si connue. On sait qu'au commencement du septième siècle l'Église étant troublée par l'hérésie des monothélites, ce pape, pour terminer ce différend, fit un décret qui semblait favoriser ces hérétiques, de sorte que plusieurs en furent scandalisés. Cela se passa néanmoins avec peu de bruit sous son pontificat : mais, cinquante ans après, l'Église étant assemblée dans le sixième concile général, où le pape Agathon présidait par ses légats, ce décret y fut déféré ; et, après avoir été lu et examiné, il fut condamné comme contenant l'hérésie des monothélites, et brûlé en cette qualité en pleine assemblée, avec les autres écrits de ces hérétiques. Et cette décision fut reçue avec tant de respect et d'uniformité dans toute l'Église, qu'elle fut confirmée ensuite par deux autres conciles généraux, et même par les papes Léon II, et Adrien II qui vivait deux cents ans après, sans que personne ait troublé ce consentement si universel et si paisible durant sept ou

huit siècles. Cependant quelques auteurs de ces derniers temps, et entre autres le cardinal Bellarmin, n'ont pas cru se rendre hérétiques pour avoir soutenu contre tant de papes et de conciles que les écrits d'Honorius sont exempts de l'erreur qu'ils avaient déclaré y être, « parce, dit-il, que des conciles généraux pou-
« vant errer dans les questions de fait, on peut dire en
« toute assurance que le sixième concile s'est trompé
« en ce fait-là ; et que, n'ayant pas bien entendu le
« sens des lettres d'Honorius, il a mis à tort ce pape
« au nombre des hérétiques. »

Remarquez donc bien, mon père, que ce n'est pas être hérétique de dire que le pape Honorius ne l'était pas, encore que plusieurs papes et plusieurs conciles l'eussent déclaré, et même après l'avoir examiné. Je viens donc maintenant à nôtre question, et je vous permets de faire votre cause aussi bonne que vous le pourrez. Que direz-vous, mon père, pour rendre vos adversaires hérétiques? Que le pape Innocent X a déclaré que « l'erreur des cinq propositions est dans
« Jansénius? » Je vous laisse dire tout cela. Qu'en concluez-vous? Que « c'est être hérétique de ne pas
« reconnaître que l'erreur des cinq propositions est.
« dans Jansénius? » Que vous en semble-t-il, mon père? N'est-ce donc pas ici une question de fait, de même nature que les précédentes? Le pape a déclaré que l'erreur des cinq propositions est dans Jansénius, de même que ses prédécesseurs avaient déclaré que l'erreur des nestoriens et des monothélites était dans les écrits de Théodoret et d'Honorius. Sur quoi vos pères ont écrit qu'ils condamnent bien ces hérésies, mais qu'ils ne demeurent pas d'accord que ces au-

teurs les aient tenues : de même que vos adversaires disent aujourd'hui qu'ils condamnent bien ces cinq propositions, mais qu'ils ne sont pas d'accord que Jansénius les ait enseignées. En vérité, mon père, ces cas-là sont bien semblables; et, s'il s'y trouve quelque différence, il est aisé de voir combien elle est à l'avantage de la question présente, par la comparaison de plusieurs circonstances particulières qui sont visibles d'elles-mêmes, et que je ne m'arrête pas à rapporter. D'où vient donc, mon père, que, dans une même cause, vos pères sont catholiques et vos adversaires hérétiques? Et par quelle étrange exception les privez-vous d'une liberté que vous donnez à tout le reste des fidèles?

Que direz-vous sur cela, mon père? Que « le pape « a confirmé sa constitution par un bref? » Je vous répondrai que deux conciles généraux et deux papes ont confirmé la condamnation des lettres d'Honorius. Mais quel fond prétendez-vous faire sur les paroles de ce bref, par lesquelles le pape déclare qu'il a « con« damné la doctrine de Jansénius dans ces cinq pro« positions? » Qu'est-ce que cela ajoute à la constitution, et que s'ensuit-il de là sinon que, comme le sixième concile condamna la doctrine d'Honorius, parce qu'il croyait qu'elle était la même que celle des monothélites, de même le pape a dit qu'il a condamné la doctrine de Jansénius dans ces cinq propositions, parce qu'il a supposé qu'elle était la même que ces cinq propositions? Et comment ne l'eût-il pas cru? Votre société ne publie autre chose; et vous-même, mon père, qui avez dit qu'elles y sont *mot à mot*, vous étiez à Rome au temps de la censure; car je vous rencontre partout. Se fût-il défié de la sincérité ou de la suffisance de tant de religieux graves? Et comment n'eût-il pas cru que la doctrine de Jansénius était la même que celle des cinq propositions, dans l'assurance que vous lui aviez donnée qu'elles étaient *mot à mot* de cet auteur? Il est donc visible, mon père, que, s'il se trouve que Jansénius ne les ait pas tenues, il ne faudra pas dire, comme vos pères ont fait dans leurs exemples, que le pape s'est trompé en ce point de fait, ce qu'il est toujours fâcheux de publier: mais il ne faudra que dire que vous avez trompé le pape; ce qui n'apporte plus de scandale, tant on vous connaît maintenant.

Ainsi, mon père, toute cette matière est bien éloignée de pouvoir former une hérésie. Mais comme vous voulez en faire une à quelque prix que ce soit, vous avez essayé de détourner la question du point de fait pour la mettre en un point de foi; et c'est ce que vous faites en cette sorte. « Le pape, dites-vous, déclare qu'il a « condamné la doctrine de Jansénius dans ces cinq « propositions : donc il est de foi que la doctrine de « Jansénius touchant ces cinq propositions est hérétique « telle qu'elle soit. » Voilà, mon père, un point de foi bien étrange, qu'une doctrine est hérétique, telle qu'elle puisse être. Eh quoi! si, selon Jansénius, *on peut résister à la grâce intérieure*, et s'il est faux, selon lui, *que* JÉSUS-CHRIST *ne soit mort que pour les seuls prédestinés*, cela sera-t-il aussi condamné, parce que c'est sa doctrine? Sera-t-il vrai dans la constitution du pape *que l'on a la liberté de faire le bien et le mal?* et cela sera-t-il faux dans Jansénius? Et par quelle fatalité sera-t-il si malheureux, que la vérité devienne hérésie dans son livre? Ne faut-il donc pas confesser qu'il n'est hérétique qu'au cas qu'il soit conforme à ces erreurs condamnées, puisque la constitution du pape est la règle à laquelle on doit appliquer Jansénius pour juger de ce qu'il est, selon le rapport qu'il y aura : et qu'ainsi on résoudra cette question, *savoir si sa doctrine est hérétique*, par cette autre question de fait, *savoir si elle est conforme au sens naturel de ces propositions;* étant impossible qu'elle ne soit hérétique, si elle y est conforme, et qu'elle ne soit catholique, si elle y est contraire. Car enfin, puisque, selon le pape et les évêques, les *propositions sont condamnées en leur sens propre et naturel*, il est impossible qu'elles soient condamnées au sens de Jansénius, sinon au cas que le sens de Jansénius soit le même que le sens propre et naturel de ces propositions, ce qui est un point de fait.

La question demeure donc toujours dans ce point de fait, sans qu'on puisse en aucune sorte l'en tirer pour la mettre dans le droit. Et ainsi on n'en peut faire une matière d'hérésie; mais vous en pourriez bien faire un prétexte de persécution, s'il n'y avait sujet d'espérer qu'il ne se trouvera point de personnes qui entrent assez dans vos intérêts pour suivre un procédé si injuste, et qui veuillent contraindre de signer, comme vous le souhaitez, *que l'on condamne ces propositions au sens de Jansénius,* sans expliquer ce que c'est que ce sens de Jansénius. Peu de gens sont disposés à signer une confession de foi en blanc. Or ce serait en signer une en blanc, que vous rempliriez ensuite de tout ce qu'il vous plairait; puisqu'il vous serait libre d'interpréter à votre gré ce que c'est que ce sens de Jansénius qu'on n'aurait pas expliqué. Qu'on l'explique donc auparavant; autrement vous nous feriez encore ici un pouvoir prochain, *abstrahendo ab omni sensu*. Vous savez que cela ne réussit pas dans le monde. On y hait l'ambiguité, et surtout en matière de foi, où il est bien juste d'entendre pour le moins ce que c'est que l'on condamne. Et comment se pourrait-il faire que des docteurs, qui sont persuadés que Jansénius n'a point d'autre sens que celui de la grâce efficace, consentissent à déclarer qu'ils condamnent sa doctrine sans l'expliquer; puisque dans la créance qu'ils en ont, et dont on ne les retire point, ce ne serait autre chose que condamner la grâce efficace, qu'on ne peut condamner sans crime? Ne serait-ce donc pas une étrange tyrannie de les mettre dans cette malheureuse nécessité, ou de se rendre coupables devant Dieu, s'ils signaient cette condamnation contre leur conscience, ou d'être traités d'hérétiques, s'ils refusaient de le faire?

Mais tout cela se conduit avec mystère. Toutes vos démarches sont politiques. Il faut que j'explique pourquoi vous n'expliquez pas ce sens de Jansénius. Je n'écris que pour découvrir vos desseins, et pour les rendre inutiles en les découvrant. Je dois donc apprendre à ceux qui l'ignorent que votre principal intérêt dans cette dispute étant de relever la grâce suffisante de votre Molina, vous ne le pouvez faire sans ruiner la grâce efficace, qui y est tout opposée. Mais comme vous voyez celle-ci aujourd'hui autorisée à Rome, et parmi tous les savants de l'Église, ne la pouvant combattre en elle-même, vous vous êtes avisés de l'attaquer sans qu'on s'en aperçoive, sous le nom de la doctrine de Jansénius. Ainsi il a fallu

que vous ayez recherché de faire condamner Jansénius sans l'expliquer, et que, pour y réussir, vous ayez fait entendre que sa doctrine n'est point celle de la grâce efficace, afin qu'on croie pouvoir condamner l'une sans l'autre. De là vient que vous essayez aujourd'hui de le persuader à ceux qui n'ont aucune connaissance de cet auteur. Et c'est ce que vous faites encore vous-même, mon père, dans vos *Cavilli*, p. 23, par ce fin raisonnement : « Le pape a con-
« damné la doctrine de Jansénius; or le pape n'a pas
« condamné la doctrine de la grâce efficace : donc la
« doctrine de la grâce efficace est différente de celle
« de Jansénius. » Si cette preuve était concluante, on montrerait de même qu'Honorius et tous ceux qui le soutiennent sont hérétiques en cette sorte. Le sixième concile a condamné la doctrine d'Honorius : or le concile n'a pas condamné la doctrine de l'Église : donc la doctrine d'Honorius est différente de celle de l'Église; donc tous ceux qui le défendent sont hérétiques. Il est visible que cela ne conclut rien, puisque le pape n'a condamné que la doctrine des cinq propositions, qu'on lui a fait entendre être celle de Jansénius.

Mais il n'importe; car vous ne voulez pas vous servir longtemps de ce raisonnement. Il durera assez, tout faible qu'il est, pour le besoin que vous en avez. Il ne vous est nécessaire que pour faire que ceux qui ne veulent pas condamner la grâce efficace condamnent Jansénius sans scrupule. Quand cela sera fait, on oubliera bientôt votre argument, et, les signatures demeurant en témoignage éternel de la condamnation de Jansénius, vous prendrez l'occasion d'attaquer directement la grâce efficace par cet autre raisonnement

bien plus solide, que vous formerez en son temps. « La
« doctrine de Jansénius, direz-vous, a été condam-
« née par les souscriptions universelles de toute l'É-
« glise ; or cette doctrine est manifestement celle de
« la grâce efficace » ; et vous prouverez cela bien facilement : « donc la doctrine de la grâce efficace est
« condamnée par l'aveu même de ses défenseurs. »

Voilà pourquoi vous proposez de signer cette condamnation d'une doctrine sans l'expliquer. Voilà l'avantage que vous prétendez tirer de ces souscriptions. Mais si vos adversaires y résistent, vous tendez un autre piége à leur refus. Car, ayant joint adroitement la question de foi à celle de fait, sans vouloir permettre qu'ils l'en séparent, ni qu'ils signent l'une sans l'autre, comme ils ne pourront souscrire les deux ensemble, vous irez publier partout qu'ils ont refusé les deux ensemble. Et ainsi, quoiqu'ils ne refusent en effet que de reconnaître que Jansénius ait tenu ces propositions qu'ils condamnent, ce qui ne peut faire d'hérésie, vous direz hardiment qu'ils ont refusé de condamner les propositions en elles-mêmes, et que c'est là leur hérésie.

Voilà le fruit que vous tirerez de leur refus, qui ne vous sera pas moins utile que celui que vous tireriez de leur consentement. De sorte que si on exige ces signatures, ils tomberont toujours dans vos embûches, soit qu'ils signent ou qu'ils ne signent pas, et vous aurez votre compte de part ou d'autre : tant vous avez eu d'adresse à mettre les choses en état de vous être toujours avantageuses, quelque peute qu'elles puissent prendre !

Que je vous connais bien, mon père ! et que j'ai de

douleur de voir que Dieu vous abandonne, jusqu'à vous faire réussir si heureusement dans une conduite si malheureuse! Votre bonheur est digne de compassion, et ne peut être envié que par ceux qui ignorent quel est le véritable bonheur. C'est être charitable que de traverser celui que vous recherchez en toute cette conduite, puisque vous ne l'appuyez que sur le mensonge, et que vous ne tendez qu'à faire croire l'une de ces deux faussetés : ou que l'Église a condamné la grâce efficace, ou que ceux qui la défendent soutiennent les cinq erreurs condamnées.

Il faut donc apprendre à tout le monde, et que la grâce efficace n'est pas condamnée par votre propre aveu, et que personne ne soutient ces erreurs; afin qu'on sache que ceux qui refuseraient de signer ce que vous voudriez qu'on exigeât d'eux, ne le refusent qu'à cause de la question de fait ; et qu'étant prêts à signer celle de foi, ils ne sauraient être hérétiques par ce refus, puisqu'enfin il est bien de foi que ces propositions sont hérétiques, mais qu'il ne sera jamais de foi qu'elles soient de Jansénius. Ils sont sans erreur, cela suffit. Peut-être interprètent-ils Jansénius trop favorablement; mais peut-être ne l'interprétez-vous pas assez favorablement. Je n'entre pas là dedans. Je sais au moins que, selon vos maximes, vous croyez pouvoir sans crime publier qu'il est hérétique contre votre propre connaissance, au lieu que, selon les leurs, ils ne pourraient sans crime dire qu'il est catholique, s'ils n'en étaient persuadés. Ils sont donc plus sincères que vous, mon père; ils ont plus examiné Jansénius que vous; ils ne sont pas moins intelligents que vous; ils ne sont donc pas moins croyables que vous. Mais, quoi qu'il en soit de ce point de fait, ils sont certainement catholiques, puisqu'il n'est pas nécessaire pour l'être, de dire qu'un autre ne l'est pas; et que, sans charger personne d'erreur, c'est assez de s'en décharger soi-même.

DIX-HUITIÈME LETTRE, (1)
ÉCRITE AU RÉVÉREND P. ANNAT, JÉSUITE.

On fait voir encore plus invinciblement, par la réponse même du père Annat, qu'il n'y a aucune hérésie dans l'Église; que tout le monde condamne la doctrine que les jésuites renferment dans le sens de Jansénius, et qu'ainsi tous les fidèles sont dans les mêmes sentiments sur la matière des cinq propositions.—On marque la différence qu'il y a entre les disputes de droit et celles de fait, et on montre que dans les questions de fait, on doit plus s'en rapporter à ce qu'on voit qu'à aucune autorité humaine.

Du 24 mars 1657.

MON RÉVÉREND PÈRE,

Il y a longtemps que vous travaillez à trouver quelque erreur dans vos adversaires; mais je m'assure

---

(1) A propos des attaques dont le jansénisme a été l'objet, nous rappellerons l'une des dernières, la plus passionnée et la seule éloquente, celle du comte Joseph de Maistre, dans son livre *De l'Église gallicane*. Les deux citations suivantes, empruntées à ce livre célèbre, nous ont paru toutes d'à-propos à l'occasion de cette lettre:

« L'Église, dit de Maistre, depuis son origine, n'a jamais vu d'hérésie aussi extraordinaire que le jansénisme. Toutes en naissant se sont séparées de la communion universelle, et se glorifioient même de ne plus appartenir à une Église dont elles rejetoient la doctrine comme erronée sur quelques points. Le jansénisme s'y est pris autrement; il nie d'être séparé; il composera même, si l'on veut, des livres sur l'unité, dont il démontrera l'indispensable nécessité...; il a l'incroyable prétention d'être de l'Église catholique, malgré l'Église catholique...; *il n'y a point de jansénisme*, c'est une chimère, un fantôme créé par les jésuites. Le pape, qui a condamné la prétendue hérésie, rêvoit en écrivant sa bulle. Il ressembloit à un chasseur qui feroit feu sur une ombre en croyant ajuster un tigre... » *De l'Église gallicane*, liv. I, chap. III. Voilà ce que pense de Maistre du jansénisme; voyons ce qu'il pense de Port-Royal :

« Je doute, s'écrie de Maistre (*id. ibid.*, ch. v), que l'histoire présente dans ce que vous avouerez à la fin qu'il n'y a peut-être rien de si difficile que de rendre hérétiques ceux qui ne le sont pas, et qui ne fuient rien tant que de l'être. J'ai fait voir, dans ma dernière lettre, combien vous leur aviez imputé d'hérésies l'une après l'autre, manque d'en trouver une que vous ayez pu longtemps maintenir; de sorte qu'il ne vous était plus resté que de les en accuser, sur ce qu'ils refusaient de condamner le sens de Jansénius, que vous vouliez qu'ils condamnassent sans qu'on l'expliquât. C'était bien manquer d'hérésies à leur reprocher, que d'en être réduits là : car qui a jamais ouï parler d'une hérésie que l'on ne puisse exprimer? Aussi on vous a facilement répondu, en vous représentant que, si Jansénius n'a point d'erreurs, il n'est pas juste de le condamner ; et que, s'il en a, vous deviez les déclarer, afin que l'on sût au moins ce que c'est que l'on condamne. Vous ne l'aviez néanmoins jamais voulu faire ; mais vous aviez essayé de fortifier votre prétention par des décrets qui ne faisaient rien pour vous, puisqu'on n'y explique en au-

---

genre rien d'aussi extraordinaire que l'établissement et l'influence de Port-Royal. Quelques sectaires mélancoliques, aigris par les poursuites de l'autorité, imaginèrent de s'enfermer dans une solitude pour y bouder et y travailler à l'aise. Semblables aux lames d'un aimant artificiel dont la puissance résulte de l'assemblage, ces hommes unis et serrés par un fanatisme commun produisent une force totale capable de soulever les montagnes. L'orgueil, le ressentiment, la rancune religieuse, toutes les passions aigres et haineuses se déchaînent à la fois. L'esprit de parti concentré se transforme en rage incurable. Des ministres, des magistrats, des savants, des femmelettes du premier rang, des religieuses fanatiques, tous les ennemis du saint-siége, tous ceux de l'unité, tous ceux d'un ordre célèbre, leur antagoniste naturel, tous les parents, tous les amis, tous les clients des premiers personnages de l'association, s'allient au foyer commun de la révolte. Ils crient, ils s'insinuent, ils calomnient, ils intriguent; ils ont des imprimeurs, des correspondances, des facteurs, une *caisse publique invisible*. Bientôt Port-Royal pourra désoler l'Église gallicane, braver le souverain pontife, impatienter Louis XIV, influer dans ses conseils, interdire les imprimeries à ses adversaires, en imposer enfin à la suprématie. »

cune sorte le sens de Jansénius, qu'on dit avoir été condamné dans ces cinq propositions, Or ce n'était pas là le moyen de terminer vos disputes. Si vous conveniez de part et d'autre du véritable sens de Jansénius, et que vous ne fussiez plus en différend que de savoir si ce sens est hérétique ou non, alors les jugements qui déclareraient que ce sens est hérétique toucheraient ce qui serait véritablement en question. Mais la grande dispute étant de savoir quel est ce sens de Jansénius, les uns disant qu'ils n'y voient que le sens de saint Augustin et de saint Thomas; et les autres, qu'ils y en voient un qui est hérétique, et qu'ils n'expriment point; il est clair qu'une constitution qui ne dit pas un mot touchant ce différend, et qui ne fait que condamner en général le sens de Jansénius sans l'expliquer, ne décide rien de ce qui est en dispute.

C'est pourquoi l'on vous a dit cent fois que votre différend n'étant que sur ce fait, vous ne le finiriez jamais qu'en déclarant ce que vous entendez par le sens de Jansénius. Mais comme vous vous étiez toujours opiniâtré à le refuser, je vous ai enfin poussé dans ma dernière lettre, où j'ai fait entendre que ce n'est pas sans mystère que vous aviez entrepris de faire condamner ce sens sans l'expliquer, et que votre dessein était de faire retomber un jour cette condamnation indéterminée sur la doctrine de la grâce efficace, en montrant que ce n'est autre chose que celle de Jansénius, ce qui ne vous serait pas difficile. Cela vous a mis dans la nécessité de répondre. Car, si vous vous fussiez encore obstiné après cela à ne point expliquer ce sens, il eût paru aux moins éclairés que vous n'en vouliez en effet qu'à la grâce efficace ; ce qui eût été la dernière confusion pour vous, dans la vénération qu'a l'Église pour une doctrine si sainte.

Vous avez donc été obligé de vous déclarer ; et c'est ce que vous venez de faire en répondant à ma lettre, où je vous avais représenté « que si Jansénius avait, sur « ces cinq propositions, quelque autre sens que celui « de la grâce efficace, il n'avait point de défenseurs ; « mais que, s'il n'avait point d'autre sens que celui « de la grâce efficace, il n'avait point d'erreurs. » Vous n'avez pu désavouer cela, mon père ; mais vous y faites une distinction en cette sorte, p. 21 : « Il ne « suffit pas, dites-vous, pour justifier Jansénius, de « dire qu'il ne tient que la grâce efficace, parce qu'on « la peut tenir en deux manières : l'une hérétique, « selon Calvin, qui consiste à dire que la volonté mue « par la grâce n'a pas le pouvoir d'y résister ; l'autre « orthodoxe, selon les thomistes et les sorbonistes, « qui est fondée sur des principes établis par les con- « ciles, qui est que la grâce efficace par elle-même « gouverne la volonté de telle sorte qu'on a toujours « le pouvoir d'y résister. »

On vous accorde tout cela, mon père, et vous finissez en disant que « Jansénius serait catholique, s'il « défendait la grâce efficace selon les thomistes ; mais « qu'il est hérétique, parce qu'il est contraire aux « thomistes et conforme à Calvin, qui nie le pouvoir « de résister à la grâce. » Je n'examine pas ici, mon père, ce point de fait : savoir, si Jansénius est en effet conforme à Calvin. Il me suffit que vous le prétendiez, et que vous nous fassiez savoir aujourd'hui que, par le sens de Jansénius, vous n'avez entendu autre chose que celui de Calvin. N'était-ce donc que cela, mon père, que vous vouliez dire? N'était-ce que l'erreur de Calvin que vous vouliez faire condamner sous le nom du sens de Jansénius? Que ne le déclariez-vous plus tôt? vous vous fussiez épargné bien de la peine; car, sans bulles ni brefs, tout le monde eût condamné cette erreur avec vous. Que cet éclaircissement était nécessaire! et qu'il lève de difficultés! Nous ne savions, mon père, quelle erreur les papes et les évêques avaient voulu condamner sous le nom du sens de Jansénius. Toute l'Église en était dans une peine extrême, et personne ne nous le voulait expliquer. Vous le faites maintenant, mon père, vous que tout votre parti considère comme le chef et le premier moteur de tous ses conseils, et qui savez le secret de toute cette conduite. Vous nous l'avez donc dit, que ce sens de Jansénius n'est autre chose que le sens de Calvin condamné par le concile. Voilà bien des doutes résolus. Nous savons maintenant que l'erreur qu'ils ont eu dessein de condamner sous ces termes du *sens de Jansénius* n'est autre chose que le sens de Calvin, et qu'ainsi nous demeurons dans l'obéissance à leurs décrets, en condamnant avec eux ce sens de Calvin qu'ils ont voulu condamner. Nous ne sommes plus étonnés de voir que les papes et quelques évêques aient été si zélés contre le sens de Jansénius. Comment ne l'auraient-ils pas été, mon père, ayant créance en ceux qui disent publiquement que ce sens est le même que celui de Calvin?

Je vous déclare donc, mon père, que vous n'avez plus rien à reprendre en vos adversaires, parce qu'ils détestent assurément ce que vous détestez. Je suis seulement étonné de voir que vous l'ignoriez, et que vous ayez si peu de connaissance de leurs sentiments sur ce sujet, qu'ils ont tant de fois déclarés dans leurs ouvrages. Je m'assure que si vous en étiez mieux informé, vous auriez du regret de ne vous être pas instruit avec un esprit de paix d'une doctrine si pure et si chrétienne, que la passion vous fait combattre sans la connaître. Vous verriez, mon père, que non-seulement ils tiennent qu'on résiste effectivement à ces grâces faibles, qu'on appelle excitantes, ou inefficaces, en n'exécutant pas le bien qu'elles nous inspirent, mais qu'ils sont encore aussi fermes à soutenir contre Calvin le pouvoir que la volonté a de résister même à la grâce efficace et victorieuse, qu'à défendre contre Molina le pouvoir de cette grâce sur la volonté, aussi jaloux de l'une de ces vérités que de l'autre. Ils ne savent que trop que l'homme, par sa propre nature, a toujours le pouvoir de pécher et de résister à la grâce, et que, depuis sa corruption, il porte un fond malheureux de concupiscence, qui lui augmente infiniment ce pouvoir; mais que néanmoins, quand il plaît à Dieu de le toucher par sa miséricorde, il lui fait faire ce qu'il veut et en la manière qu'il le veut, sans que cette infaillibilité de l'opération de Dieu détruise en aucune sorte la liberté naturelle de l'homme, par les secrètes et admirables manières dont Dieu opère ce changement, que saint Augustin a si excellemment expliquées, et qui dissipent toutes les contradictions imaginaires que les ennemis de la grâce efficace se figurent entre le pouvoir souverain de la grâce sur le libre arbitre, et la puissance qu'a le libre arbitre de résister à la grâce. Car, selon ce grand saint, que les papes et l'Église ont donné pour règle en cette matière, Dieu change le cœur de l'homme par une douceur céleste qu'il y répand, qui, surmontant la délectation de la chair, fait que l'homme, sentant d'un côté sa mortalité et son néant, et découvrant de l'autre la grandeur et l'éternité de Dieu, conçoit du dégoût pour les délices du péché qui le sépare du bien incorruptible. Trouvant sa plus grande joie dans le Dieu qui le charme, il s'y porte infailliblement de lui-même, par un mouvement tout libre, tout volontaire, tout amoureux ; de sorte que ce lui serait une peine et un supplice de s'en séparer. Ce n'est pas qu'il ne puisse toujours s'en éloigner, et qu'il ne s'en éloignât effectivement, s'il le voulait ; mais comment le voudrait-il, puisque la volonté ne se porte jamais qu'à ce qui lui plaît le plus, et que rien ne lui plaît tant alors que ce bien unique, qui comprend en soi tous les autres biens ? *Quod enim amplius nos delectat, secundum id operemur necesse est,* comme dit saint Augustin.

C'est ainsi que Dieu dispose de la volonté libre de l'homme sans lui imposer de nécessité ; et que le libre arbitre, qui peut toujours résister à la grâce, mais qui ne le veut pas toujours, se porte aussi librement qu'infailliblement à Dieu, lorsqu'il veut l'attirer par la douceur de ses inspirations efficaces.

Ce sont là, mon père, les divins principes de saint Augustin et de saint Thomas, selon lesquels il est véritable que « nous pouvons résister à la grâce, » contre l'opinion de Calvin ; et que néanmoins, comme dit le pape Clément VIII, dans son écrit adressé à la congrégation *De auxiliis :* « Dieu forme en nous le mou-
« vement de notre volonté, et dispose efficacement de

« notre cœur, par l'empire que sa majesté suprême a
« sur les volontés des hommes aussi bien que sur le
« reste des créatures qui sont sous le ciel, selon saint
« Augustin. »

C'est encore selon ces principes que nous agissons
de nous-mêmes ; ce qui fait que nous avons des mérites qui sont véritablement nôtres contre l'erreur de
Calvin ; et que « néanmoins Dieu étant le premier
« principe de nos actions, et faisant en nous ce qui
« lui est agréable, » comme dit saint Paul, « nos mé-
« rites sont des dons de Dieu, » comme dit le concile
de Trente.

C'est par là qu'est détruite cette impiété de Luther,
condamnée par le même concile : « Que nous ne coo-
« pérons en aucune sorte à notre salut, non plus que
« des choses inanimées ; » et c'est par là qu'est encore
détruite l'impiété de l'école de Molina, qui ne veut
pas reconnaître que c'est la force de la grâce même
qui fait que nous coopérons avec elle dans l'œuvre de
notre salut ; par où il ruine ce principe de foi établi
par saint Paul (1) : « Que c'est Dieu qui forme en nous
« et la volonté et l'action. »

Et c'est enfin par ce moyen que s'accordent tous
ces passages de l'Écriture, qui semblent les plus opposés : « Convertissez-vous à Dieu ; Seigneur, conver-
« tissez-nous à vous. Rejetez vos iniquités hors de
« vous. C'est Dieu qui ôte les iniquités de son peuple
« Faites des œuvres dignes de pénitence : Seigneur,
« vous avez fait en nous toutes nos œuvres. Faites-

---

(1) Le comte de Maistre dit à propos de ce paragraphe : « la conscience d'un musulman, pour peu qu'il connût notre religion et nos maximes, serait révoltée de ce rapprochement... ! Il est impossible de retenir son indignation et de relever de sang-froid cet insolent parallèle. » *De l'Église gallicane*, liv. I, ch. IX.

« vous un cœur nouveau et un esprit nouveau : Je vous
« donnerai un esprit nouveau, et je créerai en vous
« un cœur nouveau, etc. ».

L'unique moyen d'accorder ces contrariétés apparentes, qui attribuent nos bonnes actions tantôt à Dieu et tantôt à nous, est de reconnaître que, comme dit saint Augustin, « nos actions sont nôtres, à cause « du libre arbitre qui les produit ; et qu'elles sont « aussi de Dieu, à cause de sa grâce qui fait que notre « arbitre les produit ; » et que, comme il dit ailleurs, Dieu nous fait faire ce qu'il lui plaît, en nous faisant vouloir ce que nous pourrions ne vouloir pas : *A Deo factum est ut vellent quod nolle potuissent.*

Ainsi, mon père, vos adversaires sont parfaitement d'accord avec les nouveaux thomistes mêmes ; puisque les thomistes tiennent comme eux, et le pouvoir de résister à la grâce, et l'infaillibilité de l'effet de la grâce, qu'ils font profession de soutenir si hautement (1), selon cette maxime capitale de leur doctrine, qu'Alvarez, l'un des plus considérables d'entre eux, répète si souvent dans son livre, et qu'il exprime, *disp.* 72, n. 4, en ces termes : « Quand la grâce effi« cace meut le libre arbitre, il consent infaillible-

---

(1) « Les adversaires des *Provinciales*, dit M. Sainte-Beuve à l'occasion du passage ci-dessus, remarquaient assez justement que si c'avait été là le sentiment de M. Pascal lorsqu'il écrivait sa première et sa seconde Lettre, il n'aurait pas tant fait de railleries sur ces nouveaux thomistes, sur leur pouvoir *prochain* ou *non prochain*, sur leur grâce *suffisante qui ne suffit pas;* et que sans doute, en écrivant cette dix-huitième Lettre, il avait un peu oublié les premières qui étaient de plus d'un an auparavant. »

« Mais il il y a mieux ; sans insister davantage sur des points de détail, disons d'un seul mot que Pascal fut accusé d'avoir, peu d'années après, changé tout à fait d'avis sur cette question, sur le sens qu'il fallait attacher à la condamnation des propositions par le pape, sur cette prétention de séparer le droit et le fait, et sur l'ensemble de la tactique de défense qu'on avait suivie dans cette affaire et à laquelle plus qu'aucun autre il avait participé. » Sainte-Beuve, *Port-Royal*, t. III, p. 17.

« ment ; parce que l'effet de la grâce est de faire
« qu'encore qu'il puisse ne pas consentir, il consente
« néanmoins en effet. » Dont il donne pour raison
celle-ci de saint Thomas, son maître : « Que la volonté
« de Dieu ne peut manquer d'être accomplie, et
« qu'ainsi, quand il veut qu'un homme consente à la
« grâce, il consent infailliblement et même nécessai-
« rement, non pas d'une nécessité absolue, mais
« d'une nécessité d'infaillibilité. » En quoi la grâce
ne blesse pas le « pouvoir qu'on a de résister si on le
« veut ; » puisqu'elle fait seulement qu'on ne veut pas
y résister, comme votre père Pétau le reconnaît en ces
termes, tom. 1, p. 602 : « La grâce de Jésus-Christ
« fait qu'on persévère infailliblement dans la piété,
« quoique non par nécessité. Car on peut n'y pas con-
« sentir si on le veut, comme dit le concile ; mais
« cette même grâce fait que l'on ne le veut pas. »

C'est là, mon père, la doctrine constante de saint
Augustin, de saint Prosper, des Pères qui les ont sui-
vis, des conciles, de saint Thomas, et de tous les
thomistes en général. C'est aussi celle de vos adversaires, quoique vous ne l'ayez pas pensé. Et c'est enfin celle que vous venez d'approuver vous-même en
ces termes : « La doctrine de la grâce efficace, qui re-
« connaît qu'on a le pouvoir d'y résister, est ortho-
« doxe, appuyée sur les conciles, et soutenue par les
« thomistes et les sorbonistes. » Dites la vérité, mon
père : si vous eussiez su que vos adversaires tiennent
effectivement cette doctrine, peut-être que l'intérêt de
votre compagnie vous eût empêché d'y donner cette
approbation publique : mais vous étant imaginé qu'ils
y étaient opposés, ce même intérêt de votre compa-

gnie vous a porté à autoriser des sentiments que vous croyiez contraires aux leurs; et par cette méprise, voulant ruiner leurs principes, vous les avez vous-même parfaitement établis. De sorte qu'on voit aujourd'hui, par une espèce de prodige, les défenseurs de la grâce efficace justifiés par les défenseurs de Molina : tant la conduite de Dieu est admirable pour faire concourir toutes choses à la gloire de sa vérité !

Que tout le monde apprenne donc, par votre propre déclaration, que cette vérité de la grâce efficace, nécessaire à toutes les actions de piété, qui est si chère à l'Église, et qui est le prix du sang de son Sauveur, est si constamment catholique, qu'il n'y a pas un catholique, jusqu'aux jésuites mêmes, qui ne la reconnaisse pour orthodoxe. Et l'on saura en même temps, par votre propre confession, qu'il n'y a pas le moindre soupçon d'erreur dans ceux que vous en avez tant accusés. Car, quand vous leur en imputiez de cachées sans les vouloir découvrir, il leur était aussi difficile de s'en défendre qu'il vous était facile de les en accuser de cette sorte; mais maintenant que vous venez de déclarer que cette erreur qui vous oblige à les combattre est celle de Calvin, que vous pensiez qu'ils soutinssent, il n'y a personne qui ne voie clairement qu'ils sont exempts de toute erreur, puisqu'ils sont si contraires à la seule que vous leur imposez, et qu'ils protestent, par leurs discours, par leurs livres, et par tout ce qu'ils peuvent produire pour témoigner leurs sentiments, qu'ils condamnent cette hérésie de tout leur cœur, et de la même manière que font les thomistes, que vous reconnaissez sans difficulté pour catholiques, et qui n'ont jamais été suspects de ne le pas être.

Que direz-vous donc maintenant contre eux, mon père? Qu'encore qu'ils ne suivent pas le sens de Calvin, ils sont néanmoins hérétiques, parce qu'ils ne veulent pas reconnaître que le sens de Jansénius est le même que celui de Calvin! Oseriez-vous dire que ce soit là une matière d'hérésie? Et n'est-ce pas une pure question de fait qui n'en peut former? C'en serait bien une de dire qu'on n'a pas le pouvoir de résister à la grâce efficace; mais en est-ce une de douter si Jansénius le soutient? Est-ce une vérité révélée? Est-ce un article de foi qu'il faille croire sur peine de damnation? Et n'est-ce pas malgré vous un point de fait pour lequel il serait ridicule de prétendre qu'il y eût des hérétiques dans l'Église?

Ne leur donnez donc plus ce nom, mon père, mais quelque autre qui soit proportionné à la nature de votre différend. Dites que ce sont des ignorants et des stupides, et qu'ils entendent mal Jansénius; ce seront des reproches assortis à votre dispute : mais de les appeler hérétiques, cela n'y a nul rapport. Et comme c'est la seule injure dont je les veux défendre, je ne me mettrai pas beaucoup en peine de montrer qu'ils entendent bien Jansénius. Tout ce que je vous en dirai est qu'il me semble, mon père, qu'en le jugeant par vos propres règles, il est difficile qu'il ne passe pour catholique : car voici ce que vous établissez pour l'examiner :

« Pour savoir, dites-vous, si Jansénius est à cou-
« vert, il faut savoir s'il défend la grâce efficace à la
« manière de Calvin, qui nie qu'on ait le pouvoir d'y
« résister; car alors il serait hérétique : ou à la ma-
« nière des thomistes qui l'admettent; car alors il se-

« rait catholique. » Voyez donc, mon père, s'il tient qu'on a le pouvoir de résister, quand il dit, dans des traités entiers, et entre autres au tom. 3, liv. 8, c. 20 : « Qu'on a toujours le pouvoir de résister à la grâce, « selon le concile ; QUE LE LIBRE ARBITRE PEUT TOU-« JOURS AGIR ET N'AGIR PAS, vouloir et ne vouloir pas, « consentir et ne consentir pas, faire le bien et le mal ; « et que l'homme en cette vie a toujours ces deux li-« bertés, que vous appelez de contrariété et de con-« tradiction. » Voyez de même s'il n'est pas contraire à l'erreur de Calvin, telle que vous-même la représentez, lui qui montre, dans tout le chap. 21, « que « l'Église a condamné cet hérétique, qui soutient « que la grâce efficace n'agit pas sur le libre arbitre « en la manière qu'on l'a cru si longtemps dans l'É-« glise, en sorte qu'il soit ensuite au pouvoir du libre « arbitre de consentir ou de ne consentir pas : au lieu « que, selon saint Augustin et le concile, on a toujours « le pouvoir de ne consentir pas, si on le veut ; et que, « selon saint Prosper, Dieu donne à ses élus mêmes « la volonté de persévérer, en sorte qu'il ne leur ôte « pas la puissance de vouloir le contraire. » Et enfin jugez s'il n'est pas d'accord avec les thomistes, lorsqu'il déclare, c. 4, « que tout ce que les thomistes « ont écrit pour accorder l'efficacité de la grâce avec « le pouvoir d'y résister est si conforme à son sens, « qu'on n'a qu'à voir leurs livres pour y apprendre « ses sentiments. *Quod ipsi dixerunt, dictum puta.* »

Voilà comme il parle sur tous ces chefs, et c'est sur quoi je m'imagine qu'il croit le pouvoir de résister à la grâce ; qu'il est contraire à Calvin, et conforme aux thomistes, parce qu'il le dit, et qu'ainsi il est catholique selon vous. Que si vous avez quelque voie pour connaître le sens d'un auteur autrement que par ses expressions, et que, sans rapporter aucun de ses passages, vous vouliez soutenir, contre toutes ses paroles, qu'il nie le pouvoir de résister, et qu'il est pour Calvin contre les thomistes, n'ayez pas peur, mon père, que je vous accuse d'hérésie pour cela : je dirai seulement qu'il semble que vous entendez mal Jansénius ; mais nous n'en serons pas moins enfants de la même Église.

D'où vient donc, mon père, que vous agissez dans ce différend d'une manière si passionnée, et que vous traitez comme vos plus cruels ennemis, et comme les plus dangereux hérétiques, ceux que vous ne pouvez accuser d'aucune erreur, ni d'autre chose, sinon qu'ils n'entendent pas Jansénius comme vous? Car de quoi disputez-vous, sinon du sens de cet auteur? Vous voulez qu'ils le condamnent, mais ils vous demandent ce que vous entendez par là. Vous dites que vous entendez l'erreur de Calvin ; ils répondent qu'ils la condamnent : et ainsi, si vous n'en voulez pas aux syllabes, mais à la chose qu'elles signifient, vous devez être satisfait. S'ils refusent de dire qu'ils condamnent le sens de Jansénius, c'est parce qu'ils croient que c'est celui de saint Thomas. Et ainsi ce mot est bien équivoque entre vous. Dans votre bouche il signifie le sens de Calvin ; dans la leur, c'est le sens de saint Thomas ; de sorte que ces différentes idées que vous avez d'un même terme causant toutes vos divisions, si j'étais maître de vos disputes, je vous interdirais le mot de Jansénius de part et d'autre. Et ainsi, en n'exprimant que ce que vous entendez par là, on verrait que vous ne demandez autre chose que la condamnation du sens de Calvin, à quoi ils consentent; et qu'ils ne demandent autre chose que la défense du sens de saint Augustin et de saint Thomas, en quoi vous êtes tous d'accord.

Je vous déclare donc, mon père, que, pour moi, je les tiendrai toujours pour catholiques, soit qu'ils condamnent Jansénius s'ils y trouvent des erreurs, soit qu'ils ne le condamnent point quand ils n'y trouvent que ce que vous-même déclarez être catholique, et que je leur parlerai comme saint Jérôme à Jean, évêque de Jérusalem, accusé de tenir huit propositions d'Origène. « Ou condamnez Origène, disait ce saint, si « vous reconnaissez qu'il a tenu ces erreurs; ou bien « niez qu'il les ait tenues : *aut nega hoc dixisse eum* « *qui arguitur; aut, si locutus est talia, eum damna* « *qui dixerit.* »

Voilà, mon père, comment agissent ceux qui n'en veulent qu'aux erreurs, et non pas aux personnes; au lieu que vous, qui en voulez aux personnes plus qu'aux erreurs, vous trouvez que ce n'est rien de condamner les erreurs, si on ne condamne les personnes à qui vous les voulez imputer.

Que votre procédé est violent, mon père, mais qu'il est peu capable de réussir! Je vous l'ai dit ailleurs, et je vous le redis encore, la violence et la vérité ne peuvent rien l'une sur l'autre. Jamais vos accusations ne furent plus outrageuses, et jamais l'innocence de vos adversaires ne fut plus connue; jamais la grâce efficace ne fut plus artificieusement attaquée, et jamais nous ne l'avons vue si affermie. Vous employez vos derniers efforts pour faire croire que vos disputes sont sur des points de foi, et jamais on ne connut mieux que toute votre dispute n'est que sur un point de fait. Enfin vous remuez toutes choses pour faire croire que ce point de fait est véritable, et jamais on ne fut plus disposé à en douter. Et la raison en est facile. C'est, mon père, que vous ne prenez pas les voies naturelles pour faire croire un point de fait, qui sont de convaincre les sens, et de montrer dans un livre les mots que l'on dit y être. Mais vous allez chercher des moyens si éloignés de cette simplicité, que cela frappe nécessairement les plus stupides. Que ne preniez-vous la même voie que j'ai tenue dans mes lettres pour découvrir tant de mauvaises maximes de vos auteurs, qui est de citer fidèlement les lieux d'où elles sont tirées? C'est ainsi qu'ont fait les curés de Paris; et cela ne manque jamais de persuader le monde. Mais qu'auriez-vous dit, et qu'aurait-on pensé, lorsqu'ils vous reprochèrent, par exemple, cette proposition du père Lamy : « Qu'un religieux peut tuer celui qui « menace de publier des calomnies contre lui ou contre « sa communauté, quand il ne s'en peut défendre au- « trement, » s'ils n'avaient point cité le lieu où elle est en propres termes; que, quelque demande qu'on leur en eût faite, ils se fussent toujours obstinés à le refuser; et qu'au lieu de cela, ils eussent été à Rome obtenir une bulle qui ordonnât à tout le monde de le reconnaître? N'aurait-on pas jugé sans doute qu'ils auraient surpris le pape, et qu'ils n'auraient eu recours à ce moyen extraordinaire que manque des moyens naturels que les vérités de fait mettent en main à tous ceux qui les soutiennent? Aussi ils n'ont fait que marquer que le père Lamy enseigne cette doctrine au tom. 5, disp. 36, n. 118, p. 544, de l'édition de Douai; et ainsi tous ceux qui l'ont voulu voir l'ont trouvée, et personne n'en a pu douter. Voilà une manière bien facile et bien prompte de vider les questions de fait où l'on a raison..

D'où vient donc, mon père, que vous n'en usez pas de la sorte? Vous avez dit, dans vos *Cavilli.*, « que « les cinq propositions sont dans Jansénius mot à « mot, toutes en propres termes, IISDEM VERBIS. » On vous a dit que non. Qu'y avait-il à faire là-dessus, sinon ou de citer la page si vous les aviez vues en effet, ou de confesser que vous vous étiez trompé? Mais vous ne faites ni l'un ni l'autre; et, au lieu de cela, voyant bien que tous les endroits de Jansénius, que vous alléguez quelquefois pour éblouir le monde, ne sont point « les propositions condamnées, individuelles « et singulières, » que vous vous étiez engagé de faire voir dans son livre, vous nous présentez des constitutions qui déclarent qu'elles en sont extraites, sans marquer le lieu.

Je sais, mon père, le respect que les chrétiens doivent au saint-siége, et vos adversaires témoignent assez d'être très-résolus à ne s'en départir jamais. Mais ne vous imaginez pas que ce fût en manquer que de représenter au pape, avec toute la soumission que des enfants doivent à leur père, et les membres à leur chef, qu'on peut l'avoir surpris en ce point de fait; qu'il ne l'a point fait examiner depuis son pontificat, et que son prédécesseur Innocent X avait fait seulement examiner si les propositions étaient hérétiques, mais non pas si elles étaient de Jansénius (1). Ce qui

---

(1) « A quoi les adversaires répondaient très-pertinemment qu'il suffit de lire le

a fait dire au commissaire du saint office, l'un des principaux examinateurs, « qu'elles ne pouvaient être
« censurées au sens d'aucun auteur : *non sunt quali-*
« *ficabiles in sensu proferentis;* parce qu'elles leur
« avaient été présentées pour être examinées en elles-
« mêmes, et sans considérer de quel auteur elles pou-
« vaient être : *in abstracto, et ut præscindant ab*
« *omni proferente,* » comme il se voit dans leurs suffrages nouvellement imprimés ; que plus de soixante docteurs, et un grand nombre d'autres personnes habiles et pieuses, ont lu ce livre exactement sans les y avoir jamais vues, et qu'ils y en ont trouvé de contraires ; que ceux qui ont donné cette impression au pape pourraient bien avoir abusé de la créance qu'il a en eux, étant intéressés, comme ils le sont, à décrier cet auteur, qui a convaincu Molina de plus de cinquante erreurs ; que ce qui rend la chose plus croyable est qu'ils ont cette maxime, l'une des plus autorisées de leur théologie, qu'ils « peuvent calom-
« nier sans crime ceux dont ils se croient injuste-
« ment attaqués ; » et qu'ainsi, leur témoignage étant si suspect, et le témoignage des autres étant si considérable, on a quelque sujet de supplier Sa Sainteté, avec toute l'humilité possible, de faire examiner ce fait en présence des docteurs de l'un et de l'autre parti, afin d'en pouvoir former une décision solennelle et régulière. « Qu'on assemble des juges habiles, di-

préambule et la conclusion de la bulle d'Innocent X, pour voir qu'on songeait tout à fait à Jansénius en condamnant ces propositions De plus, le pape Alexandre VII, qui, étant le cardinal Chigi, avait assisté et coopéré autant que personne à cet examen et à cette condamnation, en savait apparemment quelque chose ; et il déclara qu'une telle assertion, par laquelle on osait avancer que les propositions avaient été condamnées en elles-mêmes et abstraction faite du livre de Jansénius, était un *insigne mensonge.* » Sainte-Beuve, *Port-Royal,* t. III. p. 16.

« sait saint Basile sur un semblable sujet, ep. 75;
« que chacun y soit libre; qu'on examine mes écrits;
« qu'on voie s'il y a des erreurs contre la foi; qu'on
« lise les objections et les réponses, afin que ce soit
« un jugement rendu avec connaissance de cause et
« dans les formes, et non pas une diffamation sans
« examen. »

Ne prétendez pas, mon père, de faire passer pour peu soumis au saint-siége ceux qui en useraient de la sorte. Les papes sont bien éloignés de traiter les chrétiens avec cet empire que l'on voudrait exercer sous leur nom. « L'Église, dit le pape saint Grégoire, *in* « *Job.*, *lib.* 8, *cap.* 1, qui a été formée dans l'école « d'humilité, ne commande pas avec autorité, mais « persuade par la raison ce qu'elle enseigne à ses en- « fants qu'elle croit engagés dans quelque erreur : « *recta quæ errantibus dicit, non quasi ex auctori-* « *tate præcipit, sed ex ratione persuadet.* » Et, bien loin de tenir à déshonneur de réformer un jugement où on les aurait surpris, ils en font gloire au contraire, comme le témoigne saint Bernard, ep. 180. « Le siége « apostolique, dit-il, a cela de recommandable, qu'il « ne se pique pas d'honneur, et se porte volontiers à « révoquer ce qu'on en a tiré par surprise : aussi est-il « bien juste que personne ne profite de l'injustice, et « principalement devant le saint-siége. »

Voilà, mon père, les vrais sentiments qu'il faut inspirer aux papes; puisque tous les théologiens demeurent d'accord qu'ils peuvent être surpris, et que cette qualité suprême est si éloignée de les en garantir, qu'elle les y expose au contraire davantage, à cause du grand nombre de soins qui les partagent.

C'est ce que dit le même saint Grégoire à des personnes qui s'étonnaient de ce qu'un autre pape s'était laissé tromper. « Pourquoi admirez-vous, dit-il, l. 4,
« c. 4, Dial., que nous soyons trompés, nous qui
« sommes des hommes? N'avez-vous pas vu que Da-
« vid, ce roi qui avait l'esprit de prophétie, ayant
« donné créance aux impostures de Siba, rendit un
« jugement injuste contre le fils de Jonathas? Qui
« trouvera donc étrange que des imposteurs nous sur-
« prennent quelquefois, nous qui ne sommes point
« prophètes? La foule des affaires nous accable; et
« notre esprit, qui, étant partagé en tant de choses,
« s'applique moins à chacune en particulier, en est
« plus aisément trompé en une. » En vérité, mon père, je crois que les papes savent mieux que vous s'ils peuvent être surpris ou non. Ils nous déclarent eux-mêmes que les papes et que les plus grands rois sont plus exposés à être trompés que les personnes qui ont moins d'occupations importantes. Il les en faut croire. Et il est bien aisé de s'imaginer par quelle voie on arrive à les surpendre. Saint Bernard en fait la description dans la lettre qu'il écrivit à Innocent II, en cette sorte : « Ce n'est pas une chose étonnante,
« ni nouvelle, que l'esprit de l'homme puisse tromper
« et être trompé. Des religieux sont venus à vous dans
« un esprit de mensonge et d'illusion; ils vous ont
« parlé contre un évêque qu'ils haïssent, et dont la
« vie a été exemplaire. Ces personnes mordent comme
« des chiens, et veulent faire passer le bien pour le
« mal. Cependant, très-saint-père, vous vous mettez
« en colère contre votre fils. Pourquoi avez-vous
« donné un sujet de joie à ses adversaires? Ne croyez

« pas à tout esprit, mais éprouvez si les esprits sont
« de Dieu. J'espère que, quand vous aurez connu la
« vérité, tout ce qui a été fondé sur un faux rapport
« sera dissipé. Je prie l'esprit de vérité de vous don-
« ner la grâce de séparer la lumière des ténèbres, et
« de réprouver le mal pour favoriser le bien. » Vous
voyez donc, mon père, que le degré éminent où sont
les papes ne les exempte pas de surprise, et qu'il ne
fait autre chose que rendre leurs surprises plus dangereuses et plus importantes. C'est ce que saint Bernard
représente au pape Eugène, *De consid., lib.* 2, c.
ult. : « Il y a un autre défaut si général, que je n'ai
« vu personne des grands du monde qui l'évite. C'est,
« saint-père, la trop grande crédulité d'où naissent
« tant de désordres : car c'est de là que viennent les
« persécutions violentes contre les innocents, les pré-
« jugés injustes contre les absents, et les colères ter-
« ribles pour des choses de néant, *pro nihilo*. Voilà,
« saint-père, un mal universel ; duquel si vous êtes
« exempt, je dirai que vous êtes le seul qui ayez cet
« avantage entre tous vos confrères. »

Je m'imagine, mon père, que cela commence à vous
persuader que les papes sont exposés à être surpris.
Mais, pour vous le montrer parfaitement, je vous ferai seulement ressouvenir des exemples que vous-
même rapportez dans votre livre, de papes et d'empe-
reurs que des hérétiques ont surpris effectivement.
Car vous dites qu'Apollinaire surprit le pape Damase,
de même que Célestius surprit Zozime. Vous dites encore qu'un nommé Athanase trompa l'empereur Hé-
raclius, et le porta à persécuter les catholiques ; et
qu'enfin Sergius obtint d'Honorius ce décret qui fut

brûlé au sixième concile, *en faisant*, dites-vous, *le bon valet auprès de ce pape.*

Il est donc constant par vous-même que ceux, mon père, qui en usent ainsi auprès des rois et des papes les engagent quelquefois artificieusement à persécuter ceux qui défendent la vérité de la foi, en pensant persécuter des hérésies. Et de là vient que les papes, qui n'ont rien tant en horreur que ces surprises, ont fait d'une lettre d'Alexandre III une loi ecclésiastique, insérée dans le droit canonique, pour permettre de suspendre l'exécution de leurs bulles et de leurs décrets, quand on croit qu'ils ont été trompés. « Si quel« quefois (dit ce pape à l'archevêque de Ravenne) « nous envoyons à votre fraternité des décrets qui cho« quent vos sentiments, ne vous en inquiétez pas. Car « ou vous les exécuterez avec révérence, ou vous nous « manderez la raison que vous croyez avoir de ne le « pas faire; parce que nous trouverons bon que vous « n'exécutiez pas un décret qu'on aurait tiré de nous « par surprise et par artifice. » C'est ainsi qu'agissent les papes, qui ne cherchent qu'à éclaircir les différends des chrétiens, et non pas à suivre les passions de ceux qui veulent y jeter le trouble. Ils n'usent pas de domination, comme disent saint Pierre et saint Paul après Jésus-Christ; mais l'esprit qui paraît en toute leur conduite est celui de paix et de vérité. Ce qui fait qu'ils mettent ordinairement dans leurs lettres cette clause, qui est sous-entendue en toutes : *Si ita est, si preces veritate nitantur :* « Si la chose est comme « on nous la fait entendre, si les faits sont véritables. » D'où il se voit que, puisque les papes ne donnent de force à leurs bulles qu'à mesure qu'elles sont appuyées sur des faits véritables, ce ne sont pas les bulles seules qui prouvent la vérité des faits ; mais qu'au contraire, selon les canonistes mêmes, c'est la vérité des faits qui rend les bulles recevables.

D'où apprendrons-nous donc la vérité des faits? Ce sera des yeux, mon père, qui en sont les légitimes juges, comme la raison l'est des choses naturelles et intelligibles, et la foi des choses surnaturelles et révélées. Car, puisque vous m'y obligez, mon père, je vous dirai que, selon les sentiments de deux des plus grands docteurs de l'Église, saint Augustin et saint Thomas, ces trois principes de nos connaissances, les sens, la raison et la foi, ont chacun leurs objets séparés, et leur certitude dans cette étendue. Et comme Dieu a voulu se servir de l'entremise des sens pour donner entrée à la foi, *fides ex auditu*, tant s'en faut que la foi détruise la certitude des sens, que ce serait au contraire détruire la foi, que de vouloir révoquer en doute le rapport fidèle des sens. C'est pourquoi saint Thomas remarque expressément que Dieu a voulu que les accidents sensibles subsistassent dans l'eucharistie, afin que les sens, qui ne jugent que de ces accidents, ne fussent pas trompés : *ut sensus a deceptione reddantur immunes*.

Concluons donc de là que, quelque proposition qu'on nous présente à examiner, il en faut d'abord reconnaître la nature pour voir auquel de ces trois principes nous devons nous en rapporter. S'il s'agit d'une chose surnaturelle, nous n'en jugerons ni par les sens, ni par la raison, mais par l'Écriture et par les décisions de l'Église. S'il s'agit d'une proposition non révélée, et proportionnée à la raison naturelle, elle en sera le propre juge. Et s'il s'agit enfin d'un point de fait, nous en croirons les sens, auxquels il appartient naturellement d'en connaître.

Cette règle est si générale, que, selon saint Augustin et saint Thomas, quand l'Écriture même nous présente quelque passage dont le premier sens littéral se trouve contraire à ce que les sens ou la raison reconnaissent avec certitude, il ne faut pas entreprendre de les désavouer en cette rencontre, pour les soumettre à l'autorité de ce sens apparent de l'Écriture ; mais il faut interpréter l'Écriture, et y chercher un autre sens qui s'accorde avec cette vérité sensible : parce que, la parole de Dieu étant infaillible dans les faits mêmes, et le rapport des sens et de la raison agissant dans leur étendue étant certain aussi, il faut que ces deux vérités s'accordent : et comme l'Écriture se peut interpréter en différentes manières, au lieu que le rapport des sens est unique, on doit, en ces matières, prendre pour la véritable interprétation de l'Écriture celle qui convient au rapport fidèle des sens. « Il faut, dit saint
« Thomas, 1er p., q. 68, a. 1, observer deux choses,
« selon saint Augustin : l'une, que l'Écriture a tou-
« jours un sens véritable ; l'autre, que comme elle
« peut recevoir plusieurs sens, quand on en trouve
« un que la raison convainc certainement de fausseté,
« il ne faut pas s'obstiner à dire que c'en soit le sens
« naturel, mais en chercher un autre qui s'y accorde. »

C'est ce qu'il explique par l'exemple du passage de la Genèse où il est écrit que « Dieu créa deux grands
« luminaires, le soleil et la lune, et aussi les étoiles ; » par où l'Écriture semble dire que la lune est plus grande que toutes les étoiles ; mais parce qu'il est con-

stant, par des démonstrations indubitables, que cela est faux, on ne doit pas, dit ce saint, s'opiniâtrer à défendre ce sens littéral ; mais il faut en chercher un autre conforme à cette vérité de fait ; comme en disant « que le mot de grand luminaire ne marque que la « grandeur de la lumière de la lune à notre égard, et « non pas la grandeur de son corps en lui-même. »

Que si l'on voulait en user autrement, ce ne serait pas rendre l'Écriture vénérable, mais ce serait au contraire l'exposer au mépris des infidèles. « Parce, « comme dit saint Augustin, que, quand ils auraient « connu que nous croyons dans l'Écriture des choses « qu'ils savent certainement être fausses, ils se riraient « de notre crédulité dans les autres choses qui sont « plus cachées, comme la résurrection des morts, et « la vie éternelle. » Et ainsi, ajoute saint Thomas, « ce « serait leur rendre notre religion méprisable, et même « leur en fermer l'entrée. »

Et ce serait aussi, mon père, le moyen d'en fermer l'entrée aux hérétiques, et de leur rendre l'autorité du pape méprisable, que de refuser de tenir pour catholiques ceux qui ne croiraient pas que des paroles sont dans un livre où elles ne se trouvent point, parce qu'un pape l'aurait déclaré par surprise : car ce n'est que l'examen d'un livre qui peut faire savoir que des paroles y sont. Les choses de fait ne se prouvent que par les sens. Si ce que vous soutenez est véritable, montrez-le ; sinon, ne sollicitez personne pour le faire croire, ce serait inutilement. Toutes les puissances du monde ne peuvent par autorité persuader un point de fait, non plus que le changer ; car il n'y a rien qui puisse faire que ce qui est ne soit pas.

C'est en vain, par exemple, que des religieux de Ratisbonne obtinrent du pape saint Léon IX un décret solennel, par lequel il déclara que le corps de saint Denis, premier évêque de Paris, qu'on tient communément être l'aréopagite, avait été enlevé de France et porté dans l'église de leur monastère. Cela n'empêche pas que le corps de ce saint n'ait toujours été et ne soit encore dans la célèbre abbaye qui porte son nom, dans laquelle vous auriez peine à faire recevoir cette bulle, quoique ce pape y témoigne avoir « examiné la chose avec toute la diligence possible, *diligentissime*, et avec le conseil de plusieurs évêques et prélats : » de sorte qu'il « oblige étroitement tous les Français, *districte præcipientes*, de reconnaître et de confesser qu'ils n'ont plus ces saintes reliques. » Et néanmoins les Français, qui savaient la fausseté de ce fait par leurs propres yeux, et qui, ayant ouvert la châsse, y trouvèrent toutes ces reliques entières, comme le témoignent les historiens de ce temps-là, crurent alors, comme on l'a toujours cru depuis, le contraire de ce que ce saint pape leur avait enjoint de croire, sachant bien que même les saints et les prophètes sont sujets à être surpris.

Ce fut aussi en vain que vous obtîntes contre Galilée un décret de Rome, qui condamnait son opinion touchant le mouvement de la terre (1). Ce ne sera pas cela qui prouvera qu'elle demeure en repos ; et, si l'on

---

(1) Un jésuite mathématicien, du collége de ces pères à Rome, disait à un ami de Galilée, alors prisonnier de l'inquisition, ces propres paroles : « Que ne se tenait-il bien avec nous, avec nos pères, il vivrait glorieux et honoré, et il aurait pu écrire comme il l'aurait entendu sur toute espèce de sujets, voire sur les mouvements de la terre.» Cette anecdote, que nous empruntons à M. Sainte-Beuve, *Port-Royal*, t. III, p. 75, est extraite d'une lettre de Galilée tirée des manuscrits de Peiresc, et publiée au t. IV de l'*Histoire des sciences*... de M. Libri, p. 480.

avait des observations constantes qui prouvassent que c'est elle qui tourne, tous les hommes ensemble ne l'empêcheraient pas de tourner, et ne s'empêcheraient pas de tourner aussi avec elle. Ne vous imaginez pas de même que les lettres du pape Zacharie pour l'excommunication de saint Virgile, sur ce qu'il tenait qu'il y avait des antipodes, aient anéanti ce nouveau monde; et qu'encore qu'il eût déclaré que cette opinion était une erreur bien dangereuse, le roi d'Espagne ne se soit pas bien trouvé d'en avoir plutôt cru Christophe Colomb qui en venait, que le jugement de ce pape qui n'y avait pas été; et que l'Église n'en ait pas reçu un grand avantage, puisque cela a procuré la connaissance de l'Évangile à tant de peuples qui fussent péris dans leur infidélité.

Vous voyez donc, mon père, quelle est la nature des choses de fait, et par quel principe on en doit juger : d'où il est aisé de conclure, sur notre sujet, que si les cinq propositions ne sont point de Jansénius, il est impossible qu'elles en aient été extraites ; et que le seul moyen d'en bien juger et d'en persuader le monde, est d'examiner ce livre en une conférence réglée, comme on vous le demande depuis si longtemps. Jusque-là, vous n'avez aucun droit d'appeler vos adversaires opiniâtres : car ils seront sans blâme sur ce point de fait, comme ils sont sans erreur sur les points de foi ; catholiques sur le droit, raisonnables sur le fait, et innocents en l'un et en l'autre.

Qui ne s'étonnera donc, mon père, en voyant d'un côté une justification si pleine, de voir de l'autre des accusations si violentes? Qui penserait qu'il n'est question entre vous que d'un fait de nulle importance, qu'on veut faire croire sans le montrer? et qui oserait s'imaginer qu'on fît par toute l'Église tant de bruit pour rien, *pro nihilo*, mon père, comme le dit saint Bernard? Mais c'est cela même qui est le principal artifice de votre conduite, de faire croire qu'il y va de tout en une affaire qui n'est de rien ; et de donner à entendre aux personnes puissantes qui vous écoutent qu'il s'agit dans vos disputes des erreurs les plus pernicieuses de Calvin, et des principes les plus importants de la foi; afin que, dans cette persuasion, ils emploient tout leur zèle et toute leur autorité contre ceux que vous combattez, comme si le salut de la religion catholique en dépendait : au lieu que, s'ils venaient à connaître qu'il n'est question que de ce petit point de fait, ils n'en seraient nullement touchés, et ils auraient au contraire bien du regret d'avoir fait tant d'efforts pour suivre vos passions particulières en une affaire qui n'est d'aucune conséquence pour l'Église.

Car enfin, pour prendre les choses au pis, quand même il serait véritable que Jansénius aurait tenu ces propositions, quel malheur arriverait-il de ce que quelques personnes en douteraient, pourvu qu'elles les détestent, comme elles le font publiquement? N'est-ce pas assez qu'elles soient condamnées par tout le monde sans exception, au sens même où vous avez expliqué que vous voulez qu'on les condamne? En seraient-elles plus censurées, quand on dirait que Jansénius les a tenues? A quoi servirait donc d'exiger cette reconnaissance, sinon à décrier un docteur et un évêque qui est mort dans la communion de l'Église? Je ne vois pas que ce soit là un si grand bien qu'il faille l'acheter par tant de troubles. Quel intérêt y a l'État, le pape, les évêques, les docteurs et toute l'Église? Cela ne les touche en aucune sorte, mon père; et il n'y a que votre seule société qui recevrait véritablement quelque plaisir de cette diffamation d'un auteur qui vous a fait quelque tort. Cependant tout se remue, parce que vous faites entendre que tout est menacé. C'est la cause secrète qui donne le branle à tous ces grands mouvements, qui cesseraient aussitôt qu'on aurait su le véritable état de vos disputes. Et c'est pourquoi, comme le repos de l'Église dépend de cet éclaircissement, il était d'une extrême importance de le donner, afin que, tous vos déguisements étant découverts, il paraisse à tout le monde que vos accusations sont sans fondement, vos adversaires sans erreurs, et l'Église sans hérésie.

Voilà, mon père, le bien que j'ai eu pour objet de procurer, qui me semble si considérable pour toute la religion, que j'ai de la peine à comprendre comment ceux à qui vous donnez tant de sujet de parler peuvent demeurer dans le silence. Quand les injures que vous leur faites ne les toucheraient pas, celles que l'Église souffre devraient, ce me semble, les porter à s'en plaindre : outre que je doute que des ecclésiastiques puissent abandonner leur réputation à la calomnie, surtout en matière de foi. Cependant ils vous laissent dire tout ce qu'il vous plaît; de sorte que, sans l'occasion que vous m'en avez donnée par hasard, peut-être que rien ne se serait opposé aux impressions scandaleuses que vous semez de tous côtés. Ainsi leur patience m'étonne, et d'autant plus qu'elle ne peut m'être suspecte ni de timidité, ni d'impuissance, sachant bien qu'ils ne manquent ni de raisons pour leur justification, ni de zèle pour la vérité. Je les vois néanmoins si religieux à se taire, que je crains qu'il n'y ait en cela de l'excès. Pour moi, mon père, je ne crois pas pouvoir le faire. Laissez l'Église en paix, et je vous y laisserai de bon cœur. Mais, pendant que vous ne travaillerez qu'à y entretenir le trouble, ne doutez pas qu'il ne se trouve des enfants de la paix qui se croiront obligés d'employer tous leurs efforts pour y conserver la tranquillité.

FRAGMENT

d'une

DIX-NEUVIÈME LETTRE PROVINCIALE

ADRESSÉE AU PÈRE ANNAT.

Mon révérend père,

Si je vous ai donné quelque déplaisir par mes autres lettres, en manifestant l'innocence de ceux qu'il vous importait de noircir, je vous donnerai de la joie par celle-ci, en vous y faisant paraître la douleur dont vous les avez remplis. Consolez-vous, mon père : ceux que vous haïssez sont affligés ; et si MM. les évêques exécutent dans leurs diocèses les conseils que vous leur donnez, de contraindre à jurer et à signer qu'on croit une chose de fait qu'il n'est pas véritable qu'on croie et qu'on n'est pas obligé de croire, vous réduisez vos adversaires dans la dernière tristesse, de voir l'Église en cet état. Je les ai vus, mon père (et je vous avoue que j'en ai eu une satisfaction extrême), je les ai vus, non pas dans une générosité philosophique, ou dans cette fermeté irrespectueuse qui fait suivre impérieusement ce qu'on croit être de son devoir ; non aussi dans cette lâcheté molle et timide qui empêche ou de voir la vérité, ou de la suivre, mais dans une piété douce et solide, pleins de défiance d'eux-mêmes, de respect pour les puissances de l'Église, d'amour pour la paix, de tendresse et de zèle pour la vérité, de désir de la connaître et de la défendre, de crainte pour leur infirmité, de regret d'être mis dans ces épreuves, et d'espérance néanmoins que Dieu daignera les y soutenir par sa lumière et par sa force, et que la grâce de Jésus-Christ qu'ils soutiennent, et pour laquelle ils souffrent, sera elle-même leur lumière et leur force. J'ai vu enfin en eux le caractère de la piété chrétienne, qui fait paraître une force.....

Je les ai trouvés environnés de personnes de leur connaissance, qui étaient venues sur ce sujet pour les porter à ce qu'elles croient le meilleur dans l'état présent des choses ; j'ai ouï les conseils qu'on leur a donnés, j'ai remarqué la manière dont ils les ont reçus et les réponses qu'ils y ont faites : en vérité, mon père, si vous y aviez été présent, je crois que vous avoueriez vous-même qu'il n'y a rien en tout leur procédé qui ne soit infiniment éloigné de l'air de révolte et d'hérésie, comme tout le monde pourra connaître par les tempéraments qu'ils ont apportés, et que vous allez voir ici, pour conserver tout ensemble ces deux choses qui leur sont infiniment chères, la paix et la vérité.

Car après qu'on leur a représenté, en général, les

peines qu'ils vont s'attirer par leur refus, si on leur présente cette nouvelle constitution à signer, et le scandale qui pourra en naître dans l'Église, ils ont fait remarquer..... (1)

---

(1) A la suite de ce fragment de la dix-neuvième et dernière Lettre, nous croyons ne pouvoir mieux faire que de donner aussi, comme dernier éclaircissement aux *Provinciales*, le sentiment de Pascal sur cet ouvrage, quelques années après la publication. Ses adversaires, désolés de n'avoir pu le réfuter, disaient que l'auteur se repentait de l'avoir écrit. « Or, dit M. Sainte-Beuve, quand on demanda à Pascal, un an environ avant sa mort, *s'il se repentait d'avoir fait les Provinciales*, il répondit, selon le témoignage écrit de Mlle Marguerite Périer présente, et avec cet accent qui coupe court à tout :

« 1. Je réponds que, bien loin de m'en repentir, si j'étois à les faire, je les ferois encore plus fortes. 2. On m'a demandé pourquoi j'ai dit le nom des auteurs où j'ai pris toutes ces propositions abominables que j'y ai citées. Je réponds que si j'étois dans une ville où il y eût douze fontaines, et que je susse certainement qu'il y en eût une d'empoisonnée, je serois obligé d'avertir tout le monde de n'aller point puiser de l'eau à cette fontaine; et comme on pourroit croire que c'est une pure imagination de ma part, je serois obligé de nommer celui qui l'a empoisonnée, plutôt que d'exposer toute une ville à s'empoisonner. 3. On m'a demandé pourquoi j'ai employé un style agréable, railleur et divertissant. Je réponds que si j'avois écrit d'un style dogmatique, il n'y auroit eu que les savants qui les auroient lues, et ceux-là n'en avoient pas besoin, en sachant pour le moins autant que moi là-dessus. Ainsi j'ai cru qu'il falloit écrire d'une manière propre à faire lire mes Lettres par les femmes et les gens du monde, afin qu'ils connussent le danger de toutes ces maximes et de toutes ces propositions qui se répandoient alors, et dont on se laissoit facilement persuader. 4. On m'a demandé si j'ai lu moi-même tous les livres que j'ai cités. Je réponds que non. Certainement il auroit fallu que j'eusse passé une grande partie de ma vie à lire de très-mauvais livres : mais j'ai lu deux fois Escobar tout entier, et pour les autres, je les ai fait lire par quelques-uns de mes amis ; mais je n'en ai pas employé un seul passage sans l'avoir lu moi-même dans le livre cité, et sans avoir examiné la matière sur laquelle il est avancé, et sans avoir lu ce qui précède et ce qui suit, pour ne point hasarder de citer une objection pour une réponse ; ce qui auroit été reprochable et injuste. » Sainte-Beuve, *Port-Royal*, t. III, p. 176-177.

APPENDICE
AUX
PROVINCIALES.

Les trois pièces que nous publions dans cet Appendice, se trouvent, dans plusieurs éditions modernes, mêlées aux Provinciales. Nous les en avons séparées pour ne point introduire dans l'œuvre de Pascal des interpolations qui, malgré un incontestable mérite, sont bien au-dessous des pages de ce grand écrivain, et qui d'ailleurs en briseraient la suite et l'unité. Nous croyons devoir cependant les reproduire ici, moins pour nous conformer à l'usage, que parce qu'elles forment, dans ce grand plaidoyer de la cause janséniste, partie intégrante du dossier. A côté de la polémique, elles ont d'ailleurs cela de curieux, qu'elles montrent comment les écrivains qui s'étaient ralliés aux sentiments de Pascal, essayaient de l'imiter en le défendant.

RÉFUTATION

DE LA RÉPONSE DES JÉSUITES A LA DOUZIÈME LETTRE.

Monsieur,

Qui que vous soyez, qui avez entrepris de défendre les jésuites contre les Lettres qui découvrent si clairement le déréglement de leur morale, il paraît, par le soin que vous prenez de les secourir, que vous avez bien connu leur faiblesse, et en cela on ne peut blâmer votre jugement. Mais si vous aviez pensé de pouvoir les justifier en effet, vous ne seriez pas excusable. Aussi, j'ai meilleure opinion de vous, et je m'assure que votre dessein est seulement de détourner l'auteur des Lettres par cette diversion artificieuse. Vous n'y avez pourtant pas réussi; et j'ai bien de la joie de ce que la treizième vient de paraître sans qu'il ait reparti à ce que vous avez fait sur la onzième et sur la douzième, et sans avoir seulement pensé à vous. Cela me fait espérer qu'il négligera de même les autres. Vous ne devez pas douter, monsieur, qu'il ne lui eût été bien facile de vous pousser. Vous voyez comment il mène la société entière : qu'eût-ce donc été s'il vous eût entrepris en particulier? Jugez-en par la manière dont je vais vous répondre sur ce que vous avez écrit contre sa douzième Lettre.

Je vous laisserai, monsieur, toutes vos injures. L'auteur des Lettres a promis d'y satisfaire; et je crois qu'il le fera de telle sorte, qu'il ne vous restera que la honte et le repentir. Il ne lui sera pas difficile de couvrir de confusion de simples particuliers comme vous et vos jésuites, qui, par un attentat criminel, usurpent l'autorité de l'Église pour traiter d'hérétiques ceux qu'il leur plaît, lorsqu'ils se voient dans l'impuissance de se défendre contre les justes reproches qu'on leur fait de leurs méchantes maximes. Mais, pour moi, je me resserrerai dans la réfutation des nouvelles impostures que vous employez pour la justification de ces casuistes. Commençons par le grand Vasquez.

Vous ne répondez rien à tout ce que l'auteur des Lettres a rapporté pour faire voir sa mauvaise doctrine touchant l'aumône; et vous l'accusez seulement en l'air de quatre faussetés, dont la première est qu'il a supprimé du passage de Vasquez, cité dans la sixième Lettre, ces paroles : *statum quem licite possunt acquirere*, et qu'il a dissimulé le reproche qu'on lui en fait.

Je vois bien, monsieur, que vous avez cru sur la foi des jésuites, vos chers amis, que ces paroles-là sont dans le passage qu'a cité l'auteur des Lettres; car, si vous eussiez su qu'elles n'y sont pas, vous eussiez blâmé ces pères de lui avoir fait ce reproche, plutôt que de vous étonner de ce qu'il n'avait pas daigné répondre à une objection si vaine. Mais ne vous fiez pas tant à eux, vous y seriez souvent attrapé. Considérez vous-même, dans Vasquez, le passage que l'auteur en a rapporté. Vous le trouverez *De eleem*, c. IV, n. 14; mais vous n'y verrez aucune de ces paroles qu'on dit qu'il en a supprimées, et vous serez bien étonné de ne les trouver que quinze pages auparavant. Je ne doute point qu'après cela vous ne vous plaigniez de ces bons pères, et que vous ne jugiez bien que, pour accuser cet auteur d'avoir supprimé ces paroles de ce passage, il faudrait l'obliger de rapporter des passages de quinze pages *in-folio* dans une lettre de huit pages *in-4º*, où il a accoutumé d'en rapporter trente ou quarante, ce qui ne serait pas raisonnable.

Ces paroles ne peuvent donc servir qu'à vous convaincre vous-même d'imposture, et elles ne servent pas aussi davantage pour justifier Vasquez. On a accusé ce jésuite d'avoir ruiné ce précepte de Jésus-Christ, qui oblige les riches de faire l'aumône de leur superflu, en soutenant que « ce que les riches gardent « pour relever leur condition ou celle de leurs parents, « n'est pas superflu; » et, qu'ainsi, « à peine en trou- « vera-t-on dans les gens du monde, et non pas même « dans les rois. » C'est cette conséquence, qu'il n'y a presque « jamais de superflu dans les gens du monde, » qui ruine l'obligation de donner l'aumône, puisqu'on en conclut, par nécessité, que, n'ayant point de superflu, ils ne sont pas obligés de le donner. Si c'était l'auteur des Lettres qui l'eût tirée, vous auriez quelque sujet de prétendre qu'elle n'est pas enfermée dans ce principe : que « ce que les riches gardent pour re- « lever leur condition, ou celle de leurs parents, n'est « pas appelé superflu. » Mais il l'a trouvée toute tirée dans Vasquez. Il y a lu ces paroles, si éloignées de l'esprit de l'Évangile et de la modération chrétienne : « qu'à peine trouvera-t-on du superflu dans les gens « du monde, et non pas même dans les rois. » Il y a lu encore cette dernière conclusion rapportée dans la douzième Lettre : « A peine est-on obligé de donner « l'aumône quand on n'est obligé à la donner que de son « superflu; » et ce qui est remarquable, c'est qu'elle se voit au même lieu que ces paroles, *statum quem licite possunt acquirere*, par lesquelles vous prétendez l'éluder. Vous chicanez donc inutilement sur le principe lorsque vous êtes obligé de vous taire sur les conséquences qui sont formellement dans Vasquez, et qui suffisent pour anéantir le précepte de Jésus-Christ, comme on l'a accusé de l'avoir fait. Si Vasquez les avait mal tirées de son principe, il aurait joint une faute de jugement avec une erreur dans la morale; et il n'en serait pas plus innocent, ni le précepte de Jésus-Christ moins anéanti. Mais il paraîtra, par la réfutation de la seconde fausseté que vous reprochez à l'auteur des Lettres, que ces mauvaises conséquences sont bien tirées du mauvais principe que Vasquez établit au même lieu; et que ce jésuite n'a pas péché contre les règles du raisonnement, mais contre celles de l'Évangile.

Cette seconde fausseté, que vous dites qu'il a *dissimulée* après en avoir été *convaincu*, est qu'il a omis ces paroles par un dessein outrageux, pour corrompre la pensée de ce père, et en tirer cette conclusion scandaleuse : qu'il ne « faut, selon Vasquez, qu'avoir « beaucoup d'ambition pour n'avoir point de super- « flu. » Sur cela, monsieur, je vous pourrais dire, en un mot, qu'il n'y eut jamais d'accusation moins raisonnable que celle-là. Les jésuites ne se sont jamais plaints de cette conséquence. Et cependant vous reprochez à l'auteur des Lettres de n'avoir pas répondu à une objection qu'on ne lui avait pas encore faite. Mais, si vous croyez avoir été en cela plus clairvoyant que toute cette compagnie, il sera aisé de vous guérir de cette vanité, qui serait injurieuse à ce grand corps.

Car comment pouvez-vous nier que de ce principe de Vasquez, « Ce que l'on garde pour relever sa con-« dition, ou celle des parents, n'est pas appelé su-« perflu, » on ne conclue nécessairement qu'il ne faut qu'avoir beaucoup d'ambition pour n'avoir point de superflu? Je vous promets de bon cœur d'y ajouter encore la condition qu'il exprime en un autre endroit, qui est que l'on ne veuille relever son état que par des voies légitimes : *statum quem licite possunt acquirere;* cela n'empêchera pas la vérité de la conséquence que vous accusez de fausseté.

Il est vrai, monsieur, qu'il y a quelques riches qui peuvent relever leur condition par des voies légitimes. L'utilité publique en peut quelquefois justifier le désir, pourvu qu'ils ne considèrent pas tant leur propre honneur et leur propre intérêt que l'honneur de Dieu et l'intérêt du public; mais il est très-rare que l'esprit de Jésus-Christ, sans lequel il n'y a point d'intentions pures, inspire ces sortes de désirs aux riches du monde; il les porte bien plutôt à diminuer ce poids inutile qui les empêche de s'élever vers le ciel, et à craindre ces paroles de son Évangile que : *celui qui s'élève sera abaissé.* Ainsi ces désirs que l'on voit dans la plupart des hommes du siècle, de monter toujours à une condition plus haute, et d'y faire monter leurs parents, quoique par des voies légitimes, ne sont pour l'ordinaire que des effets d'une cupidité terrestre et d'une véritable ambition. Car c'est, monsieur, une erreur grossière de croire qu'il n'y ait point d'ambition à désirer de relever sa condition, que lorsqu'on se veut servir de moyens injustes; et c'est cette erreur que saint Augustin condamne dans le

livre de la Patience, ch. III, lorsqu'il dit : « L'amour
« de l'argent et le désir de la gloire sont des folies
« que le monde croit permises ; et on s'imagine que
« l'avarice, l'ambition, le luxe, les divertissements
« des spectacles sont innocents, lorsqu'ils ne nous
« font point tomber dans quelque crime ou quelque
« désordre que les lois défendent. » L'ambition consiste à désirer l'élèvement pour l'élèvement, et l'honneur pour l'honneur, comme l'avarice à aimer les richesses pour les richesses. Si vous y joignez les moyens injustes, vous la rendez plus criminelle ; mais, en substituant des moyens légitimes, vous ne la rendez pas innocente. Or Vasquez ne parle pas de ces occasions dans lesquelles quelques gens de bien désirent de changer de condition, et sont *dans l'attente probable de le faire*, comme dit le cardinal Cajetan. S'il en parlait, il aurait été ridicule d'en conclure, comme il a fait, que l'on ne trouve presque jamais de superflu dans les gens du monde, puisque des occasions très-rares, qui ne peuvent arriver qu'une ou deux fois dans la vie, et qui ne se rencontrent que dans un très-petit nombre de riches à qui Dieu fait connaître qu'ils ne se nuiront pas à eux-mêmes en s'élevant pour servir les autres, ne peuvent pas empêcher que la plupart des riches n'aient beaucoup de superflu. Mais il parle d'un désir vague et indéterminé de s'agrandir ; il parle d'un désir de s'élever sans aucunes bornes, puisque, s'il était borné, les riches commenceraient d'avoir du superflu, lorsqu'ils y seraient arrivés. Et, enfin, il croit que ce désir est si généralement permis, qu'il empêche tous les riches d'avoir presque jamais du superflu.

C'est, monsieur, afin que vous l'entendiez, cette prétention de s'agrandir et de s'élever toujours dans le siècle à une condition plus haute, quoique par des moyens légitimes, *ad statum quem licite possunt acquirere*, que l'auteur des Lettres a appelée du nom d'ambition, parce que c'est le nom que les pères lui donnent, et qu'on lui donne même dans le monde. Il n'a pas été obligé d'imiter une des plus ordinaires adresses de ces mauvais casuistes, qui est de bannir les noms des vices, et de retenir les vices mêmes sous d'autres noms. Quand donc ces paroles, *statum quem licite possunt acquirere*, auraient été dans le passage qu'il a cité, il n'aurait pas eu besoin de les retrancher pour le rendre criminel. C'est en les y joignant qu'il a droit d'accuser Vasquez, que, selon lui, il ne faut qu'avoir de l'ambition pour n'avoir point de superflu. Il n'est pas le premier qui a tiré cette conséquence de cette doctrine. M. Duval l'avait fait avant lui, en termes formels, en combattant cette mauvaise maxime, tome II, q. 8, p. 576. « Il s'ensuivrait, dit-il, que
« celui qui désirerait une plus haute dignité, c'est-à-
« dire qui aurait une plus grande ambition, n'aurait
« point de superflu, quoiqu'il eût beaucoup plus qu'il
« ne lui faut selon sa condition présente : SEQUERETUR
« *eum qui hanc dignitatem cuperet, seu qui* MAJORI
« AMBITIONE DUCERETUR, *habendo plurima supra decentiam sui status, non habiturum superflua.* »

Vous avez donc fort mal réussi, monsieur, dans les deux premières faussetés que vous reprochez à l'auteur des Lettres. Voyons si vous serez mieux fondé dans les deux autres que vous l'accusez d'avoir faites en se défendant. La première est qu'il assure que

Vasquez n'oblige point les riches de donner de ce qui est nécessaire à leur condition. Il est bien aisé de vous répondre sur ce point; car il n'y a qu'à vous dire nettement que cela est faux, et qu'il a dit tout le contraire. Il n'en faut point d'autre preuve que le passage même que vous produisez trois lignes après, où il rapporte que « Vasquez oblige les riches de don-
« ner du nécessaire en certaines occasions. »

Votre dernière plainte n'est pas moins déraisonnable. En voici le sujet. L'auteur des Lettres a repris deux décisions dans la doctrine de Vasquez: l'une, que « les riches ne sont point obligés, ni par justice
« ni par charité, de donner de leur superflu, et en-
« core moins du nécessaire, dans tous les besoins or-
« dinaires des pauvres; » l'autre, qu'ils « ne sont
« obligés de donner du nécessaire qu'en des rencon-
« tres si rares qu'elles n'arrivent presque jamais. »
Vous n'aviez rien à répondre sur la première de ces décisions, qui est la plus méchante. Que faites-vous là-dessus, vous les joignez ensemble; et, apportant quelque mauvaise défaite sur la dernière, vous voulez faire croire que vous avez répondu sur toutes les deux. Ainsi, pour démêler ce que vous voulez embarrasser à dessein, je vous demande à vous-même s'il n'est pas vrai que Vasquez enseigne que les riches ne sont jamais obligés de donner ni du superflu, ni du nécessaire, ni par charité, ni par justice, dans les nécessités ordinaires des pauvres. L'auteur des Lettres ne l'a-t-il pas prouvé par ce passage formel de Vasquez : « Corduba enseigne que, lorsqu'on a du
« superflu, on est obligé d'en donner à ceux qui sont
« dans une nécessité ordinaire au moins une partie,

« afin d'accomplir le précepte en quelque chose ? »
(Remarquez qu'il ne s'agit point, en cet endroit, si on y est obligé par justice ou par charité, mais si on y est obligé absolument.) Voyons donc quelle sera la décision de votre Vasquez. « Mais cela ne me plaît » pas, SED HOC NON PLACET : car nous avons montré le « contraire contre Cajetan et Navarre. » Voilà à quoi vous ne répondez point, laissant ainsi vos jésuites convaincus d'une erreur si contraire à l'Évangile.

Et quant à la seconde décision de Vasquez, qui est que les riches ne sont obligés de donner du nécessaire à leur condition qu'en des rencontres si rares qu'elles n'arrivent presque jamais, l'auteur des Lettres ne l'a pas moins clairement prouvée par l'assemblage des conditions que ce jésuite demande pour former cette obligation, savoir : « que l'on sache que le pau- « vre qui est dans la nécessité urgente ne sera assisté « de personne que de nous ; et que cette nécessité le « menace de quelque accident mortel, ou de perdre « sa réputation. » Il a demandé sur cela si ces rencontres étaient fort ordinaires dans Paris, et enfin il a pressé les jésuites par cet argument, que, Vasquez permettant aux pauvres de voler les riches dans les mêmes circonstances où il oblige les riches d'assister les pauvres, il faut qu'il ait cru, ou que ces occasions étaient fort rares, ou qu'il était ordinairement permis de voler. Qu'avez-vous répondu à cela, monsieur ? vous avez dissimulé toutes ces preuves, et vous vous êtes contenté de rapporter trois passages de Vasquez, où il dit, dans les deux premiers, que les riches sont obligés d'assister les pauvres dans les nécessités urgentes, ce que l'auteur des Lettres reconnaît expressément ; mais vous vous êtes bien gardé d'ajouter qu'il y apporte des restrictions qui font que ces nécessités urgentes n'obligent presque jamais à donner l'aumône, qui est ce dont il s'agit.

Le troisième de vos passages dit simplement que les riches ne sont pas obligés de donner seulement l'aumône dans les nécessités extrêmes, c'est-à-dire quand un homme est près de mourir, parce qu'elles sont trop rares ; d'où vous concluez qu'il est faux que les occasions où Vasquez oblige à donner l'aumône soient fort rares. Mais vous vous moquez, monsieur ; vous n'en pouvez conclure autre chose sinon que Vasquez ôte le nom de *très-rares* aux occasions de donner l'aumône, qu'il rend très-rares en effet par les conditions qu'il y apporte. En quoi il n'a fait que suivre la conduite de sa compagnie. Ce jésuite avait à satisfaire tout ensemble les riches, qui veulent qu'on ne les oblige que très-rarement à donner l'aumône, et l'Église, qui y oblige très-souvent ceux qui ont du superflu. Il a donc voulu contenter tout le monde, selon la méthode de sa société, et il y a fort bien réussi. Car il exige, d'une part, des conditions si rares en effet, que les plus avares en doivent être satisfaits ; et il leur ôte, de l'autre, le nom de *rares*, pour satisfaire l'Église en apparence. Il n'est donc pas question de savoir si Vasquez a donné le nom de *rares* aux rencontres où il oblige de donner l'aumône. On ne l'a jamais accusé de les avoir appelées rares. Il était trop habile jésuite pour appeler ainsi les mauvaises choses par leur nom. Mais il est question de savoir si elles sont rares, en effet, par les restrictions qu'il y apporte.; et c'est ce que l'auteur des Lettres a si bien montré, qu'il ne vous est resté sur cela que cette réponse générale qui ne vous manque jamais, qui est la dissimulation et le silence.

Tout ce que vous ajoutez ensuite de la subtilité de l'esprit de Vasquez dans les divers sens qu'il donna aux mots de *nécessaire* et de *superflu* est une pure illusion. Il ne les a jamais pris qu'en deux sens, aussi bien que tous les autres théologiens. Il y a, selon lui, nécessaire à la *nature* et nécessaire à la *condition*. Mais, afin qu'une chose soit superflue à la condition, il veut qu'elle le soit non-seulement à l'égard de la condition présente, mais aussi à l'égard de celle que les riches peuvent acquérir, ou pour eux, ou pour leurs parents, par des moyens légitimes. Ainsi, selon Vasquez, tout ce que l'on garde pour relever sa condition est appelé simplement nécessaire à la condition, et superflu seulement à la nature; et on n'est obligé d'en faire l'aumône que dans les occasions que l'auteur des Lettres a fait voir être si rares, qu'elles n'arrivent presque jamais.

Il n'est pas besoin de rien ajouter touchant la comparaison de Vasquez et de Cajetan, à ce que l'auteur des Lettres en a dit. Je vous avertirai seulement, en passant, que vous imposez à ce cardinal, aussi bien que Vasquez, lorsque vous soutenez que, « contre ce « qu'il avait dit dans le traité de l'Aumône, il ensei- « gne, en celui des Indulgences, que l'obligation de « donner le superflu ne passe point le péché véniel. » Lisez-le, monsieur, et ne vous fiez pas tant aux jésuites, ni morts, ni vivants. Vous trouverez que Cajetan y enseigne formellement le contraire; et qu'après avoir dit qu'il n'y a que les nécessités extrêmes, sous lesquelles il comprend aussi la plupart de celles que Vasquez appelle urgentes, qui obligent à péché mortel, il ajoute cette exception : « si ce n'est qu'on n'ait « des biens superflus, SECLUSA SUPERFLUITATE BONORUM. »

Je passe donc avec vous à la doctrine de la simonie. L'auteur des Lettres n'a eu autre dessein que de montrer que la société tient cette maxime, que ce n'est pas une simonie en conscience de donner un bien spirituel pour un temporel, pourvu que le temporel n'en soit que le motif même principal, et non pas le prix ; et pour le prouver, il a rapporté le passage de Valentia tout au long dans le douzième, qui le dit si clairement, que vous n'avez rien à y repondre, non plus que sur Escobar, Érade Bille et les autres, qui disent tous la même chose. Il suffit que tous ces auteurs soient de cette opinion pour montrer que, selon toute la compagnie, qui tient la doctrine de la probabilité, elle est sûre en conscience, après tant d'auteurs graves qui l'ont soutenue et tant de provinciaux graves qui l'ont approuvée. Confessez donc qu'en laissant subsister, comme vous faites, le sentiment de tous ces autres jésuites, et vous arrêtant au seul Tannerus, vous ne faites rien contre le dessein de l'auteur des Lettres, que vous attaquez, ni pour la justification de la société, que vous défendez.

Mais, afin de vous donner une entière satisfaction sur ce sujet, je vous soutiens que vous avez tort aussi bien sur Tannerus que sur les autres. Premièrement vous ne pouvez nier qu'il ne se dise généralement qu'il n'y a « point de simonie en conscience, *in foro con-* « *scientiæ*, à donner un bien spirituel pour un tem- « porel, lorsque le temporel n'en est que le motif

« même principal, et non pas le prix. » Et quand il dit qu'il n'y a point de simonie en conscience, il entend qu'il n'y en a point, ni de droit divin, ni de droit positif. Car la simonie de droit positif est une simonie en conscience. Voilà la règle générale à laquelle Tannerus rapporte une exception qui est que, « dans les « cas exprimés par le droit, c'est une simonie de droit « positif, ou une simonie présumée. » Or, comme une exception ne peut pas être aussi étendue que la règle, il s'ensuit par nécessité que cette maxime générale, que « ce n'est point simonie en conscience de « donner un bien spirituel pour un temporel qui n'en « est que le motif, et non pas le prix, » subsiste en quelque espèce des choses spirituelles ; et qu'ainsi il y a des choses spirituelles qu'on peut donner sans simonie de droit positif pour des biens temporels, en changeant le mot de prix en celui de motif.

L'auteur des Lettres a choisi l'espèce des bénéfices, à laquelle il réduit la doctrine de Valentia et de Tannerus. Mais il lui importe peu néanmoins que vous en substituiez une autre, et que vous disiez que ce n'est pas les bénéfices, mais les sacrements, ou les charges ecclésiastiques qu'on peut donner pour de l'argent. Il croit tout cela également impie, et il vous en laisse le choix. Il semble, monsieur, que vous l'ayez voulu faire, et que vous ayez voulu donner à entendre que ce n'est pas simonie de dire la messe, ayant pour motif principal d'en recevoir de l'argent. C'est la pensée qu'on peut avoir en lisant ce que vous rapportez de la coutume de l'Église de Paris. Car si vous aviez voulu dire simplement que les fidèles peuvent offrir des biens temporels à ceux dont ils reçoivent les spi-

rituels, et que les prêtres qui servent à l'autel peuvent vivre de l'autel, vous auriez dit une chose dont personne ne doute, mais qui ne touche point aussi notre question. Il s'agit de savoir si un prêtre qui n'aurait pour motif principal, en offrant le sacrifice, que l'argent qu'il en reçoit, ne serait pas devant Dieu coupable de simonie. Vous l'en devez exempter selon la doctrine de Tannerus ; mais le pouvez-vous selon les principes de la piété chrétienne ? « Si la simonie,
« dit Pierre Le Chantre, l'un des plus grands orne-
« ments de l'Église de Paris, est si honteuse et si
« damnable dans les choses jointes aux sacrements,
« combien l'est-elle plus dans la substance même des
« sacrements, et principalement dans l'eucharistie,
« où on prend Jésus-Christ tout entier, la source et
» l'origine de toutes les grâces ! Simon le magicien,
« dit encore ce saint homme, ayant été rejeté par
« Simon Pierre, lui eût pu dire : Tu me rebutes, mais
« je triompherai de toi et du corps entier de l'Église.
« J'établirai le siége de mon empire sur les autels ; et
« lorsque les anges seront assemblés en un coin de
« l'autel pour adorer le corps de Jésus-Christ, je se-
« rai à l'autre coin pour faire que le ministre de l'au-
« tel, ou plutôt le mien, le forme pour de l'argent. »
Et cependant cette simonie, que ce pieux théologien condamne si fortement, ne consiste que dans la *cupidité* qui fait que, dans l'administration des choses spirituelles, on met sa fin principale dans l'utilité temporelle qui en revient. Et c'est ce qui lui fait dire généralement, c. xxv, que les ministères saints, qu'il appelle les *ouvrages de la droite*, étant exercés par l'amour de l'argent forment la simonie : *Opus dex-*

teræ operatum causa pecuniæ acquirendæ parit simoniam. Qu'aurait-il donc dit s'il avait ouï parler de cette horrible maxime des casuistes, que vous défendez, qu'il est « permis à un prêtre de renoncer pour « un peu d'argent à tout le fruit spirituel qu'il peut « prétendre du sacrifice ! »

Vous voyez donc, monsieur, que, si c'est là tout ce que vous avez à dire pour la défense de Tannerus, vous ne ferez que le rendre coupable d'une plus grande impiété. Mais vous ne prouverez pas encore par là qu'il y ait, selon lui, simonie de droit positif à recevoir de l'argent comme motif pour donner des bénéfices. Car remarquez, s'il vous plaît, qu'il ne dit pas simplement que c'est une simonie de donner un bien spirituel pour un temporel comme motif, et non comme prix, mais qu'il y ajoute une alternative, en disant que « c'est ou une simonie de droit positif, ou « une simonie présumée. » Or une simonie présumée n'est pas une simonie devant Dieu ; elle ne mérite aucune peine dans le tribunal de la conscience. Et ainsi dire, comme fait Tannerus, que c'est une simonie de droit positif, ou une simonie présumée, c'est dire en effet que c'est une simonie, ou que ce n'en est pas une. Voilà à quoi se réduit l'exception de Tannerus, que l'auteur des Lettres n'a pas dû rapporter dans sa sixième Lettre, parce que, ne citant aucune parole de ce jésuite, il y dit simplement qu'il est de l'avis de Valentia ; mais il la rapporte, et il y répond expressément, dans sa douzième, quoique vous l'accusiez faussement de l'avoir dissimulée.

C'a été pour éviter l'embarras de toutes ces distinctions que l'auteur des Lettres avait demandé aux jé-

suites « si c'était simonie en conscience, selon leurs
« auteurs, de donner un bénéfice de quatre mille li-
« vres de rente en recevant dix mille francs comme
« motif, et non comme prix. » Il les a pressés sur
cela de lui donner réponse précise sans parler de
droit positif, c'est-à-dire sans se servir de ces termes
que le monde n'entend pas, et non pas sans y avoir
égard, comme vous l'avez pris contre toutes les lois
de la grammaire. Vous y avez donc voulu satisfaire,
et vous répondez, en un mot, qu'en « ôtant le droit
« positif il n'y aurait point de simonie ; comme il n'y
« aurait point de péché à n'entendre point la messe
« un jour de fête, si l'Église ne l'avait point com-
« mandé ; » c'est-à-dire que ce n'est une simonie que
parce que l'Église l'a voulu, et que sans ses lois positives ce serait une action indifférente. Sur quoi j'ai
à vous repartir :

Premièrement, que vous répondez fort mal à la
question qu'on a faite. L'auteur des Lettres demandait s'il y avait simonie *selon les auteurs jésuites qu'il
avait cités*, et vous nous dites de vous-même qu'il n'y
a que simonie de droit positif. Il n'est pas question
de savoir votre opinion, elle n'a pas d'autorité. Prétendez-vous être un docteur grave ? Cela serait fort dis-
putable. Il s'agit de Valentia, de Tannerus, de Sanchez,
d'Escobar, d'Érade Bille, qui sont indubitablement
graves. C'est selon leur sentiment qu'il faut répondre.
L'auteur des Lettres prétend que vous ne sauriez dire,
selon tous ces jésuites, qu'il y ait en cela simonie en
conscience. Pour Valentia, Sanchez, Escobar et les
autres, vous le quittez. Vous le disputez un peu sur
Tannerus, mais vous avez vu que c'était sans fonde-

ment ; de sorte qu'après tout il demeure constant que la société enseigne qu'on peut, sans simonie, en conscience, donner un bien spirituel pour un temporel, pourvu que le temporel n'en soit que le motif principal, et non pas le prix. C'est tout ce qu'on demandait.

Et en second lieu, je vous soutiens que votre réponse contient une impiété horrible. Quoi, monsieur ! vous osez dire que, sans les lois de l'Église, il n'y aurait point de simonie de donner de l'argent, avec ce détour d'intention, pour entrer dans les charges de l'Église ; qu'avant les canons qu'elle a faits de la simonie, l'argent était un moyen permis pour y parvenir, pourvu qu'on ne le donnât pas comme prix, et qu'ainsi saint Pierre fut téméraire de condamner si fortement Simon le magicien, puisqu'il ne paraissait point qu'il lui offrît de l'argent plutôt comme prix que comme motif !

A quelle *école* nous renvoyez-vous pour y apprendre cette doctrine ? Ce n'est pas à celle de Jésus-Christ, qui a toujours ordonné à ses disciples de donner gratuitement ce qu'ils avaient reçu gratuitement, et qui exclut par ce mot, comme remarque Pierre Le Chantre *in Verb. abb.*, c. XXVI, « toute attente de présents « ou services, soit avec pacte, soit sans pacte, parce « que Dieu voit dans le cœur. » Ce n'est pas à l'école de l'Église, qui traite non-seulement de criminels, mais d'hérétiques, tous ceux qui emploient de l'argent pour obtenir les ministères ecclésiastiques, et qui appelle ce trafic, de quelque artifice qu'on le pallie, non un violement d'une de ses lois positives, mais une hérésie, *simoniacam hæresim*.

Cette *école* donc, en laquelle on apprend toutes ces

maximes, ou que ce n'est qu'une simonie de droit positif, ou que ce n'en est qu'une présumée, ou qu'il n'y a même aucun péché à donner de l'argent pour un bénéfice comme motif, et non comme prix, ne peut être que celle de Giezi et de Simon le magicien. C'est dans cette *école* où ces deux premiers trafiqueurs des choses saintes, qui sont exécrables partout ailleurs, doivent être tenus pour innocents; et où, laissant à la cupidité ce qu'elle désire, et ce qui la fait agir, on lui enseigne à éluder la loi de Dieu par le changement d'un terme qui ne change point les choses. Mais que les disciples de cette *école* écoutent de quelle sorte le grand pape Innocent III, dans sa lettre à l'archevêque de Cantorbéry de l'an 1199, a foudroyé toutes les damnables subtilités de ceux « qui, étant aveuglés « par le désir du gain, prétendent pallier la simonie » sous un nom honnête, *simoniam sub honesto no-« mine palliant :* comme si ce changement de nom « pouvait faire changer et la nature du crime et la « peine qui lui est due. Mais on ne se moque point « de Dieu (ajoute ce pape); et quand ces sectateurs « de Simon pourraient éviter en cette vie la punition « qu'ils méritent, ils n'éviteront point en l'autre le « supplice éternel que Dieu leur réserve. Car l'hon-« nêteté du nom n'est pas capable de pallier la ma-« lice de ce péché, ni le déguisement d'une parole « empêcher qu'on n'en soit coupable : CUM *nec hones-« tas nominis criminis malitiam palliabit, nec vox « poterit abolere reatum.* »

Le dernier point, monsieur, est sur le sujet des banqueroutes. Sur quoi j'admire votre hardiesse. Les jésuites, que vous défendez, avaient rejeté la question d'Escobar sur Lessius très-mal à propos ; car l'auteur des Lettres n'avait cité Lessius que sur la foi d'Escobar, et n'avait attribué qu'à Escobar seul ce dernier point dont ils se plaignent : savoir, que les banqueroutiers peuvent retenir de leurs biens pour vivre honnêtement, *quoique ces biens eussent été gagnés par des injustices et des crimes connus de tout le monde.* C'est aussi sur le sujet du seul Escobar qu'il les a pressés, ou de désavouer publiquement cette maxime, ou de déclarer qu'ils la soutiennent : et en ce cas, il les renvoie au parlement. C'est à cela qu'il fallait répondre, et non pas dire simplement que Lessius, dont il ne s'agit pas, n'est pas de l'avis d'Escobar, duquel seul il s'agit. Pensez-vous donc qu'il n'y ait qu'à détourner les questions pour les résoudre? Ne le prétendez pas, monsieur. Vous répondrez sur Escobar avant qu'on parle de Lessius. Ce n'est pas que je refuse de le faire. Et je vous promets de vous expliquer bien nettement la doctrine de Lessius sur la banqueroute, dont je m'assure que le parlement ne sera pas moins choqué que la Sorbonne. Je vous tiendrai parole avec l'aide de Dieu, mais ce sera après que vous aurez répondu au point contesté touchant Escobar. Vous satisferez à cela précisément, avant que d'entreprendre de nouvelles questions. Escobar est le premier en date; il passera devant, malgré vos fuites. Assurez-vous qu'après cela Lessius le suivra de près.

LETTRE

AU R. P. ANNAT, CONFESSEUR DU ROI,

SUR SON ÉCRIT QUI A POUR TITRE

LA BONNE FOI DES JANSÉNISTES, etc.

Du 15 janvier 1657.

MON RÉVÉREND PÈRE,

J'ai lu tout ce que vous dites dans votre écrit qui a pour titre LA BONNE FOI DES JANSÉNISTES, etc. J'y ai remarqué que vous traitez vos adversaires, c'est-à-dire messieurs de *Port-Royal*, d'hérétiques d'une manière si ferme et si constante, qu'il semble qu'il n'est plus permis d'en douter ; et que vous faites un bouclier de cette accusation pour repousser les attaques de l'auteur des Lettres au provincial, que vous supposez être une personne de Port-Royal. Je ne sais s'il en est ou non, mon révérend père ; et j'aime mieux croire qu'il n'en est pas sur sa parole, que de croire qu'il en est sur la vôtre, puisque vous n'en donnez aucune preuve. Pour moi, je ne suis certainement ni habitant ni secrétaire de Port-Royal ; mais je ne puis m'empêcher de vous proposer, sur cette qualité que vous leur donnez, quelques difficultés, auxquelles, si vous me satisfaites nettement et sans équivoque, je me rangerai de votre côté, et je croirai qu'ils sont hérétiques.

Vous savez, mon révérend père, que de dire à des gens qu'ils sont hérétiques, c'est une accusation vague et qui passe plutôt pour une injure que la passion inspire, que pour une vérité, si l'on ne montre en quoi et comment ils sont hérétiques. Il faut alléguer les propositions hérétiques qu'ils défendent, et les livres dans lesquels ils les défendent et les soutiennent comme des vérités orthodoxes.

Je vous demande donc en premier lieu, mon révérend père, en quoi messieurs de Port-Royal sont hérétiques. Est-ce parce qu'ils ne reçoivent pas la constitution du pape Innocent X, et qu'ils ne condamnent pas les cinq propositions qu'il a condamnées; si cela est, je les tiens pour hérétiques. Mais, mon révérend père, comment puis-je croire cela d'eux puisqu'ils disent et écrivent clairement qu'ils reçoivent cette constitution, et qu'ils condamnent ce que le pape a condamné!

Direz-vous qu'ils la reçoivent extérieurement, mais que dans leur cœur ils n'y croient pas; je vous prie, mon révérend père, ne faites point la guerre à leurs pensées, contentez-vous de la faire à leurs paroles et à leurs écrits : car cette façon d'agir est injuste, et marque une animosité étrange et qui n'est point chrétienne; et, si on la souffre, il n'y aura personne qu'on ne puisse faire hérétique, et même mahométan, si l'on veut, en disant qu'on ne croit dans le cœur aucun des mystères de la religion chrétienne.

En quoi sont-ils donc hérétiques? est-ce parce qu'ils ne veulent pas reconnaître que ces cinq propositions soient dans le livre de Jansénius? Mais je vous soutiens, mon révérend père, que ce ne fut jamais et jamais ne sera matière d'hérésie, de savoir si des propositions condamnées sont dans un livre ou non. Par exemple, quiconque dit que l'attrition, telle que l'a décrite le sacré concile de Trente, est mauvaise, et qu'elle est péché, il est hérétique; mais si quelqu'un doutait que cette proposition condamnée fût dans Luther ou Calvin, il ne serait pas pour cela hérétique. De même, celui qui soutiendrait comme catholiques les cinq propositions condamnées par le pape, serait hérétique; mais qu'elles soient dans Jansénius ou non, ce n'est point matière de foi, quoiqu'il ne faille pas pour cela se diviser ni faire schisme. Ajoutons, mon révérend père, que vos adversaires ont déclaré qu'ils ne se mettaient pas en peine si ces propositions étaient ou n'étaient pas dans Jansénius, et qu'en quelque livre qu'elles soient, ils les condamnent. Où est donc leur hérésie, pour dire et répéter avec tant de hardiesse qu'ils sont hérétiques!

Ne me répondez pas, je vous prie, que, le pape et les évêques disant qu'elles sont dans Jansénius, c'est hérésie de le nier. Car je maintiens que ce peut bien être péché de le nier, si l'on n'est assuré du contraire : je dis plus, ce serait schisme de se diviser d'avec eux pour ce sujet; mais ce ne peut jamais être hérésie. Que si quelqu'un qui a des yeux pour lire ne les y a point trouvées, il peut dire : Je ne les y ai pas lues, sans que pour cela on puisse l'appeler hérétique.

Que direz-vous donc, mon révérend père, pour prouver que vos adversaires sont hérétiques? Vous direz, sans doute, que M. Arnauld en sa seconde lettre a renouvelé une des cinq propositions; mais qui le dit? quelques docteurs de la faculté divisés sur cela d'avec leurs frères; et sur quoi se sont-ils fondés pour le dire? non pas sur ses paroles, car elles sont de saint Chrysostôme et de saint Augustin, mais sur un sens qu'ils prétendent avoir été dans l'esprit de M. Arnauld, et que M. Arnauld nie avoir jamais eu. Or je crois que la charité oblige tout le monde à croire un prêtre et un docteur qui rend raison de ce qui est caché dans son esprit, et qui n'est connu que de Dieu. Mais d'ailleurs, mon révérend père, la faculté, non pas divisée, mais unie, a si souvent condamné vos auteurs, et même votre société tout entière, que vous avez trop d'intérêt de ne pas vouloir qu'on regarde comme des hérétiques tous ceux qu'elle condamne.

Je ne trouve donc point en quoi et comment ces personnes que vous appelez *jansénistes* sont hérétiques. Cependant, mon révérend père, si dire à son frère qu'il est *fou* c'est se rendre coupable de la géhenne du feu, selon le témoignage de Jésus-Christ dans son Évangile; lui dire sans preuve et sans raison qu'il est *hérétique* est bien un plus grand crime, et qui mérite de plus grands châtiments. Toutes ces accusations d'hérésie, qui ne vous coûtent rien qu'à les avancer hardiment, ne sont bonnes qu'à faire peur aux ignorants et à étonner des femmes; mais sachez que des hommes d'esprit veulent savoir où est cette hérésie. Quoi! mon révérend père, Lessius sera à couvert quand il aura pour auteur et pour garant de ce qu'il dit Victoria et Navarre, et M. Arnauld ne le sera pas quand il parlera comme ont parlé saint Augustin, saint Chrysostôme, saint Hilaire, saint Thomas et toute son école! et depuis quel temps l'antiquité est-elle devenue criminelle? quand la foi de nos pères a-t-elle changé?

Vous faites tout ce que vous pouvez pour montrer que messieurs de Port-Royal ont le caractère et l'esprit des hérétiques : mais, avant que d'en venir là, il faudrait avoir montré qu'ils le sont, et c'est ce que vous ne pouvez faire ; et je veux faire voir clairement qu'ils n'en ont ni la forme ni la marque.

Quand l'Église a combattu les ariens, elle les a accusés de nier la consubstantialité du Fils avec le Père éternel : les ariens ont-ils renoncé à cette proposition? ont-ils déclaré qu'ils admettaient l'égalité et la consubstantialité entre le Père et le Fils? Jamais ils ne l'ont fait, et c'est pourquoi ils étaient hérétiques. Vous accusez vos adversaires de dire que *les préceptes sont impossibles*, ils nient qu'ils l'aient dit; ils avouent que c'est hérésie de le dire ; ils soutiennent que, ni avant, ni après la constitution du pape, ils ne l'ont point dit ; ils déclarent avec vous hérétiques ceux qui le disent : ils ne sont donc point hérétiques.

Quand les saints Pères ont déclaré Nestorius hérétique, parce qu'il niait l'union hypostatique du Verbe avec l'humanité sainte, et qu'il mettait deux personnes en Jésus-Christ, les nestoriens de ce temps-là, et ceux qui ont continué depuis dans l'Orient, ont-ils renoncé à ce dont on les accusait? n'ont-ils pas dit : Il est vrai que nous admettons deux personnes en Jésus-Christ, mais nous soutenons que ce n'est point hérésie? voilà leur langage : et c'est pourquoi ils étaient hérétiques, et le sont encore. Mais quand vous dites que messieurs de Port-Royal soutiennent que *l'on ne résiste point à la grâce intérieure*, ils le nient, et, confessant avec vous que c'est une hérésie, ils en détestent la proposition ; tout au contraire des autres, qui admettent la proposition, et nient que ce soit hérésie : ils ne sont donc pas hérétiques.

Quand les Pères ont condamné Eutychès, parce qu'il ne croyait qu'une nature en Jésus-Christ, a-t-il dit que non, et qu'il en croyait deux? S'il l'avait dit, il n'aurait pas été condamné : mais il disait qu'il n'y avait qu'une nature, et prétendait que de le dire ce n'était point hérésie : et c'est pourquoi il était hérétique. Quand vous dites que messieurs de Port-Royal « tiennent que Jésus-Christ n'est pas mort pour tout « le monde, ou pour tous les hommes, et qu'il n'a ré- « pandu son sang que pour le salut des prédestinés, » que répondent-ils? disent-ils qu'il est vrai qu'ils sont de ce sentiment? Tout au contraire, ne déclarent-ils pas qu'ils tiennent ce sentiment pour hérétique; qu'ils ne l'ont jamais dit, et ne le diront jamais? Et ils déclarent qu'ils croient, au contraire, qu'il est faux que Jésus-Christ n'ait répandu son sang que pour le salut des prédestinés; qu'il l'a aussi répandu pour les réprouvés, qui résistent à sa grâce. Et enfin ils croient qu'il est mort pour tous les hommes, comme saint Augustin l'a cru, comme saint Thomas l'a enseigné, et comme le concile de Trente l'a défini. Cela, mon révérend père, ne vaut-il pas pour le moins autant que de dire qu'on le croit comme les jésuites le croient, et comme Molina l'explique? Ils ne sont donc pas hérétiques.

Quand on a soutenu contre les monothélites deux volontés et deux opérations en Jésus-Christ, Cyrus d'Alexandrie et Sergius de Constantinople, et les autres, ont-ils dit qu'on leur imposait? ont-ils déclaré qu'ils admettaient deux volontés et deux opérations en Notre-Seigneur Jésus-Christ? non, ils ne l'ont pas fait : c'est pourquoi ils étaient hérétiques. Quand vous opposez à messieurs de Port-Royal qu'en cet état de la nature corrompue « ils n'excluent et ne rejettent « aucune nécessité de l'action méritoire ou déméri- « toire sinon la nécessité de contrainte, » ils le nient, et enseignent, au contraire, que nous avons toujours en cette vie, dans toutes les actions par lesquelles nous méritons et déméritons, l'indifférence d'agir ou de ne pas agir, même avec la grâce efficace qui ne nous nécessite pas, quoiqu'elle nous fasse infailliblement faire le bien, comme l'enseignent tous les thomistes. Ils ne sont donc pas hérétiques.

Enfin, mon révérend père, quand l'Église a repris Luther et Calvin de ce qu'ils niaient nos sacrements, et de ce qu'ils ne croyaient pas la transsubstantiation, et n'obéissaient pas au pape, ces hérésiarques, auxquels vous comparez si souvent vos adversaires, se sont-ils plaints de ce qu'on leur imposait ce qu'ils ne disaient pas? n'ont-ils pas soutenu et ne soutiennentils pas encore ces propositions? et c'est pourquoi ils sont hérétiques. Quand vous dites à messieurs de Port-Royal qu'ils « ne reconnaissent pas le pape, » qu'ils « ne reçoivent pas le concile de Trente, » etc., ils se servent, comme ils doivent, du MENTIRIS IMPUDENTISSIME ; c'est-à-dire que vous en avez menti, mon révérend père : car dans les matières de cette importance il est permis et même nécessaire de donner un démenti. Ils ne sont donc pas hérétiques ; ou, s'ils le sont, ils n'en ont ni le génie ni le caractère : nous n'en avons pas encore vu de cette sorte dans l'Église ;

et il est plus aisé de montrer dans leurs adversaires la marque et l'esprit de calomniateurs et d'imposteurs, qu'en eux le caractère d'hérétiques.

Je trouve bien, mon révérend père, que les hérétiques ont souvent imposé aux catholiques des hérésies : les pélagiens ont dit que saint Augustin niait le franc arbitre, les eutychiens ont dit que les catholiques niaient l'union substantielle de Dieu et de l'homme en Jésus-Christ, les monothélites accusaient les catholiques de mettre une division et une contrariété entre la volonté divine et l'humaine de Jésus-Christ : les iconoclastes ont dit que nous adorions les images du culte qui n'est dû qu'à Dieu seul ; les luthériens et les calvinistes nous appellent *papolâtres*, et disent que le pape est l'*Antechrist* : nous disons que toutes ces propositions sont hérétiques, et nous les détestons en même temps ; et c'est pourquoi nous ne sommes pas hérétiques. Ainsi je crains, mon révérend père, que l'on ne dise que vous avez plutôt le caractère des hérétiques que ceux que vous accusez d'hérésie : car les propositions *moliniennes* qu'ils vous objectent, vous les avouez ; mais vous dites que ce ne sont pas des hérésies : celles que vous leur objectez, ils les rejettent, disant que ce sont des hérésies, et par là ils font comme ont toujours fait les catholiques. Et vous, mon révérend père, vous faites comme ont toujours fait les hérétiques.

Mais quand vous vous servez de leur piété et de leur zèle pour la morale chrétienne comme d'une marque de leur hérésie, c'est le dernier de vos excès. Si vous aviez démontré qu'ils sont hérétiques, il vous serait permis d'appeler tout cela hypocrisie et dissimulation; mais qu'un des moyens dont vous vous servez pour montrer qu'ils sont hérétiques, ce soit leur piété et leur zèle pour la discipline de l'Église et pour la doctrine des saints Pères, c'est, mon révérend père, ce qui ne se peut souffrir : aussi nous nous donnerons bien de garde de vous suivre en cela.

Cependant, à vous entendre parler, il semble que c'en est fait; ils sont hérétiques, il n'en faut non plus douter que de Luther et de Calvin. Mais, mon révérend père, permettez-moi, dans une affaire de cette importance, de suspendre mon jugement, ou même de n'en rien croire jusqu'à ce que je les voie révoltés contre le pape et soutenir les propositions qu'il a condamnées, et les soutenir dans leurs propres termes, ainsi qu'elles ont été condamnées. Car, dites-moi, mon révérend père, si ces messieurs ne sont point hérétiques, comme je le crois certainement, me justifierez-vous devant Dieu si je les crois hérétiques? et tous ceux qui, sur votre parole, les croient hérétiques, et le disent partout, seront-ils excusés au tribunal du souverain juge, quand ils diront qu'ils l'ont lu dans vos écrits?

Voilà, mon révérend père, tout ce que j'avais à vous dire ; car pour le détail des falsifications prétendues, je vous laisse à l'auteur des Lettres. Il a fort malmené vos confrères, qui lui avaient fait de semblables reproches, et il ne vous épargnera pas, si ce n'est qu'après tout il serait bien inutile de vous répondre : puisque vous ne dites rien de considérable que ce que vos confrères ont dit, à quoi cet auteur a très-admirablement bien répondu ; car le livre que vous produisez aujourd'hui est un vieil écrit, que vous dites vous-même avoir fait il y a quatre mois : aussi vous n'y dites pas une seule parole des 10e, 11e, 12e, 13e, 14e et 15e Lettres, qui ont toutes paru avant votre écrit, et néanmoins vous promettez, dans le titre, de *convaincre de mauvaise foi* les *Lettres écrites depuis Pâques.* Que dirait-il donc, mon révérend père, à un livre rempli d'impostures jusques au titre ?

LETTRE D'UN AVOCAT AU PARLEMENT (1)

A UN DE SES AMIS,

touchant l'inquisition qu'on veut établir en France à l'occasion de la nouvelle bulle du pape Alexandre VII.

Du 1er juin 1657.

MONSIEUR,

Vous croyez que toutes vos affaires vont bien parce que votre procès ne va pas mal ; mais vous allez bien apprendre que vous ne savez guère ce qui se passe. Vous êtes bien heureux de voir les affaires de loin. Nous nous sommes trouvés à la veille d'une *inquisition* qu'on voulait établir en France, et dont nous ne sommes pas tout à fait dehors. Les agents de la cour de Rome et quelques évêques qui dominaient dans l'assemblée ont travaillé de concert à cet établisse-

---

(1) Cette lettre est de M. Le Maistre, frère de M. Le Maistre de Sacy, tous deux neveux de M. Arnauld par leur mère. M. Le Maistre, de qui nous avons les plaidoyers, fut un des hommes des plus éloquents, des plus habiles et des plus vertueux de son temps. Il quitta la profession d'avocat pour se retirer au dehors de Port-Royal de Paris, comme dans le sein de sa propre famille ; et ensuite, pour mener une vie plus solitaire, il alla à Port-Royal des champs, qui était alors abandonné. Il s'y livra tout entier à l'étude de la religion et aux travaux de la pénitence. Il mourut le 4 novembre 1658.

ment, dont ils ont pris pour fondement la bulle du pape Alexandre VII sur les cinq propositions. Ils l'ont fait recevoir au clergé, et avec des suites propres à leur dessein : car il a été arrêté dans l'assemblée, qu'elle serait souscrite par tous les ecclésiastiques du royaume sans exception ; et qu'il serait procédé contre ceux qui refuseraient de la signer par toutes les peines ordonnées contre les hérétiques, c'est-à-dire par la perte de leurs bénéfices, et par bien d'autres violences, comme tout le monde le sait.

Vous voyez bien ce que cela veut dire, et que l'inquisition est établie, si le parlement ne s'y oppose. Cependant on parle d'y envoyer cette bulle ; de sorte que, si elle y est reçue, voilà la France assujettie et bridée comme les autres peuples.

Je pense souvent à tout ceci, et je n'y trouve rien de bon. Le monde ne sait pas où cela va, ni quelles en sont les conséquences. Ce n'est point ici une affaire de religion, mais de politique ; et je suis trompé si le jansénisme, qui semble en être le sujet, en est autre chose en effet que l'occasion et le prétexte : car, pendant qu'on nous amuse de l'espérance de le voir abolir, on nous asservit insensiblement à l'inquisition, qui nous opprimera avant que nous nous en soyons aperçus.

Je veux que ce soit un louable dessein de faire croire que ces cinq propositions soient de Jansénius ; mais le moyen ne m'en plaît nullement. Je trouve que cette manière de priver les gens de leurs bénéfices est une nouveauté de mauvais exemple, et qui touche tel qui n'y pense pas : car croyez-vous, monsieur, que nous n'y ayons point d'intérêt ; parce que nous ne sommes pas ecclésiastiques? Ne nous abusons pas, cela nous regarde tous tant que nous sommes; sinon pour nous-mêmes, au moins pour nos parents, pour nos amis, pour nos enfants. Monsieur votre fils, qui étudie maintenant en Sorbonne, ne peut-il pas avoir les bénéfices de son oncle? et mon fils le prieur n'y est-il pas intéressé pour lui-même? Vous me direz qu'ils n'ont qu'à signer pour se mettre en assurance. J'en demeure d'accord. Mais qu'avons-nous affaire que leur assurance dépende de là? Quoi! si mon fils va se mettre dans la tête que ces propositions ne sont point de Jansénius, comme j'ai peur qu'il le fasse, car il voit souvent son cousin le docteur, qui dit qu'il ne les y a jamais pu trouver; et qu'ainsi ne croyant pas qu'elles y soient, il ne peut signer qu'il croit qu'elles y sont, parce qu'il dit que ce serait mentir, et qu'il aime mieux tout perdre que d'offenser Dieu : si donc mon fils se met tout cela dans la fantaisie, adieu mes bénéfices que j'ai tant eu de peine à lui procurer.

Vous voyez donc bien que tel qui n'y a point d'intérêt aujourd'hui peut y en avoir demain, et que tout cela ne vaut guère. Que ne cherchent-ils d'autres voies pour montrer que ces propositions sont dans ce livre, sans inquiéter tout un royaume? Voilà bien de quoi faire tant de vacarme! Quand ils ne faisaient que disputer par livres, je les laissais dire sans m'en mêler. Mais c'est une plaisante manière de vider leurs différends, que de venir troubler tant de familles qui n'ont point de part à leurs disputes, et de nous planter, en France, une nouvelle inquisition qui nous mènerait beau train. Car Dieu sait combien elle croîtra en peu de temps, si peu qu'elle puisse prendre racine! nous verrons, en moins de rien, qu'il n'y aura personne qui puisse être en sûreté chez soi, puisqu'il ne faudra qu'avoir de puissants ennemis qui vous défèrent et vous accusent d'être jansénistes, sur ce que vous aurez de leurs livres dans votre cabinet, ou sur un discours un peu libre touchant ces nouvelles bulles, comme vous savez que nous autres avocats en faisons assez souvent : sur quoi on mettra votre bien en compromis. Et quand on ne vous ferait par là qu'un procès, n'est-ce pas toujours un assez grand mal ? Or il n'y a rien de si facile que d'en faire, et à ceux qui sont les moins suspects. Nous en avons déjà des exemples. Ce n'est pas d'aujourd'hui qu'ils méditent ce dessein ; ils se sont appris à tourmenter les gens sur la bulle et sur les brefs d'Innocent X, sur le sujet desquels vous savez combien les chanoines de Beauvais ont été inquiétés, quand on les voulut forcer à y souscrire, à peine de perdre leurs prébendes, dont ils seraient peut-être dépossédés aujourd'hui, sans l'appel comme d'abus qu'ils en firent au parlement : ce qui a ruiné tous ces desseins.

Car il n'y a rien si bon contre l'inquisition que les appels comme d'abus. Aussi ils le savent bien, et ils ne manquent pas de fermer cette porte quand ils veulent tyranniser quelqu'un à leur aise. C'est ainsi qu'ils en ont usé contre le curé de Libourne en Guienne qu'ils firent accuser de jansénisme par des récollets, et citèrent devant des commissaires, qu'ils lui firent donner par des gens du conseil de M. l'archevêque de Bordeaux. Mais comme ils n'étaient pas ses juges naturels, et qu'ils paraissaient d'ailleurs fort passionnés, il en appela et demanda d'être renvoyé par-devant les grands vicaires, ou par-devant l'official de M. de Bordeaux, ce qu'on lui refusa. De sorte qu'il en appela à M. de Bordeaux même et enfin au pape, sans que ces commissaires aient voulu se désister de sa cause. Mais il en appela enfin comme d'abus au parlement, qui lui donna des défenses, par où il allait leur échapper, quand ils obtinrent un arrêt du conseil qui défendit au parlement de connaître de cette affaire, et le remit entre les mains de ses premiers commissaires. De sorte qu'ils l'ont maltraité durant plus de six mois, pendant lesquels il a été obligé de quitter sa cure, et de venir à Paris avec beaucoup de peine et de dépense, pour en demander justice au roi et à son archevêque; d'où j'ai appris qu'il s'en était retourné depuis peu de jours dans sa cure après toute cette fatigue, que ses accusateurs ont eu le plaisir de lui causer sans s'exposer eux-mêmes à aucun péril.

Ne trouvez-vous donc pas que l'inquisition est une manière bien sûre et bien commode pour travailler ses ennemis, quelque innocents qu'ils soient? Car celui-ci n'a pu être accusé d'aucune faute, non plus que le curé de Pomeyrol, encore en Guienne, qu'ils firent mettre d'abord en prison et dans un cachot, sans information précédente, et sans lui dire pourquoi, selon le style de l'inquisition romaine; ensuite de quoi ils cherchèrent des preuves pour le convaincre de jansénisme. Mais les juges qui travaillaient à son procès furent bien surpris de voir, par l'information qu'ils en firent, l'innocence de ce bon homme, et les superstitions incroyables de ses paroissiens; car un des plus grands chefs de leur accusation, et où ils insistaient le plus était celui-ci : « qu'il leur avait prêché que Jé-

« sus-Christ était dans le saint sacrement, et non pas
« dans leur bannière » ; parce qu'il les avait repris de
ce que, lorsqu'on levait la sainte hostie, ils se tournaient vers leur bannière, où Jésus-Christ était peint,
et non pas vers le saint sacrement pour l'adorer : ce
qui combla tellement les juges de confusion, qu'ils le
firent sortir incontinent de la prison où il avait été deux
mois ; et quelque demande qu'il fît qu'on achevât son
procès, et qu'on punît ou lui, ou ses accusateurs, il ne
put avoir aucune raison de tant de mauvais traitements.

En vérité, monsieur, cela n'est pas tant mal pour
des inquisiteurs qui ne font encore que commencer ;
et s'ils ont bien usé de ces violences sur des constitutions et des brefs qui n'ont pas été reçus au parlement,
que ne feraient-ils point sur une bulle qui y aurait été
reçue ! Car on me fait mourir de rire quand on me dit
que la déclaration du roi pour l'enregistrement de la
bulle portera que ce sera sans établir d'inquisition,
et sans préjudice de notre liberté ; j'aimerais autant
qu'on nous fît mourir sans préjudice de notre vie. Ce
n'est pas le mot d'inquisition qui nous fait peur, mais la
chose même : or, de quelque mot qu'on l'appelle, c'en
est bien une effective, et un véritable violement de nos
libertés, que de nous traiter comme le clergé le prétend.

Et ne trouvez-vous pas de même que c'est aussi une
faible consolation de nous dire que le parlement sera
toujours maître des appels comme d'abus ; puisqu'en
recevant la bulle il ôterait l'un des plus grands moyens
d'appeler comme d'abus qu'on aurait, si elle avait été
refusée ? Mais, quoiqu'on pût toujours en appeler,
combien persécuterait-on de gens dans les provinces
éloignées qui ne pourraient se servir de ce remède !

Car que ne souffrirait point un pauvre curé du Lyonnais ou du Poitou plutôt que de venir à Paris !

Ils sont donc assez forts si cette bulle est reçue, encore que les appels comme d'abus soient permis. De sorte que je trouve qu'ils ont été mal conseillés de prendre la délibération qui se voit dans leur dernier procès-verbal imprimé chez Vitré, p. 2 : que « le roi « sera très-humblement supplié d'envoyer à tous les « parlements une défense générale de connaître des « appels comme d'abus qu'on pourrait faire à raison « de ces signatures. » Qu'ont-ils gagné par là sinon de témoigner qu'ils sentent bien eux-mêmes l'injustice de leur dessein ; puisqu'ils ont craint les parlements, et qu'ils ont pensé à leur lier les mains pour le faire réussir ? pouvaient-ils mieux marquer la passion qu'ils ont d'agir en maîtres et en souverains inquisiteurs ? Ils ne sont donc pas adroits d'avoir ainsi averti tout le monde de leur intention : car ce n'était pas le moyen d'obtenir l'enregistrement qu'ils demandent, que de montrer ainsi par avance à quoi ils s'en veulent servir : aussi l'ont-ils bien reconnu, mais trop tard. Car après avoir laissé courir ce procès-verbal imprimé, dont ils ont même envoyé aux évêques des exemplaires en forme et signés par les agents du clergé, quand ils se sont aperçus que cela leur faisait tort, ils se sont avisés d'essayer de le supprimer : ce qui ne fait que montrer de mieux en mieux leur artifice. Cependant ils s'imaginent que parce qu'ils ne demandent maintenant qu'une simple attache, la plus douce du monde en apparence, le parlement se prendra à ce piége, et ne s'arrêtera qu'à considérer simplement cette bulle qu'on lui présente, sans prendre garde à la fin à laquelle on la destine, et qu'ils ont fait paraître si à découvert dans des pièces authentiques. Ils sont admirables de vouloir prendre le parlement pour dupe. Mais je suis trompé, s'ils ne sont trompés eux-mêmes. Je vois assez l'air que cette affaire prend. Je parle tous les matins à des conseillers au sortir du palais, et il n'y en a point qui ne voie clair en tout cela. Votre rapporteur me disait encore ce matin qu'il ne regardait pas cette affaire comme une affaire ordinaire, et qu'on ne devait pas considérer cette bulle comme une simple bulle qui décide quelque point contesté, ce qui serait de peu de conséquence, mais comme le fondement d'une nouvelle inquisition qu'on veut former, et à laquelle il ne manque que le consentement du parlement pour être achevée.

J'ai été bien aise de voir que le parlement prend ainsi les choses à fond. Et en effet, quand il n'y aurait rien en cette bulle qui la rendît rejetable par elle-même, au lieu qu'elle est toute pleine de nullités essentielles, néanmoins le parlement ne pourrait la recevoir aujourd'hui, dans la seule vue des suites qu'on en veut faire dépendre. Car combien y a-t-il de choses que l'on peut recevoir en un temps, et non pas en un autre ! C'est ce que la Sorbonne représenta fort bien lorsqu'on voulut obliger tous les docteurs de « protes-
« ter qu'ils ne diraient rien de contraire aux décrets des
« papes, sans restriction, et sans ajouter que ce serait
« sauf les droits et les libertés du royaume ; » à quoi on essayait de les porter par l'exemple de quelques docteurs anciens que l'on disait l'avoir fait. Mais ils déclarèrent dans l'examen de cette matière, que M. Fillesac, doyen de Sorbonne, fit imprimer alors, en 1628,

premièrement : « que si quelques-uns avaient fait cette
« protestation autrefois, c'était une chose extraordi-
« naire qui ne leur imposait pas de loi ; et de plus,
« qu'on pourrait l'avoir fait en d'autres temps en con-
« science sans qu'on pût le faire aujourd'hui, à cause
« de la nouvelle disposition des choses. » Et les raisons qu'ils en donnent, page 89, sont : que « depuis
« quelques siècles les papes ont fait un grand nombre
« de décrets, de décrétales, de bulles et de constitu-
« tions contraires aux anciens décrets, et même à
« l'Écriture sainte ; » dont ils donnent plusieurs exemples, tant de ceux qui sont contre l'Écriture, que de
ceux qui sont contre les libertés de l'Église gallicane
et l'autorité de nos rois, et entre autres celui du pape
Boniface VIII qui déclare hérétiques ceux qui ne croiront pas que le roi de France lui est soumis, même
dans les choses temporelles, et qui définit, dans sa
bulle *Unam sanctam*, qu'il « est de nécessité de salut
« de croire que le pape est maître de l'un et de l'autre
« glaive, tant spirituel que temporel, et que toute humaine créature lui est sujette. » De sorte que c'est
être hérétique, selon ce pape, que de dire le contraire. A quoi ces docteurs joignent la bulle *Cum ex
apostolatus*, qui déclare que « toutes sortes de per-
« sonnes, rois et particuliers, qui tombent dans l'hé-
« résie, ou qui favorisent, retirent ou recèlent des
« hérétiques, sont déchus et pour jamais rendus in-
« capables de tous honneurs, dignités et biens, les-
« quels il expose au premier qui s'en pourra empa-
« rer. » Ils témoignent donc sur cela que, dans l'air
présent de la cour de Rome, il est impossible de s'obliger à leur obéir sans restriction ; et c'est ce qu'ils

confirment par la disposition des esprits de ce temps-là, comme ils disent, page 47, en ces termes : « Nous « sommes arrivés en un temps où, depuis cinquante « ans en çà, on a vu publier plusieurs bulles sembla-« bles, et qui s'attribuent ce droit imaginaire de dis-« poser des royaumes. Nous avons vu en même temps « plusieurs livres de cette trempe au grand préjudice « de l'État et de la vie même de nos rois; et entre « autres le livre exécrable intitulé (1) *Admonitio*, et « celui de Sanctarel, jésuite, fait pour soutenir ces « maximes contre le roi et ses États. D'où l'on voit « clairement, disent-ils pages 53 et 95, quel est le des-« sein de ceux qui poursuivent ces nouvelles protes-« tations qu'on nous demande, qui n'est autre que de « renverser finement les maximes fondamentales de « cet État, qui sont ruinées par les décrets des papes ; « n'étant que trop évident et manifeste que les prati-« ques et menées qu'ils font pour cette nouveauté n'est « pour autre sujet et autre fin que pour autoriser les « bulles contraires à l'autorité du roi, et pour éluder « les censures des livres de Sanctarel et de Mariana,

---

(1) Ce livre impie parut en 1625, sous le titre : *G. R. Theologi ad Ludovicum XIII Admonitio*, etc., in-4°, *Augustæ Vindelicorum*, 1625. — *Idem*, en allemand, in-4°, 1625. — *Idem*, en français, in-4°, *Franchéville*, 1627. On l'attribua d'abord à Jean Boucher, fameux ligueur, jadis curé de Saint-Benoît à Paris, et depuis archidiacre de Tournay ; mais on a su qu'il était d'André-Eudœmon-Johannes, jésuite, qui vint en France avec le cardinal Barberin, légat du pape. Ce jésuite mourut à Rome le 24 décembre 1625. Il attaque dans ce livre les alliances que le roi, pour la défense de son royaume, avoit faites avec des puissances protestantes. Ce jésuite a semé dans ce livre une infinité de maximes pernicieuses en matière d'État, qui révoltèrent tous les ordres du royaume. Il a été condamné plus d'une fois ; mais aujourd'hui il est entièrement oublié. Sanctarel fut un autre jésuite dont les écrits, également dangereux pour le roi et pour l'État, ont été condamnés par la Sorbonne. On doit voir ces condamnations dans le *Collectio judiciorum* de M. Dargentré, évêque de Tulle.

« jésuite (1), comme aussi les arrêts du conseil et du
« parlement qui condamnent telle doctrine comme
« détestable. » D'où ils concluent, ce qu'ils avaient
dit pages 46 et 47, que « quand il serait vrai que de-
« puis longtemps on aurait consenti à faire ces pro-
« testations, ce qui n'est pas, il serait à présent né-
« cessaire de les refuser. »

J'en dis de même sur notre affaire. Quand il serait
vrai, ce qui n'est pas, que cette bulle pourrait être
reçue, en ne la regardant qu'en elle-même, on ne devrait pourtant point la recevoir maintenant, parce que
ce serait favoriser les desseins visibles de ceux qui
n'en demandent la réception que pour en abuser, et
nous asservir à ce vilain tribunal de l'inquisition sous
lequel presque toute la chrétienté gémit. Mais je dis
de plus qu'elle est tellement pleine de nullités en elle-
même, qu'elle ne peut être reçue sans blesser toutes
les formes de la justice. Je vous dirai ici quelques-
unes de ces nullités, car je n'ai pas encore oublié tout
mon droit canon.

Ne pensez pas rire de la première, qui est le gros
solécisme connu de tout le monde dans le mot *impri-
mantur*. Car cela la rend nulle par les décrets du pape
Luce III, c. *Ad audientiam*, tit. *De rescriptis*, et si
indubitablement nulle, que la glose ajoute que, « selon
« le sentiment de tous les canonistes, on ne doit écou-
« ter aucune preuve de la validité d'une bulle contre

---

(1) Le livre de Mariana, jésuite, *De rege et regis institutione*, fut aussi condamné au parlement, pour la maxime si dangereuse qu'il avance en permettant
aux peuples de tuer les rois qu'ils regardent comme des tyrans. C'est de cette école
que sont sortis tant de parricides qui ont attenté à la vie de Henri IV, l'un de nos
meilleurs princes.

« une telle présomption de fausseté : *Contra istam*
« *præsumptionem est admittenda probatio;* » tant
cela marque qu'elle a été faite par légèreté et par surprise. Aussi on en a fait beau bruit en Flandre ; car
il est constant que cette faute est dans l'original, et
qu'ainsi il n'a de rien servi de la réformer dans les
dernières impressions qu'on en a faites, parce que
l'original étant nul, les copies le sont aussi ; outre
qu'il est porté dans le droit que « le moindre chan-
« gement, même d'un point, rend une bulle nulle, et
« que celui qui l'a fait est excommunié. » *In bulla
Cœnœ*, c. *Licet.* Rebuff. *in Praxi.*

Une autre nullité, et qui nous touche de plus près,
est que le pape y menace de peines ceux qui n'obéiront pas à sa bulle ; sur quoi je laisse au parlement à
juger s'il appartient au pape de menacer de peines les
sujets du roi : *sub pœnis ipso facto incurrendis.*

Mais une autre nullité importante est la manière
injurieuse dont on y a rabaissé l'ordre sacré et suprême de l'épiscopat, en le mettant au rang des moindres ordres, dans la clause où le pape, parlant de soi
quand il était cardinal et évêque, dit qu'il était alors
in minoribus; ce qui est une expression qui rend la
bulle nulle selon le chapitre *Quam gravi,* titul. *De
crimine falsi,* où il est dit que si un pape, parlant
d'un évêque, l'appelle son *fils* au lieu de l'appeler son
frère, au préjudice de la société qui est entre lui et
tous les évêques du monde dans l'épiscopat, l'acte où
se trouvera une telle expression soit nul. Que dira-
t-on donc de celle-ci, où le pape traite les évêques
non pas de *fils,* mais de *mineurs ?* ce qui est un terme
si choquant et si méprisant, que l'assemblée du

clergé, qui n'a pas eu d'ailleurs trop de zèle pour les intérêts de l'épiscopat, l'a changé dans la version qu'elle a faite de la bulle, où l'on a réformé cette période comme on a pu ; mais ils n'ont pas relevé par là l'honneur de leur caractère, qui demeure flétri dans l'original et dans le latin même qu'ils rapportent ; de sorte que cette correction ne rend que plus visible l'outrage qui a été fait à leur dignité, et la faiblesse qu'ils ont témoignée en le souffrant.

En voulez-vous d'autres ? que direz-vous de ce que le pape ne se contente pas de défendre d'écrire, de prêcher et de rien dire de contraire à ses décisions, comme on reconnaît qu'il en a le pouvoir par le rang suprême qu'il tient dans l'Église ? mais il veut aller au delà, et nous imposer de croire ce qu'il a décidé lui seul : *Teneant* ; et c'est ce que nous ne pourrions reconnaître sans confesser que « nous et nos rois sommes « ses sujets dans le temporel même », puisque leurs bulles déclarent nettement que « c'est une hérésie « de dire le contraire : » *Aliter sentientes hæreticos reputamus*, disait Boniface VIII à notre roi Philippe le Bel. Il est donc sans doute que si nous tenons le pape pour infaillible, il faut que nous nous déclarions pour ses esclaves, ou que nous passions pour hérétiques, puisque nous résisterions à une autorité infaillible. Aussi jamais l'Église n'a reconnu cette infaillibilité dans le pape, mais seulement dans le concile universel, auquel on a toujours appelé des jugements injustes des papes. Et au lieu que, pour établir leur souveraine domination, ils ont souvent entrepris de traiter comme hérétiques ceux qui appelleraient d'eux au concile, comme firent Pie II,

Jules II et Léon X, l'Église au contraire soutient, comme il a été déterminé en plein concile universel, que le pape lui est soumis. Et c'est pourquoi nos rois, leurs procureurs généraux, les universités entières, et les particuliers y ont si souvent appelé des bulles au concile, ainsi qu'il se voit dans tout le chapitre XIII des Libertés de l'Église gallicane. Aussi le principal fondement de nos libertés, et dont M. Pithou les fait presque toutes dépendre, est cette ancienne maxime : « qu'encore que le pape soit souverain ès choses spi-« rituelles, néanmoins en France la puissance sou-« veraine n'a point de lieu ; mais qu'elle est bornée « par les canons et règles des anciens conciles : *et in* « *hoc maxime consistit libertas Ecclesiæ gallicanæ*, « selon l'université de Paris. » Sur quoi M. Du Puy, dans ses Commentaires sur ces libertés, dédiés à feu M. Molé, premier président et garde des sceaux, imprimés chez Cramoisy, avec son privilège, rapporte, page 80, que nos théologiens appellent cette pleine puissance du pape une *tempête consommée* et *une parole diabolique*, *plenam tempestatem et verbum diabolicum*.

Voilà les sentiments de nos docteurs, selon lesquels nous avons toujours tenu que « la décision du pape « n'oblige point à croire ce qu'il a décidé, même en « matière de foi, parce qu'il est sujet à errer dans la « foi ; mais seulement à n'y rien dire de contraire, « s'il n'y en a de grandes raisons : *In causis fidei de-« terminatio solius papæ, ut papæ, non ligat ad cre-« dendum ; quia est deliabilis a fide*, » comme dit Gerson. Le pape entreprend donc sur nos libertés dans cette bulle où il nous veut obliger de croire ses décisions, et ainsi c'en est une nullité manifeste.

C'en est aussi une autre, plus considérable qu'il ne semble, lorsque le pape dit qu'on a employé à examiner cette matière la plus grande diligence qui se puisse désirer ; *qua major desiderari non possit;* car il y a ici un artifice secret qu'il faut découvrir ; c'est que, comme je vous l'ai déjà dit, les papes veulent qu'on croie qu'ils peuvent seuls décider les points de foi, en sorte qu'après cela il ne faut rien désirer davantage ; au lieu que nous soutenons qu'il n'y a que les conciles qui puissent obliger à croire, et qui ne laissent rien à désirer. Et ainsi le pape fait fort bien, selon sa prétention, de nous vouloir faire avouer qu'on a apporté en cette matière tout ce qui se peut *désirer*, quoiqu'il n'ait fait autre chose que consulter quelques réguliers. Mais nous ferions fort mal d'y consentir, puisque ce serait le reconnaître pour infaillible, blesser infiniment nos libertés, ruiner les appels au concile général, et même rendre tous les conciles inutiles ; puisque le pape suffirait seul, s'il était infaillible. Et ne doutez point que les partisans de la cour de Rome ne fissent bien valoir un jour la réception de cette bulle, pour en tirer ces conséquences.

Il y a bien d'autres nullités essentielles, que je serais trop long à rapporter. Jamais bulle n'en eut tant. Mais ce qui la met le plus hors d'état d'être reçue au parlement est qu'ayant été faite par le pape seul, sans concile, et même sans l'avis du collège des cardinaux, elle ne peut être considérée que comme ayant été faite par le propre mouvement du pape, *motu proprio*, que l'on ne reconnaît point en France ; car on n'y a jamais reçu les bulles faites *motu proprio* en matière de foi ou de chose qui regarde toute l'Église, quelque effort qu'aient fait les papes pour cela, comme fit Innocent X dans sa bulle de la résidence des cardinaux, de l'an 1646, où il déclare « qu'encore qu'elle soit faite « par son propre mouvement », il entend qu'elle ait « la même force que si elle avait été faite par le conseil « des cardinaux : » sur quoi feu M. l'avocat général Talon dit que « c'était en vain que dans cette clause le « pape avait voulu suppléer, par la voie de puissance, « à l'essence d'un acte important »; de sorte qu'elle fut rejetée comme abusive. Et la dernière constitution du même pape, sur les cinq propositions, quoiqu'elle décidât des points de foi qui étaient reconnus de tous les théologiens sans exception, néanmoins, par cette seule raison que le pape y parlait seul, on n'osa pas seulement en demander l'enregistrement, quelque désir que l'on en eût. Comment donc celle d'Alexandre n'y serait-elle pas refusée, puisque, quand elle n'aurait point tant d'autres nullités, ce défaut essentiel d'être faite par le pape seul la rend incapable d'y être admise?

Il est donc constant, monsieur, qu'il n'y eut jamais de bulle moins recevable que celle-ci : puisqu'on la devrait rejeter à cause de ses nullités, quand on n'en voudrait point faire de mauvais usage; et qu'on la devrait encore rejeter à cause du mauvais usage qu'on médite d'en faire, quand elle n'aurait point de nullités. Que sera-ce donc si l'on en considère tout ensemble et les nullités et l'usage? N'est-il pas visible que, si celle-ci passe, il n'y en aura point qu'on ne soit obligé d'admettre, et qu'ainsi nous voilà exposés à toutes celles qui pourront arriver de Rome ; ce qui n'est pas d'une petite conséquence ; car on peut juger de ce qui en peut venir par ce qui en est déjà venu. Ne voyez-vous pas qu'on ne tâche qu'à multiplier les bulles, afin que ce soient autant de titres de l'infaillibilité, qui en a besoin, et que le monde s'accoutume peu à peu à y ajouter une créance aveugle ? Quand ils se seront ainsi rendus maîtres de l'esprit des peuples, ce sera en vain que les parlements s'opposeront aux entreprises de Rome sur la puissance temporelle de nos rois ; leur opposition ne passera que pour un effet de politique, et non pas pour une décharge de conscience ; on les fera passer eux-mêmes pour hérétiques, quand il plaira à Rome ; car le moyen de faire croire qu'une autorité infaillible se soit trompée ! de sorte qu'après les bulles de Boniface VIII et de ses semblables, il n'y a point de différence entre dire que le pape est infaillible, et dire que nous sommes ses sujets.

Vous voyez par tout cela, monsieur, et combien cette bulle est dangereuse par la fin où l'on veut la faire servir, et combien elle est défectueuse dans la manière dont elle est dressée. Il ne me reste qu'à vous faire remarquer combien elle est peu considérable dans le fond, et dans la matière qui y est décidée ; laquelle n'étant qu'un simple point de fait, est bien éloignée de mériter tout le bruit qu'on en veut faire. Car il est constant, selon tous les théologiens du monde, que ce fait ne peut rendre hérétiques ceux qui le nient, mais tout au plus téméraires ; or, qu'une témérité mérite qu'on prive les gens de leurs biens et bénéfices, et qu'on les punisse comme des hérétiques, cela n'est pas raisonnable : car pourquoi traiter comme hérétiques ceux qui ne le sont point, la dispute n'étant que sur un point de fait qui ne peut faire d'hérésie? Cependant quelques évêques qui ont résolu de déposséder les bénéficiers, et qui n'en ont de prétexte que sur ce point de fait, ont arrêté, dans leur lettre circulaire du 17 mars dernier, que « ceux « qui refuseront de souscrire le fait seront traités « comme s'ils refusaient de souscrire le droit. » Ils ont beau faire néanmoins, ils ne sauraient confondre par toute leur puissance ces choses qui sont séparées par leur nature; un simple fait demeurera toujours un simple fait, et celui-ci ne saurait jamais donner lieu de priver les gens de leurs bénéfices; car j'en reviens toujours là.

N'est-il donc pas plus clair que le jour qu'en tout ceci ils n'ont point du tout songé à nous instruire dans la foi, mais seulement à nous assujettir à l'inquisition? C'est ce que je vous montrerais au long si j'en avais le loisir, tant pour le point qu'ils ont choisi pour objet de leurs décisions, que par la manière dont ils s'y prennent. Car n'est-ce pas un bel article de foi de croire que des propositions que tout le monde condamne sont dans un livre? et peut-on s'imaginer que ce soit seulement pour faire croire ce point qu'on exige des signatures de toute l'Église? Il faudrait être bien simple. S'ils avaient tant voulu le faire croire, ils n'avaient qu'à en citer les pages; et s'ils avaient eu dessein de nous éclairer tout de bon, ils nous auraient expliqué ce sens de Jansénius, qu'ils condamnent sans dire ce que c'est : comme dit fort bien la *dix-huitième*, que mon fils m'a montrée ce matin. Reconnaissez-le donc, monsieur, ils n'ont pensé qu'à eux, et non pas à nous. Ils n'ont choisi ce point que parce qu'il leur était favorable, à cause de la passion qu'on a contre Jansénius ; ils ont voulu ménager cette occasion, et, tournant à leurs fins le désir qu'on a témoigné de voir condamner cette doctrine, ils ont cru que nous y serions assez échauffés pour acheter leurs bulles par la perte de nos libertés.

Comme j'écrivais ces dernières lignes, je viens de voir un conseiller des plus habiles, qui m'a dit que c'est une maxime constante dans les parlements, qu'ils sont les juges légitimes et naturels des questions de fait qui se rencontrent dans les matières ecclésiastiques ; et qu'ainsi, n'étant question ici que de savoir si les cinq propositions condamnées sont tirées de Jansénius, il leur appartient d'examiner si elles y sont, au cas qu'on leur présente cette bulle : de même que dans la célèbre conférence de Fontainebleau, où le cardinal Du Perron accusa de faux cinq cents passages des Pères allégués par du Plessis-Mornay, le roi Henri IV nomma des commissaires laïques pour juger cette affaire, où il était question d'examiner si ces passages étaient véritablement dans les Pères, comme il s'agit ici de savoir si ces propositions sont dans Jansénius ; et quelque bruit que fît le nonce d'abord, de ce qu'on ne prenait pas des ecclésiastiques pour connaître d'une matière ecclésiastique, ils en demeurèrent les juges, parce qu'il n'était question que d'examiner des points de fait. Il m'en donna encore d'autres exemples ; mais celui-là suffit pour mettre la chose hors de doute, et pour montrer que, si l'on presse le parlement sur le sujet de la bulle, nous aurons le plai sir de lui voir examiner régulièrement, et en pleine assemblée des chambres, si ces cinq propositions sont dans le livre de Jansénius : nous saurons s'il est vrai que ce soit une témérité de ne pas le croire, et nous verrons le jugement du pape exposé au jugement du parlement.

Ainsi je ne puis assez admirer combien ce dessein d'inquisition a été mal concerté, pour avoir été conduit par de si habiles gens; car ils ne pouvaient choisir de base plus faible et plus ruineuse que cette bulle, qui, n'étant que sur un fait, ne pouvait jamais être assez considérable pour soutenir une si grande entreprise. Car ne serait-ce pas une chose honteuse et insupportable que l'inquisition, qu'on n'a point voulu souffrir en France pour les choses mêmes de la foi, s'introduisît aujourd'hui sur ce point de fait, et que tout le monde y contribuât volontairement : les évêques en l'établissant par leur autorité, et le parlement en les laissant faire?

Je ne crois pas qu'il soit disposé à cela, il n'y a point ici de raillerie; cela les touche eux-mêmes, comme j'ai dit tantôt, au moins pour leurs parents et amis, n'y ayant guère de personnes qui puissent être sans intérêt dans une affaire générale. Le moins de servitude qu'on peut est le meilleur; les gens sages ne s'en attireront jamais de gaieté de cœur. Qu'ils cherchent donc d'autres manières de faire croire que ces propositions sont dans ce livre; qu'ils écrivent tant qu'ils voudront, ou plutôt qu'ils se taisent tous, on n'a que trop parlé de tout cela; qu'ils laissent le monde en repos et nos bénéfices en assurance.

Si le parlement prend connaissance de cette affaire,

j'ai d'assez bons mémoires pour montrer combien il y a de différence entre la primauté que Dieu a véritablement donnée au pape pour l'édification de l'Église, et l'infaillibilité que ses flatteurs lui voudraient donner pour la destruction de l'Église et de nos libertés.

FIN.

TABLE DES MATIÈRES.

Avis sur cette édition. Page 1
Le jansénisme et les provinciales. Précis historique. 5
Première lettre. — Des disputes de Sorbonne, et de l'invention du pouvoir prochain, dont les molinistes se servirent pour faire conclure la censure de M. Arnauld. 31
Seconde lettre. — De la grâce suffisante. 45
Réponse du provincial aux deux premières lettres de son ami 56
Troisième lettre, pour servir de réponse à la précédente. — Injustice, absurdité et nullité de la censure de M. Arnauld. 58
Quatrième lettre. — De la grâce actuelle, toujours présente; et des péchés d'ignorance. 68
Cinquième lettre. — Dessein des jésuites en établissant une nouvelle morale. — Deux sortes de casuistes parmi eux : beaucoup de relâchés et quelques-uns de sévères; raison de cette différence. — Explication de la doctrine de la probabilité. — Foule d'auteurs modernes et inconnus mis à la place des saints Pères. 84
Sixième lettre. — Différents artifices des jésuites pour éluder l'autorité de l'Évangile, des conciles et des papes. — Quelques conséquences qui suivent de leur doctrine sur la probabilité. — Leurs relâchements en faveur des bénéficiers, des prêtres, des religieux et des domestiques. — Histoire de Jean d'Alba. 104
Septième lettre. — De la méthode de diriger l'intention, selon les casuistes. — De la permission qu'ils donnent de tuer pour la défense de l'honneur et des biens, et qu'ils étendent jusqu'aux prêtres et aux religieux. — Question curieuse proposée par Caramuel, savoir s'il est permis aux jésuites de tuer les jansénistes. 122
Huitième lettre. — Maximes corrompues des casuistes, touchant les juges, les usuriers, le contrat Mohatra, les banqueroutiers, les restitutions, etc. — Diverses extravagances des mêmes casuistes. 141

TABLE DES MATIÈRES.

Neuvième lettre. — De la fausse dévotion à la sainte Vierge que les jésuites ont introduite. — Diverses facilités qu'ils ont inventées pour se sauver sans peine et parmi les douceurs et les commodités de la vie. — Leurs maximes sur l'ambition, l'envie, la gourmandise, les équivoques, les restrictions mentales, les libertés qui sont permises aux filles, les habits des femmes, le jeu, le précepte d'entendre la messe.   161

Dixième lettre. — Adoucissements que les jésuites ont apportés au sacrement de pénitence par leurs maximes touchant la confession, la satisfaction, l'absolution, les occasions prochaines de pécher, la contrition et l'amour de Dieu.   189

Onzième lettre, écrite aux révérends pères jésuites. — Qu'on peut réfuter par des railleries les erreurs ridicules. — Précautions avec lesquelles on le doit faire; qu'elles ont été observées par Montalte, et qu'elles ne l'ont point été par les jésuites. — Bouffonneries impies du père le Moine et du père Garasse.   201

Douzième lettre. — Réfutation des chicanes des jésuites sur l'aumône et sur la simonie.   221

Treizième lettre. — Que la doctrine de Lessius sur l'homicide est la même que celle de Victoria. — Combien il est facile de passer de la spéculation à la pratique. — Pourquoi les jésuites se sont servis de cette vaine distinction, et combien elle est inutile pour les justifier.   241

Quatorzième lettre. — On réfute par les saints Pères les maximes des jésuites sur l'homicide. — On répond en passant à quelques-unes de leurs calomnies, et on compare leur doctrine avec la forme qui s'observe dans les jugements criminels.   260

Quinzième lettre. — Que les jésuites ôtent la calomnie du nombre des crimes, et qu'ils ne font point de scrupule de s'en servir pour décrier leurs ennemis.   280

Seizième lettre. — Calomnies horribles des jésuites contre de pieux ecclésiastiques et de saintes religieuses.   301

Dix-septième lettre, écrite au révérend P. Annat, jésuite. — On fait voir, en levant l'équivoque du sens de Jansénius, qu'il n'y a aucune hérésie dans l'Église. — On montre, par le consentement unanime de tous les théologiens, et principalement des jésuites, que l'autorité des papes et des conciles œcuméniques n'est point infaillible dans les questions de fait.   331

Dix-huitième lettre, écrite au révérend père Annat, jésuite. — On fait voir encore plus invinciblement, par la réponse même du père Annat, qu'il n'y a aucune hérésie dans l'Église; que tout le monde condamne la doctrine que les jésuites renferment dans le sens de Jansénius, et qu'ainsi tous les fidèles sont dans les mêmes sentiments sur la matière des cinq propositions. — On marque la différence qu'il y a entre les disputes de droit et celles de fait, et on montre que, dans les questions de fait, on doit plus s'en rapporter à ce qu'on voit qu'à aucune autorité humaine. 358

Fragment d'une dix-neuvième lettre provinciale, adressée au père Annat. 387

APPENDICE AUX PROVINCIALES.

Réfutation de la réponse des jésuites a la douzième lettre. 393

Lettre au R. P. Annat, confesseur du roi, sur son écrit qui a pour titre *la Bonne Foi des Jansénistes*, etc. 412

Lettre d'un avocat au parlement, à un de ses amis, touchant l'inquisition qu'on veut établir en France à l'occasion de la nouvelle bulle du pape Alexandre VII. 421

FIN DE LA TABLE.

www.ingramcontent.com/pod-product-compliance
Lightning Source LLC
Chambersburg PA
CBHW071102230426
43666CB00009B/1793